高职高专单片机系列

单片机原理与应用教程

袁秀英　李　珍　等编著

北京航空航天大学出版社

内 容 简 介

以 C8051F005 单片机为主，详细介绍了美国 Silicon Labs 公司生产的 C8051F 系列单片机的结构与编程方法。C8051F 系列单片机与传统 MCS-51 单片机在指令上完全兼容，又具有 MCS-51 单片机所不具备的现代单片机的诸多特点。本书在介绍 51 系列单片机一般特性的同时，用一定篇幅介绍了可编程 I/O 引脚、SMBus(I^2C)、SPI、可编程计数阵列、片内 A/D 和 D/A 等单片机应用新技术，而对存储器扩展、I/O 接口扩展等传统设计方法则一带而过，使教材在内容上既先进又实用。

本书可作为高职高专以及高等院校的单片机课程教材，也可用作单片机应用开发人员的参考资料。

图书在版编目(CIP)数据

单片机原理与应用教程/袁秀英等编著. —北京：北京航空航天大学出版社，2006.10

ISBN 7-81077-858-7

Ⅰ.单… Ⅱ.袁… Ⅲ.单片微型计算机-高等学校-教材 Ⅳ.TP368.1

中国版本图书馆 CIP 数据核字(2006)第 085585 号

单片机原理与应用教程

袁秀英 李 珍 等编著

责任编辑 王慕冰

*

北京航空航天大学出版社出版发行

北京市海淀区学院路 37 号(100083) 发行部电话：010-82317024 传真：010-82328026

http://www.buaapress.com.cn E-mail:bhpress@263.net

涿州市新华印刷有限公司印装 各地书店经销

*

开本：787 mm×960 mm 1/16 印张：22.25 字数：498 千字

2006 年 10 月第 1 版 2006 年 10 月第 1 次印刷 印数：5 000 册

ISBN 7-81077-858-7 定价：28.00 元

《高职高专单片机系列教程》
编 委 会

序

在现代科技中，没有任何一项科学技术能像嵌入式系统那样渗透到社会经济与社会生活的各个方面，并深刻地影响社会科技、产业与百姓生活。

嵌入式系统诞生于微型机时代，至今已有20多年历史。几乎从诞生之日开始，嵌入式系统就走上了“单片机”的独立发展道路。从早期的单片微型计算机（SCM，Single Chip Microcomputer）到微控制器（MCU，MicroController Unit）、嵌入式处理器（EMP，Embedded MicroProcessor），直到最近的片上系统（SoC，System on Chip），都可归纳到“单片机”的概念范畴之中。

在20多年单片机的发展历程中，8位机一直处于主流地位，这是因为嵌入式系统的一个重要应用领域是工控领域的智能化，在这一领域中，嵌入对象的物理参数采集、处理与对象的伺服控制具有有限的响应速度要求，8位单片机内核足以满足大部分嵌入对象的智能化控制要求。

在8位单片机中，Intel公司的MCS-51形成了单片机的经典体系结构。在MCS-51基础上形成众多厂家的80C51系列单片机，一直活跃在嵌入式系统的技术前沿。以80C51系列单片机为基础的单片机系列教材，也自然而然地成为工科院校最广泛采用的单片机教材。

C8051F单片机的出现，将80C51系列单片机推向了SoC概念下的应用设计，为单片机应用系统最大化的片上整合创造了极好的条件。在嵌入式系统进入SoC时代，将8位单片机的教学从80C51转向C8051F具有如下重要意义。

1. 实现SoC概念下的应用设计

SoC是一切电子系统的最终归宿。20多年来，单片机完成了从单片微型计算机（SCM）、微控制器（MCU）到片上系统SoC的发展历程。从此，单片机应用系统也走上了SoC的发展历程。当前，单片机应用系统设计应迅速从分离性设计过渡到最大化的片上系统设计。C8051F是一种通用性SoC概念单片机，可实现应用系统最大化的片上系统设计。

2. 贴近工程应用实际

当前，SoC已成为嵌入式系统设计的流行方式。通常，应用系统的SoC设计可通过微电子技术的专用集成电路来实现，也可通过 SoPC 的半定制方式的用户设计来实现。C8051F 则以 SoC 单片机的概念，为用户提供最方便的解决办法，既贴近当前的工程应用实践，又降低了传统 51 系列单片机教学更新的难度。

3. 技术发展时代

近年来，单片机教学内容从 MCS－51 到 80C51，实现了从单片微型计算机(SCM)到微控制器的转变，但现有 80C51 的单片机教学内容仍然跟不上技术发展的要求。C8051F 单片机提供的 I/O 端口灵活配置技术、复杂的复位系统与时钟系统、多种串行总线与串行接口、丰富的片内功能电路及外围单元，可使单片机教学内容跟上技术发展时代，最大限度地减少与未来工作岗位的技术差距。

4. 有足够的教材使用寿命

将 80C51 单片机教学内容更新到 C8051F，是单片机教学改革的需要。与 80C51 单片机相比，C8051F 单片机的教学内容有了较大的变化。这种变化将会使新的教学内容稳定一个较长时期，有利于教学内容、教材与师资队伍的稳定性。

与原有 80C51 单片机教材相比，C8051F 单片机的内容加深，会增加教学难度。但是，这种难度的增加，是由于将应用系统设计向 SoC 扩展的结果，它将原来许多应用系统设计中的系统配置、接口技术内容，融合在芯片内部的基本原理之中。讲授好 C8051F 单片机的基本原理，有助于减轻系统配置、接口技术的教学压力。

单片机从 80C51 单片机向 C8051F 过渡的教学改革条件业已成熟。经过多年的发展，C8051F 系列单片机技术上已十分成熟，并拥有众多用户，拥有半导体商、技术发展商良好的产品与技术支持，拥有先进而完善的集成开发环境。在教学支持改革方面，已有多种 C8051F 单片机的技术图书、教学实验系统、实验教材可供选用。

本套教材是在北京航空航天大学出版社与天津职业大学单片机教师队伍共同组织下，历经 3 个春秋，精心组织、精心编写、不断实践，并充分汲取原有 80C51 单片机教学成果的基础上完成的。“理论教程”、“实验教程”、“实训教程”以及教学实验系统的精心配套，形成了一个良好的教学改革平台。这种教学改革平台必将为我国单片机的新一轮教学改革作出贡献。

2006 年 8 月

序

《单片机原理与应用教程》、《单片机习题与实验教程》和《单片机实训教程》一起组成一套完整的用于高职高专的C8051F系列单片机教程。

1. 教材编写背景

单片机课程是我国工科电类专业普遍开设的重点专业课程。关于单片机课程改革的问题大家研究了很多年，许多一线教师也亲自做过多方面的尝试。经过多年的探索与实践，我们认为，单片机教学改革除了教学方法上的改革外，当务之急是要进行教学内容的突破。其原因如下。

(1) 现代单片机片内资源愈加丰富

早期单片机片内资源有限，经常需要外扩ROM、RAM和I/O口，不是真正的“单片”系统。而现代单片机片内资源丰富，往往无须外扩，即可构成真正的“单片”系统。

(2) 当前单片机理论教学与实际应用脱节

传统单片机教学以80C51系列单片机为核心。而实际应用中已大量采用各种新型单片机，以传统51单片机为核心的系统已经越来越少；一些传统技术逐步被淘汰，新技术不断涌现。这种所学非所用的矛盾，对于以技能培养为主要目标的单片机课程教学，显得尤为突出。因此，有必要编写一套全新的、能够反映单片机技术发展水平并具有全新教育教学理念的课程教材。

2. 机型选择

当前国内单片机教学选用的芯片除MCS－51、80C51外，还有PIC和ARM等；但由于PIC和ARM与传统51系列不兼容，教学难度较大，大多是针对研究生教育。在北京航空航天大学何立民教授的大力倡导和推动下，从2001年起，我们针对美国Cygnal公司（现已被Silicon Labs公司并购）生产的C8051F系列单片机进行了专门研究与实验性开发应用，最终确立了以C8051F005单片机作为主讲机型，进行教学改革的突破。其原因如下：

(1) C8051F系列单片机的指令系统与传统80C51单片机完全兼容。

(2) C8051F 系列单片机的结构与传统 80C51 单片机类似。

(3) C8051F 系列单片机具有优越的性能和很好的应用前景：

① C8051F 系列单片机具有丰富的片内资源。以 C8051F005 为例，片内除了与标准 8051 单片机完全兼容的 CPU 内核外，还具有：

- 32 KB FLASH ROM；
- 256 字节＋128 字节 SRAM；
- 2 KB XRAM；
- 4 个并行数字 I/O 口；
- 3 个串行口，包括 1 个 UART、1 个 SPI 和 1 个 SMBus；
- 4 个定时器/计数器；
- 具有 5 个捕捉/比较模块的可编程计数阵列；
- 1 个 8 通道的 12 位 ADC；
- 2 个 12 位 DAC；
- 2 个电压比较器；
- 1 个支持在线调试的 JTAG 接口等。

② C8051F 系列单片机具有良好的性能：

- 由于采用流水线技术，比标准 51 系列单片机快约 12 倍；
- 3 V 器件，功耗更低；
- 可以处理 22 个中断源，中断处理能力更强；
- 串行口的种类更多，串行通信的能力更强；
- 系列产品多。

(4) C8051F 系列单片机几乎具有现代单片机的所有特点：

- I/O 引脚可编程；
- 片内资源的增加导致特殊功能寄存器的增加；
- 串行口功能增强；
- 片外扩展不是必需的，但也不排斥扩展；
- 片内 MOVX 寻址 RAM 空间；
- 片内模拟 I/O 接口。

(5) 在 C8051F 系列单片机中，我们选择 C8051F005 作为主讲机型，其原因如下：

- C8051F005 具有代表性，资源比较丰富；
- C8051F005 属于非总线型，使用方便，并且教学难度适中。

3. 本系列教材的特点

(1) 理论、实验和实训 3 本教材配合使用，互为补充。

(2) 为配合教学，我们还特别研制了与本系列教程配套的 TZD－I 型单片机实验箱。教材中所列的全部实验、实训项目均可在该实验箱上完成。该实验箱也可供单片机工程技术人员进行单片机应用系统的开发。如有需要者，可与我们联系。联系人：袁秀英、李雅轩，联系电话：(020)60585156、60585159。

(3) 以 C8051F005 为切入点，教材中对于近年来大量应用的 PCA、I^2C(SMBus)和 SPI 等技术都做了详细介绍。

(4) 本书不仅在教学内容上进行了大胆突破，在教学方法上也进行了有益尝试，以期适应高职高专学生的特点。具体表现在：

① 理论上以够用为度，注重理论与实践结合。例如，在进行数字 I/O 口结构的讲述上，摒弃了传统的电路分析方式，给出了简明易懂的框图，使学生能够较快地理解数字 I/O 端口的构造及其与对应引脚的关系。

再如驱动的问题，一般单片机教材对驱动很少涉及，学生在这方面的概念非常模糊，实际应用中经常出问题。本书结合应用实例，对此做了专门介绍。

② 灌输单片机系列的概念，而不是只针对 C8051F005 一种机型；引导学生学会选型，勇于尝试其它型号的单片机。

③ 为提高应用能力，特意安排了许多实践性作业，这些作业内容由浅入深。例如，在刚讲完引脚还没有具体讲指令时，就指导学生在面包板上用 89S2051 制作一个小系统，功能是：检测一个按键的状态，并显示出来。之后，随着教学内容的深化，功能逐渐增强。选择 89S2051 的原因是其价格低，同时也是有意识地引导学生敢于使用其它单片机。

④ 整个实践教学从基础实验教学开始，加上特色实践性大作业，再加上提高应用能力的实训教学，构成了一套完整的实践教学体系，可以有效地提高学生的单片机应用能力，使单片机课程真正成为一门关于实用技术的教学课程，而不是一般的理论教学课程。

本系列教程可作为高职高专以及其它高等院校的单片机课程教材，也可作为单片机应用开发人员的参考资料。

由于作者水平有限，书中难免存在错误与不妥之处，敬请广大读者批评指正。

若有读者对本系列教程配套的 TZD－I 型单片机实验箱感兴趣，可与我们联系，联系方式如下：

联系人：袁秀英、李雅轩

联系电话：020－60585156、60585159。

作　者

2006 年 3 月于天津职业大学

前 言

《单片机原理与应用教程》与《单片机习题与实验教程》、《单片机实训教程》一起组成一套完整的C8051F系列单片机教程。

作为理论教材，本教程在教学内容和教学方法上都有所突破。

在教学内容上：

(1) 选择美国Cygnal公司(现已被Silicon Labs公司并购)生产的C8051F005单片机作为教学主讲机型，重点介绍了C8051F005单片机的结构及其编程技术。

(2) 淡化存储器扩展、I/O接口扩展等内容，加强串行通信、片内A/D和D/A、可编程I/O接口、可编程计数阵列等内容。

由于C8051F005单片机与传统51单片机在指令上完全兼容，在结构上类似，使本教材与传统单片机教材具有内容上的兼容性和教学上的连续性。另一方面，由于C8051F系列单片机具有传统51单片机所不具备、而现代单片机却普遍具备的一些特点，使本教材具有很强的实用性。例如，本书用一定篇幅介绍了可编程I/O引脚、SMBus(I^2C)、SPI、可编程计数阵列、片内A/D、D/A等技术，而对存储器扩展、I/O接口扩展等传统设计方法则一带而过，使得本教材既可以适应现代单片机应用系统的结构要求，又突出了实用性的特点。这些特点使本教材不仅适用于C8051F系列单片机教学，也为学生今后进行其他单片机产品的应用创造了条件。

在教学方法和内容表述上，本书也有一些改革。这表现在以下几个方面：

(1) 把握好理论叙述深度，注重理论与实践相结合。例如，在进行数字I/O口结构的讲述上，摒弃了传统的电路分析方式，给出了简明易懂的方块示意图，使学生能够较快地理解数字I/O端口的构造及其与对应引脚的关系。

再如驱动的问题，一般单片机教材对驱动很少涉及，学生对这方面的概念非常模糊，实际应用中经常出问题。本书结合应用实例，对此做了专门介绍。

(2) 灌输单片机系列的概念，弱化某一种机型，引导学生学会选型，并敢于尝试其他型号的单片机。

(3) 为提高应用能力，特意安排了许多实践性作业，这些作业内容由浅入深。例如，在刚讲完引脚还没有具体讲指令时，就可以指导学生在面包板上用 89S2051 制作 1 个小系统，检测 1 个按键的状态并显示出来。之后，随教学内容的深化，功能逐渐增强。选择 2051 的原因是芯片便宜，也是有意识地引导学生敢于使用其他单片机。

本书可作为高职高专以及高等院校的单片机课程教材，也可用作单片机应用开发人员的参考资料。

本书第 1、2、11 和 12 章由袁秀英编写；第 3、4、6、7 和 8 章由李珍老师编写；第 9 和 10 章由石梅香老师编写；第 5 章由罗月红老师编写。全书由袁秀英统稿。参加编写、校对工作的还有李雅轩、蒋敦斌、刘南平、李文英、安海霞等老师。北京航空航天大学何立民教授对本书的编写提出了很多指导性意见和建议，本书编写过程中，得到了天津职业大学蒋敦斌教授、刘南平副教授的关心和帮助，亦得到了北京航空航天大学出版社的大力支持，在此一并表示衷心的感谢。此外，还要衷心感谢书后所附参考文献的各位作者。

由于时间仓促，加之作者水平有限，书中难免有错误和不妥之处，恳请读者批评指正。

作 者

2006 年 1 月于天津职业大学

目录

第1章 单片机基础知识

1.1 单片机的特点

1.1.1 计算机系统的组成与分类

本书主要介绍有关单片机的一些基本知识。那么,什么是单片机?单片机和我们熟悉的“计算机”即PC机或称个人计算机有什么区别与联系?单片机能做什么?这些问题,常常出现在我们这些刚刚叩响单片机大门的同学们的脑海中。本章将就这些问题,一一做简要回答。

大家知道,计算机是集成电路技术发展的产物,1台计算机就是1部构造极其复杂、精巧的集成电路集合。一般来说,计算机系统由CPU、内存储器、I/O接口和外部设备组成,如图1.1所示。

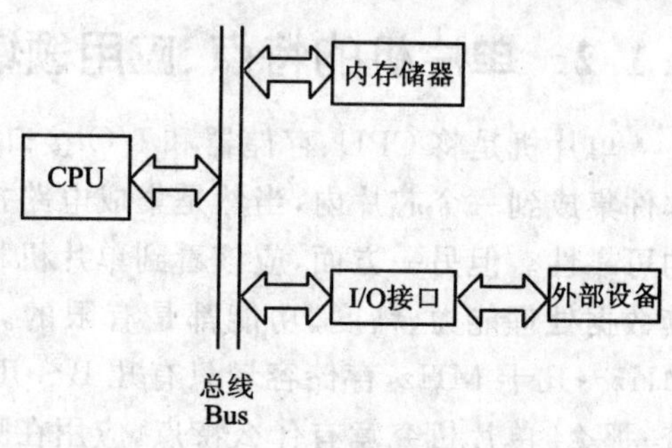

图1.1 计算机系统的组成

其中,CPU是计算机系统的核心,负责到内存储器中取指令,并根据指令进行不同的处理。计算机运行的程序预先被设法放在内存储器中,CPU的处理结果也常常存放在内存储器中,因此,内存储器是用来存放程序和运行结果的。要使计算机真正能为人类服务,必须使它具备与人沟通的能力。计算机与人的交流是通过键盘、鼠标、显示器、打印机和外存储器(硬盘、软盘、光盘等)等设备进行的,这些设备统称为“外部输入/输出设备”(简称“外部设备”或“外设”,也称为“I/O设备”)。由于外部设备复杂多样,CPU一般不能直接和它们进行交流,需要通过中间设备,即I/O接口。I/O接口是沟通CPU和外设的桥梁。例如大家熟悉的PC机中,显卡就是CPU和显示器之间的I/O接口设备,硬盘驱动器是CPU和硬盘之间的接口设备。在计算机系统内,CPU、内存和I/O接口是通过总线(Bus)连接在一起的。而总线一般包括地址总线(AB)、数据总线(DB)和控制总线(CB)。

计算机发展到今天,出现了许多形式。计算机系统有许多不同的分类方法。这里只介绍

1种分类方法：按照系统的规模，计算机可分为巨型机、大型机、中型机、小型机和微型机。大小的区别是相对而言的，没有严格的界限，而且是随计算机的发展而改变的，因此，我们不必过多在意。本书特别要介绍的是微型计算机。

微型计算机又分为通用微型计算机和单片微型计算机。单片微型计算机简称为“单片机”(Single Chip Microcomputer，SCM)。通用微型计算机就是大家日常接触最多的PC机，也是通常大家心目中标准的“计算机”。这种计算机一般在结构上分主机、外设两部分。CPU、存储器和I/O接口都集中在主机箱内；显示器、键盘等外设在机箱外，外设一般采用统一的标准外设，如标准键盘、鼠标、显示器、打印机等。它们通过标准的接口电缆线与机箱内的接口电路相连。对于通用微型计算机，CPU、存储器和I/O接口大多是独立的若干个芯片或电路。而单片机则是将CPU、存储器和I/O接口等部件集成在1个芯片内，将这个芯片与若干简单外设配合，即可构成1个简单的计算机系统。因此，用单片机构成的计算机系统结构非常简单，体积很小。用单片机构成的计算机系统常采用非标准外设，如系统可能没有键盘或只有3个按键；显示器可能只是2个发光二极管(LED)甚至没有显示器。因此，在外观上，与大家熟悉的PC机很不相同。日常生活中常见的智能冰箱、智能空调甚至一些玩具，还有各行业普遍应用的各种智能仪器仪表，在它们的身上虽然有计算机的“芯”——CPU，却没有通用计算机的外形。单片机已被嵌入到应用系统或设备之中，因此，单片机也被称为“嵌入式计算机”。

1.1.2 单片机的特点、应用领域及发展历程

单片机是将CPU、存储器和I/O接口等部件集成在一起的一个芯片。它能够把这么多的部件集成到一个芯片内，当然是集成电路技术发展的产物。它可以简化系统的结构，提高系统的可靠性。但另一方面，应该看到单片机相对同一时代、同一集成度的通用微型计算机来说，其数据处理能力、精度、功能都是有限的。单片机的字长通常只有4～32位，主频率只有几MHz～几十MHz，存储容量只有几B～几十KB，一般没有操作系统或只带较简单的操作系统；那么，单片机究竟有什么特点，应用在哪些领域呢？

首先，与通用微型计算机相比，由单片机构成的计算机系统在结构上更简单，因此，具有体积小、成本低、价格低、功耗低等特点。

与通用微型计算机相比，单片机的另一个特点是控制功能强，特别适用于工业控制领域。许多单片机内部集成有A/D转换(模/数转换)、D/A转换(数/模转换)、PWM(脉冲宽度调制)、WDT(看门狗)等电路。这些都是通用微型计算机所没有而工业控制又必须具有的。

另一方面，与完全用模拟电路、数字电路构成的控制装置相比，单片机不仅可以用软件实现许多硬件电路能实现的功能，还可以用软件实现许多硬件电路难以实现的功能。系统的组成简单了，性能和可靠性反而提高了。

单片机由于具有较强的控制功能，也被称为“微控制器”(Micro Controller Unit，MCU)。又由于单片机体积小，容易嵌入到应用系统中成为设备的一部分(例如智能冰箱)，也称为“嵌

入式微控制器"(Embedded Microcontroller)。

单片机主要应用在那些功能要求比较单一、体积小、价格低的专用场合。应用领域主要有以下几方面。

- 家用电器。目前家用电器的智能化已经成为新的潮流,家用洗衣机、电冰箱、空调、微波炉、电饭煲、电视机、手机、DVD、计算器甚至玩具等都普遍采用单片机作为控制电路的核心。
- 工业测控系统。工业自动化、机电一体化等工业测控系统中普遍使用各种以单片机为核心的智能仪器仪表,实现现场参数的测量与控制,如各种智能显示仪表、智能变送器(智能传感器)、智能控制器和智能执行器等。这些智能仪器或者与工业 PC 机配合,或者独立完成工业现场各种信号如温度、压力、速度和位移等的检测与显示,实现对各种现场执行机构如电动机、调节阀和电磁阀等控制任务。
- 汽车电子及航空航天电子系统,完成自动驾驶和导弹控制等功能。
- 通信领域,如调制解调器和程控交换等系统。
- 智能仪器,如医疗仪器中血压测量、胎心监控以及各种实验室测量仪器(如数字存储示波器、智能万用表等)。
- 商业营销,如电子秤、收款机、条形码阅读器和商场空调系统等。
- 办公自动化,如考勤机、传真机和复印机等。甚至在通用微型计算机里也有单片机,例如标准键盘的译码电路以及磁盘驱动电路等。

可见,单片机的应用领域是很广的。

下面再谈谈单片机的发展过程。单片机的发展经历了以下几个阶段。

第 1 阶段(1976～1978 年):代表产品为 Intel 公司生产的 MCS-48。其主要技术特征是将 CPU 和计算机外围电路集成到一个芯片上,形成 SCM,从而与通用 CPU 区别开来。参与探索的还有 Motorola 公司和 Zilog 公司,这些公司都取得了满意的效果。

第 2 阶段(1978～1982 年):代表产品为 Intel 公司生产的 MCS-51。MCS-51 是对 MCS-48 的完善,它对单片机产品的贡献极大,现在许多公司生产的单片机都与 MCS-51 兼容。

第 3 阶段(1982～1990 年):是 8 位单片机的巩固发展及 16 位单片机的推出阶段,也是单片机从 SCM 向 MCU 发展的阶段。这一阶段的代表产品是 80C51 及以其为内核的其他多种单片机。80C51 与 MCS-51 完全兼容,但采用 CMOS 工艺,速度更快,功耗更低。许多电气厂商纷纷以 80C51 为内核,将 WDT、ADC、DAC、比较器、PWM 等电路集成在一起,使单片机更适用于工业控制领域。

第 4 阶段(1990 年～现在)是单片机的全面发展阶段:出现了 32 位字长,速度更快的、数据处理能力强的单片机,如 ARM 系列单片机和 DSP(数字信号处理器)等产品;在工业控制领域,在保持 8 位字长的基础上,一方面提高运行速度,另一方面进一步增强其控制功能。其中,既与 MCS-51 兼容、又具有较全面功能的 8 位单片机的典型产品是 Silicon Labs 公司生产的

C8051 系列单片机,它也是本书主要介绍的单片机。

目前,世界许多半导体和计算机公司都在争相研制、发展自己的单片机系列。其中著名的有 Intel、Motorola、Zilog、Philips、Atmel、Rockwell、NEC、EPSON、Hitachi 和 Silicon Labs 等公司。这些单片机有些与 MCS-51 兼容,有些则不然。使用时须多加注意。

从使用角度,单片机可分为专用单片机和通用单片机 2 类。专用单片机是专为某类产品设计的,程序固化在内部,成本低,不易仿制,适合大批量生产;通用单片机具有较全面的功能,可供使用者再开发,如 MCS-51、80C51 和 C8051 等都是通用型单片机。

从有无外部并行总线的角度,单片机可分为总线型单片机和非总线型单片机。单片机虽然将存储器、I/O 接口等电路集成在一个芯片内,但受集成度限制。片内存储器和 I/O 接口的数量有时不能满足需要,不得不进行外扩。如 80C51 系列单片机中的 80C31,片内没有程序存储器 ROM,必须外扩 ROM。总线型单片机提供与外围扩展器件之间连接的专用地址、数据和控制总线引脚。MCS-51 和 80C51 是典型的总线型单片机。

随着单片机的发展,许多外围器件都集成到片内,外扩变得不那么必需了。现在许多外围器件可以通过串行接口与单片机进行联系,不再需要并行总线。因此,有许多单片机不提供并行总线,这就是非总线型单片机。C8051 中的 F005 是非总线型单片机,而 F022 则是总线型单片机。

本书主要就通用型、非总线型单片机 C8051F005 进行阐述。

1.1.3 基于 8051 的单片机典型产品简介

在单片机领域,有许多不同产品适应不同的应用需求。只有了解单片机的基本特性,才能在众多产品中加以选择。有许多厂家生产的单片机都与 Intel 公司的 MCS-51 兼容。对于不同的单片机,其内部资源配置也不同,使用时应根据需要选择。在此简要介绍其中几种,如表 1.1~1.5所列。表中涉及一些单片机专用术语如掩膜 ROM、EPROM、UART、I^2C 等,将分别在以后的章节中进行介绍。读者现在只要知道它们是单片机的一些有用资源即可。

1. Intel 公司产品

表 1.1 Intel 公司单片机典型产品

8031	NMOS 型,32 根 I/O 口线,2 个定时器/计数器,5 个中断源/2 级优先中断级,无 ROM,128 字节 RAM
8051	NMOS 型,32 根 I/O 口线,2 个定时器/计数器,5 个中断源/2 级优先中断级,4 KB 掩膜 ROM,128 字节 RAM
8751	NMOS 型,32 根 I/O 口线,2 个定时器/计数器,5 个中断源/2 级优先中断级,4 KB EPROM,128 字节 RAM
80C31BH	CMOS 型,32 根 I/O 口线,2 个定时器/计数器,5 个中断源/2 级优先中断级,无 ROM,128 字节 RAM
80C51BH	CMOS 型,32 根 I/O 口线,2 个定时器/计数器,5 个中断源/2 级优先中断级,4 KB 掩膜 ROM,128 字节 RAM
87C51BH	CMOS 型,32 根 I/O 口线,2 个定时器/计数器,5 个中断源/2 级优先中断级,4 KB EPROM,128 字节 RAM

续表 1.1

81/83/87C51SL	CHMOS 型,4 通道 8 位 ADC,8041 键盘控制器,16×8 键盘开关阵列,5 个 LED 驱动器,10 个中断源(6 个用户自定义外部中断源),3 个多功能 I/O 口,16 KB ROM,256 字节 RAM
83/87C51RC	CHMOS 型,PCA,32 根 I/O 口线,3 个定时器/计数器,6 个中断源,看门狗定时器,具有帧检测和自动地址识别的串口, 32 KB ROM,256 字节 RAM
83/87L51FC	CHMOS 型,低电压,PCA,32 根 I/O 口线,3 个定时器/计数器,7 个中断源,看门狗定时器,具有帧检测和自动地址识别的串口,32 KB ROM,256 字节 RAM

2. Philips 公司产品

表 1.2　Philips 公司单片机典型产品

80C31	CMOS 型,32 根 I/O 口线,2 个定时器/计数器,5 个中断源/2 级优先中断级,无 ROM,128 字节 RAM
80C51	CMOS 型,32 根 I/O 口线,2 个定时器/计数器,5 个中断源/2 级优先中断级,4 KB 掩膜 ROM,128 字节 RAM
87C51	CMOS 型,32 根 I/O 口线,2 个定时器/计数器,5 个中断源/2 级优先中断级,4 KB EPROM,128 字节 RAM
80C32	CMOS 型,32 根 I/O 口线,3 个定时器/计数器,6 个中断源/4 级优先中断级,无 ROM,256 字节 RAM
83/89C557E8	CMOS 型,8 通道 10 位 ADC,捕捉/比较单元,PWM,双数据指针,40 根 I/O 口线,3 个定时器/计数器,15 个中断源/4 级优先中断级,64 KB ROM,2 KB RAM
P87LPC767	CMOS 型,15(18)根 I/O 口线,2 个定时器/计数器,2 个模拟比较器,4 通道 8 位 ADC,双数据指针,I^2C 总线, 128 字节片上 RAM,4 KB OTP ROM
P89C668	CMOS 型,6 时钟指令的高速内核,32 根 I/O 口线,3 个定时器/计数器,8 个中断源,4 级优先中断级,64 KB FLASH ROM,8 KB RAM,I^2C、UART 串行接口,PCA 等
P89LPC932	CMOS 型,2 时钟指令的高速内核,32 根 I/O 口线, 2 个定时器/计数器,15 个中断源,4 级优先中断级,8 KB FLASH ROM,256 字节＋512 字节 RAM,512 字节 E^2PROM,I^2C、SPI、UART 串行接口,模拟比较器,捕捉/比较单元等

3. Atmel 公司产品

表 1.3　Atmel 公司单片机典型产品

AT89C51	CMOS 型,32 根 I/O 口线,2 个定时器/计数器,6 个中断源,4 KB FLASH ROM,128 字节片上 RAM
AT89C52	CMOS 型,32 根 I/O 口线,3 个定时器/计数器,8 个中断源,8 KB FLASH ROM,256 字节片上 RAM
AT89C2051	CMOS 型,15 根 I/O 口线,2 个定时器/计数器,6 个中断源,UART,直接驱动 LED 输出,片上模拟比较器,2 KB FLASH ROM,128 字节片上 RAM
AT89S51	AT89C51 的替代产品
AT89S2051	AT89C2051 的替代产品

4. Silicon Labs 公司产品

表 1.4　Silicon Labs 公司单片机典型产品

C8051F005/006/007	25 MIPS,32 KB FLASH ROM,256 字节+2 KB RAM,SPI,SMBus/I²C,UART,12 位 8 通道 ADC,12 位 2 通道 DAC,2 个电压比较器,片上温度传感器,4 个定时器,PCA,32/16/8 根 I/O 口线,WDT
C8051F020/021	20 MIPS,64 KB FLASH ROM,256 字节+4 KB RAM,SPI,SMBus/I²C,2 个 UART,12 位 8 通道 ADC,12 位 2 通道 DAC,片上温度传感器,5 个定时器,8 个 I/O 口,PCA,64/32 根I/O 口线,WDT
C8051F230/231	25 MIPS,8 KB FLASH ROM,256 字节 RAM,SPI,UART,2 个电压比较器,3 个定时器,32 根 I/O 口线,WDT
C8051F300	25 MIPS,8 KB 在系统可编程 FLASH ROM,256 字节 RAM,UART,1 个电压比较器,3 个定时器,SMBus/I²C,PCA,8 位 ADC,8 根 I/O 口线,WDT

5. AD(Analog Devices)公司产品

表 1.5　ADμC 系列产品

ADμC812	8 通道高精度 12 位 ADC,2 通道 12 位 DAC,片上 DMA 控制器,32 根 I/O 口线,3 个定时器/计数器,WDT,SPI,UART,9 个中断源/2 级优先中断级,8 KB FLASH E²PROM 程序存储器,640 字节数据 FLASH E²PROM,256 字节片上 RAM,外部数据存储器分组寻址,地址空间达 16 MB
ADμC814	6 通道高精度 12 位 ADC,2 通道 12 位 DAC,片上 DMA 控制器,11 根 I/O 口线,3 个定时器/计数器,WDT,SPI,UART,9 个中断源/2 级优先中断级,时间间隔计数器,8 KB FLASH E²PROM 程序存储器,256 字节片上 RAM,640 字节数据 FLASH E²PROM,外部数据存储器分组寻址,地址空间达 16 MB
ADμC816	2 通道 16 位 ADC,12 位 DAC,32 根 I/O 口线,3 个定时器/计数器,WDT,SPI,UART,PLL(锁相环)单元,片上温度传感器,10 个中断源/2 级优先中断级,双传感器激励电流源,8 KB FLASH E²PROM 程序存储器,256 字节片上 RAM,640 字节数据 FLASH E²PROM,外部数据存储器分组寻址,地址空间达 16 MB

1.2　单片机基本知识

1.2.1　数制与编码

1. 数　制

(1) 十进制

十进制是日常生活中使用最多的数的表示方式。用 0～9 这 10 个数字表示数,基本规则

是“逢10进1”。一般形式为

$$N=\sum_{i=-m}^{n-1}K_i\times 10^i \tag{1.1}$$

其中：K_i为第i位的数码(0～9)；n为整数的位数；m为小数的位数。

例如：$(8373.206)_{10}=8\times10^3+3\times10^2+7\times10^1+3\times10^0+2\times10^{-1}+0\times10^{-2}+6\times10^{-3}$

在单片机汇编语言中，当数用十进制表示时，结尾可加D或什么也不加，如8373.206D或8373.206。

(2) 二进制

二进制用0和1两个数字表示数，基本规则是“逢2进1”。二进制是计算机惟一能识别的数制。在计算机内部，所有的数都被设法转换为二进制。二进制的一般形式为

$$N=\sum_{i=-m}^{n-1}K_i\times 2^i \tag{1.2}$$

其中：K_i为第i位的数码(0或1)；n为整数的位数；m为小数的位数。

例如：$(11011.01)_2=1\times2^4+1\times2^3+0\times2^2+1\times2^1+1\times2^0+0\times2^{-1}+1\times2^{-2}$

在单片机汇编语言中，当数用二进制表示时，结尾加B，如11011.01B。

在计算机内部，二进制数通常按8位、16位、32位、64位等表示。8位为1字节(Byte)，16位为1个字(Word)，即

1字节＝8位

1个字＝2字节＝16位

二进制数与十进制数间的转换方法很简单，按式(1.2)展开即可。例如：

$(11011.01)_2=1\times2^4+1\times2^3+0\times10^2+1\times2^1+1\times2^0+0\times2^{-1}+1\times2^{-2}=27.25$

十进制整数转换成二进制的方法是“除2取余，直到商0，先得为低”。例如十进制数14，按此方法计算得二进制数为1110B：

2)14	2)7	2)3	2)1		
商 7	3	1	0	……	商
14	6	2	0		
余 0	1	1	1	……	余数
LSb（最低位）			MSb（最高位）		

十进制小数转换成二进制小数的方法是“乘2取整，直到积0，先得为高”。注意，这里的“积0”是指“积的小数部分”为0。例如，十进制数0.75，按此方法计算得二进制数为0.11B。

	0.75	0.5
	× 2	× 2
	1.50	1.00
积的整数部分……	1	1
	MSB	LSB

积的小数部分……	0.5	0.0

有时会出现积的小数部分反复乘以 2 结果不为 0 的情况，例如十进制数 0.65：

	0.65	0.3	0.6	0.2
	× 2	× 2	× 2	× 2
	1.30	0.6	1.2	0.4
积的整数部分……	1	0	1	0
	MSB			LSB
积的小数部分……	0.3	0.6	0.2	0.4

此时，可根据需要计算至所要的位数即可。对于十进制数 0.65，若取 4 位小数，则结果为 0.1010B。

一般十进制数可按上述方法对其整数部分和小数部分分别进行转换。例如十进制数 14.75，转换成二进制数为 1110.11B。

(3) 十六进制

十六进制用 0、1、2、3、4、5、6、7、8、9、A、B、C、D、E、F 这 16 个数字表示数，基本规则是“逢 16 进 1”。十六进制的一般形式为

$$N = \sum_{i=-m}^{n-1} K_i \times 16^i \tag{1.3}$$

其中：K_i为第 i 位的数码(0～F)；n 为整数的位数；m 为小数的位数。例如：

$$\begin{aligned}(25\text{A}.01)_{16} &= 2\times16^2+5\times16^1\times\text{A}+16^0+0\times16^{-1}+1\times16^{-2}\\ &= 2\times16^2+5\times16^1+10\times16^0+0\times16^{-1}+1\times16^{-2}\\ &= 602.00390625\end{aligned}$$

在单片机汇编语言中，当数用十六进制表示时，结尾应该加 H，如 2155H。如果数的开头为 A～F，则书写时前面要加 0，如 0A5H。注意 0F0H 和 0FH 的区别。

十六进制数转换成十进制数很简单，按式(1.3)展开即可。

十进制整数转换成十六进制整数的方法是“除 16 取余，直到商 0，先得为低”。**十进制小数转换成十六进制小数**的方法是“乘 16 取整，直到积 0，先得为高”。例如十进制数 2420：

```
        151             9           0
   16)2420         16)151       16)9
      16              144          0
      ----            ---         ---
       82               7           9
       80
      ----
       20
       16
      ----
        4
       LSB                         MSB
```

转换结果为 974H。再如十进制数 254：

$$
\begin{array}{r}
15 \\
16\overline{)254} \\
\underline{16} \\
94 \\
\underline{80} \\
14
\end{array}
\qquad\qquad
\begin{array}{r}
0 \\
16\overline{)15} \\
\underline{0} \\
15
\end{array}
$$

LSB　　　　MSB

转换结果为 0FEH。

十六进制与二进制之间的转换更简单。**十六进制数转换成二进制数**的方法是“按位展4”,即将每一位十六进制数展开成 4 位二进制数。例如十六进制数 0B24F.25H:

B	2	4	F	.	2	5	……	十六进制
1011	0010	0100	1111	.	0010	0101	……	二进制

对应的二进制数为 1011 0010 0100 1111.0010 0101B。

二进制数转换成十六进制数的方法是“4 位合 1”,即将二进制整数从低到高、小数从高到低 4 位一组,每组转换成 1 位十六进制数。例如二进制数 10111.010B:

10111.010B ＝ 0001　0111　.　0100B

＝　1　　7　　.　4 H

转换成十六进制数为 17.4H。

虽然二进制是机器内部惟一能识别的数制,但二进制数在书写时容易出错。而十六进制数和二进制数则有着较为直观的对应关系,因此,常常用十六进制书写数字。另外,较大的十进制数在转换成二进制数时除 2 的次数较多,容易算错,因此,可以先将十进制数转换成十六进制数,再转换成二进制数。这样,可较快地得到结果。例如,要将 254 转换成二进制数,可先除 16,转换成 0FEH,再变成 11111110B。

(4) 八进制

八进制用 0～7 这 8 个数字表示数,基本规则是“逢 8 进 1”。八进制数的一般形式为

$$N = \sum_{i=-m}^{n-1} K_i \times 8^i \qquad (1.4)$$

其中:K_i 为第 i 位的数码(0～7);n 为整数的位数,m 为小数的位数。例如:

$$(203.01)_8 = 2\times 8^2 + 0\times 8^1 + 3\times 8^0 + 0\times 8^{-1} + 1\times 8^{-2} = 131.015625$$

在单片机汇编语言中,当数用八进制表示时,结尾可加 Q 或 O,如 28Q 或 28O。

八进制数转换成十进制数很简单,按式(1.4)展开即可。

十进制整数转换成八进制整数的方法是“除 8 取余,直到商 0,先得为低”。**十进制小数转换成八进制小数**的方法是“乘 8 取整,直到积 0,先得为高”。

八进制数转换成二进制数的方法是“按位展 3”,即将每一位八进制数展开成 3 位二进制数。例如,八进制数 25Q 对应的二进制数为 010101B。

二进制数转换成八进制数的方法是“3 位合 1”,即将二进制整数从低到高、小数从高到低

3 位一组，每组转换成 1 位八进制数。例如，二进制数 10111.010B 转换成八进制数为 010111.010B＝27.2Q。

与十六进制数一样，八进制数由于与二进制数有着较直接的对应关系，也常用来书写和表示二进制数。

2. 编 码

由上可知，数不仅可以表示为十进制数，还可以表示为二进制数、八进制数和十六进制数。但在计算机内部，所有的数最终都被表示为二进制数。

事实上，在计算机内部除了数以外，其他所有的信息，包括指令、字符等都需要按一定规则表示为 0、1 的二进制数组合，然后才能被计算机所识别，这种规则就是编码。计算机内部的这种编码不是惟一的。下面介绍几种常用编码。

(1) 数的编码

① 无符号数的编码

无符号数是指不需要考虑其符号的数字，例如班里的学生数。符号数则是指需要考虑其符号的数字，例如女生与男生的人数差。无符号数常用的编码规则是二进制编码和 BCD 码。

(a) 二进制编码

二进制编码按二进制规则表示数字，编码值等于二进制数值。例如，十进制数 45 对应的 8 位二进制数值为 00101101B，8 位二进制编码也为 00101101B，写成十六进制数为 2DH。

$$[45]_{8位二进制编码}=00101101B=2DH$$

8 位二进制编码所能表示的数的范围是 00000000B～11111111B，表示成十六进制数的范围是 00H～0FFH，表示成十进制数的范围是 0～255。16 位二进制编码所能表示的数的范围是 0～65 535(0000H～0FFFFH)。常见无符号数的 8 位二进制编码如表 1.6 所列。

表 1.6 常见无符号数的 8 位二进制编码表

无符号数	二进制编码	十六进制表示	无符号数	二进制编码	十六进制表示
0	00000000B	00H	15	00001111B	0FH
1	00000001B	01H	16	00010000B	10H
2	00000010B	02H	⋮	⋮	⋮
3	00000011B	03H	127	01111111B	7FH
⋮	⋮	⋮	128	10000000B	80H
9	00001001B	09H	⋮	⋮	⋮
10	00001010B	0AH	254	11111110B	0FEH
11	00001011B	0BH	255	11111111B	0FFH
⋮	⋮	⋮			

一般情况下，如果没有特殊说明，计算机对无符号数采用二进制编码。

(b) BCD码

用二进制编码表示无符号数虽然简单，但与生活习惯不符，因为人们在生活中都是用十进制数表示数字。45和00101101B或2DH之间没有直观的对应关系，转换起来也不是很方便。BCD码也称为二-十进制编码，分为压缩和非压缩两种形式。

压缩的BCD码是用4位二进制数表示1位十进制数。例如十进制数45：

$$[45]_{\text{压缩BCD码}}=01000101B=45H$$

$$[459]_{\text{压缩BCD码}}=010001011001B=459H$$

其对应关系直观、一目了然，转换起来也很方便。

非压缩的BCD码是用8位二进制数表示1位十进制数。低4位用来表达十进制的1位，高4位则根据需要自由定义。

$$[45]_{\text{非压缩BCD码}}=xxxx0100xxxx0101B=x4x5H$$

例如：若规定高4位为0000，则十进制数45的非压缩的BCD码为0000010000000101B，即0405H；若规定高4位为0011，则十进制数45的非压缩的BCD码为0011010000110101B，即3435H。

当我们希望将数的表示和十进制看起来一致时，可采用BCD码。

② 符号数的编码

在符号数的编码过程中，符号位也要用0或1表示。在计算机中，一般规定用0表示“+”，1表示“-”。符号数有3种编码方法。

(a) 原　码

原码用最高位表示符号位。编码规则与无符号数的二进制编码相同。例如，+45和-45的8位原码分别为

$$[+45]_{8\text{位原码}}=00101101B=2DH$$

$$[-45]_{8\text{位原码}}=10101101B=0ADH$$

由于最高位用来表示符号，同样位数的符号数比无符号数表示的数的范围要小。8位原码表示的数的范围为-127～+127，即0FFH～7FH。16位原码表示的数的范围为-32767～+32767，即0FFFFH～7FFFH。

(b) 反　码

正数的反码与原码相同，负数的反码等于原码按位取反，符号位除外。例如：

$$[+45]_{8\text{位反码}}=00101101B=2DH$$

$$[-45]_{8\text{位反码}}=11010010B=0D2H$$

(c) 补　码

正数的补码与原码相同，负数的补码等于反码加1。例如：

$$[+45]_{8\text{位补码}}=00101101B=2DH$$

$$[-45]_{8位补码}=[-45]_{8位反码}+1=11010010B+1=11010011B=0D3H$$

一般情况下，计算机对无符号数自动采用补码表示。对于负数补码的求法，可先求原码，再求反码，再反码加 1 得补码。还可以采用另一种求法：

$$[-N]_{8位补码}=[256-N]_{8位二进制编码} \tag{1.5}$$

$$[-N]_{16位补码}=[65536-N]_{16位二进制编码} \tag{1.6}$$

例如，求 -1 的 8 位补码可采用以下两种方法。

方法一：

$$[-1]_{8位原码}=10000001B=81H$$

$$[-1]_{8位反码}=11111110B=0FEH$$

$$[-1]_{8位补码}=[-1]_{8位反码}+1=11111110B+1=11111111B=0FFH$$

方法二：

$$[-1]_{8位补码}=[256-1]_{8位二进制编码}=[255]_{8位二进制编码}=0FFH$$

8 位二进制补码表示的数的范围是 -128～+127，即 80H～7FH。16 位二进制补码表示的数的范围是 -32768～+32767，即 8000H～7FFFH。常见符号数的 8 位补码如表 1.7 所列。

表 1.7 常用符号数的 8 位补码表

符号数	补 码	十六进制表示	符号数	补 码	十六进制表示
-128	10000000B	80H	0	00000000B	00H
-127	10000001B	81H	1	00000001B	01H
⋮	⋮	⋮	2	00000010B	02H
-2	11111110B	0FEH	⋮	⋮	⋮
-1	11111111B	0FFH	127	01111111B	7FH

(2) 字符的编码

经常采用的字符编码是 ASCII 码。标准的 ASCII 码用 7 位二进制数表示 1 个字符，因此，可表示 128 个字符。这 128 个字符包括大写字母 A～Z、小写字母 a～z、数字字符 1～9 等图形字符以及空格(SP)、回车(CR)等控制字符。如果用 8 位编码表示，则最高位为 0，字符编码的范围为 00H～7FH。标准 ASCII 码与字符对应关系如表 1.8 所列。ASCII 码表中特殊控制符的含义如表 1.9 所列。

从表中可查出，大写字母 A～Z 的 ASCII 码为 41H～5AH；小写字母 a～z 的 ASCII 码为 61H～7AH；数字字符 0～9 的 ASCII 码为 30H～39H；空格(SP)的 ASCII 码为 20H；换行(LF)的 ASCII 码为 0AH；回车(CR)的 ASCII 码为 0DH。

(3) 汉字的编码

汉字的编码采用国标码。1 个汉字占 2 字节(16 位)。例如，汉字"啊"的国标码为 3021H。

表 1.8　标准 ASCII 码表

低位 \ 高位		0	1	2	3	4	5	6	7
		000	001	010	011	100	101	110	111
0	0000	NUL	DLE	SP	0	@	P	、	p
1	0001	SOH	DC1	!	1	A	Q	a	q
2	0010	STX	DC2	″	2	B	R	b	r
3	0011	ETX	DC3	#	3	C	S	c	s
4	0100	EOT	DC4	$	4	D	T	d	t
5	0101	ENQ	NAK	%	5	E	U	e	u
6	0110	ACK	SYN	&	6	F	V	f	v
7	0111	BEL	ETB	′	7	G	W	g	w
8	1000	BS	CAN	(	8	H	X	h	x
9	1001	HT	EM	)	9	I	Y	i	y
A	1010	LF	SUB	*	:	J	Z	j	z
B	1011	VT	ESC	+	;	K	[	k	{
C	1100	FF	FS	,	<	L	\	l	|
D	1101	CR	GS	−	=	M	]	m	}
E	1110	SO	RS	.	>	N	↑	n	~
F	1111	SI	US	/	?	O	↓	o	DEL

表 1.9　ASCII 码表中特殊控制符的含义

NUL	空	FF	走纸控制	EM	纸尽
SOH	标题开始	CR	回车	SUB	减
STX	正文开始	SO	移位输出	ESC	换码
ETX	正文结束	SI	移位输入	FS	文字分隔符
EOT	传输结束	DLE	数据链换码	GS	组分隔符
ENQ	询问	DC1	设备控制 1	RS	记录分隔符
ACK	承认	DC2	设备控制 2	US	单元分隔符
BEL	报警(响铃)	DC3	设备控制 3	DEL	删除
BS	退一格	DC4	设备控制 4	NAK	否定
HT	横向列表	SYN	空转同步	SP	空格
LF	换行	ETB	信息组传送结束		
VT	垂直制表	CAN	作废		

(4) 指令的编码

指令是计算机能够完成基本动作的命令。指令的编码称为机器码。例如,MCS－51的指令"MOV　A,＃45H"对应的机器码为7445H。不同的CPU具有不同的指令系统,对应不同的机器码。

综上所述,在计算机内,任何信息都按照一定的编码被表示成二进制形式。十进制数45,按照二进制编码,可以表示为2DH;按照压缩BCD码,可表示为45H;而按照非压缩BCD码,又可表示为0405H等。由此可见,编码不同,表示的结果也不同。

同样,当看到计算机内有1个二进制信息时,只有知道其编码,才能确定其代表的内容。例如7445H,如果是MCS－51的1条指令,则代表"MOV　A,＃45H";如果是ASCII码表示的两个字符,则代表字符"tE";如果是压缩的BCD码表示的无符号数,则代表十进制数7445;如果是非压缩的BCD码表示的无符号数,则代表十进制数45;如果是二进制编码表示的无符号数,则代表十进制数29765;如果是补码表示的符号数,则代表十进制数＋29765……

只有明确了编码的形式,才能使计算机正确地表达和处理信息。

1.2.2　机器语言、汇编语言及高级语言

众所周知,计算机是按照程序工作的。程序就是为了完成某项工作而由人编写的若干命令(指令)的集合。程序设计使用的基本语言有3种——机器语言、汇编语言和高级语言。

1. 机器语言

全部用机器码(二进制)表示的语言称为机器语言。用机器语言编写的程序为机器语言程序。机器语言程序是由一条条二进制指令组合而成的。用机器语言编写的程序不易看懂,不便记忆,容易写错,而且机器(CPU)不同,指令就不相同。为了克服这些缺点,便出现了汇编语言和高级语言。

2. 汇编语言

汇编语言用一些简单的指令助记符代替机器码。例如,在MCS－51中,人们用"MOV　A,＃45H"这样的助记符代表机器码7445H,用"MOV　A,＃67H"代表7467H。于是,程序变得易记、易懂了。用助记符编写的程序称为汇编语言源程序。

由于计算机不能直接识别用助记符编写的汇编语言源程序,因此,程序编写完后,需要将源程序转换成机器语言程序才能运行。将汇编语言源程序转换成机器语言程序的过程称为汇编。汇编的方法有人工汇编(手工汇编)和机器汇编(自动汇编)两种。

人工汇编是由人根据机器码与助记符之间的对应关系逐条"翻译"而成。这种方法很慢,特别是对较大的程序,很容易出错,一般很少采用。

机器汇编是利用专门的"翻译"程序——汇编程序进行汇编,汇编过程自动完成。如果程

序有错，汇编程序还会指出错误的位置、类型等。机器汇编是普遍被采用的汇编方式。汇编程序往往由 CPU 的生产厂家或专门的软件供应商提供。

汇编语言解决了机器语言难懂、难记的问题。但由于它和机器语言有着直接的对应关系，即 CPU 不同，汇编语言就不同，因此机器语言和汇编语言都是“面向机器”的语言。不同机器之间的程序不能相互移植。例如，MCS－51 单片机与奔腾系列 CPU 的汇编语言就不同。

3. 高级语言

高级语言不受机器限制，是“面向问题”或“面向过程”的语言，例如大家熟悉的各种BASIC和 C 语言。高级语言采用近似于人们日常生活中的语言，其组成元素“语句”与 CPU 的指令没有直接的一对一关系，不受机器的限制。

用高级语言编写的源程序也要经过“翻译”变成机器语言才能执行。翻译的过程称为“解释”或“编译”。进行解释或编译的专门程序称为解释程序或编译程序。

高级语言使用了许多符合人们的思维习惯的语句和函数，功能比较强，易学、易用，移植性强，容易编出较复杂的程序，也可以节约编程时间。

但是与汇编语言相比，用高级语言编写的程序常常占用较多的字节数，执行时间也比较长，因此，对于空间和时间都要求较苛刻的场合，还需要使用汇编语言或汇编语言与高级语言混合使用。在单片机系统的开发中，可以使用汇编语言，也可以使用 C51、PL/M51 等高级语言。其中 C51 与大家熟悉的 Turbo C 形式类似。

1.2.3 计算机的基本工作原理

无论用什么语言编写，程序最后总是被汇编或编译成机器码，存放在内存的一个个单元中，再由 CPU 逐条取出执行。计算机的基本工作过程可以归结为取指令—执行指令—再取指令—执行指令……那么 CPU 是如何保证正确地取得指令并执行呢？CPU 内部关键的部件有以下几个。

1. 程序计数器(PC)

PC 的值总是代表下一条要取的指令在存储器中的地址，每取出 1 个单元的指令，PC 的值会自动加 1。假设每条指令都占 1 个存储单元，顺序存放在 0000H～0004H 单元中，又假设复位后 PC 的值是 0000H，即复位后 PC 指向第 1 条指令所在的存储单元，则开始运行后，CPU 首先会到 0000H 单元去取出第 1 条指令，之后 PC 自动加 1，变成 0001H，指向第 2 条指令所在存储单元。第 1 条指令执行完后，CPU 根据 PC 的值，到 0001H 单元取第 2 条指令，同时 PC＋1，变成 0002H……直到所有指令都被取出或遇到停止指令为止。

2. 控制电路

每取出 1 个单元的指令，PC 的值为什么能自动加 1 呢？CPU 为什么能到 PC 指向的存储单元取出指令并执行呢？这主要归功于CPU内部的控制电路。控制电路是CPU的核心，其主要作用是发出取指令、指令译码、执行指令所需的各种控制命令。这些命令其实并不神秘，不过是控制一些门打开另一些门关闭的电平信号而已。计算机应用系统的开发人员无论是进行软件开发，还是硬件电路设计，都不用直接和控制电路打交道。控制电路在幕后默默地发挥着作用。

3. 算术逻辑单元(运算器)

算术逻辑单元的功能是进行算术运算和逻辑运算，决定计算机数据运算能力的高低。有些单片机，其算术逻辑单元只有加减电路，没有乘除电路，因此，做乘法和除法需要软件配合，将乘除运算转换成加减运算进行。有些CPU不仅有乘除运算电路，还有浮点数运算电路、布尔(位)运算电路等，具有较强的数据处理能力。

4. 时钟电路

CPU是构造精巧、复杂、庞大的数字电路，其所有的工作(取指令—执行指令)都是按照一定的时钟节拍进行的。时钟电路为CPU提供了基本的时钟基准。不同的CPU需要的时钟信号的频率不同。C8051单片机最大系统时钟频率为25 MHz。

CPU的基本工作过程就是在控制电路的指挥下，按照一定的时钟节拍，到PC指向的存储器中取指令，执行指令，再取指令，再执行指令，周而复始的过程。

有些单片机采用2个控制电路，其中1个负责取指令，1个负责执行指令，取指令和执行指令可以同步进行。这样可以大大提高CPU的工作效率。如果将执行指令的过程进一步分解为指令译码、指令执行，并采用3个控制电路，分别负责取指令、指令译码、指令执行，显然效率又提高了很多。采用1个控制器的结构称为“单流水线结构”；采用多个控制器的结构称为“多流水线结构”。MCS-51采用单流水线结构，每条指令执行时间至少为12个系统时钟周期；C8051采用多流水线结构，每条指令执行时间一般为1～2个系统时钟周期。

5. 存储器

存储器是用来存储程序和处理结果的。在单片机系统里，程序一般都被存放在程序存储器ROM中，运算结果和中间变量则存放在数据存储器RAM中。

存储器由许多单元组成，每个单元可以存放n位二进制信息，并具有不同的地址。如果1个存储器有256个单元，每个单元可存放8位即1字节信息，就称为256×8位或256字节存储器。各单元地址可分别为00H、01H、02H、…、0FFH。如图1.2所示，图中地址为00H的存储

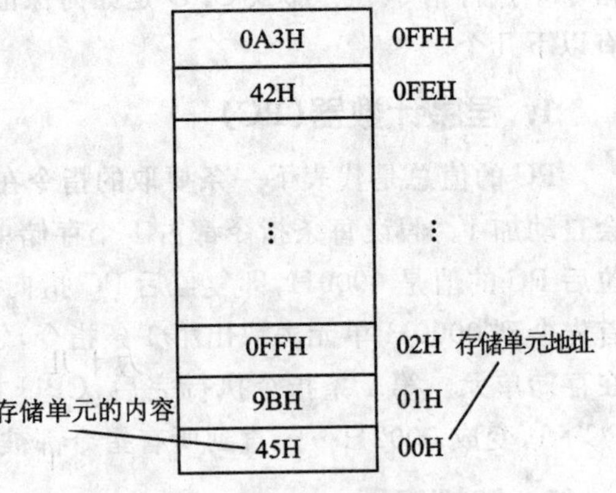

图1.2　存储器的地址和内容

单元存储内容为45H,01H单元存储内容为9BH、…。同样,如果是64 KB存储器,则每个单元可存放1字节信息,共有64 KB即64×1 024=65 536个存储单元,地址分别是0000H～0FFFFH。请注意区别存储单元的地址和内容这两个不同的概念。

ROM(Read Only Memory)是只读存储器。其特点是掉电后信息不丢失,可用来存储程序、常数和表格,因此也叫做程序存储器。一般来说,ROM只能读不能写,这是指在运行状态下只能将ROM中的内容读出来,不能随时修改里面的内容。其实,ROM也是能写的,否则程序和表格又如何存储进ROM呢?只不过对ROM的写往往要利用专门的设备(例如编程器),将程序一次性写入ROM(也称固化或烧写),之后再放入电路中。运行中一般只能读ROM中的内容,不能修改ROM中的内容。但随着ROM的发展,有些ROM在运行中也可以写入了。

RAM是读/写存储器,也称为随机存储器(Random Memory)。运行中,既可以随时修改也可以随时读取其任一单元的内容,但掉电后信息丢失。因此,RAM一般用来暂存程序运行结果,因此,也称为"数据存储器"。

ROM和RAM的不同特点是由其不同的电路结构决定的。为了使存储器同时具有二者的优点,科学家们一直在努力。近年来出现的FLASH ROM就在很大程度上拉近了二者的距离。

下面介绍几种不同种类的ROM。

(1) 掩膜ROM——也称为固定ROM。这种ROM里的程序是在出厂时由ROM生产厂家一次性写入的,用户不能修改。其价格较低,适用于大批量成熟产品的生产。8051、80C51片内的ROM就是掩膜ROM。

(2) OTP ROM(Only Time Programmable ROM)——一次性可编程ROM。OPT ROM也称PROM,用户可利用专门的编程器将自己编写的程序写入。一旦写入,就只能读出,不能更改了。这种ROM一般比较便宜,需要专门的编程器。Philips公司的P87LPC767片内ROM即为此类型。这种ROM适合较大批量产品。

(3) EPROM(Erasable Programmable ROM)——可擦除可编程ROM。用户通过专门的编程器将自己的程序写入。如果需要修改,则可用专门的擦除器通过紫外光照射芯片一定时间(一般几分钟～二十几分钟不等),将程序擦除后再重新写入。系统运行时,仍然是只能读不能写。一般1个EPROM芯片可改写几十次。这种ROM适合小批量产品或研发阶段使用。

在E^2PROM和FLASH ROM出现前,EPROM是使用最广泛的程序存储器。EPROM的编程电压高于工作电压,一般为十几伏,所以人们常将对ROM写入程序的过程称为"烧写"。8751、87C51单片机片内就配置有EPROM。

(4) E^2PROM(Electrically Erasable Programmable ROM)——电擦除可编程ROM。EPROM是通过电信号进行编程(烧写)的,但擦除却需要紫外光。E^2PROM可通过电信号进行擦除和编程。由于其编程电压和擦除电压与工作电压(5 V)相同,因此,既可以在运行前写入程序，也可以在运行中修改部分单元的内容，即运行中不仅可读也可写。这使它兼备了ROM 掉电信息不丢失和 RAM 随时读/写的特点。但是，E^2PROM 的写入速度远低于其读出速度，而且它在写入之前必须先对相应的单元进行擦除，不像 RAM 那样可以方便地随写随擦。因此，它不能完全代替 RAM。但可以把 E^2PROM 当作 ROM，用来存储程序；也可以将其当作 RAM，用来保存一部分重要的运行数据，防止掉电后信息丢失。E^2PROM 擦写次数在 1000 次以上，数据可保存 10 年以上。Philips 公司的 87C591D 的片内 ROM 就是 E^2PROM。一般 E^2PROM 芯片也需要专门的编程器进行程序的整体写入和擦除。

(5) FLASH ROM——闪速只读存储器。FLASH ROM 是近年来发展最快的电擦除可编程只读存储器，其性能较 E^2PROM 有很大的提高，擦写次数达上万次，最高可达 100 万次。容量从 2 KB 发展到现在，已有 256 MB 产品。Atmel 公司的 AT89C51、AT89C2051、AT89S51；Silicon Labs 公司的 C8051Fxxx 片内 ROM 都是 FLASH ROM。过去这种芯片也需要单独的编程器(例如 AT89C51、AT89C2051)进行程序的整体写入和擦除。现在许多厂家推出了在系统可编程 FLASH ROM 的单片机，调试时可随时修改程序并下载到单片机内的 FLASH ROM 中(例如 C8051Fxxx)。FLASH ROM 在通用计算机上也大有用途，大家熟悉的 U 盘就是 FLASH ROM。

可见，随着 ROM 的发展，其“只读”缺点已经逐渐改善。当然，目前的 ROM 在写方面的性能与 RAM 相比还有一定差距。

RAM 分静态 RAM(SRAM)和动态 RAM(DRAM)。动态 RAM 价格较低，存储容量大，但需要定时刷新，以维持其上保存的数据，因此，电路较复杂。静态 RAM 不需要刷新，电路简单，但存储容量较小，价格较高。一般单片机系统里多使用静态 RAM。由于 RAM 掉电后数据会丢失，为保护重要数据，有些系统给部分 RAM 装有后备电池。随着 E^2PROM 和 FLASH ROM 的发展，有些系统直接用 E^2PROM 和 FLASH ROM 做数据存储器，以保护重要数据。

1.2.4 单片机的基本性能指标

(1) 字长。字长是一次处理数据的长度。前面介绍的与 MCS-51 兼容的单片机都是 8 位单片机。16 位单片机有 MCS-96、MC68HC12 等。32 位单片机有 ARM7、M68K 等。显然，要处理 4 字节的数据，8 位机需要处理 4 次，而 32 位机只处理 1 次。字长越长，处理数据的能力越强，精度越高。但字长越长，往往价格越高，并且许多工业控制应用也不要求很长的字长，因此，8 位单片机目前仍是使用最多的机型。

(2) 速度。决定速度的因素有时钟频率和指令执行时间。一般单片机的时钟频率小于 40 MHz。MCS-51、80C51 单片机每条指令的执行时间为 $12T \sim 24T$，其中 T 为时钟周期。C8051 大部分的执行时间为 $T \sim 2T$。很明显，C8051 的速度大约是同时钟频率的 MCS-51 的 12 倍。有时也用 MIPS(百万条指令每秒)衡量速度。C8051F005 在 25 MHz 时钟频率时，速度可达 25 MIPS，而 80C51 在 33 MHz 下，只有 2.5 MIPS。

(3) 片内存储器的容量和类型。对于不同的单片机，片内 ROM 和 RAM 的容量及类型也不同，应根据需要选择。

(4) 寻址范围。寻址范围是指单片机允许的最大存储容量。与 MCS-51 兼容的单片机，ROM 和 RAM 的寻址范围可达 64 KB。

(5) 内部资源。内部资源就是集成在单片机内的除 CPU 以外的其他硬件资源，包括内部存储器的容量与类型、I/O 口的多少、有无内部时钟电路、定时器的数量、中断源的多少、串行口的数量与类型、看门狗(WDT)、ADC、DAC、比较器、PWM 等。为适应不同的应用，生产厂家总是成系列地推出它们的单片机产品，每一系列都有不同配置的若干机型供用户选择。尽管配置不同，厂家不同，使用方法却都是类似的。

1.2.5 单片机应用系统的开发过程简介

单片机系统的开发过程如图 1.3 所示。各阶段不是绝对分开的，有时交叉进行。

1. 系统总体方案设计

在进行具体设计之前，首先要明确设计任务，确定系统要达到的技术指标；然后确定总体设计方案，包括是否需要用单片机实现，用何种单片机，系统哪些功能用硬件实现，哪些功能用软件实现以及主要器件(如传感器)的选型等。

2. 硬件设计与调试

总体方案确定后，就要分别进行软硬件设计。这两部分工作可以顺序进行，也可以由不同的人员同时展开。硬件设计主要包括系统供电、外围电路(如键盘、显示器、传感器及信号调理电路、输出放大电路等)和扩展电路(如扩展 RAM、ROM 及 I/O 接口电路)等部分的设计。电路设计、制作完成后，在没有和软件联调前，应先进行硬件调试，消除一部分硬件故障。

3. 软件开发与调试

软件开发最常使用的设计方法是模块化设计，即将一个程序分解为若干个功能相对独立的较小的程序模块，对各个程序模块分别设计、调试，最后将它们连接成完整的程序。软件设计完成后，如果硬件电路已制作完毕，可直接与硬件联调。如果软件先于硬件设计完成，则可在脱离硬件情况下，先对那些与硬件没有直接关系的程序(如数据处理程序)进行模拟调试，排除一部分软件故障。

4. 软硬件联调

很多单片机如 MCS-51、80C51、AT89C51 等需要借助仿真器、编程器和配套的开发软件进行软硬件联调，如图 1.3(a)所示。仿真器(也称“开发机”)是单片机开发专用设备，通过串行口或并行口与通用微型计算机相连。仿真器上有 1 个仿真头，仿真头的引脚定义与系统所用单片机完全相同。调试时，需要将制作好的电路(目标系统)上的单片机芯片从管座取下，将

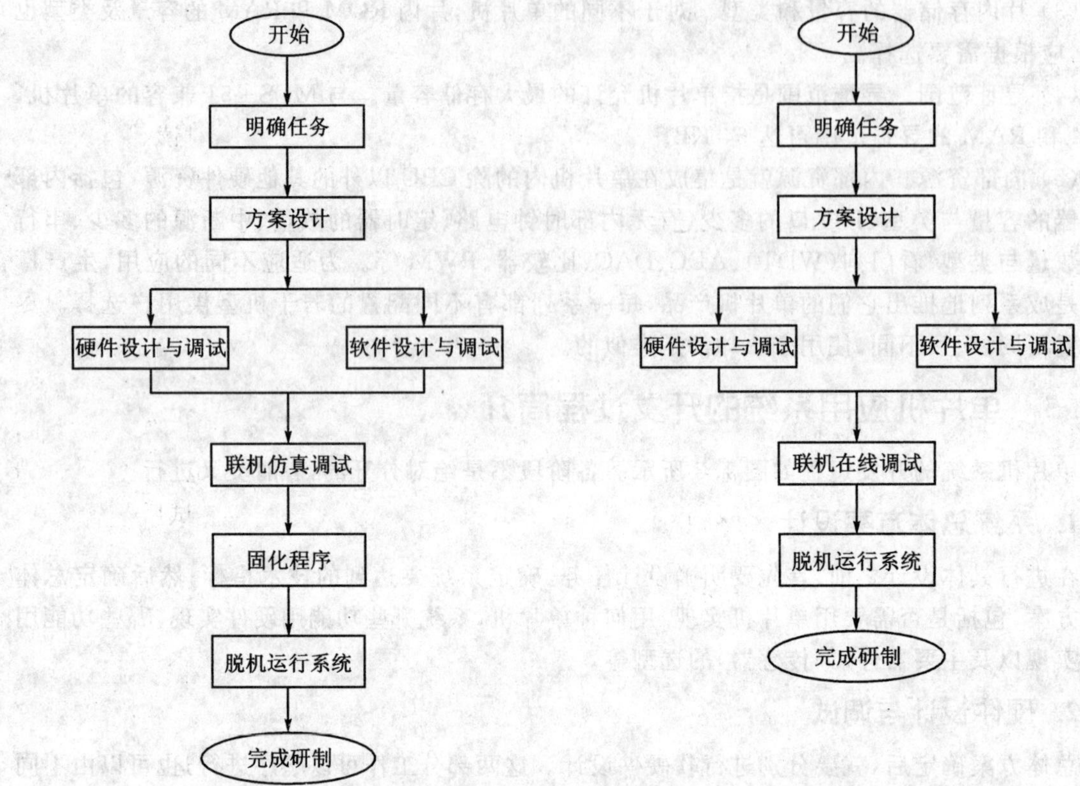

(a) 使用仿真器的单片机应用系统的开发过程　　(b) 在系统可编程单片机应用系统的开发过程

图 1.3　单片机系统的开发过程

仿真头插入。这样,仿真器就可将目标系统和计算机连接起来。

在开发软件的配合下,仿真器能模拟目标系统(即所设计的单片机应用系统)中的 CPU 和存储器,按照计算机上设计好的程序,像实际 CPU 一样在制作好的硬件电路上运行,即对实际的 CPU 进行仿真。仿真器同时还能和通用计算机进行通信,随时将计算机上的调试命令(单步运行、全速运行、停止等)发给目标系统,并将运行结果(存储器各单元的情况、单片机内各 I/O 口的状态等)随时反馈给计算机,以便调试时观察。

仿真器调试可以发现软硬件设计中的绝大部分错误。仿真调试质量的高低取决于仿真器仿真的效果,某些低档仿真器做不到 100%仿真。

5. 脱机调试

仿真调试成功后,还需要利用专门的编程器将调试好的程序固化(下载)到单片机片内或片外的 ROM 中(如果使用片外 ROM),然后将固化有程序的芯片插入电路中的相应位置,上

电独立运行。如果仿真质量不好，则脱机运行时可能会出现故障。独立运行时由于脱离了 PC 机的监控，程序只能全速运行。因此，需要仔细观察故障现象，分析故障原因，再重新修改程序，重新固化。

单片机系统之所以需要仿真器，原因之一是，一般单片机的 ROM 不能随时读/写；而在调试阶段，需要随时修改程序，随时将程序写入 ROM。为了解决这个困难，才使用仿真器代替真正的单片机。另一个原因是，调试过程中为了查找错误原因，需要人为控制程序的运行（例如单步运行或设断点运行），并将运行结果随时反馈给计算机，以便分析。仿真器是沟通计算机和目标系统的专用调试工具。

随着 FLASH ROM 的应用，现在有些单片机已不需要仿真器了，因为 FLASH ROM 可以随时方便地修改其内容。这被称为“在系统可编程技术”。Silicon Labs 公司的 C8051 系列单片机也采用了此项技术。调试时，PC 机直接与实际系统的 CPU 及其外围电路进行沟通，程序可以从计算机随时下载到目标系统 CPU 的 FLASH ROM 里，运行状态也可以随时反馈给计算机。这种调试是真正的在线调试。对于在系统可编程系统，经过联机调试后，程序已驻留在 FLASH ROM 中，不需要再用编程器进行程序固化。断开计算机与目标系统的连接，重新给系统上电，即可进行脱机独立运行。

虽然不使用仿真器，为使 PC 机能够与单片机进行通信，PC 机和单片机之间还是需要一个适配器的。适配器的一个作用是将程序下载到单片机片内 FLASH ROM 中，并可以随时修改。这一点与编程器作用相同。适配器的另一个作用是实现单片机与 PC 机之间的通信，随时将计算机上的调试命令（单步运行、全速运行、停止等）发给目标系统，并将运行结果（存储器各单元的情况、单片机内各 I/O 口的状态等）随时反馈给计算机，以便调试时观察。这一点与仿真器作用相同。图 1.3(b)表达了在系统可编程单片机的开发过程。

第 2 章

C8051F 单片机的基本结构

2.1 C8051F 的基本组成结构

用高级语言进行程序设计时是不需要了解计算机内部结构的。但如果用单片机构成应用系统，则必须对单片机的内部结构有一定了解。弄清楚里面有什么，如何使用，再确定是否需要外设，硬件电路如何设计，软件如何编程。因此，必须对单片机的基本组成有一定的了解。

与一般单片机相同，C8051F 也由 CPU、存储器、I/O 接口几部分组成。不同型号的 C8051 内部配置不完全相同，但都具有类似的结构。以 C8051F005 为例，图 2.1 是 C8051F005 单片机的内部组成框图。可以看出，C8051F005 主要由以下几部分组成。

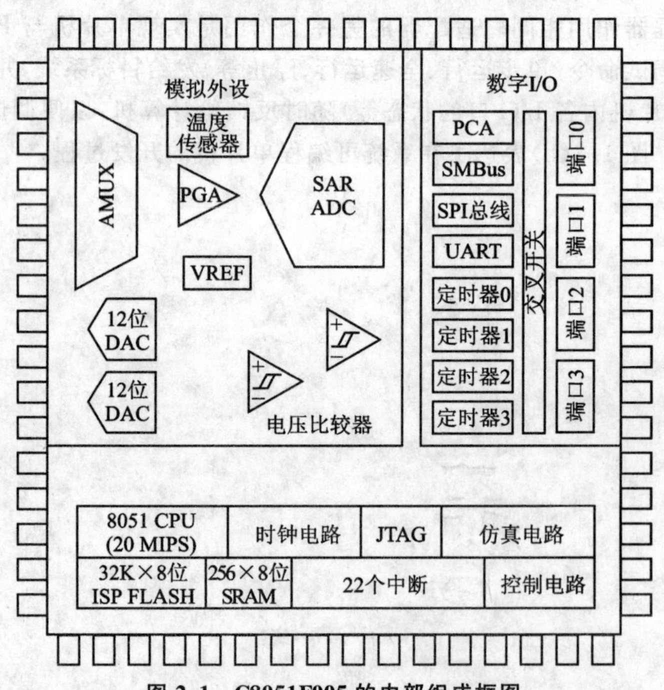

图 2.1 C8051F005 的内部组成框图

1. CPU

CPU是整个单片机的大脑与核心，由运算器和控制器组成，负责到存储器中取指令、对指令进行译码和执行指令。C8051F单片机内部的CPU与8051、80C51单片机的CPU在指令上完全兼容，但由于在结构上做了改进，使C8051F的CPU速度更快，功能更强。

2. 片内存储器

C8051F片内存储器包括32 KB的ISP FLASH ROM(在系统可编程FLASH ROM)、256字节的SRAM(静态RAM)、2 KB的XRAM，用于程序和数据存储。

3. I/O接口

C8051F的片内I/O接口可分为模拟外设接口和数字外设接口，分别用来与外设进行模拟信号和数字信号的交换。早期的单片机如标准8051，片内只具有数字外设接口，不具有模拟外设接口。模拟信号不能直接送至单片机，单片机也不能直接输出模拟信号给外设。单片机和模拟外设(模拟量输出的传感器、模拟量输入的执行器等)之间的联系必须通过设置在片外的ADC或DAC接口电路。这显然增加了电路的复杂性。C8051F能够直接接收和输出模拟电压信号，是由于芯片内部已经集成了ADC和DAC等模拟外设接口电路。

数字外设接口主要包含：

- 4个8位并行接口——端口0～端口3(P0口～P3口)；
- 3个串行通信接口——UART、SPI、SMBUS；
- 4个16位定时器/计数器——定时器0～定时器3；
- 1个16位可编程计数器/定时器阵列(PCA)；
- 1个看门狗定时器。

4. 其他资源

在C8051F005内部还带有内部时钟电路、中断管理器和用于进行在线调试的JTAG接口等。可以说，C8051F的片内资源非常丰富。这为开发应用提供了很大的方便。本章将以C8051F005为例，介绍其CPU、内部存储器和内部并行I/O接口(P0口～P3口)。其他部分的具体情况将在后续章节逐一介绍。

2.2 CIP-51内核

如图2.1所示，C8051F的CPU、存储器、时钟电路等部分称为C8051F内核，也叫CIP-51。由于CIP-51具有与标准8051完全兼容的CPU，因此，其指令系统与标准8051的指令系统完全相同。但由于在技术上做了改进，又具备了标准8051所没有的一些优点，所以，对于单片机的初学者，只需对下面这些优点有简单的认识即可。

2.2.1　运行速度

CIP-51 采用多流水线技术，与标准 8051 相比，速度上有很大提高。运行速度可以用指令的执行时间来衡量。标准 8051 指令的执行时间是用机器周期来表达的。1 个机器周期＝12 个时钟周期＝12/f(f 是系统时钟频率)。一般指令的执行时间是 1～4 个机器周期。也就是说，一条指令至少需要 12 个时钟周期才能完成。而 C8051F 大部分指令的执行时间只有 1～2 个时钟周期，速度几乎是标准 8051 的 12 倍。

单片机的速度除了用指令执行时间衡量外，还可用每秒执行百万条指令数(MIPS)来衡量。C8051F005 的最大时钟频率是 25 MHz，此时的最大速度可达 25 MIPS。而 Philips 80C51 在 33 MHz 下的速度只有近 3 MIPS。

2.2.2　存储器性能

C8051F 存储器与标准 8051 相比有以下几点不同：

- C8051F 采用电擦写在系统可编程的 FLASH ROM。而标准 8051 系列单片机采用 EPROM(如 8751)或掩膜 ROM(如 8051)，因此只能进行仿真器调试，不能进行在线调试。
- 利用 FLASH ROM 的电可擦写性，还可将其一部分存储单元作为 RAM 使用，以保存那些重要的、需要长期保存的运行数据。若标准 8051 要想实现这样的功能，则必须在片外扩展 1 片 EEPROM 或 FLASH ROM 或带后备电池的普通 RAM。
- 不包括特殊功能寄存器，C8051F SRAM 的容量是 256 字节，比标准 8051 多 1 倍，与 8052 相同。
- 特殊功能寄存器多达 99 个，标准 8051 只有 21 个。
- 某些型号如 C8051F005 片内还增加了 1 个扩展数据存储区——XRAM。标准 8051 没有这个区，在数据存储容量较大时，就只能在片外扩展 RAM，而 C8051F 则不必。

2.2.3　处理中断的能力

相对于标准 8051，CIP-51 的另一个改进是其中断系统。CIP-51 支持 22 种中断(如果把复位也看成 1 种中断)，标准 8051 只支持 6 种中断。

此外，CIP-51 内部还有一个能独立工作的时钟发生器，为系统提供时钟，在对时钟精度要求不高的情况下，可以直接使用内部时钟。

2.2.4　C8051F 系列产品及其电气参数

C8051F 系列单片机有 C8051F0xx、C8051F2xx、C8051F3xx 等系列。C8051F0xx 系列产品如表 2.1 所列。

表 2.1 C8051F0xx 系列产品

型号	MIPS(峰值)	FLASH存储器/KB	RAM/字节	SMBus/I^2C	SPI	UART	定时器(16位)	可编程计数器阵列	数字端口 I/O	ADC分辨率/位	ADC最大速度/ksps	ADC输入通道数	电压基准	温度传感器	DAC分辨率	DAC输出通道数	电压比较器个数	封装
C8051F000	20	32	256	√	√	√	4	√	32	12	100	8	√	√	12	2	2	64TQFP
C8051F001	20	32	256	√	√	√	4	√	16	12	100	8	√	√	12	2	2	48TQFP
C8051F002	20	32	256	√	√	√	4	√	8	12	100	4	√	√	12	2	1	32LQFP
C8051F005	25	32	2304	√	√	√	4	√	32	12	100	8	√	√	12	2	2	64TQFP
C8051F006	25	32	2304	√	√	√	4	√	16	12	100	8	√	√	12	2	2	48TQFP
C8051F007	25	32	2304	√	√	√	4	√	8	12	100	4	√	√	12	2	1	32LQFP
C8051F010	20	32	256	√	√	√	4	√	32	10	100	8	√	√	12	2	2	64TQFP
C8051F011	20	32	256	√	√	√	4	√	16	10	100	8	√	√	12	2	2	48TQFP
C8051F012	20	32	256	√	√	√	4	√	8	10	100	4	√	√	12	2	1	32LQFP
C8051F015	25	32	2304	√	√	√	4	√	32	10	100	8	√	√	12	2	2	64TQFP
C8051F016	25	32	2304	√	√	√	4	√	16	10	100	8	√	√	12	2	2	48TQFP
C8051F017	25	32	2304	√	√	√	4	√	8	10	100	4	√	√	12	2	1	32LQFP

C8051F005 的极限参数如表 2.2 所列，总体直流电气参数如表 2.3 所列。

表 2.2 C8051 的极限参数

参 数	值
环境温度(通电情况下)	−55～125 ℃
储存温度	−65～150 ℃
任何引脚相对 DGND 的电压(V_{DD}和端口 I/O 除外)	−0.3 V～(V_{DD}+ 0.3 V)
任何端口 I/O 引脚或$\overline{RST}$相对 DGND 的电压	−0.3～5.8 V
V_{DD}引脚相对 DGND 的电压	−0.3～4.2 V
通过 V_{DD}、AV+、DGND 和 AGND 的最大总电流	800 mA
任何端口引脚的最大输出灌电流	100 mA
任何其他 I/O 引脚的最大输出灌电流	25 mA
任何端口引脚的最大输出拉电流	100 mA
任何其他 I/O 引脚的最大输出拉电流	25 mA

注：超过这些列出的“极限参数”可能导致器件永久性损坏。

表 2.3 C8051F005 直流电气参数

−40～+85 ℃(除非另有说明)。

参 数	条 件	最小值	典型值	最大值	单 位
模拟电源电压①		2.7	3.0	3.6	V
模拟电源电流	内部 REF、ADC、DAC、比较器都工作		1	2	mA
模拟电源电流(模拟子系统不工作)	内部 REF、ADC、DAC、比较器都被禁止 振荡器被禁止		5	20	μA
模拟与数字电源电压之差(V_{DD}−AV+1)				0.5	V
数字电源电压		2.7	3.0	3.6	V
数字电源电流(CPU 工作)	V_{DD}=2.7 V，f_{CLK}=25 MHz V_{DD}=2.7 V，f_{CLK}= 1 MHz V_{DD}=2.7 V，f_{CLK}=32 kHz		12.5 0.5 10		mA mA μA
数字电源电流(停机方式)	振荡器不运行		5		μA
数字电源电压(RAM 数据保持电压)			1.5		V
额定工作温度范围		−40		+85	℃
SYSCLK(系统时钟频率)	C8051F005/6/7，C8051F015/6/7②	0		25	MHz

续表 2.3

参　数	条　件	最小值	典型值	最大值	单　位
SYSCLK(系统时钟频率)	C8051F000/1/2，C8051F010/1/2②	0		20	MHz
TSYSH(SYSCLK 高电平时间)		18			ns
TSYSL(SYSCLK 低电平时间)		18			ns

① 模拟电源 AV＋必须大于 1 V 才能使 V_{DD} 监视器工作。

② 为能使用调试功能，SYSCLK 至少应为 32 kHz。

2.3 C8051F005 单片机的存储器组织

C8051F005 单片机的片内存储器组织结构如图 2.2 所示。分程序存储空间(ROM)和数据存储空间。其中数据存储空间又分为内部数据存储空间和外部数据存储空间。它们彼此独立，分别编址(排地址)，地址都从 0 开始。每个单元能存 1 字节(8 位)二进制信息。

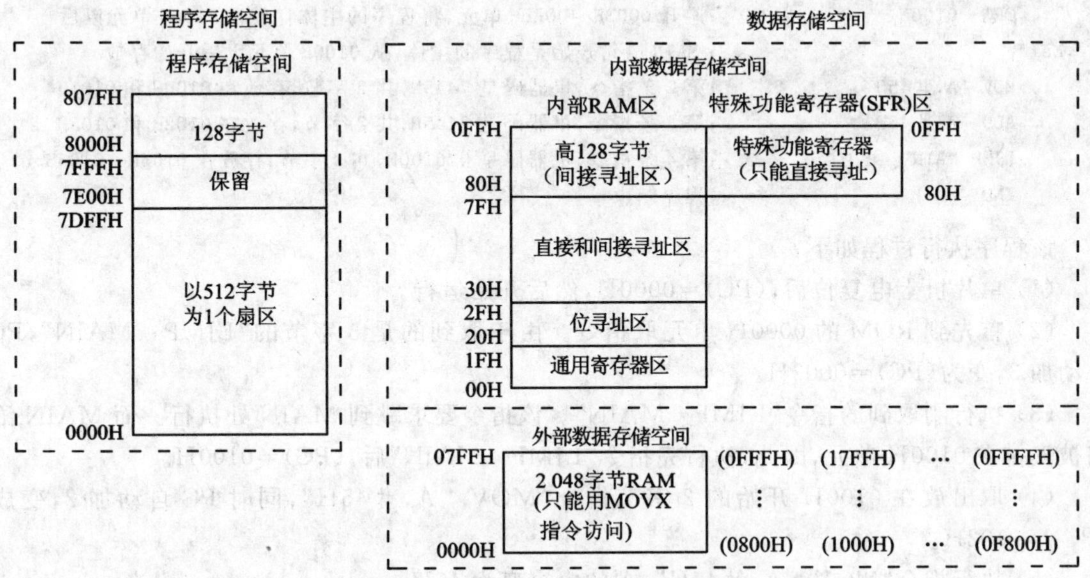

图 2.2　C8051F005 的存储器组织结构

2.3.1　程序存储空间

C8051F005 的程序存储空间由程序存储器(ROM)组成，寻址范围(允许的最大容量)为 64 KB。C8051F005 内部配置了 32 KB＋128 字节的 FLASH ROM，地址为 0000H～807FH。

如果需要更大容量的 ROM，可选择其他型号的单片机或在 C8051F005 外进行扩展。片内 ROM 中，地址为 7E00H～7FFFH（共 512 个单元）的空间为保留区，供芯片制造厂使用；用户可自由使用其他空间。ROM 中可以存放程序，也可以存放常数、表格等数据。对程序的读取，由 CPU 的控制电路自动完成；对常数、表格的读取，则需要使用 MOVC 指令。MOVC 指令的具体格式将在第 3 章介绍，这里先介绍对程序的读取过程。

CPU 总是根据程序计数器（PC）的内容进行程序读取，PC 的内容代表下一条待取指令在 ROM 中的地址。C8051 复位后，PC＝0000H，为保证程序能够被正确地读取，要求程序的第 1 条指令必须放在 0000H 单元。此外，ROM 的 0003H～00ABH 要求存放与中断有关的一些内容。一般程序的主体应避免放在这些单元，除非不使用这些中断功能。关于中断的具体内容将在后续章节具体介绍。下面以一个简单程序为例进行说明：

```
$INCLUDE(C8051F000.INC)         ;指出使用的单片机是 C8051F0xx 系列
    ORG  0000H                  ;指出第 1 条指令要从 0000H 单元开始存放
    LJMP MAIN                   ;这是程序的第 1 条指令，意思是跳到语句 MAIN
                                ;LJMP MAIN 指令的机器码是 020100H，共 3 字节，放在 ROM 的 0000H～
                                ;0002H 单元
    ORG  0100H                  ;避开 0003H～00ABH 单元，将程序的主体存放在 0100H 单元以后
MAIN:                           ; MAIN 语句开始是程序的主体，从 0100H 单元以后开始存放
    MOV  A,#45H                 ;第 2 条指令，机器码是 7445H，共 2 字节，存放在 0100H 和 0101H
    ADD  A,#45H                 ;第 3 条指令，机器码是 2445H，共 2 字节，存放在 0102H 和 0103H
    LJMP MAIN                   ;第 4 条指令，机器码是 020100H，共 3 字节，存放在 0104H～0106H
    END                         ;程序结束
```

该程序执行过程如下：

(1) 单片机上电复位后，(PC)＝0000H，然后开始运行。

(2) 首先到 ROM 的 0000H 单元取指令。由于取到的是 3 字节的“LJMP　MAIN”，PC 自动加 3，变为(PC)＝0003H。

(3) 执行刚取到的指令“LJMP　MAIN”。该指令要求跳到 MAIN 处执行。而 MAIN 语句被安排在 0100H 单元，因此，执行完指令“LJMP　MAIN”后，(PC)＝0100H。

(4) 取出放在 0100H 开始的 2 字节指令“MOV　A，#45H”，同时 PC 自动加 2，变成(PC)＝0102H。

(5) 执行指令“MOV　A，#45H”，A 的内容变为 45H。

(6) 取出放在 0102H 开始的 2 字节指令“ADD　A，#45H”，同时 PC 自动加 2，变成(PC)＝0104H。

(7) 执行指令“ADD　A，#45H”，A 的内容变成 8AH。

(8) 取出放在 0104H 开始的 3 字节指令“LJMP　MAIN”，同时 PC 自动加 3，变成(PC)＝0107H。

(9) 执行指令“LJMP　MAIN”，PC 重新变成(PC)＝0100H。

(10) 重复过程(4)～(9)。

本例将程序主体的第 1 条指令命名为 MAIN，安排在 0100H 单元，实际上也可为其他名称，如 START 等。至于安排在哪个单元，没有具体规定，以避开与中断有关的单元且不会浪费太多 ROM 空间为原则。

调试时，对各 ROM 区内容的观察方法详见本书配套实验教材第 2 章[8]。

2.3.2　内部数据存储空间

C8051F 的内部数据存储空间分为内部 RAM 区和特殊功能寄存器(SFR)区。内部 RAM 区共 256 字节，地址为 00H～0FFH，特殊功能寄存器区共 128 字节，地址为 80H～0FFH。对这 2 个区可使用的指令很多，如 MOV、ADD 等。实际上，C8051 的大多数指令都适用于这个区。

1. 内部 RAM 区

内部 RAM 区主要用于暂存数据。当需要向其中某一单元写入数据或将某一单元存储的数据送到另一单元时，可写如下的指令：

```
MOV  30H,#35H     ;将十六进制数 35H 送内部 RAM 的 30H 单元暂存
MOV  00H,#28H     ;将十六进制数 28H 送内部 RAM 的 00H 单元暂存
MOV  30H,28H      ;将内部 RAM 28H 单元暂存的内容送 30H 单元
```

内部 RAM 区又分为几个不同的小区，各区有自己不同的特点和一些独特的功能。

(1) 通用寄存器区

地址为 00H～1FH，共 32 个单元。分 4 组，每组 8 个单元，地址分别为：

0 组——00H～07H

1 组——08H～0FH

2 组——10H～17H

3 组——18H～1FH

这 32 个单元除了具有内部 RAM 的一般特性外，还具有特殊的功能。C8051F 复位后，默认 0 组为当前工作寄存器组。此时，它的 8 个单元中每个都有一个系统规定的专用名字，分别为 R0、R1、R2、…、R7，可以用地址或名字称呼这些单元。例如，要将一个十六进制数 34H 送给 00H 单元，可写指令“MOV　00H，#34H”，也可写指令“MOV　R0，#34H”。显然，用名字更容易记忆。

作为工作寄存器，R0～R7 具有普通 RAM 没有的一些功能。例如，以上 2 条指令虽然功能相同，但“MOV　00H，#34H”的机器码为 750034H，占 3 字节；“MOV　R0，#34H”的机器码为 7834H，只占 2 字节。再如，有“INC　@R0”这样的寄存器操作指令，却没有“INC　@

00H”这样的指令。

可以通过编程的方法使其他组变为当前工作寄存器组。例如在程序中使用如下指令：

```
SETB    RS0
CLR     RS1
```

此时，1组变为当前工作寄存器组，R0～R7的名字将分别属于08H～1FH单元。如果执行指令“MOV R0，#34H”，则十六进制数34H将被送到08H单元。可见，谁是当前工作寄存器组，R0～R7的名字就属于谁。复位后，默认0组为当前工作寄存器组。非当前工作寄存器组的各单元没有专门的名字，只能作为普通RAM使用，不具有R0～R7的一些特殊功能。

调试时，对工作寄存器区内容的观察方法详见本书配套实验教材第2章[8]。

(2) 位寻址区

20H～2FH这16个RAM单元除了可以作为普通RAM外，还具有位寻址功能。那么，什么是位寻址功能呢？

C8051F的每个单元里都存有8位——1字节的信息。具有位寻址能力，是指可以用指令控制它的每一位的值。例如，可以用指令“SETB 20H.0”使20H单元的最低位(D0位)置1，也可以用指令“CLR 20H.0”使20H单元的最低位(D0位)清0。无论是“SETB 20H.0”还是“CLR 20H.0”，都只影响20H单元的最低位，不会对该单元的其他位造成影响。

但不是所有单元都具有位寻址能力，例如R0。如果写了这样的指令“SETB R0.0”，则汇编时机器会报错。因为芯片设计者没有赋予R0位寻址能力，所以不能使用这样的位寻址指令。它只能使用如“MOV R0，#67H”这样的字节寻址指令，该指令一次影响整个字节(8位)。

位寻址区有16个单元，地址为20H～2FH。这16个单元既可位寻址，也可像普通RAM单元一样进行字节寻址。例如，可以用指令“MOV 23H，#45H”把1字节的数据送入23H单元，也可以使用指令“SETB 23H.7”只给该单元的最高位(D7位)送1。

位寻址功能在有些场合非常有用。下面介绍位地址和字节地址的概念。

单片机内部有很多存储单元，不同的单元有自己的地址，而每个单元能存放1字节的信息。这个地址就是字节地址，即1字节单元对应的地址。一般不做特殊说明时，地址就是指字节地址。

C8051F内部有些单元是可以位寻址的。例如，内部RAM中的字节地址为20H～2FH，这16个单元每个单元可存放8位数据，共有16×8位＝128位。如果给其每一位都编一个地址，这就是位地址。位地址是一个位单元所对应的地址。C8051F把20H单元的最低位即20H.0的位地址定为00H，20H.1的位地址定为01H，…，20H.7位地址定为07H，21H.0位地址定义为08H，…，依次类推，直到2FH.7对应位地址为7FH。20H～2FH这16个单元的字节地址和各位的位地址对应关系如表2.4所列。对这些位的引用可以用位地址，也可以用字节地址加“.”操作符。例如，要将20H单元的D0位清0，可写指令“CLR 20H.0”，也可写指令“CLR 00H”。

表 2.4　RAM 位寻址区位地址

字节地址	位地址							
	D7	D6	D5	D4	D3	D2	D1	D0
20H	07H	06H	05H	04H	03H	02H	01H	00H
21H	0FH	0EH	0DH	0CH	0BH	0AH	09H	08H
22H	17H	16H	15H	14H	13H	12H	11H	10H
23H	1FH	1EH	1DH	1CH	1BH	1AH	19H	18H
24H	27H	26H	25H	24H	23H	22H	21H	20H
25H	2FH	2EH	2DH	2CH	2BH	2AH	29H	28H
26H	37H	36H	35H	34H	33H	32H	31H	30H
27H	3FH	3EH	3DH	3CH	3BH	3AH	39H	38H
28H	47H	46H	45H	44H	43H	42H	41H	40H
29H	4FH	4EH	4DH	4CH	4BH	4AH	49H	48H
2AH	57H	56H	55H	54H	53H	52H	51H	50H
2BH	5FH	5EH	5DH	5CH	5BH	5AH	59H	58H
2CH	67H	66H	65H	64H	63H	62H	61H	60H
2DH	6FH	6EH	6DH	6CH	6BH	6AH	69H	68H
2EH	77H	76H	75H	74H	73H	72H	71H	70H
2FH	7FH	7EH	7DH	7CH	7BH	7AH	79H	78H

那么，如果同样是地址 00H，CPU 如何知道这是字节地址还是位地址呢？原来 CPU 是靠指令进行自动识别的。如果指令是“MOV　2CH，＃45H”，则 CPU 会认为这是要将 45H 这个数送给地址为 2CH 的字节单元；如果指令是“CLR　66H”，则一定是将 66H 这一位即 2CH.6 清 0，因为这是一条位操作指令，而这个地址只能是位地址。

调试时，对 20H～2FH 区的内容及各位的观察方法详见本书配套实验教材第 2 章[8]。

(3) 直接寻址区和间接寻址区

地址为 30H～7FH，共 80 个单元，都没有专门的名字。这些单元既可用如“MOV　34H，＃45H”这样的直接寻址指令，也可用以下的间接寻址指令：

```
MOV  R0,#34H
MOV  @R0,#45H
```

这样的间接寻址指令将数 45H 送入 R0 指向的 RAM 单元——34H 单元。关于直接寻址和间接寻址的更多概念，请参见第 3 章中关于寻址方式的介绍。

调试时，对 30H～7FH 区的内容的观察方法详见本书配套实验教材第 2 章[8]。

实际上，内部 RAM 区的 00H～7FH 都允许直接寻址和间接寻址。只是 00H～2FH 由于具有特殊功能，更多地被用来做寄存器用或进行位操作，而 30H～7FH 则更多地用于一般数据存储。

直接寻址区也被称为 DATA 区，间接寻址区也被称为 IDATA 区。00H～7FH 既可以直接寻址也可以间接寻址，因此，它既属于 DATA 区，也属于 IDATA 区。

(4) 间接寻址区(IDATA 区)

地址为 80H～0FFH，128 个单元，也没有专门的名字。这个区只能进行间接寻址。例如，要将数 45H 送这个区的 80H 单元，只能用指令：

```
MOV   R0,＃80H
MOV   @R0,＃45H
```

不能用指令“MOV　80H，＃45H”，否则数据将不能正确地送入。

调试时，对间接寻址区 80H～0FFH 的内容的观察方法详见本书配套实验教材第 2 章[8]。

2. 特殊功能寄存器区(SFR 区)

这个区的地址也是 80H～0FFH，但只能直接寻址，不能间接寻址。例如，要送数 45H 给这个区的 80H 单元，要写指令“MOV　80H，＃45H”，而不能写指令：

```
MOV   R0,＃80H
MOV   @R0,＃45H
```

比较 SFR 区和前面的间接寻址 RAM 区，虽然地址都是 80H～0FFH，但由于采用的寻址方式不同，因此指令“MOV　80H，＃45H”将数 45H 送到 SFR 区的 80H 单元，而指令“MOV　R0，＃80H”和“MOV @R0，＃45H”则把数 45H 送到间接寻址区的 80H 单元。不同寻址方式下数据的流向如图 2.3 所示。

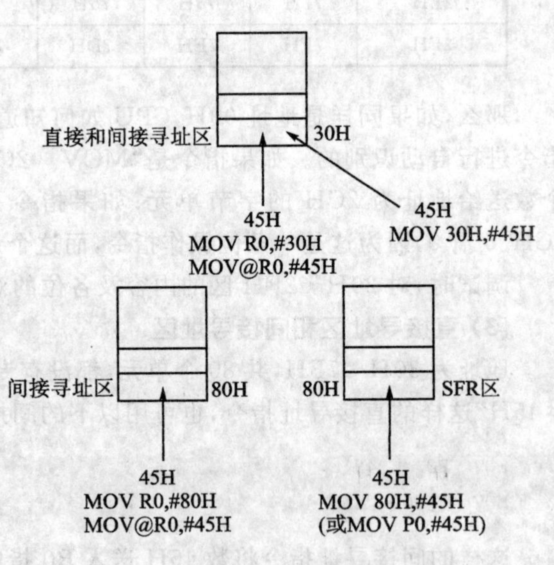

图 2.3　不同寻址方式下数据的流向

SFR 区中许多单元被规定了名字，例如 80H 单元的名字是 P0。凡有名字的单元称为特殊功能寄存器(SFR)。标准 8051 的 SFR 有 21 个，C8051F 的 SFR 有 99 个，它包含了标准 8051 的全部 SFR。SFR 之所以特殊，是因为它们与片内硬件资源如并行 I/O 口、串行口、定时器等的使用有关，是用来对片内资源进行访问和控制的。例如，P0 就是与 P0 端口有关的 SFR，TCON、TMOD、TH0 和 TL0 等是与定时器有关的 SFR。表 2.5 和附录 B 列出了 C8051F 全部 SFR 的名字和地址。其他没有名字的单元虽然有地址，但用户不能使用。

表 2.5 C8051 特殊功能寄存器名及地址

F8H	SPI0CN	PCA0H	PCA0CPH0	PCA0CPH1	PCA0CPH2	PCA0CPH3	PCA0CPH4	WDTCN
F0H	B						EIP1	EIP2
E8H	ADC0CN	PCA0L	PCA0CPL0	PCA0CPL1	PCA0CPL2	PCA0CPL3	PCA0CPL4	RSTSRC
E0H	ACC	XBR0	XBR1	XBR2			EIE1	EIE2
D8H	PCA0CN	PCA0MD	PCA0CPM0	PCA0CPM1	PCA0CPM2	PCA0CPM3	PCA0CPM4	
D0H	PSW	REF0CN	DAC0L	DAC0H	DAC0CN	DAC1L	DAC1H	DAC1CN
C8H	T2CON		RCAP2L	RCAP2H	TL2	TH2		SMB0CR
C0H	SMB0CN	SMB0STA	SMB0DAT	SMB0ADR	ADC0GTL	ADC0GTH	ADC0LTL	ADC0LTH
B8H	IP		AMX0CF	AMX0SL	ADC0CF		ADC0L	ADC0H
B0H	P3	OSCXCN	OSCICN				FLSCL	FLACL*
A8H	IE					PRT1IF		EMI0CN*
A0H	P2				PRT0CF	PRT1CF	PRT2CF	PRT3CF
98H	SCON	SBUF	SPI0CFG	SPI0DAT		SPI0CKR	CPT0CN	CPT1CN
90H	P1	TMR3CN	TMR3RLL	TMR3RLH	TMR3L	TMR3H		
88H	TCON	TMOD	TL0	TL1	TH0	TH1	CKCON	PSCTL
80H	P0	SP	DPL	DPH				PCON
	0(8)H	1(9)H	2(A)H	3(B)H	4(C)H	5(D)H	6(E)H	7(F)H

注：地址以 0H 或 8H 结尾的 SFR 可以位寻址。

* 只在 C8051F005/06/07/15/16/17 中存在。

从表中可以看出，P0 的地址是 80H，SP 的地址是 81H，…，WDTCN 的地址是 0FFH。有些单元如 84H、85H、86H 等没有名字，不能使用。

调试时，对 SFR 的内容的观察方法详见本书配套实验教材第 2 章[8]。

下面我们先介绍几个常用的 SFR。

(1) 累加器 A(ACC)

地址为 0E0H，复位后的初值为 00H，累加器 A 可用来进行数据暂存和运算。例如，要将数 56H 送 A 暂存，只需写指令"MOV A，#56H"。累加器 A 是单片机中最繁忙的寄存器，很多指令只能通过它执行。

(2) 寄存器 B

地址为 0F0H，复位后的初值为 00H。可以用寄存器 B 进行数据暂存。例如，指令"MOV

B,＃56H"是将数 56H 送 B 暂存。

(3) 数据指针 DPTR

DPTR 由 DPH 和 DPL 两个 8 位特殊功能寄存器组成，地址分别为 83H 和 82H，复位后初值为 0000H。如果要向 DPTR 送一个双字节数 1234H，则可写指令"MOV　DPTR,＃1234H"，其作用等同于"MOV　DPH,＃12H"和"MOV　DPL,＃34H"两条指令。

(4) 程序状态字寄存器 PSW

PSW 的地址为 0D0H，复位后的初值为 00H。其每一位都有一个名字，如图 2.4 所示。PSW 各位的值通常可反映某些指令执行后的情况。例如：

	D7	D6	D5	D4	D3	D2	D1	D0	地址：0D0H
PSW	C	AC	F0	RS1	RS0	OV	F1	P	复位值：00000000B

图 2.4　PSW 程序状态字寄存器

① P 为奇偶校验标志位。当累加器 A 中"1"的个数为奇数时，该位自动置 1；否则，自动清 0。例如，执行完指令"MOV　A,＃83H"后，(A)＝83H＝10000011B，同时(P)＝1，因为此时 A 中有 3 个"1"。P 的值反映了累加器 A 中"1"的个数。

② C 为进位标志。在进行加减运算时，最高位(D7)向前有进位或借位时自动置 1；否则清 0。例如，执行加法指令"ADD　A,＃45H"，该指令将 A 的内容和数 45H 相加，结果送回 A。若原(A)＝0F0H，则执行后，(A)＝35H，(C)＝1；若原(A)＝25H，则执行后，(A)＝6AH，(C)＝0。C 的值反映运算过程是否有进位或借位发生。

```
   11110000      ( F0H)      00100101     (  25H )
 + 01000101      (+45H)    + 01000101     ( +45H )
  100110101       135H       01101010        6AH
  ↲               ↲
 进位            进位
```

计算式中左侧为二进制加法及其结果，右侧为十六进制加法及其结果。

③ AC 为辅助进位(半进位)标志。在进行加减运算时，低 4 位(D3)向高 4 位有进位或借位时自动置 1；否则清 0。例如，执行指令"ADD　A,＃0EH"，若原(A)＝05H，则执行后，(A)＝13H，(AC)＝1。

```
   00001110    (  0EH)      10000001     ( 81H)   (-127)
 + 00000101    ( +05H)    + 11111110     (+FEH)   (-  2)
   00010011      13H       101111111      17FH    (+127)
       ↲          ↲        ↲                ↲
      进位       进位      进位            进位
```

④ OV 为溢出标志。OV 标志只对符号数有意义。加减运算的结果超出了 8 位符号数表达的范围 −128～+127 时，自动置 1；否则清 0。例如，计算(−127)+(−2)结果应为 −129，超出了范围，因此发生溢出，(OV)=1。

在计算机中，符号数默认的编码是补码，−127 的补码是 81H，−2 的补码是 0FEH，正确的结果应为 −129(0FF7FH)。由于发生溢出，因此运算结果不正确，结果为 7FH 即 +127。

判断运算后 OV 值的另一个简单方法是：如果 D6 向 D7 的进位与 C 相同，则 OV=0；否则，OV=1，即(OV)=(C)⊕(C_{D6})。例如，上段的计算中，D6 向 D7 无进位，C_{D6}=0，C=1，因此，(OV)=1。

那么，是否只要发生了溢出(OV=1)，运算结果就一定错误呢？实际上并非如此。例如，对于指令“ADD　A，#03H”，若原(A)=7FH，则内部进行的计算为 7FH+04H=83H，(C)=0，(C_{D6})=1，(OV)=(C)⊕(C_{D6})=1。

0 1 1 1 1 1 1 1	(7 F H)	(1 2 7)	(+1 2 7)
+0 0 0 0 0 1 0 0	(+0 4 H)	(4)	(+ 4)
1 0 0 0 0 0 1 1	8 3 H	(1 3 1)	(−1 2 5)

83H 这个结果是否正确呢？这取决于参加运算的数是否是符号数。如果是符号数，则代表[(+127)+(+4)]，实际正确结果应该是 +131，超出了 8 位符号数表达的范围 −128～+127，因此发生溢出，得到的是一个错误的结果 −125(83H)。

但如果参加运算的数是无符号数，7FH 代表 127，04H 代表 4，127+4 结果应为 131，恰好是 83H，结果是正确的。可见对无符号数，OV 没有意义。

8 位无符号数表达的范围是 0～255，运算过程中也有结果超出范围的情况，如 255+1=256 或 1−2 =−1，这实际也是溢出，此时，进位标志位 C=1。无符号数超范围后，运算结果也不正确。对于无符号数，是否发生溢出应该看进位标志 C；对于符号数，是否发生溢出应该看溢出标志 OV。**OV 只对符号数有意义，对无符号数没有意义。**

综上所述，像 ADD 这类运算指令，对 P、C、AC、OV 有着直接的影响。但有些指令如“MOV　A，#45H”则不同，该指令只影响 PSW 的 P 位；还有些指令如“MOV　40H，#45H”，对标志位完全没有影响。具体情况参见附录 A。

【例 2.1】　判断执行完如下指令后 A、P、C、AC、OV 的值，假设原(PSW)=00H。

```
MOV  A,#41H
ADD  A,#0FEH
```

解　执行的运算如下：

执行完第 1 条后，(A)=41H=01000001B，“1”的个数为 2，因此(P)=0。“MOV　A，#41H”指令不影响 PSW 的其他位，因此(PSW)=00H 不变。

第 2 条指令进行的运算如下：

0 1 0 0 0 0 0 0 1	(4 1 H)	(0 6 5)	(＋6 5)
＋1 1 1 1 1 1 1 1 0	(＋F E H)	(2 5 4)	(－0 2)
1 0 0 1 1 1 1 1 1	3 F H	(0 6 3)	(＋6 3)

结果(A)＝3FH＝00111111B,“1”的个数为 6,因此(P)＝0。

运算中 D7 有进位,因此(C)＝1。

D3 无进位,因此(AC)＝0。

D6 向 D7 有进位,(C_{D6})＝1,因此(OV)＝(C)⊕(C_{D6})＝0。

于是,执行完第 2 条后,(PSW)＝10000000B＝80H。

可见,将数据看成符号数时,加法没有溢出,结果正确;将数据看成无符号数时,相加结果超出了 0～255,产生了进位,结果错误。

⑤ RS1 和 RS0 为 工作寄存器组选择位。这两位的值决定了当前工作寄存器组。RS1、RS0 取值与工作寄存器组关系如下:

RS1	RS0	当前组
0	0	0 组
0	1	1 组
1	0	2 组
1	1	3 组

复位后,RS1＝0,RS0＝0,因此默认使用 0 组做工作寄存器组。但 RS1、RS0 的值可以根据需要由用户进行设定。例如,希望使用 2 组,可在程序中写如下指令:

```
SETB   RS1   ;RS1 置 1
CLR   RS0   ;RS0 清 0
```

⑥ F1 和 F0 为没有确定意义的两位,可由用户根据需要自行定义。

其他 SFR 将在相关内容中介绍。

除了 RAM 区中 20H～2FH 这 16 个单元外,SFR 也有许多是可以位寻址的。可以位寻址的 SFR 有一个共同的特征,即字节地址(十六进制)以 8 或 0 结尾。例如 PSW,字节地址为 0D0H;再如 TCON,字节地址为 88H。可以位寻址的 SFR 的各位也有自己的位地址,从 80H 一直排到 0FFH,如表 2.6 所列。调试时对各位的观察详见本书配套实验教材第 2 章[8]。

某些 SFR 各位也有自己的名字,例如 PSW,而另一些则没有,如累加器 A、端口 P0。对于可位寻址的 SFR,可应用如 SETB 这样的位指令直接操作其每一位。可使用位名,如“SETB　C”;可使用点操作符,如“SETB　PSW.7”;也可使用位地址,如“SETB　0D7H”。以上 3 条指令都是对 PSW 的 C 进行置位操作。显然,使用位名更直观。

表2.6 C8051特殊功能寄存器的位地址

名 称	字节地址		位地址/位名							
			D7	D6	D5	D4	D3	D2	D1	D0
P0	80H	位地址	87H	86H	85H	84H	83H	82H	81H	80H
		位名								
TCON	88H	位地址	8FH	8EH	8DH	8CH	8BH	8AH	89H	88H
		位名	TF1	TR1	TF0	TR0	IE1	IT1	IE0	IT0
P1	90H	位地址	97H	96H	95H	94H	93H	92H	91H	90H
		位名								
SCON	98H	位地址	9FH	9EH	9DH	9CH	9BH	9AH	99H	98H
		位名	SM0	SM1	SM2	REN	TB8	RB8	TI	RI
P2	0A0H	位地址	0A7H	0A6H	0A5H	0A4H	0A3H	0A2H	0A1H	0A0H
		位名								
IE	0A8H	位地址	0AFH	0AEH	0ADH	0ACH	0ABH	0AAH	0A9H	0A8H
		位名	EA	IEGF0	ET2	ES	ET1	EX1	ET0	EX0
P3	0B0H	位地址	0B7H	0B6H	0B5H	0B4H	0B3H	0B2H	0B1H	0B0H
		位名								
IP	0B8H	位地址	0BFH	0BEH	0BDH	0BCH	0BBH	0BAH	0B9H	0B8H
		位名			PT2	PS	PT1	PX1	PT0	PX0
SMB0CN	0C0H	位地址	0C7H	0C6H	0C5H	0C4H	0C3H	0C2H	0C1H	0C0H
		位名	BUSY	ENSMB	STA	STO	SI	AA	FTE	TOE
T2CON	0C8H	位地址	0CFH	0CEH	0CDH	0CCH	0CBH	0CAH	0C9H	0C8H
		位名	TF2	EXF2	RCLK	TCLK	EXEN2	TR2	C/T2	CP/RL2
PSW	0D0H	位地址	0D7H	0D6H	0D5H	0D4H	0D3H	0D2H	0D1H	0D0H
		位名	C	AC	F0	RS1	RS0	OV	F1	P
PCA0CN	0D8H	位地址	0DFH	0DEH	0DDH	0DCH	0DBH	0DAH	0D9H	0D8H
		位名	CF	CR		CCF4	CCF3	CCF2	CCF1	CCF0
ACC	0E0H	位地址	0E7H	0E6H	0E5H	0E4H	0E3H	0E2H	0E1H	0E0H
		位名								
ADC0CN	0E8H	位地址	0EFH	0EEH	0EDH	0ECH	0EBH	0EAH	0E9H	0E8H
		位名	ADCEN	ADCTM	ADCINT	ADCBUSY	ADCSTM1	ADCSTM0	ADWINT	ADLJST

续表 2.6

名　称	字节地址		位地址/位名							
			D7	D6	D5	D4	D3	D2	D1	D0
B	0F0H	位地址	0F7H	0F6H	0F5H	0F4H	0F3H	0F2H	0F1H	0F0H
		位名								
SPI0CN	0F8H	位地址	0FFH	0FEH	0FDH	0FCH	0FBH	0FAH	0F9H	0F8H
		位名	SPIF	WCOL	MODF	RXOVRN	TXBSY	SLVSEL	MSTEN	SPIEN

2.3.3 外部数据存储空间

标准 8051 片内没有这个区。标准 8051 在片内 RAM 或 I/O 口数量不够时，只能在片外扩展。扩展部分被称为外部数据存储空间。该空间只能用 MOVX 指令访问，具体方法将在第 3 章介绍。而 C8051F005 则把这部分做在了片内，仍然用 MOVX 指令访问，因此也叫外部数据存储区，或叫 XRAM 区，尽管它实际位于单片机片内。XRAM 区共有 2 048 字节(2 KB)，地址为 0000H～07FFH。和内部 RAM 一样，用于数据存储。

XRAM 区起始地址是可以改变的，各单元地址可变为 0800H～0FFFH，或 1000H～17FFH，…，或 0F800H～0FFFFH 等，如图 2.2 所示。实际上，0000H、0800H、1000H、…、0F800H 是同一个单元；0001H、0801H、1001H、…、0F801H 都是同一个单元，依次类推。

2.4 C8051F005 单片机的引脚定义及端口设置

2.4.1 引脚及分类

C8051F005 单片机有 64 个引脚，TQFP 封装，如图 2.5 所示。

1. 电源引脚

(1) V_{DD} 和 DGND：数字电源和数字地，为片内数字设备提供电源。C8051 为 3 V 系统，如表 2.3 所列，供电电压为 2.7～3.6 V，典型值为 3 V。

(2) AV+和 AGND：模拟电源和模拟地，为片内模拟设备提供电源。供电电压为 2.7～3.6 V，典型值为 3 V。模拟电源和数字电源是 C8051 工作的首要保证。

(3) V_{REF}：基准电源(参考电源)输入，用来给片内 A/D 转换器、D/A 转换器、模拟比较器提供基准电压。因为 C8051 内部有一个基准电压源，所以该电源不是必需的。复位后，默认的基准电源为内部基准电源。如果需要使用外部基准电源，可通过 V_{REF} 和 AGND 输入。当然，软件上要进行设置。具体方法将在第 9 章介绍。

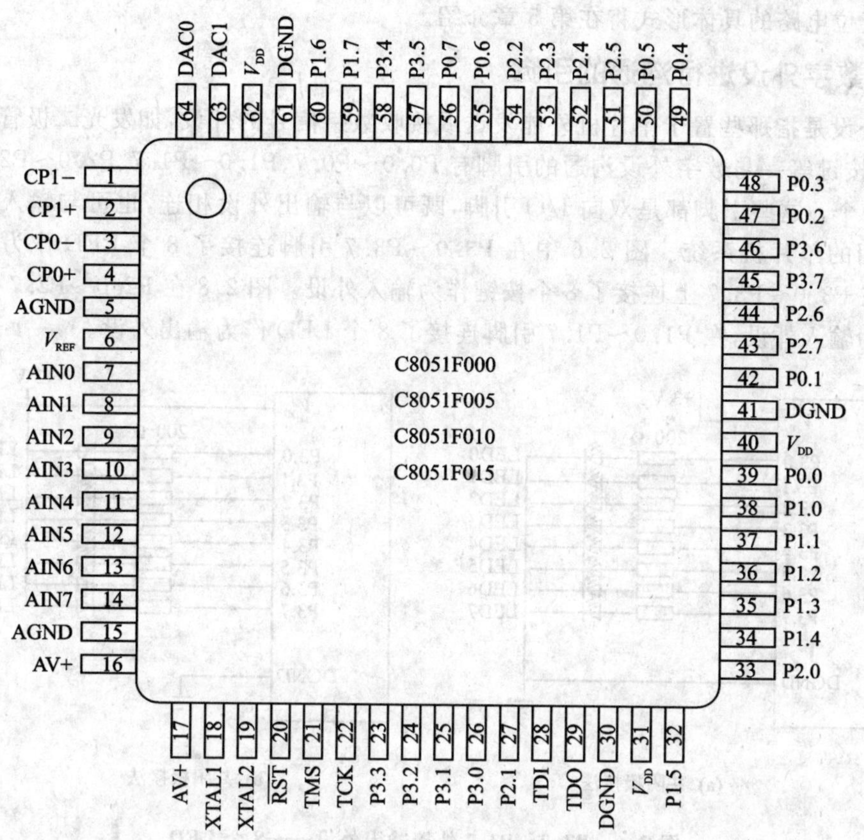

图 2.5 C8051F005 引脚图

2. 时钟输入引脚 XTAL1 和 XTAL2

单片机工作时除了需要电源外，还需要一个振荡源为其提供时钟。C8051 允许的最大时钟频率为 25 MHz。C8051 片内有一个振荡源，复位后使用的就是这个振荡源，默认振荡频率为 2 MHz。片内振荡源的精度较低，当振荡源精度或振荡频率不能满足要求时，可从 XTAL1、XTAL2 引脚外接晶体振荡器（以下简称晶振）或时钟电路作为振荡源，并通过软件进行设置。具体方法将在第 5 章介绍。

3. 复位引脚 $\overline{\text{RST}}$

上电后单片机有 2 个状态——复位状态和运行状态。复位状态下，片内各部件如 PC、SFR 等恢复为初始值。运行状态下，单片机自动到 ROM 中逐条取指令，执行指令。$\overline{\text{RST}}$是复位引脚。给$\overline{\text{RST}}$引脚输入一个低电平时，单片机进入复位状态；给$\overline{\text{RST}}$引脚输入一个高电平时，单片机进入运行状态。$\overline{\text{RST}}$引脚通常与片外复位电路相连，保证单片机在需要时能进入复位状态。复位电路的具体形式将在第 5 章介绍。

4. 与数字外设进行沟通的引脚

数字外设是指那些置于单片机外能发送或接收数字信号的外设，如发光二极管(LED)、液晶显示器、按键等。与数字外设沟通的引脚有 P0.0～P0.7、P1.0～P1.7、P2.0～P2.7、P3.0～P3.7 共 32 个。这些引脚都是双向 I/O 引脚，既可以与输出外设相连，也可与输入外设相连，以构成实用的单片机系统。图 2.6 中在 P3.0～P3.7 引脚连接了 8 个 LED 作为输出外设。图 2.7 中在 P3.0～P3.7 上连接了 8 个按键作为输入外设。图 2.8 在 P2.0～P2.7 上连接了 8 个按键作为输入外设，在 P1.0～P1.7 引脚连接了 8 个 LED 作为输出外设。

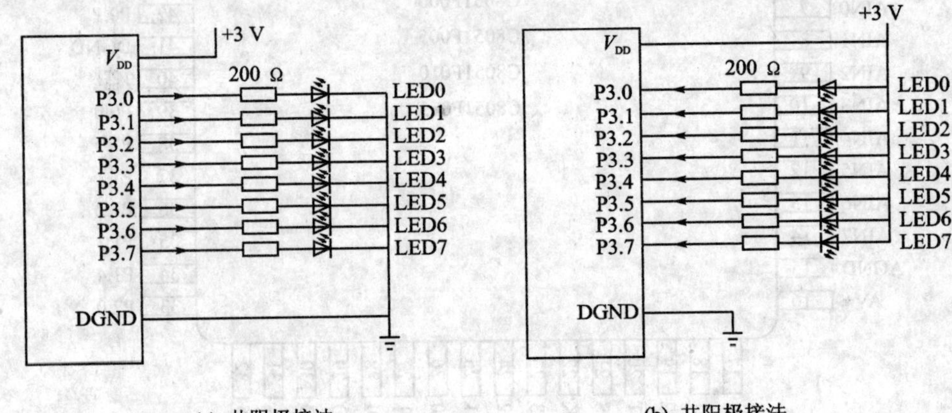

(a) 共阴极接法　　(b) 共阳极接法

图 2.6　P3.0～P3.7 外接输出外设——8 个 LED

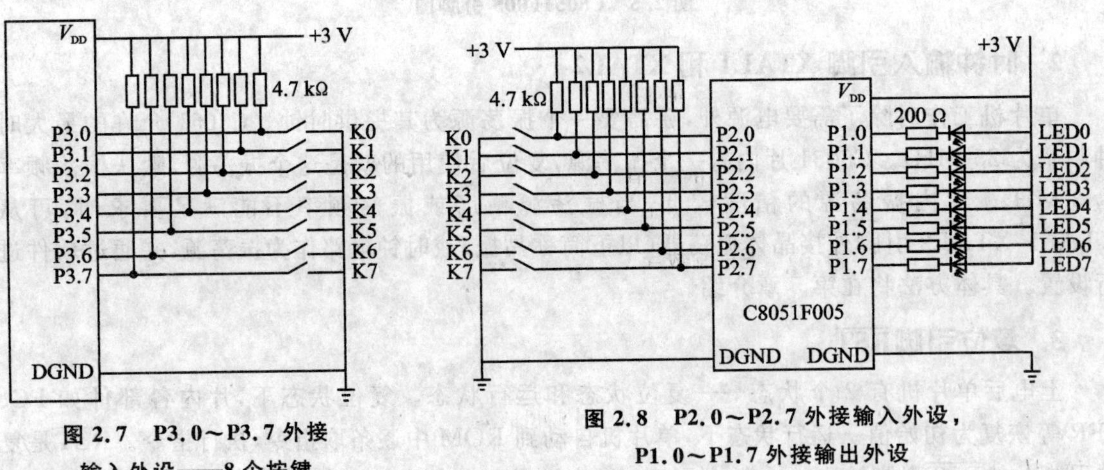

图 2.7　P3.0～P3.7 外接输入外设——8 个按键

图 2.8　P2.0～P2.7 外接输入外设，P1.0～P1.7 外接输出外设

5. 与模拟外设进行沟通的引脚

模拟外设是指那些能够输入/输出模拟电压信号的外设，如温度传感器、电动调节阀等。与模拟外设相关的引脚有：

(1) AIN0～AIN7，可用来接收 8 路模拟电压信号。

(2) DAC0 和 DAC1，可用来输出 2 路模拟电压信号。

(3) CP0＋、CP0－和 CP1＋、CP1－可分别用来接收 2 组待比较的电压信号。

相关内容将在第 9 章、第 10 章进行介绍。标准 8051 片内没有 A/D 转换器、D/A 转换器和比较器，因此没有这些引脚。

6. 与 JTAG 接口有关的引脚

与标准 8051 不同，C8051 片内有一个 JTAG 接口，为生产、在线测试、片内 FLASH ROM 的读/写和调试等提供方便。例如，要将 PC 机中的程序下载到 C8051 并进行调试，就需要通过 JTAG 接口，具体说就是通过 TCK、TMS、TDI、TDO 这 4 个引脚。但普通 PC 机没有 JTAG 接口，因此需要一个串行接口到 JTAG 接口的转换器——串行接口适配器来沟通 PC 机和 C8051 的 JTAG 引脚。如果没有特殊需要，用户在进行电路设计时要将这 4 个引脚连同 V_{DD}、DGND 一起按照串行接口适配器的要求引到 1 个 10 针插槽上，以便与适配器进行连接。至于这 4 个引脚的具体定义和使用方法，可暂不做过多考虑。具体连接方法参见串行接口适配器用户手册。

2.4.2 并行 I/O 端口及其配置

1. 并行 I/O 端口及特殊功能寄存器 P0～P3

在单片机应用系统中，外设连在 C8051 的引脚上，如图 2.6～2.8 所示。这些引脚在片内与 I/O 端口连接在一起。I/O 端口是 CPU 与外设进行数据交换的桥梁。C8051 片内有 4 个特殊功能寄存器，名为 P0～P3，地址分别为 80H、90H、0A0H、0B0H，分别代表各个端口，用来与数字外设进行数据交换，复位后的初值都是 0FFH。

(1) P3 口

P3 口通过 P3.0～P3.7 引脚与数字外设相连。如果希望通过 P3 口向 P3.0～P3.7 引脚输出数据 10000000B，则需要写指令：

```
MOV   P3,#10000000B              ;将数据送到 P3 口及对应引脚
```

如果希望将引脚上的数据输入到单片机内的累加器 A 中，则需要写指令：

```
MOV   A,P3                       ;从 P3 口对应引脚输入数据
```

C8051 单片机 P3 口的结构示意图如图 2.9 所示。

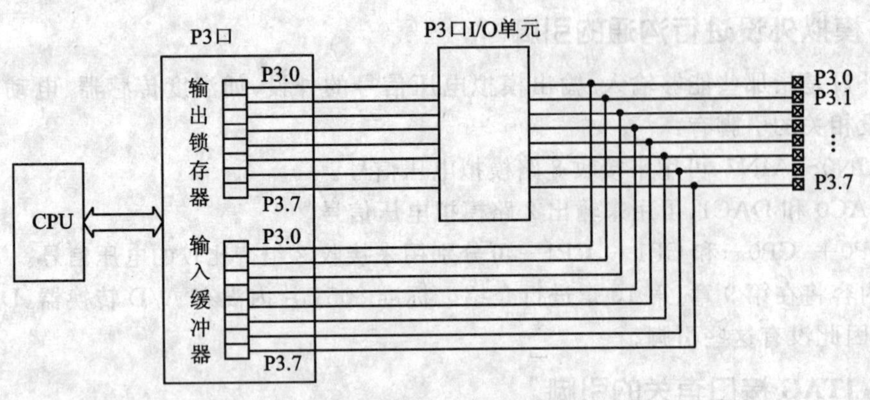

图 2.9 P3 口的结构示意图

P3 口有一个输出锁存器和一个输入缓冲器。输出锁存器用来存放将输出到引脚的数据；输入缓冲器用来接收引脚上输入的数据。但对使用者来说，它们都是 P3 口。

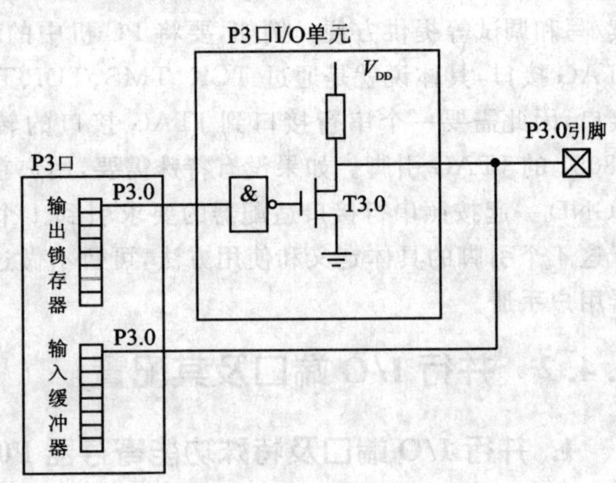

图 2.10 P3 口输出与输入之间的影响

在内部，CPU 执行输出指令时，是将数据先送到输出锁存器，经 P3 口 I/O 单元驱动，再输出到对应引脚；而输入数据时则是将引脚上的数据直接输入到输入缓冲器。由于在结构上输出锁存器和输入缓冲器都与引脚相连，二者之间可能会出现相互影响的情况。图 2.10 为 P3.0 输出与输入之间影响的示意图，P3 口其他各位的情况与之相同。

从图 2.10 中看出，执行指令“MOV P3，#00H”后，输出锁存器 P3.0 输出 0，T3.0 导通，P3.0 引脚被下拉到低电平；执行指令“MOV P3，#0FFH”后，输出锁存器 P3.0 输出 1，T3.0 截止，P3.0 引脚被上拉到高电平。

如果希望从 P3.0 引脚输入数据，但之前却不慎执行了“MOV P3，#00H”这一类指令，导致 T3.0 导通，此时无论输入引脚上连接的外设送 0 还是送 1，输入总会被导通的 T3.0 拉到低电平。为了避免发生这种情况，C8051 单片机规定了端口操作的原则：从端口对应引脚输入时，须先写 1，再输入；向端口对应引脚输出时，则可直接输出。

例如，将 P3.0～P3.7 这 8 个引脚与一个 8 位的输出外设相连，若希望向该外设送数字 10000000B，则软件中可直接写输出指令“MOV P3，#10000000B”。执行后，数字 10000000B 会被送到 P3 口输出锁存器，经 P3 口 I/O 单元驱动后通过对应的 8 个引脚输出到该外设。

再如，将 P3.0～P3.7 这 8 个引脚与一个 8 位的输入外设相连，则该外设通过 P3.0～P3.7 这 8 个引脚将信号送到 P3 口输入缓冲器。如果要采集 P3.0～P3.7 引脚上外设输入的信号，并把它送到累加器 A 中，则应先向 P3 口的每一位写 1，使 T3.0～T3.7 截止，以避免对输入缓冲器造成影响，之后再输入数据。

```
MOV  P3,#11111111B                 ;向 P3 口输出锁存器的每一位写 1
MOV  A,P3                          ;将 P3 口对应引脚上输入的数据送到 A
```

【例 2.2】 用 C8051 单片机控制 8 个发光二极管(LED0～LED7)，并使 LED0～LED3 点亮，LED4～LED7 灭。

解　显然这 8 个 LED 是单片机要控制的输出外设。可采用共阴极接法将它们连接在 P3.0～P3.7 上，如图 2.6(a)所示。

由于是共阴极接法，若要点亮 LED0～LED3，则需要给 P3.0～P3.3 引脚送高电平(1)，P3.4～P3.7 送低电平(0)，对应指令为“MOV　P3，#00001111B”或“MOV　P3，#0FH”。完整的程序如下：

```
       $INCLUDE(C8051F000.INC)          ;指出使用的是 C8051F0xx 系列单片机
       ORG  0000H                       ;将第 1 条指令安排在 0000H 单元
       LJMP MAIN                        ;这是第 1 条指令，要求跳到 MAIN 语句执行
       ORG  0100H                       ;将主程序安排在 0100H 单元以后
MAIN:  MOV  P3,#00001111B               ;主程序第 1 条指令，名为 MAIN
                                        ;向 P3 口输出，控制灯的亮灭
       SJMP $                           ;主程序第 2 条指令，停止
       END                              ;指出程序到此结束
```

如果将 8 个 LED 接成共阳极，如图 2.6(b)所示，则送 0 点亮 LED，应将指令“MOV　P3，#00001111B”改为“MOV　P3，#11110000B”。

【例 2.3】 用 C8051 单片机采集 8 个按键的状态，并送到 A 中。

解　显然按键是输入外设。可将其按图 2.7 所示电路接在 P3.0～P3.7 引脚上。按键按下时，相应引脚得到低电平(0)；按键断开时，相应引脚得到高电平(1)。

程序清单如下：

```
       $INCLUDE(C8051F000.INC)
       ORG    0000H
       LJMP   MAIN
       ORG    0100H
MAIN:  MOV    P3,#0FFH                  ;P3 口送“全 1”，为输入做准备
       MOV    A,P3                      ;从 P3 口输入按键状态，送入 A
       SJMP   $
       END
```

(2) P0～P2 口

这 3 个口的结构基本相同，图 2.11 只画出了 P0 口的结构示意图。每个端口仍然由输出锁存器和输入缓冲器组成。但是与 P3 口相比，P0 口的输出锁存器与引脚之间多了 1 个“数字交叉开关”。图 2.11 表达的是复位后的缺省状态。我们看到后面的一组开关 K0 是断开的，导致 P0 口输出锁存器与引脚不通。因此，执行“MOV　P0，＃11111110B”指令后，P0.0 引脚不会变为低电平。

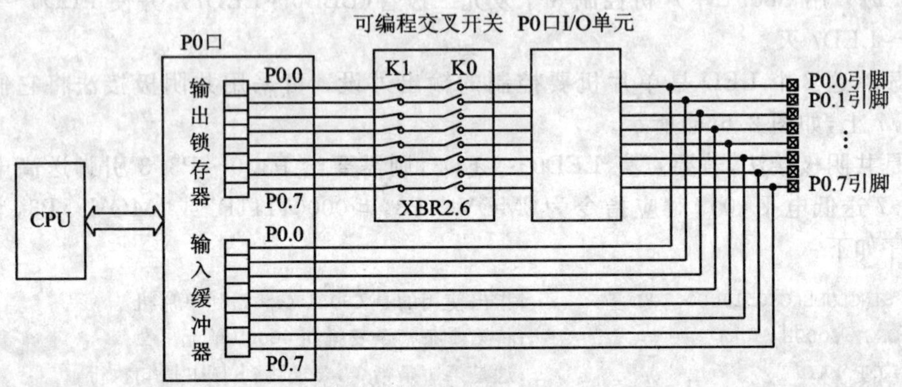

图 2.11　P0 口的结构示意图

要使 P0 口能够输出数据到引脚上，则应将开关 K0 闭合，这被称为使能交叉开关或允许交叉开关。特殊功能寄存器 XBR2 的 D6 位可以控制交叉开关的使能与禁止。XBR2 的情况如图 2.12 所示。

	D7	D6	D5	D4	D3	D2	D1	D0	
XBR2	WEAKPUD	XBARE						CNVSTE	地址：0E3H 复位值：00000000B

图 2.12　交叉开关寄存器 2——XBR2

XBR2 的 D6 位名为 XBARE，当 XBARE＝0 时，交叉开关断开；XBARE＝1 时，交叉开关闭合。复位后，XBARE＝0，因此是断开的。若要使能交叉开关，则可写指令“MOV　XBAR2，＃01000000B”或“ORL　XBR2，＃01000000B”，使 XBR2 的 D6 位置位（但不能用“SETB　XBARE”指令，因为 XBR2 地址为 0E3H，不能位寻址）。XBR2.6 对 P1 口和 P2 口同样有效。

输入缓冲器不受交叉开关的控制。无论 XBR2.6 为 1 或 0，都可以将引脚上的数据输入到输入缓冲器。

【例 2.4】　在 P2 口接 8 个按键，在 P1 口接 8 个 LED，LED 采用共阳极接法，如图 2.8 所示。编程实现功能：按下按键，对应的 LED 点亮。

分析 P2口接按键，为输入外设，输入时需要先写“全1”。P1口接输出外设，需要使能交叉开关。程序如下：

```
        $INCLUDE(C8051F000.INC)
        ORG     0000H
        LJMP    MAIN
        ORG     0100H
MAIN:   ORL     XBR2,#01000000B         ;使能交叉开关,使数据可经 P1 口输出至引脚
WORK:   MOV     P2,#0FFH                ;P2 口送“全 1”,为输入做准备
        MOV     A,P2                    ;从 P2 口输入按键状态,送入 A
        MOV     P1,A                    ;将采集到的按键状态输出到 P1 口,控制 LED 亮灭
        LJMP    WORK                    ;重新采集按键状态
        END
```

若只有K0按下，则P2.0引脚为低电平，P2引脚上的状态为11111110B，“MOV P2，#0FFH”和“MOV A，P2”两条指令将按键信号采集到A中；指令“MOV P1，A”将按键值输出到P1口后，P1.0为低电平，LED0被点亮。

想一想，如果LED采用共阴极接法，电路该如何连接？如果还用上面的软件，会是什么情况？

2. 并行输入/输出端口的输出特性和输出方式配置

按照图2.6(b)接好电路，将如下程序下载到电路上的C8051F005芯片并运行。

```
        $INCLUDE(C8051F000.INC)
        ORG 0000H
        LJMP    MAIN
        ORG     0100H
MAIN:   MOV     P3,#11110000B           ;点亮 LED3～LED0
        SJMP    $
        END
```

可以看到其中LED3～LED0被点亮。那么，如果按照图2.6(a)接好电路，将刚才的程序下载到电路上的C8051F005芯片并运行，又将会怎样呢？

显然，由于改成了共阴极接法，应该将LED7～LED4点亮。但实际测试时，会发现8个LED几乎没有1个被点亮。这是怎么回事呢？

原来，点亮LED，不仅需要一定的电压，还需要一定的电流，这个电流就是负载正常工作所要求的电流。一般LED的点亮电流为几mA～十几mA。电流太小，即使送出了正确的电压信号，仍不能使它们点亮；电流太大，又会烧坏管子。接成共阳极时，要想点亮LED，芯片输出低电平，电流从电源正极经LED和电阻流向芯片，如图2.6(b)所示，电流值计算

方如下：

$$I \approx \frac{V_{DD} - V_D}{R} \approx \frac{3\ \text{V} - 0.7\ \text{V}}{200\ \Omega} = 0.0135\ \text{A} = 13.5\ \text{mA}$$

一般电源都能够提供这个电流，也足以点亮 LED。R 为限流电阻，用以控制通过 LED 的电流不会过大或过小。

采用共阴极接法时，要想点亮 LED，芯片输出高电平，电流经电阻 R 和 LED 流到地，如图 2.6(a)所示，此时负载电流由芯片提供。理论上，有

$$I = \frac{V_0 - V_D}{R} \approx \frac{3\ \text{V} - 0.7\ \text{V}}{200\ \Omega} = 0.0135\ \text{A} = 13.5\ \text{mA}$$

但实际上 LED 不亮，说明 C8051 没能提供出这么大的电流。那么，C8051F005 到底能提供多大的电流，即其带负载能力到底有多大呢？

(1) 输出高电平时的电压与电流

采用图 2.6(a)的接法，输出高电平时，电流由芯片提供给负载，拉动负载工作。此时的输出电流称为拉电流。拉电流($|I_{OH}|$)越大，输出高电平越低。表 2.7 标出的 3 组参数可印证这一点，其中 V_{DD} 是电源电压，典型值为 3 V。当输出拉电流超出了芯片的带负载能力时，不仅提供不出需要的电流，输出高电平还会被拉得过低。

表 2.7　并行 I/O 端口的特性

V_{DD}=2.7～3.6 V，−40～+85 ℃(除非另有说明)。

参　数	条　件	最小值	典型值	最大值	单　位
输出高电压	I_{OH}= −10 μA，端口 I/O 为推挽方式 I_{OH}=−3 mA，端口 I/O 为推挽方式 I_{OH}= −10 mA，端口 I/O 为推挽方式	V_{DD}−0.1 V V_{DD}−0.7 V	 V_{DD}−0.8 V		V
输出低电压	I_{OL}= 10 μA I_{OL}= 8.5 mA I_{OL}= 25 mA		 1.0	0.1 0.6	V
输入高电压		0.7×V_{DD}			V
输入低电压				0.3×V_{DD}	V
输入漏电流	DGND < 端口引脚 < V_{DD}，高阻态 弱上拉关闭 弱上拉打开		 30	 ±1	μA
容性负载				5	pF

C8051F005 能够输出的最大拉电流根据输出方式的不同而有所不同。

有 3 种输出驱动方式：弱上拉方式、推挽方式和漏极开路方式。通过软件设置，可以选择

每个端口引脚的输出驱动方式。

复位后，默认为弱上拉方式。当 $V_{DD}=3$ V 时，内部上拉电阻约为 100 kΩ。按照图 2.6(a) 的接法，输出高电平电流值为

$$I=\frac{V_0-V_D}{R}\approx\frac{3\ \text{V}-0.7\ \text{V}}{100\ \text{k}\Omega+200\ \Omega}\approx 0.02\ \text{mA}$$

这个电流显然不能点亮 LED。

弱上拉方式提供的拉电流最小，带负载能力最差，适合负载电流要求较小的场合。

推挽方式的输出拉电流较弱上拉大。从表 2.7 中还可以看出，推挽方式下，输出拉电流为 10 mA 时，输出高电平仍可达 $V_{DD}-0.8\ \text{V}=2.2\ \text{V}$。实验表明，推挽方式一般可以点亮普通的 LED。

漏极开路方式下，输出引脚必须外接上拉电阻接至电源正极，以保证负载能够得到可靠的高电平，如图 2.13 所示。此时，输出电流由电源提供，驱动电流的大小取决于上拉电阻值。

如果在软件中将 P3 口的所有引脚都配置为漏极开路形式，并将它们每一个都通过上拉电阻接到电源，再与 LED 连接，上拉电阻值选择合适，也是可以驱动 LED 的。

还可以在 I/O 端口引脚上加驱动器，以提高带负载能力，如图 2.14 所示。此时，将对应的 I/O 端口线设置为弱上拉即可。

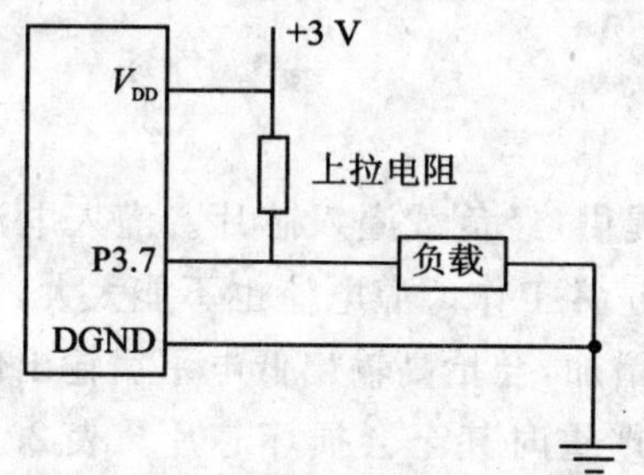

图 2.13　P3.7 漏极开路输出

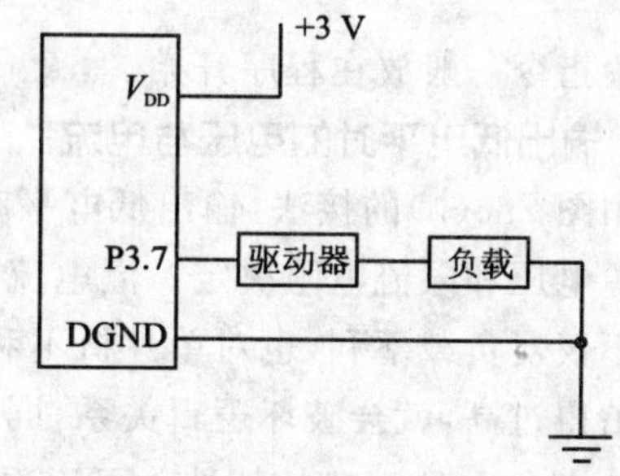

图 2.14　P3.7 弱上拉或推挽输出，外加驱动器

对端口输出方式进行配置的特殊功能寄存器是 PRT0CF～PRT3CF，分别用来对 P0～P3 口各位的输出方式进行配置。以 PRT3CF 为例，PRT3CF 基本情况如图 2.15 所示。

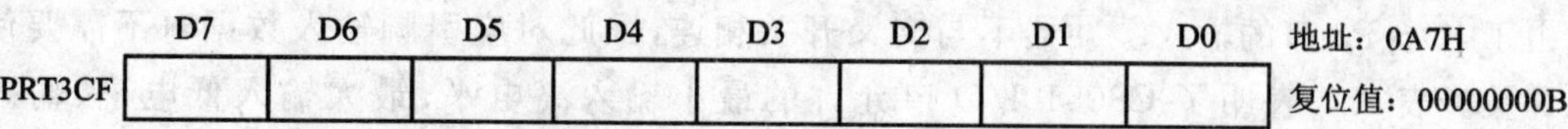

图 2.15　端口 3 配置寄存器 PRT3CF

PRT3CF 的 D7～D0 分别为 P3.7～P3.0 进行输出配置。0：弱上拉或漏极开路；1：推挽。

若要将 P3.7 设置为推挽方式，则只需写指令“MOV　PRT3CF，# 10000000B”或“ORL

PRT3CF,＃10000000B”。若要将 P3 口全部设置为推挽方式,则只需写指令“MOV　PRT3CF,＃11111111B”或“ORL　PRT3CF,＃11111111B”。同样,如果希望 P1.5 为推挽输出,则只需设置 PRT1CF.5 为 1,对应指令为“MOV　PRT1CF,＃00100000B”或“ORL　PRT1CF,＃00100000B”。

那么,如何设置弱上拉方式和漏极开路方式呢？再来看特殊功能寄存器 XBR2。XBR2 的情况如图 2.11 所示。

XBR2 的 D7 位 WEAKPUD 是用来进行弱上拉和漏极开路选择的(XBR2 的 D6 位 XBARE 是交叉开关允许位,前面已有叙述)。在非推挽方式下,WEAKPUD＝0,为弱上拉输出;WEAKPUD＝1,为漏极开路输出。WEAKPUD 位对已设置为推挽输出的引脚没有影响。

复位后,PRT0CF～PRT3CF 的初始值都是 00H,XBR2 的初始值也是 00H,因此所有引脚默认的输出方式是弱上拉。

【例 2.5】　将 P0.0～P0.7 配置为漏极开路,P1.0～P1.3 为推挽方式,P1.4～P1.7 为漏极开路方式。

解　配置指令如下:

```
MOV   PRT0CF,＃00000000B      ;禁止 P0.7～P0.0 的推挽方式
MOV   PRT1CF,＃00001111B      ;禁止 P1.7～P1.4 的推挽方式,设置 P1.3～P1.0 为推挽方式
ORL   XBR2,＃11000000B        ;明确非推挽方式的引脚为漏极开路方式,交叉开关允许
```

配置指令一般放在程序开始。

(2) 输出低电平时的电压与电流

采用图 2.6(b)的接法,输出低电平时,电流由电源提供,经负载灌入芯片。灌入电流的大小由电源电压和限流电阻决定。灌电流太小,负载不能正常工作。灌电流也不能太大,太大的灌电流不仅对负载不利,也对单片机不利。因为灌电流增加,会抬高输出低电平。输出低电平如果被抬得过高,就会破坏逻辑关系,同时使芯片过热,严重时甚至会损坏芯片。表 2.7 标出了 C8051 并行 I/O 端口的特性。可以看出,I_{OL}越大,输出低电平越高。因此,使用中应注意防止灌电流过大。一个有效的方法是通过驱动器与负载相连。驱动器不仅可以为负载提供较大的拉电流,也可以承受较大的灌电流。

3. 并行 I/O 口的输入特性

由于 P0～P3 口的输入缓冲器不与交叉开关相连,因此对应引脚输入数据时不需要使能交叉开关。表 2.7 表明了 C8051 I/O 口允许的最小输入高电平、最大输入低电平、输入漏电流。

4. 数字引脚与 5 V 器件的沟通

C8051 是 3 V 系统,数字引脚的最大输出电压不超过数字电源电压 V_{DD},如果负载要求 5 V 输入,则需要将对应引脚设置为漏极开路输出,并将输出引脚经上拉电阻接到 5 V 电源

上，即可为负载提供 5 V 输入，如图 2.16(a)所示。

尽管标准的输入高电平是 3 V，但是端口 I/O 引脚能够承受 5 V 的输入，因此可与 5 V 输出的器件直接连接，如图 2.16(b)所示。

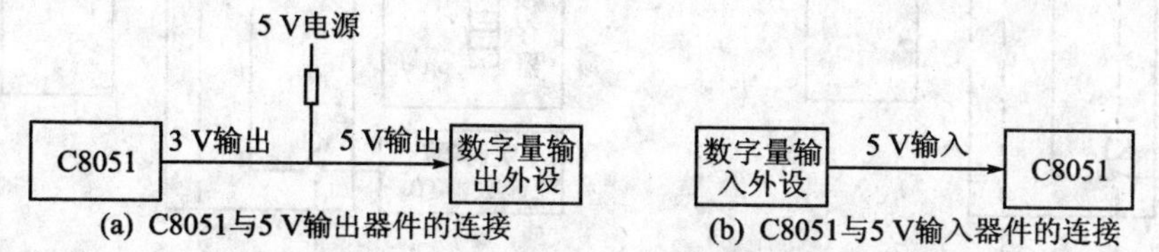

(a) C8051与5 V输出器件的连接　(b) C8051与5 V输入器件的连接

图 2.16　C8051 与 5 V 数字器件的沟通

2.4.3　数字引脚的再分配方法及相关特殊功能寄存器

C8051F005 与数字外设相连的引脚有 32 个，分别是 P0.0～P3.7。默认的情况下，它们分别对应 P0～P3 端口。实际上，片内的数字资源除了 P0～P3 口外还有很多，像定时器/计数器 T0～T3、可编程计数器阵列 PCA、串行口 UART、SPI 和 SMBus 等。这些资源也需要有相应的引脚与外设沟通。例如，要对片外某个设备送入的脉冲进行计数，需要使用片内的定时器/计数器 T0，同时要求有一个引脚接收这个脉冲信号，并将该脉冲信号送到计数器进行计数。那么，用哪个引脚接收呢？C8051F005 没有为 T0 这些资源安排单独的引脚，它们将与 P0～P2 口共用引脚。

与标准 8051 不同，C8051 允许通过软件对特殊功能寄存器 XBR0～XBR2 进行适当的设置，以拨动交叉开关，对引脚进行重新分配。如图 2.17(a)所示，复位后，交叉开关被禁止。引脚 P0.0 既不与 P0 接口输出锁存器 P0.0 端相连，也不与 T0 计数输入端相连。如果用软件允许交叉开关(使 XBR2.6=1)，如图 2.17(b)所示，则交叉开关将 P0.0 引脚与端口 P0 输出锁存器的最低位 P0.0 相连。但如果再设置 XBR1 的 D1 位，使 XBR1.1=1，如图 2.17(c)所示，则引脚 P0.0 就会与定时器/计数器 T0 相连，与端口 P0 输出锁存器断开，成为 T0 的计数输入引脚。

引脚再分配的具体方法如下：

(1) 设置特殊功能寄存器 XBR0～XBR3，声明要为某个资源分配引脚。

(2) 置交叉开关允许位，保证交叉开关闭合。

(3) 按照优先级确定具体引脚。

特殊功能寄存器 XBR0～XBR3 各位的定义如图 2.18～2.20 所示，其中涉及片内各种资源的相关知识，将在后面的章节中陆续介绍。这里只需掌握引脚分配的基本方法即可。

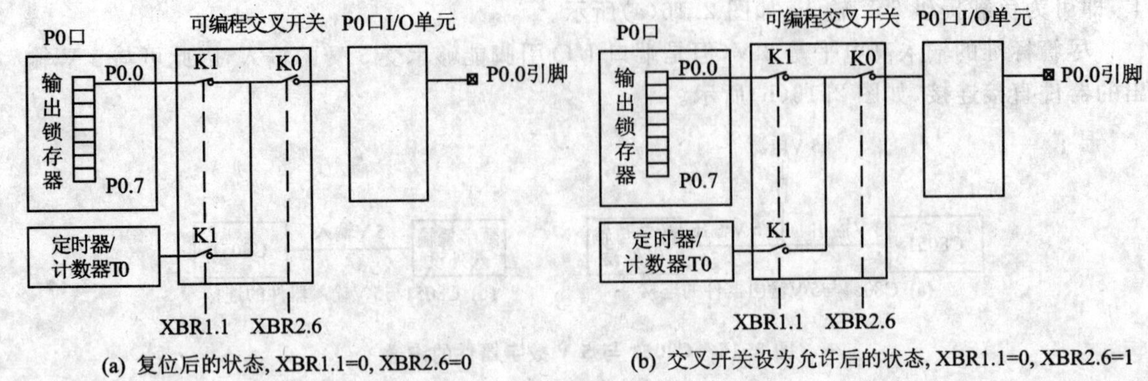

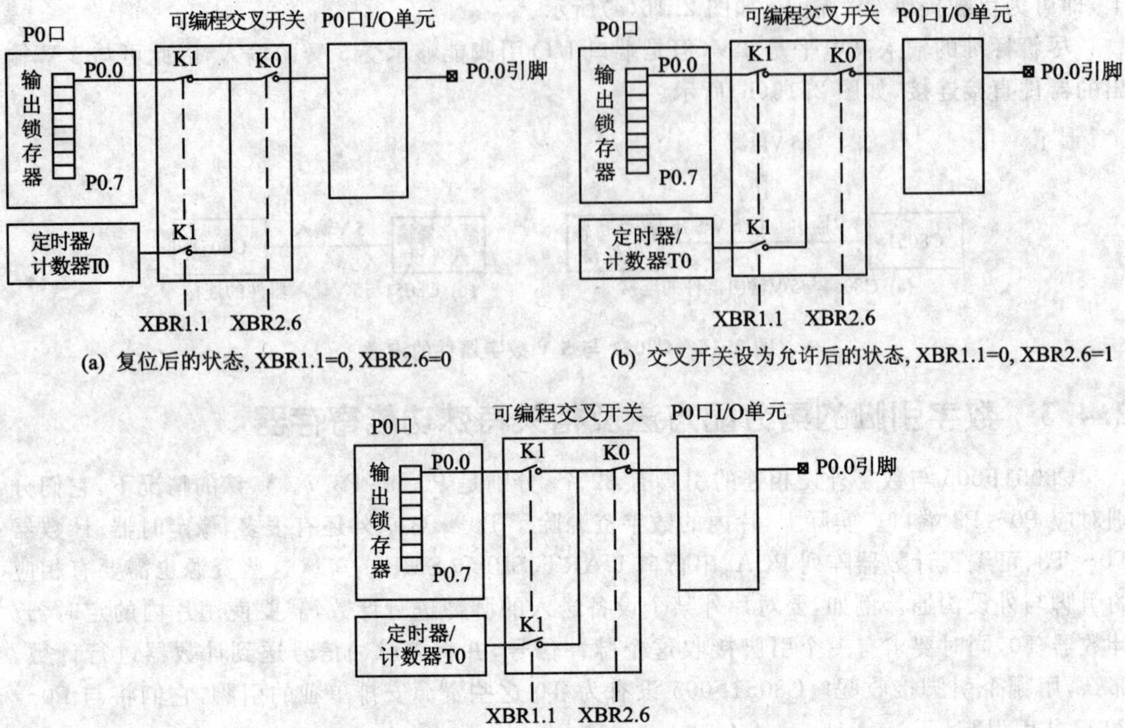

(a) 复位后的状态, XBR1.1=0, XBR2.6=0

(b) 交叉开关设为允许后的状态, XBR1.1=0, XBR2.6=1

(c) 交叉开关设为允许后, 并为T0分配引脚的状态, XBR1.1=1, XBR2.6=1

图 2.17 将 P0.0 引脚分配给定时器/计数器 T0

1. XBR0

	D7	D6	D5	D4	D3	D2	D1	D0	地址：0E1H
XBR0	CP0OEN	ECIE	PCA0ME			UARTEN	SPI0OEN	SMB0OEN	复位值：00000000B

图 2.18 交叉开关寄存器 XBR0 各位的定义

其中：

➢ CP0OEN——比较器 0 输出引脚分配位：

0 不必为比较器 0 分配输出引脚；

1 为比较器 0 分配 1 个输出引脚 CP0。

➢ ECIE——PCA0 计数器输入引脚分配位：

0 不为 PCA0 计数器分配输入引脚；

1 为 PCA0 计数器分配 1 个输入引脚 ECI。

➢ PCA0ME——PCA 模块 I/O 引脚分配位：

000　所有 PCA 模块都不分配 I/O 引脚；

001　为模块 0 分配 1 个 I/O 引脚 CEX0；

010　为模块 0、1 各分配 1 个 I/O 引脚 CEX0 和 CEX1；

011　为模块 0、1、2 各分配 1 个 I/O 引脚 CEX0、CEX1 和 CEX2；

100　为模块 0、1、2、3 各分配 1 个 I/O 引脚 CEX0、CEX1、CEX2 和 CEX3；

101　为模块 0、1、2、3、4 各分配 1 个 I/O 引脚 CEX0、CEX1、CEX2、CEX3 和 CEX4；

110　保留；

111　保留。

➢ UARTEN——UART 串行口 I/O 引脚分配位：

0　不为 UART 分配 I/O 引脚；

1　为 UART 分配 2 个 I/O 引脚 RX 和 TX。

➢ SPI0OEN——SPI 总线 I/O 引脚分配位：

0　不为 SPI 分配 I/O 引脚；

1　为 SPI 分配 4 个 I/O 引脚 MISO、MOSI、SCK 和 NSS。

➢ SMB0OEN——SMBus 总线 I/O 引脚分配位：

0　不为 SMBus 分配 I/O 引脚；

1　为 SMBus 分配 2 个 I/O 引脚 SDA 和 SCL。

2. XBR1

	D7	D6	D5	D4	D3	D2	D1	D0	地址：0E2H
XBR1	SYSCKE	T2EXE	T2E	INT1E	T1E	INT0E	T0E	CP1OEN	复位值：00000000B

图 2.19　交叉开关寄存器 XBR1 各位的定义

其中：

➢ SYSCKE——系统时钟输出引脚分配位：

0　不为系统时钟分配输出引脚；

1　为系统时钟分配 1 个输出引脚 SYSCLK。

➢ T2EXE——定时器 T2 捕捉引脚分配位：

0　不为定时器 T2 分配捕捉引脚；

1　为定时器 T2 分配捕捉引脚 T2X。

➢ T2E——定时器 T2 计数输入引脚分配位：

0　不为定时器 T2 分配计数输入引脚；

1　为定时器 T2 分配计数输入引脚 T2。

➢ INT1E——外部中断1输入引脚分配位：

0 不为外部中断1分配引脚；

1 为外部中断1分配中断输入引脚$\overline{\text{INT1}}$。

➢ T1E——定时器T1计数输入引脚分配位：

0 不为定时器T1分配计数输入引脚；

1 为定时器T1分配计数输入引脚T1。

➢ INT0E——外部中断0输入引脚分配位：

0 不为外部中断0分配引脚；

1 为外部中断0分配中断输入引脚$\overline{\text{INT0}}$。

➢ T0E——定时器T0计数输入引脚分配位：

0 不为定时器T0分配计数输入引脚；

1 为定时器T0分配计数输入引脚T0。

➢ CP1OEN——比较器1输出引脚分配位：

0 不为比较器1分配输出引脚；

1 为比较器1分配1个输出引脚CP1。

3. XBR2

	D7	D6	D5	D4	D3	D2	D1	D0	地址：0E3H
XBR2	WEAKPUD	XBARE	—	—	—	—	—	CNVSTE	复位值：00000000B

图2.20 交叉开关寄存器XBR2各位的定义

其中：

➢ WEAKPUD——I/O端口弱上拉禁止位。在推挽方式被禁止的前提下：

0 弱上拉方式；

1 漏极开路方式。

➢ XBARE——交叉开关允许位：

0 交叉开关禁止；

1 交叉开关允许。

➢ CNVSTE——ADC启动输入引脚分配位：

0 不为ADC分配启动输入引脚；

1 为ADC分配1个启动输入引脚CNVSTR。

注意：

(1) P3.0～P3.7这8个引脚不参加分配，只属于P3口。

(2) XBR0、XBR1和XBR2复位后的初始值都是00000000B，说明缺省的情况是不为以上资源分配任何引脚。此时,P0.0~P2.7 这 24 个引脚分配给并行 I/O 端口 P0~P2。

(3) 复位后,XBR2 的 D6 位 XBARE=0,说明交叉开关被禁止(断开)。

(4) 如果要将数据从 P0.0~P2.7 这些引脚输出,则软件须首先使 XBR2.6=1。

(5) 将某个引脚分配给定时器等其他数字资源后,也必须允许交叉开关,才能真正将引脚与指定资源相连。

2.4.4 引脚分配的优先级

对 XBR0~XBR2 相应位进行的设置,只是向 CPU 声明要为谁分配引脚。例如:

```
MOV   XBR0,#00000100B          ;为 UART 分配引脚
MOV   XBR1,#00000010B          ;为 T0 分配引脚
MOV   XBR2,#01000000B          ;交叉开关允许
```

指出需要为计数器 T0 和串行口 UART 分配引脚。其中,UART 需要 2 个引脚 RX 和 TX;T0 需要 1 个引脚 T0。但是究竟用哪个引脚,却不能用指令自由选择,而是由 CPU 按照 C8051 引脚分配原则自动完成的。引脚分配按照表 2.8 的优先级进行。

表 2.8 C8051 数字 I/O 引脚分配优先级

	P0								P1								P2							
I/O 引脚	0	1	2	3	4	5	6	7	0	1	2	3	4	5	6	7	0	1	2	3	4	5	6	7
SDA	●																							
SCL		●																						
SCK	●		●																					
MISO		●		●																				
MOSI			●		●																			
NSS				●		●																		
TX	●		●		●		●																	
RX		●		●		●		●																
CEX0	●		●		●		●		●															
CEX1		●		●		●		●		●														
CEX2			●		●		●		●		●													
CEX3				●		●		●		●		●												
CEX4					●		●		●		●		●											
ECI	●	●	●	●	●	●	●	●	●	●	●	●	●	●										
CP0	●	●	●	●	●	●	●	●	●	●	●	●	●	●	●									
CP1	●	●	●	●	●	●	●	●	●	●	●	●	●	●	●	●								
T0	●	●	●	●	●	●	●	●	●	●	●	●	●	●	●	●	●							
$\overline{INT0}$	●	●	●	●	●	●	●	●	●	●	●	●	●	●	●	●	●	●						
T1	●	●	●	●	●	●	●	●	●	●	●	●	●	●	●	●	●	●	●					
$\overline{INT1}$	●	●	●	●	●	●	●	●	●	●	●	●	●	●	●	●	●	●	●	●				

续表 2.8

	P0								P1								P2							
I/O 引脚	0	1	2	3	4	5	6	7	0	1	2	3	4	5	6	7	0	1	2	3	4	5	6	7
T2	●	●	●	●	●	●	●	●	●	●	●	●	●	●	●	●	●	●	●	●	●			
T2EX	●	●	●	●	●	●	●	●	●	●	●	●	●	●	●	●	●	●	●	●	●	●		
$\overline{\text{SYSCLK}}$	●	●	●	●	●	●	●	●	●	●	●	●	●	●	●	●	●	●	●	●	●	●	●	
CNVSTR	●	●	●	●	●	●	●	●	●	●	●	●	●	●	●	●	●	●	●	●	●	●	●	●

表中打黑点者为可分配引脚，例如 TX 可分配的引脚有 P0.0、P0.2、P0.4 和 P0.6。优先级规则如下：

➢ 从表 2.8 纵向看，SDA 的优先级最高，SCL 次之，CNVSTR 最低。

➢ 从表 2.8 横向看，P0.0 的优先级最高，P0.1 次之，P2.7 最低。

如果要为定时器 0 和串行口 UART 分配引脚 T0、RX 和 TX，则按照表 2.8，三者中 TX 优先级最高，优先为 TX 进行分配。可分配给 TX 的引脚有 P0.0、P0.2、P0.4 和 P0.6，其中 P0.0 优先级最高，故 P0.0 引脚将分配给它；RX 优先级次之，P0.1 将分配给它；最后将 P0.2 分配给 T0。

如果只要求为定时器 T0 分配引脚，则 P0.0 将分配给它。在最多的情况下，P0.0～P2.7 全部分配给片内数字资源，此时 C8051F005 只剩下 8 个引脚 P3.0～P3.7 与片外并行 I/O 设备进行数据交换。实际应用时，不使用的资源不必分配引脚。

【例 2.6】 为定时器 T0 分配一个引脚。

设置指令如下：

```
MOV  XBR1,  #00000010B
MOV  XBR2,  #01000000B
```

由于只有定时器一个资源，因此优先将 P0.0 分配给它。

【例 2.7】 某系统要求为外部并行数字设备分配 6 个输入引脚，9 个输出引脚，为定时器 T0、T1 各分配 1 个引脚，为外部中断 0 分配 1 个引脚，为串行接口 UART 分配 2 个引脚。写出配置指令，并确定各自的引脚号。9 个输出要求采用推挽方式。

按照优先级，TX——P0.0；RX——P0.1；T0——P0.2；$\overline{\text{INT0}}$——P0.3；T1——P0.4；其余引脚都可用做端口 I/O。至于哪个做输入，哪个做输出，可自由选择。例如，选择 P1.0～P1.5 做输入引脚，P2.0～P2.7、P0.7 做输出引脚。

设置指令如下：

```
MOV  XBR0,#00000100B       ;为 UART 分配引脚
MOV  XBR1,#00001110B       ;为 T0、T1 和INT0分配引脚
MOV  PRT0CF,#10000000B     ;设置 P0.7 为推挽输出
MOV  PRT2CF,#11111111B     ;设置 P2.0～P2.7 为推挽输出
MOV  XBR2, #01000000B      ;交叉开关允许，弱上拉输出
```

思考： 如果 9 个输出中 P2.0 要求弱上拉输出，如何进行配置？

如果 9 个输出中 P2.0 要求漏极开路输出，如何进行配置？

第3章

C8051F 单片机的指令系统

3.1 概 述

一台计算机,无论是大型机还是微型机,如果只有硬件而没有软件,是不能工作的。单片机也不例外,它必须与软件配合才能发挥其运算和控制功能。指令是汇编语言程序的最基本组成成分。本章将介绍 C8051 指令系统。

C8051F 系列单片机使用 Silicon Labs 公司的专利 CIP-51 微控制器内核。CIP-51 与 MCS-51 的指令系统完全兼容,共有 111 条指令。按字节数分类,有单字节指令 49 条、双字节指令 45 条及三字节指令 17 条。CIP-51 微控制器内核采用流水线结构,与标准 8051 结构相比,指令时序与标准 8051 不同,指令执行速度有很大提高。有 70%指令执行时间为 1 个或 2 个系统时钟周期,只有 4 条指令的执行时间大于 4 个系统时钟周期。

3.2 指令系统

3.2.1 指令和指令格式

C8051 单片机的指令和一般的微型计算机一样,具有两级形式:汇编语言级和机器语言级。对用户而言,主要使用便于书写和记忆的汇编语言来编写程序,然后通过机器汇编或手工汇编将汇编语言编写的程序翻译成机器语言程序。汇编语言的特点是用助记符代替机器码,一般使用英文的缩写来描述指令的特征,便于记忆、理解和分类。

1. 汇编语言指令格式

C8051 汇编语言指令由操作码助记符和操作数两部分组成,指令格式如下:

[标号:] 操作码 [目的操作数] [,源操作数] [;注释]

其中,带方括号[…]的部分为可选项。例如:

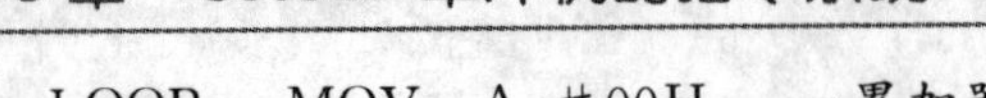

标号　　操作码 操作数　　注　释

- 标号：如本例中的 LOOP，是编程人员给该指令语句命的名字。它是以英文字母开始的由字母或数字组成的字符串，并以":"结尾。不是所有的指令语句都需要标号，通常在子程序入口处或转移指令的目标地址处才赋予标号。
- 操作码：如本例中的 MOV。它规定了指令的功能，一般用助记符表示。每条指令都有不同的操作码，它是指令的核心部分，不可缺省。
- 操作数：如本例中的 A 和 #00H。它们指出了参加操作的数据来源以及操作结果存放的地方。操作数的表达形式与寻址方式有关。操作数可以是数据，也可以是地址。操作数可以是 1 个、2 个或 3 个，有些指令可能没有操作数。操作数与操作数之间以","分隔；操作码与操作数之间以空格分隔。
- 注释：注释是为方便用户阅读而加的。注释以";"开始。注释部分不影响指令的执行。虽然注释可有可无，但是建议读者养成在必要处写注释的习惯。

2. 机器语言指令格式

机器语言指令是一种二进制代码，包括两个基本部分：操作码和操作数。操作码规定了指令操作的性质，操作数则表示指令操作的对象。在 C8051 指令系统中有单字节、双字节和三字节 3 种指令，分别占 1～3 个存储单元。机器语言指令格式如下：

- 单字节指令：操作码
  如：汇编语言指令"RET"，对应机器语言指令为"32H"。
- 双字节指令：操作码　操作数
  如：汇编语言指令"MOV　A,#0FFH"，对应机器语言指令为"74FFH"。
- 三字节指令：操作码　目的操作数　源操作数
  如：汇编语言指令"MOV　74H,#0FFH"，对应机器语言指令为"7574FFH"。

单字节指令的操作码本身就隐含了操作数的信息；双字节指令的首字节为操作码，第二字节为操作数或操作数的地址；三字节指令的首字节为操作码，后面两个字节为操作数或操作数的地址。指令字节数越多，所占的存储单元越多，但与指令执行时间无关。

一般情况下，人们使用便于书写和记忆的汇编语言编写程序，再通过机器汇编或手工汇编将汇编语言编写的程序翻译成二进制代码组成的机器语言程序，此过程通常称为汇编。

3.2.2　符号注释

在 C8051 汇编语言指令中，常采用以下符号注释：

R*n*(*n*=0～1)　指当前选中的工作寄存器组 R0～R7，在内部数据区 RAM 中的地址由 PSW 中 RS0 和 RS1 确定。

Ri(*i*=0,1)	指当前选中的工作寄存器组中可作为地址指针的两个工作寄存器 R0 和 R1。它在内部数据区 RAM 中的地址也由 RS1 和 RS0 确定。
#data	8 位立即数,即包含在指令中的 8 位常数。
#data16	16 位立即数,即包含在指令中的 16 位常数。
direct	内部数据区(包括内部 RAM 和 SFR)可直接寻址单元的地址。
addr11	11 位目的地址。用于 ACALL 和 AJMP 指令。
addr16	16 位目的地址。用于 LCALL 和 LJMP 指令。
rel	补码形式的 8 位地址偏移量。用于相对转移指令。
bit	内部 RAM 或 SFR 的直接寻址位地址。
@	间接寻址方式中,表示间址寄存器的符号。
/	位操作指令中,表示对该位先求反再参与操作,但不影响该位原值。
(X)	X 中的内容。
((X))	由 X 所指地址单元中的内容。
→	指令操作流程,将箭头左边的内容送到箭头右边的单元中。

3.2.3 寻址方式

在指令系统中,操作数是一个重要的组成部分。如果要把数 30H 送入累加器 A 中,则可有多种方法:

- 把数 30H 直接写在指令“MOV A,#30H”中,则 CPU 取到这条指令的同时也得到了这个数。
- 如果数 30H 已放在存储器里,例如放在 DATA 区的 46H 单元,则可写指令“MOV A,46H”,让 CPU 自己到 DATA 区 46H 单元去找数据。
- 如果数 30H 已放在寄存器 R0 里,则可写指令“MOV A,R0”,让 CPU 到 R0 中去找数据。

⋮

像许多其他计算机一样,C8051 允许采用多种不同的方式寻找到操作数的地址。寻址方式越多,计算机的功能越强,灵活性也越大,效率越高。

C8051F 有 7 种寻址方式。

1. 立即寻址

将操作数直接放在指令中。这个操作数称为立即数。这种寻址方式叫“立即寻址”。在 C8051F 的指令系统中,用符号“#”表示立即数。例如:

```
MOV  A,#70H           ;把数 70H→A
```

这条指令是把 70H 这个立即数送入累加器 A 中。例如:

```
MOV   DPTR, #0123H            ;0123H→DPTR
```

这条指令是将立即数 0123H 送入 DPTR，将 01H 送入 DPH，将 23H 送入 DPL。

立即数可用十六进制表示，也可用十进制、二进制、八进制表示；可以是数，也可以是字符。例如：

```
MOV   A,#45 = MOV   A,#2DH
MOV   A,#-45= MOV   A,#0D3H
MOV   A,#00011000B= MOV   A,#18H
MOV   A,# 'A'   = MOV   A,#41H
```

汇编时，计算机会自动将无符号数以二进制编码表示，将符号数以补码表示，将字符以 ASCII 码表示。

2. 直接寻址

直接寻址将操作数放在数据存储器的某个存储单元中，在指令中直接给出操作数的地址。例如：

```
MOV   A,70H          ;(70H)→A
```

注意：直接地址前面不加"#"。

这条指令把 70H 单元中的内容送入累加器 A 中，如图 3.1 所示。

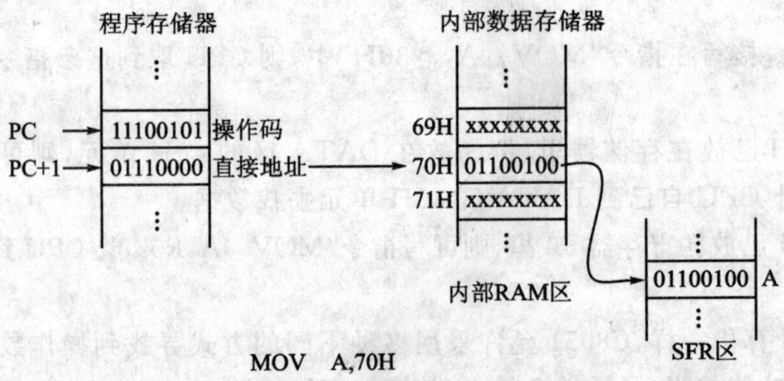

图 3.1　直接寻址示意图

图 3.1 中，程序存储器 ROM 中存放的是该指令对应的机器码 E570H，占 2 字节。内部 RAM 的 70H 单元中存放着源操作数，内容为 64H，它将被送入 A，执行后(A) =(70H)= 64H。

不是所有的存储单元都能进行直接寻址。C8051F 规定内部数据存储器 00H～7FH 单元以及特殊功能寄存器(SFR)区才能进行直接寻址。特别是 SFR 只能用直接寻址方式来访问。

3. 寄存器寻址

寄存器寻址将操作数放在R0～R7、A、B和DPTR中。例如：

```
MOV   A,R5   ;(R5)→A
```

这条指令把R5中的内容送入累加器A中。

4. 寄存器间接寻址

将操作数放入存储单元，但是指令中并不直接给出该操作数所在地址，而是用寄存器R0、R1和DPTR间接指出操作数所在地址。例如：

```
MOV   A, @R1   ;((R1))→  A
```

若R1中存放的是75H，则把内部RAM区75H单元中的内容送入A，如图3.2所示。

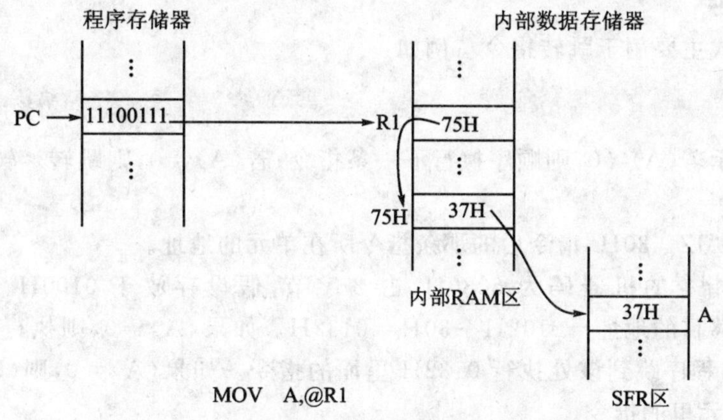

图3.2 寄存器间接寻址示意图

内部RAM区的00H～7FH单元既可以直接寻址，也可以间接寻址。内部RAM区的80H～0FFH只能间接寻址，而特殊功能寄存器区地址虽然也是80H～0FFH，却只能直接寻址。此外，外部数据区(XRAM区)也只能用间接寻址方式访问。符号“@”表示间接寻址。

5. 变址寻址

变址寻址是以某个寄存器的内容为基地址，然后在这个基地址的基础上加上地址偏移量形成真正的操作数地址。例如：

```
MOVC  A,@A+DPTR ;((A)+(DPTR)) →  A
```

这条指令把DPTR中的内容和A中的内容相加作为16位程序存储器地址，再把该地址中的内容送入累加器A中。执行该指令的过程如图3.3所示。

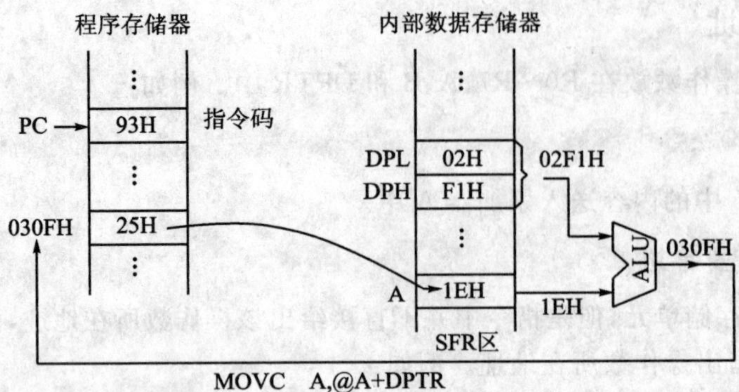

图 3.3　变址寻址示意图

6. 相对寻址

这种寻址方式主要用于跳转指令。例如:

```
JZ   30H
```

这条指令表示若(A)≠0,则顺序执行下一条指令;若(A)=0,则跳转。转移地址=PC 当前值+30H。

PC 当前值是“JZ　30H”指令后的那条指令所在单元的地址。

“JZ　30H”指令的机器码为 6030H,占 2 字节,假设存放于 0100H、0101H 单元,如图 3.4 所示。转移目的地址=0102H+30H=0132H。如果(A)=0,则执行完该指令后,PC 的值变为 0132H,程序跳到该处执行 0132H 里面的指令。如果(A)≠0,则(PC)=0102H,顺序执行 0102H 单元里的指令。

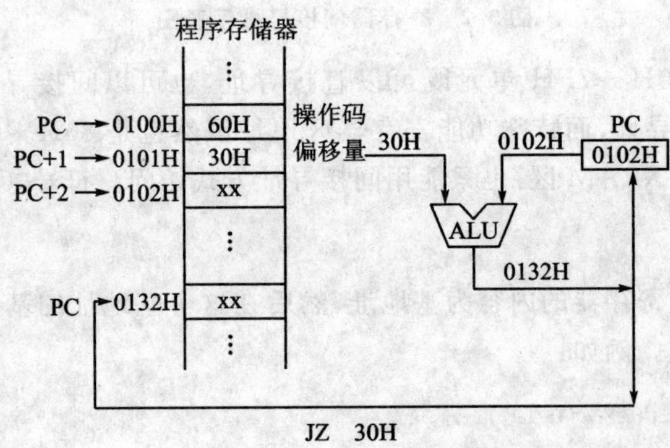

图 3.4　相对寻址示意图

7. 位寻址

操作数存在位寻址区或可位寻址的SFR的某一位上。例如：

```
SETB  20H.3
```

注意： 只有位寻址区和可以进行位寻址的SFR(字节地址可被8整除)才能进行位寻址。

例如：指令“SETB SBUF.0”错误，因为SBUF地址为99H，不能被8整除，也不能位寻址。

3.2.4 数据传送类指令(29条)

传送类指令是指令系统中最基本、最常用的一类指令，主要用于数据的传送、保存以及交换等。

1. 对内部数据RAM区和SFR的一般数据传送指令

内部RAM区传送指令形式如图3.5所示。

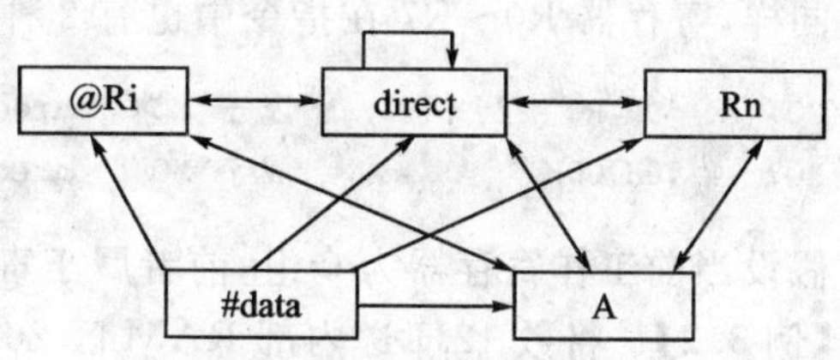

图3.5 传送类指令

(1) 以累加器A为目的操作数的指令(4条)

这组指令的功能是把源操作数指定的内容送入累加器A中。

源操作数有寄存器寻址、直接寻址、寄存器间接寻址和立即寻址4种寻址方式。

```
MOV    A,Rn          ;(Rn)→A
MOV    A,direct      ;(direct)→A
MOV    A,@Ri         ;((Ri))→A
MOV    A,#data       ;data→A
```

(2) 以寄存器Rn为目的操作数的指令(3条)

这组指令的功能是把源操作数指定的内容送到所选定的工作寄存器Rn中。

源操作数有寄存器寻址、直接寻址和立即寻址3种寻址方式。

```
MOV    Rn,A          ;(A)→Rn
MOV    Rn,direct     ;(direct)→Rn
MOV    Rn,#data      ;data→Rn
```

【例3.1】 用立即寻址方式使寄存器R0内容为12H，并送入累加器A中。

```
MOV    R0,#12H       ;(R0) = 12H
MOV    A,R0          ;(A) = (R0) = 12H
```

(3) 以直接地址为目的操作数的指令(5条)

这组指令的功能是把源操作数指定的内容送到由直接地址direct所指定的内部数据区

RAM 中。

源操作数有寄存器寻址、直接寻址、寄存器间接寻址和立即寻址 4 种寻址方式。

```
MOV    direct,A            ;(A)→direct
MOV    direct,Rn           ;(Rn)→direct
MOV    direct1,direct2     ;(direct2)→direct1
MOV    direct,@Ri          ;((Ri))→direct
MOV    direct,#data        ;data→direct
```

注意： 累加器 A 在指令中有 2 种不同的写法(A 和 ACC)，生成的机器码也不同。

```
MOV    A,#12H            ;属于"MOV   A,#data"，机器码为 7412H
MOV    ACC,#12H          ;属于"MOV   direct,#data"，机器码为 75E012H
```

前者属于寄存器寻址，后者属于存储器直接寻址。

同样，寄存器 R0～R7 在指令中也有 2 种不同的写法，生成的机器码也不同。

```
MOV    40H,R0            ;属于"MOV   direct,Rn"，机器码为 8840H
MOV    40H,00H           ;属于"MOV   direct2,direct1"，机器码为 850040H
```

假设当前工作寄存器为 0 组，前者属于寄存器寻址，后者属于存储器直接寻址。

【例 3.2】 将数 12H 送内部 RAM 区 20H 单元，再用间接寻址方式把内部 RAM 区 20H 单元中的内容送入累加器 A 中。

```
MOV    20H,#12H          ;(20H) = 12H
MOV    R0,#20H           ;(R0) = 20H
MOV    A,@R0             ;((R0))→A 即(20H)→A,(A) = 12H
```

(4) 以间接地址为目的操作数的指令(3 条)

这组指令的功能是把源操作数指定的内容送到以 R*i* 中的内容为地址的内部 RAM 区的某个单元中。源操作数有寄存器寻址、直接寻址和立即寻址 3 种寻址方式。

```
MOV    @Ri,A              ;(A)→(Ri)
MOV    @Ri,direct         ;(direct)→(Ri)
MOV    @Ri,#data          ;data→(Ri)
```

【例 3.3】 用寄存器间接寻址把立即数 6BH 送入内部 RAM 区的 20H 单元。

```
MOV    R0,#20H            ;(R0) = 20H
MOV    @R0,#6BH           ;((R0)) = 6BH 即(20H) = 6BH
```

注意： 对内部 RAM 区低 128 字节可采用直接和间接寻址方式访问，但对于内部 RAM 区高 128 字节只能采用间接寻址方式访问。该存储区与特殊功能寄存器 SFR 有相同的地址空间，但物理上与 SFR 空间是分开的。只能使用直接寻址方式访问 SFR。

【例3.4】 把立即数34H送入内部RAM区90H单元。

因为90H单元位于内部数据区高128字节，所以只能采用间接寻址方式访问。

```
MOV     R0,#90H                          ;(R0) = 90H
MOV     @R0,#34H                         ;((R0)) = 34H 即(90H) = 34H
```

若把立即数送入P1即地址为90H的特殊功能寄存器中，须用直接寻址方式。

```
MOV  P1,#34H   或   MOV  90H,#34H
```

2. 16位数据传送类指令(1条)

```
MOV     DPTR,#data16
```

该指令的功能是把16位常数送入数据指针寄存器，源操作数使用立即寻址方式。译成机器码时，高字节数据在前，低字节数据在后。

3. 累加器A与程序存储器(ROM区)的传送指令(2条)

这组指令的功能是对存放于程序存储器中的数据进行传送。由于ROM中存放的数据通常为常数表格，也称为“查表指令”。查表指令使用变址寻址方式。

```
MOVC    A,@A+DPTR                  ;先(PC)+1→PC ,后((A)+(DPTR))  →A
MOVC    A,@A+PC                    ;先(PC)+1→PC ,后((A)+(PC))  →A
```

【例3.5】 假设在程序存储器中已存有如下平方表：

```
1050H: 00H
1051H: 01H
1052H: 04H
1053H: 09H
```

执行程序：

```
1000H:    MOV  A,#02H              ;(A) = 02H
1002H:    MOV  DPTR,#1050H         ;(DPTR) = 1050H
1005H:    MOVC A,@A+DPTR           ;(A) = ((A) + (DPTR)) = (1052H) = 04H
```

结果：(A)＝04H，即2的平方。

如果将“MOV　A,#02H”改成“MOV　A,#03H”，则查得的结果是3的平方。

执行程序：

```
1000H:    MOV     A,#4FH           ;(A) = 4FH
1002H:    MOVC    A,@A+PC          ;(PC) = (PC) + 1 = 1003H
                                   ;(A) = ((A) + (PC)) = (1052H) = 04H
```

结果仍然是：(A)=04H= 2^2。

"MOVC　A,@A+DPTR"指令以 DPTR 为基址寄存器进行查表，使用前应先将表的首地址送 DPTR，将待查数据在表中的位置（偏移量）送 A。查表范围可达 64 KB 程序存储器空间，称远程查表指令。

CPU 执行指令"MOVC　A,@A+PC"时，先将 PC 值加 1，将新的 PC 的内容与累加器 A 中的 8 位无符号数（偏移量）相加形成地址，再取出该地址单元中的内容送入累加器 A。由于 A 只占 1 字节，所形成的地址空间范围只有 256 字节，称为"近程查表指令"。

使用"MOVC　A,@A+PC"指令时，应注意偏移量的修正：

偏移量=待查数据在表中的位置+修正值

修正值=表首地址－查表指令在 ROM 中的地址－1

本例中，2 的平方在表中位置是 2，表首地址为 1050H，查表指令在 1002H，算得偏移量为 4FH。

4. 累加器 A 与外部数据空间(XRAM 区)传送指令(4 条)

这组指令的功能是实现累加器 A 与外部数据空间（XRAM 区）内容的相互传送。C8051F005 片内有 2048 字节的 XRAM 区。访问外部数据空间有 16 位和 8 位两种形式。

(1) 16 位方式

可以用外部传送指令 MOVX 和数据指针 DPTR 访问这些单元。

```
MOVX    A,@ DPTR            ;((DPTR))→A
MOVX    @DPTR,A             ;A→(DPTR)
```

这两条指令以 DPTR 为地址指针。

【例 3.6】 将外部数据空间地址为 0534H 单元的内容读入累加器 A 中。

```
MOV     DPTR,#0534H         ;将 16 位地址装入 DPTR 中
MOVX    A,@ DPTR            ;((DPTR))→A 即将 XRAM 区的(0534H)→A
```

【例 3.7】 假设内部数据区 RAM 的 20H 单元中的内容为 34H，把它送入外部 XRAM 的 2300H 单元。

```
MOV     A,20H
MOV     DPTR,#2300H
MOVX    @DPTR,A
```

(2) 8 位方式

8 位方式的 MOVX 指令使用特殊功能寄存器 EMI0CN 的内容来给出待访问地址的高 8 位，由 R0 或 R1 的内容给出待访问地址的低 8 位。

```
MOVX    A,@Ri             ;((Ri))→A
MOVX    @Ri,A             ;A→((Ri))
```

【例3.8】 将外部数据空间0534H单元内容送入累加器A中。

```
MOV     EMI0CN,#05H       ;将地址高字节装入EMI0CN
MOV     R0,#34H           ;将地址低字节装入R0或R1
MOVX    A,@R0             ;将XRAM区地址0534H单元内容送入累加器A中
```

MOVX指令还可访问片外数据存储器和片外I/O接口。

5. 堆栈操作类指令(2条)

堆栈就是仓库的意思，用来暂存那些临时需要保护的数据。当数据需要保护时，就利用入栈指令PUSH将数据存到堆栈中；当数据需要恢复时，就利用出栈指令POP将数据从堆栈中取出。例如，如下程序段，假设原来A中的内容为57H。

```
PUSH    ACC               ;将A的内容57H暂存到堆栈中
MOV     A,#04H            ;将04H→A
MOVC    A,@A+PC           ;查表
MOV     40H,A             ;将查表结果存入40H
POP     ACC               ;将57H从堆栈里弹出,恢复A的值
```

由于查表指令需要使用A，为了不影响A原来的内容，程序段开始用入栈指令PUSH将A的内容暂存到堆栈中保护起来，待查表完成后再利用出栈指令POP恢复A的值。

堆栈实际上是内部RAM的若干个连续单元，每个存储单元都是“仓库”中的一层“货架”。“货架”里存放着那些用PUSH指令存放进来的数据。堆栈指针SP总是指向最上层的“货架”(栈顶)。复位后，(SP)－07H。

与堆栈操作有关的指令有2条：

```
PUSH    direct            ;(SP)+1→SP,(direct)→(SP)
POP     direct            ;((SP))→direct,(SP)-1→SP
```

前一条指令称为入栈(或称压栈和进栈)指令，其功能是先将堆栈指针SP的内容加1，然后将direct单元中的数据送入(或称压入)SP所指的单元中。

后一条指令称为出栈(或称弹出)指令，其功能是先将SP所指的单元中内容送入direct单元中，然后堆栈指针SP的内容减1。

如图3.6(a)所示，复位后，(SP)＝07H，“仓库”内是空的，没有“货物”。假设(A)＝57H，执行“PUSH　ACC”后，(SP)＝08H，A的内容57H被压到堆栈中的08H单元中。

执行“POP　ACC”后，栈顶08H内容57H被送A，SP重新置为07H。

连续将多个数据入栈后，出栈时要想保持原单元内容不变，应遵循“后入先出”的原则。例如：

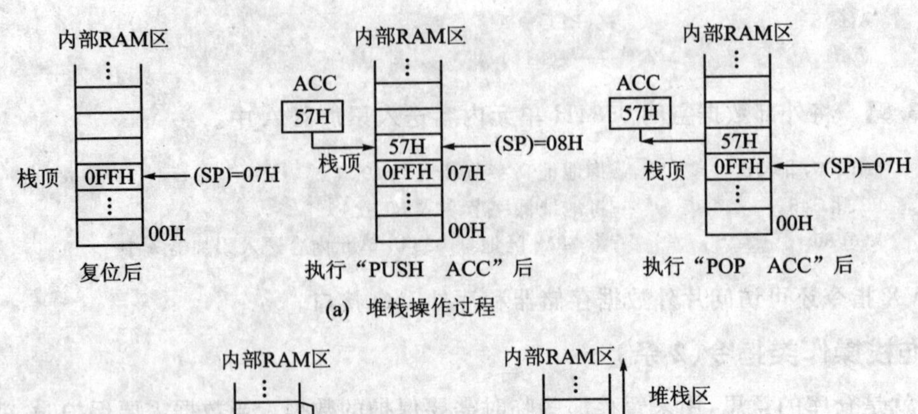

(a)　堆栈操作过程

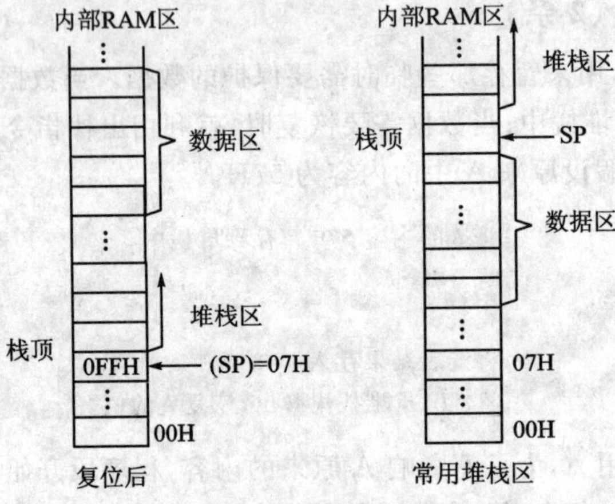

(b)　堆栈区的安排

图 3.6　堆栈及其操作

```
PUSH    ACC
PUSH    PSW
PUSH    30H
 ⋮
POP     30H
POP     PSW
POP     ACC
```

否则，可能出现数据恢复错误。

【例 3.9】　设片内 RAM 区(10H)＝01H，(20H)＝1AH。写出执行下列指令后的结果。

```
PUSH  10H            ;10H 单元内容 01H 进栈
PUSH  20H            ;20H 单元内容 1AH 进栈
POP   10H            ;将栈顶元素 1AH 弹出，送 10H 单元
POP   20H            ;将栈顶元素 01H 弹出，送 20H 单元
```

执行结果：(10H)＝1AH，(20H)＝01H，2 个单元的数据进行了交换。

如图 3.6(b)所示，复位后(SP)＝07H，堆栈区从 08H 开始，其高度不定，与连续入栈次数有关。假设程序将数据存放在 20H～3FH 这 16 个单元，则留给堆栈的空间为 20H－08H＝18H＝24 字节。如果连续入栈操作超过 24 次，则新入栈的数据就会覆盖数据区原来的内容，造成数据错误。因此，一般编写程序时，常将堆栈安排在 RAM 区较高位置，例如 60H 之后；而将数据区安排在堆栈区下面，以防多次入栈操作后误改数据区内容。设定堆栈位置的方法是用“MOV　SP，# xxH”指令，给 SP 重新赋初值，通常将此指令写在程序开始。例如：

```
        ORG     0000H
        LJMP    MAIN
        ORG     0100H
MAIN:   MOV     SP,#60H        ;将堆栈设在 60H 以后
        ⋮
        END
```

另外，还要注意 PUSH 和 POP 指令只允许操作数为 direct，因此对累加器 A 进行栈操作时，必须写成“PUSH　ACC”、“POP　ACC”。而不能写成“PUSH　A”和“POP　A”。此外，也不能直接对寄存器 R*n* 做栈操作，例如“PUSH　R0”和“POP　R0”等。

6. 交换指令(5 条)

该类指令的功能是把累加器 A 中的内容与源操作数所指出的数据相互交换。

有寄存器寻址、直接寻址和寄存器间接寻址 3 种寻址方式。

(1) 字节交换指令

```
XCH    A,Rn              ;(A)←→(Rn)
XCH    A,direct          ;(A)←→(direct )
XCH    A,@Ri             ;(A)←→((Ri))
```

这 3 条指令的功能是将第二操作数的内容与累加器 A 的内容互换。

(2) 半字节交换指令

```
XCHD    A,@Ri            ;(A.0～3)←→((Ri).0～3)
```

这条指令的功能是将 Ri 指向单元内容的低 4 位与累加器 A 内容的低 4 位互换，高 4 位不变。

(3) 累加器半字节交换指令

```
SWAP    A                ;(A.0～3)←→A.4～7
```

这条指令的功能是将累加器 A 的高半字节与低半字节交换。例如(A)＝56H，执行指令“SWAP　A”后，结果(A)＝65H。

3.2.5　算术运算类指令(24 条)

算术运算指令主要完成无符号数的加、减、乘、除四则运算。

1. 加法指令(4 条)

```
ADD    A,#data          ;(A) + data→A
ADD    A,direct         ;(A) + (direct)→A
ADD    A,@Ri            ;(A) + ((Ri))→A
ADD    A,Rn             ;(A) + (Rn)→A
```

以上指令把累加器 A 的内容与后一个操作数的内容相加，结果送入 A 中。

【例 3.10】　(A)＝0C3H，(R0)＝0AAH，执行指令"ADD　A,R0"，则操作如下：

```
   1 1 0 0 0 0 1 1
+) 1 0 1 0 1 0 1 0
------------------
 1 0 1 1 0 1 1 0 1
```

运算后，(C)＝1，(OV)＝1，(AC)＝0，(P)＝1，(A)＝6DH。要注意，目的操作数只能是 A。如果写指令"ADD　30H,R0"，则汇编时会报错。

2. 带进位加法指令(4 条)

```
ADDC   A,#data          ;(A) + data + (C)→A
ADDC   A,direct         ;(A) + (direct) + (C)→A
ADDC   A,@Ri            ;(A) + ((Ri)) + (C)→A
ADDC   A,Rn             ;(A) + (Rn) + (C)→A
```

ADDC 指令除了需要加进位外，其他与 ADD 指令相同。

【例 3.11】　(A)＝0AEH，(R0)＝81H，(C)＝1，执行指令"ADDC　A,R0"，则操作如下：

```
   1 0 1 0 1 1 1 0
   1 0 0 0 0 0 0 1
+)               1
------------------
 1 0 0 1 1 0 0 0 0
```

运算后，(C)＝1，(OV)＝1，(AC)＝1，(P)＝0，(A)＝30H。

【例 3.12】　利用加法指令，实现 34H 与 78H 两数相加，结果存放在内部 RAM 数据区 40H 单元。

加法运算中，被加数必须存放在 A 中。程序如下：

```
        ORG     0000H
        AJMP    MAIN
        ORG     0100H
MAIN：  MOV     A,#34H            ;取被加数
        ADD     A,#78H            ;相加
        MOV     40H,A             ;结果送40H单元
        SJMP    $
        END
```

注意：本章中所有例子也适用于标准8051。如果使用Silicon Labs IDE调试程序，则开头部分应加上$INCLUDE(C8051F000.INC)。

3. 带借位减法指令(4条)

```
SUBB    A,#data           ;(A)-data-(C)→A
SUBB    A,direct          ;(A)-(direct)-(C)→A
SUBB    A,@Ri             ;(A)-((Ri))-(C)→A
SUBB    A,Rn              ;(A)-(Rn)-(C)→A
```

以上指令将累加器A中内容减去后1个操作数的内容再减去借位C，结果送入A。

【例3.13】　(A)＝0C9H，(R3)＝54H，(C)＝1，执行指令“SUBB　A,R3”，则具体操作如下：

```
        1 1 0 0 1 0 0 1
一)     0 0 0 0 0 0 0 1      ;减借位
        1 1 0 0 1 0 0 0
一)     0 1 0 1 0 1 0 0      ;减(R3)
        0 1 1 1 0 1 0 0
```

运算后，(C)＝0，(AC)＝0，(OV)＝1，(P)＝0，(A)＝74H。

注意：C8051指令中没有不带借位减法指令，在进行不带借位减法运算前，应先将C清0。

【例3.14】　利用SUBB指令实现78H与34H两数相减，结果存放在内部数据区40H中。减法运算中，被减数必须存放在A中，注意借位。

```
MOV     A,#78H            ;被减数送A
CLR     C                 ;借位C清0
SUBB    A,#34H            ;相减
MOV     40H,A             ;结果送40H单元
```

4. 乘法指令(1条)

```
MUL  AB                   ;(A)×(B)→BA
```

这条指令的功能是把累加器A与寄存器B中的8位无符号整数相乘，所得16位乘积的

低 8 位存放在 A 中，高 8 位存放在 B 中。若乘积大于 0FFH，则溢出标志 OV 为 1；否则清 0。乘法运算总使进位标志 C=0。乘法指令对标志位的影响参见附录 A。

【例 3.15】 (A)=4EH，(B)=5DH，执行指令"MUL　AB"，则结果如下所示：

(B)=1CH　(A)=56H　(OV)=1　(P)=0 (C)=0　(AC)不变

【例 3.16】 利用乘法指令编写 15H×33H 的程序，将乘积的高 8 位存入内部数据区 31H 单元，低 8 位存入 30H 单元。程序段如下：

```
MOV     A,#15H              ;被乘数送 A
MOV     B,#33H              ;乘数送 B
MUL     AB                  ;相乘
MOV     30H,A               ;积的低 8 位送 30H
MOV     31H,B               ;积的高 8 位送 31H
```

5. 除法指令(1 条)

```
DIV  AB                     ;(A)÷(B),商→A,余数→B
```

这条指令的功能是把累加器 A 中的 8 位无符号整数除以寄存器 B 中 8 位无符号整数，所得商送 A，余数送 B。

若除数(B 中内容)为 00H，则执行结果为不定值，此时 OV=1，表示除法溢出。除法指令对标志位的影响参见附录 A。

【例 3.17】 (A)=87H，(B)=0CH，执行指令"DIV　AB"，则结果如下：

(A)=0BH　(B)=03H　(OV)=0　(C)=0　(P)=1　(AC)不变

6. 加 1 指令(5 条)

```
INC     A                   ;(A)+1→A
INC     direct              ;(direct)+1→direct
INC     @Ri                 ;((Ri))+1→(Ri)
INC     Rn                  ;(Rn)+1→Rn
INC     DPTR                ;(DPTR)+1→DPTR
```

INC 指令把操作数内容加 1，结果仍送回原操作数。若原来操作数的内容为 0FFH，则加 1 后将为 00H。

INC 指令对标志位的影响参见附录 A。可以看出，除了指令"INC　A"会影响 P 外，运算结果不影响其他标志位。指令"INC　A"与"ADD　A，#1"的不同之处在于后者对 C、OV 标志位有影响。

7. 减 1 指令(4 条)

```
DEC    A                        ;(A) - 1→A
DEC    direct                   ;(direct) - 1→direct
DEC    @Ri                      ;((Ri)) - 1→(Ri)
DEC    Rn                       ;(Rn) - 1→Rn
```

DEC 指令把操作数内容减 1，结果仍送回原操作数。若原操作数内容为 00H，则减 1 后将为 0FFH。

DEC 指令对标志位的影响与 INC 指令相同。“DEC　A”指令不会影响 C 和 OV 标志。

8. 十进制调整指令(1 条)

```
DA  A
```

这条指令是在进行 BCD 码运算时，跟在 ADD 和 ADDC 指令之后，对相加后存放在累加器 A 中的结果进行修正，使其仍为 BCD 码。

【例 3.18】 有如下程序：

```
MOV    A,#45H                   ;压缩的 BCD 码 45H,代表十进制数 45
MOV    B,#48H                   ;压缩的 BCD 码 48H,代表十进制数 48
ADD    A,B                      ;45H + 48H = 8DH,结果送 A
DA     A                        ;BCD 码调整,结果为 93H,代表十进制数 93
```


修正工作自动完成，具体修正过程为

若(A.0～3)>9 或(AC)=1，则(A.0～3)+06H→(A.0～3)

若(A.4～7)>9 或(C)=1，则(A.4～7)+06H→(A.4～7)

若以上两条同时发生，或虽然高 4 位等于 9，但低 4 位修正后有进位，则应加 66H 修正。

编程时不必考虑何时该加 6，只需在 ADD 和 ADDC 后面紧跟一条“DA　A”指令即可。条件是相加的数据已经被表示为 BCD 码。

【例 3.19】 计算 45+36=81，要求将结果表示成压缩的 BCD 码，并存入片内数据区的 40H 单元。程序如下：

```
        ORG     0000H
        AJMP    MAIN
        ORG     0100H
MAIN:   MOV     A,#45H          ;将 45 表示成压缩的 BCD 码,送 A
        MOV     B,#36H          ;将 36 表示成压缩的 BCD 码,送 B
        ADD     A,B             ;相加,结果(A) = 07BH
        DA      A               ;BCD 码调整,(A) = 81H
```

```
         MOV    40H,A           ;结果送 40H 单元
         SJMP    $
         END
```

如果将程序写成：

```
         ORG    0000H
         AJMP   MAIN
         ORG    0100H
MAIN：   MOV    A,#45           ;将十进制数 45→A,(A) = 2DH
         MOV    B,#36           ;将十进制数 36→B,(B) = 24H
         ADD    A,B             ;相加,结果(A) = 51H
         DA     A               ;BCD 码调整,(A) = 57H
         MOV    40H,A           ;结果送 40H 单元
         SJMP    $
         END
```

则由于没有将数据表示成 BCD 码，调整的结果出现了错误。“DA　A”指令只能用于 BCD 码加法运算调整。

3.2.6　逻辑操作类指令(24 条)

逻辑操作类指令共有 25 条，有“与”、“或”、“异或”、求反、左右移位及清 0 等。对应的寻址方式有直接、寄存器和寄存器间接寻址。

1. 循环移位指令(4 条)

如图 3.7 所示，前 2 条指令的功能分别是将累加器 A 的内容循环左移或右移 1 位，后 2 条指令的功能分别是将 A 的内容连同进位标志位 C 一起循环左移或右移 1 位。

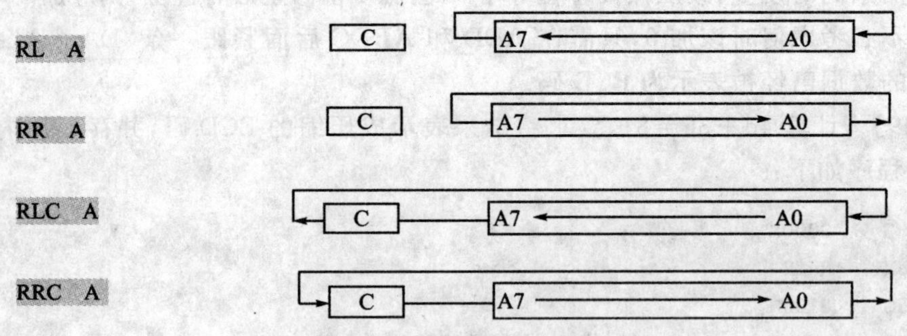

图 3.7　移位指令示意图

【例 3.20】　原来(A)＝34H＝00110100B，(C)＝1：

执行“RL　A”后，(A)＝01101000B＝68H，(C)不变；

执行“RR　A”后，(A)＝00011010B＝1AH，(C)不变；

执行“RLC　A”后，(A)＝01101001B＝69H；(C)＝0；

执行“RRC　A”后，(A)＝00011010B＝1AH；(C)＝0。

只要 A 中的数据小于或等于 127，每循环左移 1 次，相当于乘 2；只要 A 中的数据大于或等于 2，每循环右移 1 次，相当于除 2。

【例 3.21】　利用左移指令对累加器 A 中内容进行乘 8 操作。设原来(A)＝01H，编程如下：

```
RL  A                    ; 01H×2 = 02H→A
RL  A                    ; 02H×2 = 04H→A
RL  A                    ; 04H×2 = 08H→A
```

可见，左移一次相当于乘 2。

【例 3.22】　利用右移指令对累加器 A 中内容进行除 8 操作。设原来(A)＝08H，编程如下：

```
RR  A                    ; 04H→A
RR  A                    ;02H→A
RR  A                    ;01H→A
```

可见，右移一次相当于除 2。

2. 求反指令(1 条)

```
CPL    A                 ;(Ā)→A
```

【例 3.23】　设原来(A)＝08H＝00001000B，执行指令“CPL　A”后，(A)＝11110111B＝0F7H。

3. 清 0 指令(1 条)

```
CLR    A                 ;0→A
```

4. 逻辑“与”指令(6 条)

```
ANL    A,#data           ;(A)∧data→A
ANL    A,Rn              ;(A)∧(Rn)→A
ANL    A,direct          ;(A)∧(direct)→A
ANL    A,@Ri             ;(A)∧((Ri))→A
ANL    direct,#data      ;(direct)∧data→direct
ANL    direct,A          ;(direct)∧(A)→direct
```

这组指令是将第一操作数和第二操作数内容按位进行逻辑“与”，结果存入第一操作数。“与”操作常用来屏蔽字节中的某些位，要保留的位用 1 去“与”，要清除的位用 0 去“与”。

5. 逻辑“或”指令(6 条)

```
ORL    A,#data          ;(A)∨data→A
ORL    A,Rn             ;(A)∨(Rn)→A
ORL    A,direct         ;(A)∨(direct)→A
ORL    A,@Ri            ;(A)∨((Ri))→A
ORL    direct,#data     ;(direct)∨data→direct
ORL    direct,A         ;(direct)∨(A)→direct
```

这组指令是将第一操作数和第二操作数内容按位进行逻辑“或”，结果存入第一操作数。“或”操作常用来对字节中的某些位置 1，要保留的位用 0 去“或”，要置 1 的位用 1 去“或”。

【例 3.24】 将片内 RAM 区 20H 的 D2 位置 1，D0 位清 0。

第 1 种方法——利用位操作指令：SETB　20H.2

CLR　20H.0

第 2 种方法——利用逻辑指令：　ORL　20H，#00000100B

ANL　20H，#11111110B

6. 逻辑“异或”指令(6 条)

```
XRL    A,#data          ;(A)⊕data→A
XRL    A,Rn             ;(A)⊕(Rn)→A
XRL    A,direct         ;(A)⊕(direct)→A
XRL    A,@Ri            ;(A)⊕((Ri))→A
XRL    direct,#data     ;(direct)⊕data→direct
XRL    direct,A         ;(direct)⊕(A)→direct
```

这组指令是将第一操作数和第二操作数内容按位进行逻辑“异或”运算，结果存入第一操作数。

“异或”操作常用来对字节中的某些位求反，要保留的位用 0 去“异或”，要取反的位用 1 去“异或”。

【例 3.25】 若 B 中的内容为 3CH，A 中的内容为 15H，则顺序执行下列指令：

```
ANL    B,#0F0H          ;(B) = 30H
ORL    B,#0FH           ;(B) = 3FH
XRL    B,A              ;(B) = 2AH
```

【例 3.26】 把累加器 A 中的低 4 位送到外部 XRAM 的 2000H 单元中。程序如下：

```
MOV     DPTR,#2000H          ;2000H→DPTR
ANL     A,#0FH               ;(A)∧0FH→A
MOVX    @DPTR,A              ;(A)→DPTR
```

3.2.7 控制转移类指令(17 条)

通常，在控制器的作用下，每取出一条指令，程序计数器(PC)自动加 n(n 取决于该指令的字节数)，以便指向下一条指令，使程序得以顺序执行。控制转移类指令则可以用软件修改 PC 值，使程序转向需要的指令，实现分支和跳转。转移类指令分为两类：无条件转移和条件转移。

1. 无条件转移指令(4 条)

不规定条件的转移称为“无条件转移”，例如“LJMP MAIN”。

无条件转移指令有以下 4 种形式。

(1) 长转移指令

```
LJMP    标号或 addr16          ;将标号地址或 addr16→PC
```

(2) 短转移指令

```
AJMP    标号或 addr11          ;(PC)+2→PC,
                               ;然后将标号地址的低 11 位或 addr11→PC.10～0
                               ;PC.15～11 不变
```

(3) 相对转移指令

```
SJMP    标号或 rel             ;(PC)+2+rel→PC,转移到标号处
```

编程时，多数情况下不需要给出转移地址的具体数值(addr16、addr11 或 rel)，只需在指令中写出标号即可，例如“LJMP MAIN”、“AJMP NEXT1”和“SJMP AA”等。至于具体是使用 LJMP 还是 AJMP 或 SJMP，要看转移目标与当前指令的距离。距离在－128～＋127 字节，可以用 SJMP；距离在 2 KB 以内，可以用 AJMP；距离 2 KB 以上，只能用 LJMP。这 3 种指令的字节数和执行时间有所不同(参见附录 A)。

(4) 间接转移指令

```
JMP     @A+DPTR               ;(A)+(DPTR)→PC
```

间接转移指令也称为“散转指令”，该指令把累加器 A 中的 8 位无符号数与 DPTR 中的 16 位数据相加，所得的值送入 PC 作为转移目的地址。该指令执行后不影响累加器 A 和数据指针 DPTR 中的原内容，也不影响任何标志位。利用散转指令，可实现多分支转移。

【例3.27】 利用散转指令实现：当(A)＝0时，转处理程序G0；当(A)＝1时，转处理程序G1；当(A)＝n时，转处理程序Gn(n＝0，1，2，3…)。

程序如下：

```
                        RL    A              ;AJMP 指令为双字节
                        MOV   DPTR,#TABLE    ;表首址送 DPTR
                        JMP   @A+DPTR        ;以 A 中内容为偏移量跳转
1000H:     TABLE:       AJMP  G0             ;(A) = 0,转 G0 处执行
1002H:                  AJMP  G1             ;(A) = 1,转 G1 处执行
                        ⋮
                        AJMP  Gn             ;(A) = n,转 Gn 处执行
              G0:       ……
              G1:       ……
              G2:       ……
```

待执行的程序段分别为G0、G1、G2…，程序中设置了1个转移表TABLE，表中的内容为“AJMP　G0”、“AJMP　G1”等。假设转移表TABLE从ROM的1000H单元开始，则AJMP G0指令占2字节，在1000H和1001H；“AJMP　G1”指令占2字节，在1002H和1003H……

如果(A)＝1，则执行“RL　A”后，(A)＝2；

执行“MOV　DPTR，#TABLE”后，(DPTR)＝1000H；

执行“JMP　@A＋DPTR”后，(PC)＝2＋1000H＝1002H，CPU跳到1002H；

接着执行“AJMP　G1”指令，跳到G1处，然后执行G1处理程序。

同样，如果(A)＝2，将转G2执行……

2. 条件转移指令(8条)

条件转移指令是依据某种特定条件而转移的指令。条件满足时转移；条件不满足时则顺序执行。转移距离为－128～＋127字节。

(1) 累加器判零转移指令(2条)

```
JZ     标号或 rel          ;若(A) = 0,则转移到标号,(PC) + 2 + rel→PC
                           ;若(A)≠0,则顺序执行,(PC) + 2→PC
JNZ    标号或 rel          ;若(A)≠0,则转移到标号,(PC) + 2 + rel→PC
                           ;若(A) = 0,则顺序执行,(PC) + 2→PC
```

这两条指令判别累加器A的内容是否为0，然后确定程序是顺序执行还是转移。

(2) 比较转移指令(4条)

```
CJNE   A,direct,标号或 rel
;若(A) = (direct),则顺序执行,(PC) + 3→PC,0→C
;若(A)>(direct),则转移到标号,(PC) + 3 + rel→PC,0→C
```

```
;若(A)<(direct),则转移到标号,(PC)+3+rel→PC,1→C
CJNE    A,#data,标号或 rel
;若(A)=data,则顺序执行,(PC)+3→PC,0→C
;若(A)>data,则转移到标号,(PC)+3+rel→PC,0→C
;若(A)<data,则转移到标号,(PC)+3+rel→PC,1→C
CJNE    Rn,#data,标号或 rel
;若(Rn)=data,则顺序执行,(PC)+3→PC,0→C
;若(Rn)>data,则转移到标号,(PC)+3+rel→PC,0→C
;若(Rn)<data,则转移到标号,(PC)+3+rel→PC,1→C
CJNE    @Ri,#data,  标号或 rel
;若((Ri))=data,则顺序执行,(PC)+3→PC,0→C
;若((Ri))>data,则转移到标号,(PC)+3+rel→PC,0→C
;若((Ri))<data,则转移到标号,(PC)+3+rel→PC,1→C
```

这组指令是比较转移指令,首先比较前面两个操作数的大小,如果其值不相等则转移,相等则顺序执行。指令执行后要影响进位位C:若第一操作数小于第二操作数,则(C)=1;若第一操作数大于第二操作数,则(C)=0。执行指令后,两个操作数大小不变。

(3) 循环转移指令(2条)

```
DJNZ    Rn,标号或 rel              ;(Rn)-1→Rn
                                   ;若(Rn)≠0;,则转移到标号,(PC)+2+rel→PC
                                   ;若(Rn)=0,则顺序执行,(PC)+2→PC
DJNZ    direct,标号或 rel          ;(direct)-1→direct
                                   ;若(direct)≠0,则转移到标号,(PC)+3→PC
                                   ;若(direct)=0,则顺序执行,(PC)+3→PC
```

这两条指令主要用来控制程序循环。

3. 子程序调用及返回指令(4条)

在程序设计中,经常需要多次执行某段程序,为了简化程序的编写以及节约地址空间,通常把某一段需要反复执行的程序或者具有一定通用性的程序做成子程序,并起一个名字,而将程序的其他部分放在主程序中。主程序通过LCALL或ACALL指令调用子程序,子程序通过RET指令返回到主程序。例如:

```
;主程序
        ⋮
        MOV     A,40H           ;给 A 送初值
        LCALL   AA              ;调用名为 AA 的子程序,使(A)+30H→A
        MOV     40H,A           ;存结果
        ⋮
```

```
    ;名为 AA 的子程序
AA:     ADD     A,#30H
        RET
        END
```

本例中 AA 子程序很简单,其功能是将 A 的内容加 30H。整个程序的功能是(40H)+30H→40H。

(1) 长调用指令

```
LCALL    子程序名或 addr16                ;(PC)+3→PC
                                          ;(SP)+1→SP,(PC.7～0)→SP
                                          ;(SP)+1→SP,(PC.15～8)→SP
                                          ;addr16→PC
```

该指令为三字节指令,在将子程序首地址 addr16 送 PC 之前,将调用指令后面的那条指令的地址(断点)自动压入堆栈,保护起来,然后转去执行子程序。

(2) 短调用指令

```
ACALL    子程序名或 addr11                ;(PC)+2→PC
                                          ;(SP)+1→SP,(PC.7～0)→SP
                                          ;(SP)+1→SP,(PC.15～8)→SP
                                          ;Addr11→PC.10～0
```

该指令为双字节指令,在将子程序首地址 addr11 送 PC 之前,将调用指令后面的那条指令的地址自动压入堆栈,保护起来,然后转去执行子程序。

长调用指令的转移范围为 0～64 KB,短调用指令的转移范围为 0～2 KB。

(3) 子程序返回指令

```
RET                                       ;(SP)→PC.15～8,(SP)-1→SP
                                          ;(SP)→PC.7～0,(SP)-1→SP
```

RET 指令称为子程序返回指令,表示子程序结束须返回主程序。执行该指令时,将调用时压入堆栈中的断点地址弹出,重新送 PC,使程序能够返回到主程序,继续执行调用指令后面的程序。

(4) 中断服务子程序返回指令

```
RETI                                      ;中断返回
```

RETI 指令称为中断返回指令,是中断服务程序的最后一条指令。该指令的执行过程类似于指令 RET,但它还能恢复中断逻辑。关于中断的具体内容参见第 6 章。RETI 和 RET 决不能互换使用。

注意子程序调用、子程序返回、中断调用和中断返回时，尽管程序中没有堆栈操作指令，却对堆栈进行了隐性操作。

4. 空操作指令(1条)

```
NOP                      ;(PC) + 1→PC
```

空操作指令除了PC加1外，CPU不进行任何操作。这条指令常用于产生一个机器周期的延时。

3.2.8 位操作类指令(17条)

位操作类指令共有17条，均以位为操作对象，分别完成位传送、位状态控制、位逻辑运算以及位条件转移等功能。在汇编语言中，位地址的表达方式有4种。其中，程序状态字PSW中的进位位C的4种表达形式如下

- 位地址表示，如0D7H。
- 点操作符表示，如PSW.7。
- 位名称表示，如C。
- 符号地址表示。符号地址通常用EQU或BIT伪指令预先定义(参见3.3节)。

1. 位数据传送指令(2条)

```
MOV    C,bit             ;(bit)→C
MOV    bit,C             ;(C)→bit
```

两个可寻址的位之间不可互相传送，应使用C作为中介。

2. 位状态控制指令(6条)

```
CLR    C                 ;对进位标志清0
CLR    bit               ;对直接寻址位清0
CPL    C                 ;对进位标志求反
CPL    bit               ;对直接寻址位求反
SETB   C                 ;对进位标志置1
SETB   bit               ;对直接寻址位置1
```

3. 位逻辑运算指令(4条)

```
ANL    C,bit             ;(C)∧bit→C
ANL    C,/bit            ;(C)∧/bit→C
ORL    C,bit             ;(C)∨bit→C
ORL    C,/bit            ;(C)∨/bit→C
```

【例3.28】 将PSW.0与ACC.7位相“或”，结果送PSW.5(F0)。程序如下：

```
MOV     C,PSW.0
ORL     C,ACC.7
MOV     PSW.5,C
```

4. 位条件转移指令(5条)

```
JC      标号或 rel                ;若(C) = 1,则转移到标号,(PC)2 + rel→PC
                                  ;若(C) = 0,则顺序执行,(PC) + 2→PC
JNC     标号或 rel                ;若(C) = 0,则转移到标号,(PC) + 2 + rel→PC
                                  ;若(C) = 1,则顺序执行,(PC) + 2→PC
JB      标号或 rel                ;若(bit) = 1,则转移到标号,(PC) + 3 +  rel→PC
                                  ;若(bit) = 0,则顺序执行,(PC) + 3→PC
JNB     标号或 rel                ;若(bit) = 0,则转移到标号,(PC) + 3 +  rel→PC
                                  ;若(bit) = 1,则顺序执行,(PC) + 3→PC
JBC     标号或 rel                ;若(bit) = 1,则转移到标号,(PC) + 3 + rel→PC ,且 0→bit
                                  ;若(bit) = 0,则顺序执行,(PC) + 3→PC
```

JC、JNC、JB和JNB指令的功能分别是判别进位位C和直接位地址的内容是1还是0，以此来决定程序的走向。JBC指令的功能是：若直接位地址的内容为1则转移，并且同时将该位清0；否则顺序执行。

【例3.29】 判断指令执行方向。程序如下：

```
MOV     P1,#87H          ;87H→P1
MOV     A,#56H           ;56H→A
JB      P1.3,L1          ;(P1.3) = 1,转移到 L1;否则顺序执行
JNB     ACC.3,L2         ;ACC.3 = 0,转 L2;否则顺序执行
L1:     ……
L2:     ……
```

本程序中，(P1)＝87H＝10000111B→P1.3＝0，因此不会转移到L1，顺序执行“JNB ACC.3,L2”。(A)＝56H＝01010110B→ACC.3＝0→转L2执行。

3.3 常用伪指令

用汇编语言编写的程序需要经过机器汇编变成机器码才能被识别和执行。为了对源程序进行汇编，在源程序中要使用一些“伪指令”提供程序段存放的开始位置和结束位置等信息。伪指令是用来告诉汇编程序如何进行汇编的指令。它既不控制机器的操作，也不能被汇编成机器代码，只能为汇编程序所识别，并指导汇编如何开始、进行和结束，故称为“伪指令”。

下面介绍 C8051F 系列单片机的常用伪指令。

1. 起始地址伪指令 ORG(origin)

它用来规定目标程序段或数据块的起始存放地址。其格式如下：

ORG 表达式

表达式通常为 16 位地址。80C51、C8051 要求程序的第 1 条指令必须放在 0000H 地址。

2. 汇编结束伪指令 END

它表示源程序到此结束。在一个程序中，只允许出现一条 END 语句，而且必须安排在源程序的末尾；否则，汇编程序对 END 语句后面的所有语句都不进行汇编。END 格式如下：

END

【例 3.30】

```
        ORG     0000H           ;第 1 条指令“LJMP   START”从 0000H 开始
        LJMP    START
        ORG     1000H           ;该语句下面的程序从 1000H 开始
START:  MOV     A,B
        CPL     A
        MOV     B,A
        SJMP    $
        END                     ;源程序到此结束
```

3. 字节定义伪指令 DB(Define Byte)

格式如下：

[标号:]   DB   表达式 1,表达式 2,…,表达式 *n*

其功能为：将表达式的值赋给指定地址开始的若干个 ROM 单元。每个表达式的值为 1 字节，占 1 个存储单元。

[标号:]为可选项，可以省略。

【例 3.31】

```
        ORG  1000H
FIRST:  DB   73H,01H
        DB   91H,07H
TABLE:  DB   96,40H,'C','7',1101B
```

经汇编后，程序存储器有关单元内容如图 3.8(a)所示，数据以十六进制表示。

它对 ROM 中地址为 1000H～1008H 的 9 个单元进行了赋值操作。各单元内容分别为

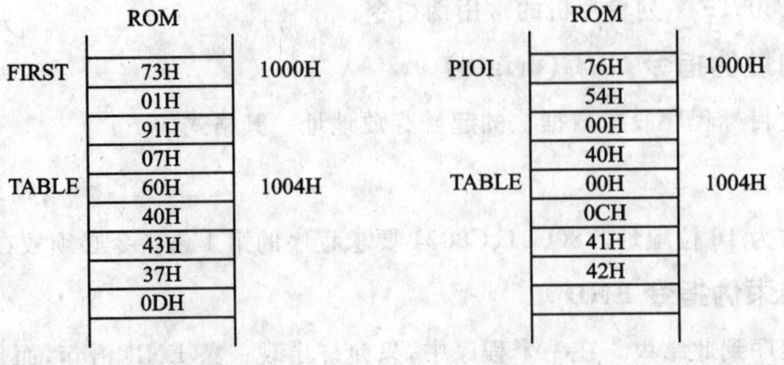

	ROM	
FIRST	73H	1000H
	01H	
	91H	
	07H	
TABLE	60H	1004H
	40H	
	43H	
	37H	
	0DH	

(a) 用DB伪指令给ROM单元赋值

	ROM	
PIOI	76H	1000H
	54H	
	00H	
	40H	
TABLE	00H	1004H
	0CH	
	41H	
	42H	

(b) 用DW伪指令给ROM单元赋值

图 3.8 DB 和 DW 伪指令

73H～0DH。地址为1000H的ROM单元命名为FIRST;地址为1004H的ROM单元命名为TABLE;其他单元没有标号,没有命名。字符"C"和"7"汇编后以ASCII码43H和37H表示,十进制数96表示成十六进制是60H,二进制1101B表示成十六进制是0DH。

4. 字定义伪指令 DW(Define Word)

格式如下:

[标号:]　　DW　　　表达式1,表达式2,…,表达式n

其功能为:将表达式的值赋给指定地址开始的若干个ROM单元。每个表达式的值为1个字,占2个存储单元。其中,高8位数据存入低地址单元,低8位数据存入高地址单元。

[标号:]为可选项,可以省略。

【例 3.32】

```
            ORG     1000H
PIOI:       DW      7654H,40H,12,'AB'
```

汇编后,程序存储器中有关单元的内容如图3.8(b)所示。

数据7654H被送到1000H和1001H,高8位76H进低地址1000H;数据40H被转换成0040H送1002H和1003H;其他数据依次类推。

DB和DW伪指令通常用于在程序存储器中定义表格或常数。

5. 定义空间伪指令 DS(Define Storage)

它表示从指定的地址单元开始,保留由表达式指定的若干字节空间作为备用空间。其格式如下:

[标号:]　DS　　表达式

【例 3.33】

```
        ORG     1000H
        DS      0AH
        DB      71H,11H,11H
```

汇编后,从1000H单元开始保留10字节的存储单元。从100AH单元开始连续存放71H、11H和11H。

注意:DB、DW和DS伪指令只能用于程序存储器,而不能用于数据存储器。

6. 赋值伪指令EQU(EQUate)

格式如下:

符号　　EQU　　表达式

该指令的功能是将右边表达式的值赋给左面用户定义的符号。

【例 3.34】

```
BUFFER    EQU    08H                  ;将08H赋值给BUFFER
BLOCK     EQU    30H                  ;将30H赋值给BLOCK
BLOCK1    EQU    BLOCK + BUFFER       ;将38H赋值给BLOCK1
 ⋮
MOV       A,#BUFFER                   ;作用同"MOV  A,#8"
MOV       A,#BLOCK                    ;作用同"MOV  A,#30H"
MOV       A,#BLOCK                    ;作用同"MOV  A,30H"
MOV       A,#BLOCK1                   ;作用同"MOV  A,38H"
```

由EQU伪指令所定义的符号必须先定义后使用,因此该语句通常放在程序开头。

7. 直接寻址数据区地址赋值伪指令DATA

格式如下:

符号　　DATA　表达式

该指令的功能是给DATA区的某个地址单元命名;或者说是定义一个DATA区变量,变量的地址为"表达式"的值,变量的名为"符号"。

【例 3.35】

```
BIANLIANG1    DATA   30H             ;给DATA区地址为30H的单元命名为BIANLIANG1,或者说
                                     ;定义一个变量,名为BIANLIANG1,地址为DATA区30H
 ⋮
MOV           BIANLIANG1,#89H        ;同"MOV  30H,#89H",给BIANLIANG1送数89H
MOV           A,BIANLIANG1           ;同"MOV  A,30H",将BIANLIANG1的值送A
MOV           R0,#BIANLIANG1         ;同"MOV  R0,#30H",将BIANLIANG1的地址送R0
```

本例中，将 DATA 改为 EQU，结果也相同。但是：

(1) DATA 伪指令所定义的符号可先使用后定义。

(2) 从概念上，用 DATA 定义的符号是一个 DATA 区变量；或者说，DATA 后面的表达式代表一个 RAM 区地址，只能进行 DATA 区变量允许进行的操作。用 EQU 定义的符号则没有限制。

【例 3.36】

```
AA      EQU    1000H
BB      DATA   45H
 ⋮
LJMP    AA                       ;跳到 1000H 处，合法
LJMP    BB                       ;不合法，因为 BB 代表 DATA 区 45H 单元，LJMP 指令只能跳转到 ROM 区
```

(3) EQU 后面的表达式既可以是常数，也可以是地址。DATA 后面的表达式只能是地址。人们常用 EQU 进行常量定义，用 DATA 进行 DATA 区变量定义。常量不占内存。

【例 3.37】

```
XISHU    EQU    17              ;定义常量 XISHU，值为 17
X        DATA   30H             ;定义变量 X，地址为片内 DATA 区 30H(给 30H 单元命名为 X)
Y        DATA   31H             ;定义变量 Y，地址为片内 DATA 区 31H(给 31H 单元命名为 Y)
 ⋮
MOV      A,#XISHU               ;同“MOV  A,#17”，将常量 XISHU 的值 17 送 A
MOV      B,X                    ;同“MOV  B,30H”，将变量 X 的值(30H 的内容)送 B
MUL      AB                     ;17 乘 X，结果送 BA
MOV      Y,A                    ;同“MOV  31H,A”，将运算结果低字节送 Y
MOV      Y+1,B                  ;同“MOV  32H,B”，将运算结果高字节送 Y+1
```

本例中，如果将所有 DATA 都换成 EQU，结果也相同。

8. 内部间接寻址数据区地址赋值伪指令 IDATA

格式如下：

符号　　IDATA　表达式

该指令的功能是给 IDATA 区的某个地址单元命名；或者说是定义一个 IDATA 区变量，变量的地址为“表达式”的值，变量的名为“符号”。注意，用 IDATA 定义的变量只能进行 IDATA 区能进行的操作。

【例3.38】

```
QQ      IDATA  82H                  ;给IDATA区的82H单元命名为QQ,或者说
                                    ;定义一个IDATA区变量,名为QQ,地址为82H
 ⋮
MOV     A,QQ                        ;错,因为QQ是IDATA区变量,只能间接寻址
MOV     R0,#QQ
MOV     A,@R0                       ;对
```

9. 外部数据区地址赋值伪指令XDATA

格式如下：

符号　　XDATA　表达式

该指令的功能是给XDATA区的某个地址单元命名；或者说是定义一个XDATA区变量,变量的地址为“表达式”的值,变量的名为“符号”。同样,用XDATA定义的变量只能进行XDATA区能进行的操作。

【例3.39】

```
BIANLIANG3    XDATA  2150H          ;给XDATA区的2150H单元命名为BIANLIANG3,或者说
                                    ;定义一个XDATA区变量,名为BIANLIANG3,地址为2150H
 ⋮
MOV           DPTR,# BIANLIANG3
MOVX          @DPTR,A
```

10. 位地址赋值伪指令BIT

格式如下：

符号　　BIT　位地址

该指令的功能是给位寻址区的某个位地址单元命名；或者说是定义一个位变量,变量的地址为“位地址”,变量的名为“符号”。

【例3.40】

```
FLAG    BIT  F0                     ;给F0位命名为FLAG
X       BIT  P1.2                   ;给P1.2位命名为X
```

在程序中使用FLAG和X与使用F0和P1.2是一样的。

在程序中使用EQU、DATA和BIT等伪指令,可以有以下好处：

(1) 增加程序的可读性；

(2) 便于程序修改,也提高程序的通用性。

例如,点亮接在 P1.2 上的 1 个 LED。可以直接在程序中写指令"SETB P1.2",也可以在程序的开始先用 EQU 或 BIT 伪指令给 P1.0 命名,语句为"LAMP EQU P1.0"或"LAMP BIT P1.0",然后在程序中写指令"SETB LAMP"。显然,后一种方法可读性更强。

如果硬件电路改了,则将 LED 接在 P2.5 上。第 2 种方法只需在程序开始的伪指令定义处将 P1.2 改为 P2.5。如果程序很长,而且多处对 P1.2 进行了操作,则第 2 种方法就显得格外方便。

由此可见,使用变量名或常量名给程序的编写带来很大的方便。希望同学们在程序学习的开始就养成使用变量名或常量名的习惯。

第4章 汇编语言程序设计

4.1 汇编语言程序设计的步骤及方法

1. 汇编语言程序设计的步骤

通常，汇编语言程序设计的步骤如下：

(1) 明确要解决的问题和要求。

(2) 根据要解决的问题，编制程序流程图。如果程序较大，则可先画出粗略的流程图，再根据要求对流程图进行细化。

(3) 根据程序流程图编写程序。如果程序较大，则可按功能模块进行编写。

(4) 对汇编语言程序进行调试，并进行优化处理。

2. 流程图的作用与组成

(1) 流程图的作用。流程图能直观形象地表示各部分的逻辑关系及程序结构，是程序设计的重要工具。

(2) 流程图的组成。流程图中所采用的各种常用符号如下：

- 端点框。它是一个腰形框，如图 4.1(a)所示，表示程序的开始或结束。在该框中可填入相应的文字，例如"开始"、"结束"，或者程序名、起始地址等。
- 流程线。如图 4.1(b)所示，流程线表示程序执行的流向。
- 处理框。如图 4.1(c)所示，该框表示一种处理功能或者过程，框内用文字简要说明。
- 判断框。如图 4.1(d)所示，该框用于指示一个判定点，从这点产生分支。在框内应注明测试条件，而测试结果则注明在各分支流程线上。
- 连接框。如图 4.1(e)所示，该框表示流程中止而并非流程结束。通常用来连接同一页上的流程，以避免流程线的交叉，使流程图阅读起来清晰。连接框也可用来连接不同页上的流程。注意在连接处连接框内的标识符要相同。

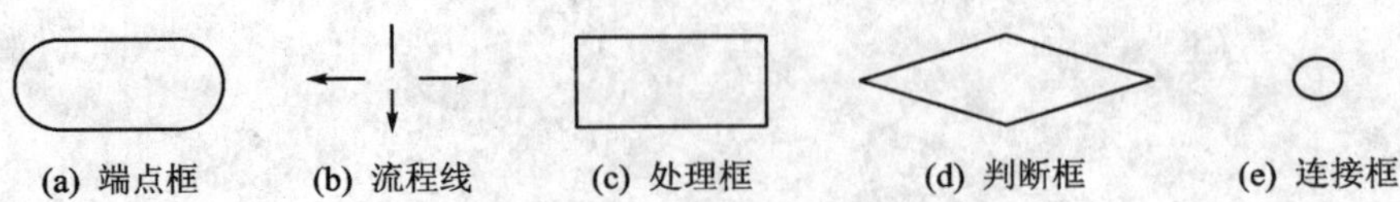

图 4.1 流程图常用符号

4.2 汇编语言程序设计举例

在汇编语言程序设计中，普遍采用结构化程序设计方法，如顺序结构、分支结构、循环结构以及子程序结构等。

4.2.1 顺序结构程序设计

顺序结构程序又称为“直线程序”，是一种最简单、最基本的程序。其特点是按程序编写的顺序从第一条指令开始执行程序，直到最后一条指令执行完为止，顺序结构程序是程序结构中最简单的一种。

顺序结构程序虽然不难编写，但要设计出高质量的程序还要掌握一定的技巧，下面举例说明。

【例 4.1】 利用加法指令进行多字节加法运算，实现 1234H 与 5678H 两数相加，结果存放在内部数据区 40H(高位)和 41H 单元。

分析： C8051 提供的加法指令只能进行单字节运算，因此，双字节数只能分成高 8 位和低 8 位分别运算，高 8 位相加时要加上低 8 位相加产生的进位标志位。此外，被加数必须存放在累加器(A)中。程序清单如下：

```
        ORG     0000H
        AJMP    MAIN
        ORG     0100H
MAIN:   MOV     A,#34H          ;取低字节被加数
        ADD     A,#78H          ;低位字节相加
        MOV     41H,A           ;和低位送 41H 单元
        MOV     A,#12H          ;取高字节被加数
        ADDC    A,#56H          ;加高字节和低位进位
        MOV     40H,A           ;结果送 40H 单元
        SJMP    $
        END
```

注意： 本章中所有例子也适用于标准 8051，如果使用 Silicon Labs IDE 调试程序，则开头部分应加上 $INCLUDE(C8051F000.INC)。

【例 4.2】 设有 16 位二进制数存放在 R0 和 R1 中(R0 存放高位，R1 存放低位)，试编程

实现 16 位二进制数的“取反加 1”操作。

分析：取反指令只适用于单字节数，本例为 16 位数取反加 1 程序，需要把双字节数分成高 8 位和低 8 位，再分别取反。低 8 位数取反加 1 后可能产生进位，高 8 位取反后应加上这个进位。程序清单如下：

```
        ORG   0000H
        AJMP  MAIN
        ORG   0100H
MAIN:   MOV   A,R1          ;低位取反
        CPL   A
        ADD   A,#01H        ;低位加 1
        MOV   R1,A
        MOV   A,R0          ;高位取反
        CPL   A
        ADDC  A,#00H        ;加进位
        MOV   R0,A
        SJMP  $
        END
```

本程序中 16 位数的加 1 操作是通过加法指令来实现的，而不是通过加 1 指令 INC 来实现的。因为加 1 指令对进位不产生影响。指令“ADDC A,#00H”是进行多字节加法运算时，把进位累加到高位的一种常用方法。

【例 4.3】 用逻辑运算指令编程实现，将内部数据区某单元中存放的压缩 BCD 码拆成低 4 位和高 4 位，并转化成 ASCII 码，分别存入其他单元。

从本例开始要逐步熟悉伪指令的用法。在程序的开始，用伪指令定义内部数据区中的单元。

方法一：利用逻辑运算指令，首先把压缩 BCD 码拆成非压缩 BCD 码，非压缩 BCD 码转化成 ASCII 时，只需加上 30H 即可。程序流程图如图 4.2 所示。程序清单如下：

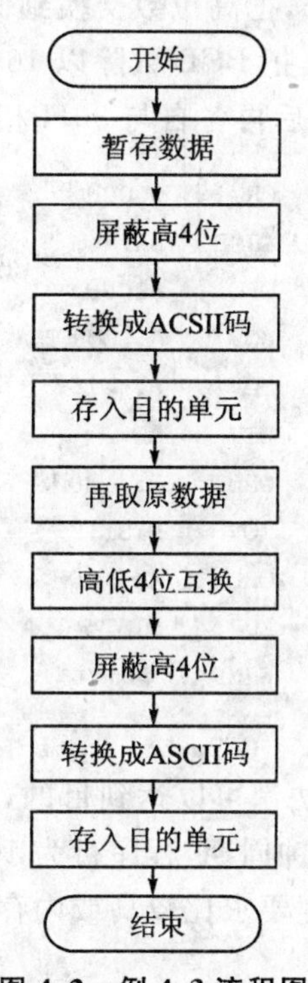

图 4.2　例 4.3 流程图

```
SOURCE   DATA   40H          ;定义待处理数据地址
DIST     DATA   41H          ;定义处理结果存放地址
         ORG    0000H
         AJMP   MAIN
         ORG    0100H
MAIN:    MOV    A,SOURCE     ;取数据(2字节,1个系统时钟周期)
         ANL    A,#0FH       ;屏蔽高4位(2字节,1个系统时钟周期)
         ORL    A,#30H       ;转换成ASCII码(2字节,1个系统时钟周期)
         MOV    DIST,A       ;存低位(2字节,1个系统时钟周期)
         MOV    A,SOURCE     ;重新取数(2字节,1个系统时钟周期)
         SWAP   A            ;高低4位互换(1字节,1个系统时钟周期)
         ANL    A,#0FH       ;(2字节,1个系统时钟周期)
         ORL    A,#30H       ;(2字节,1个系统时钟周期)
         MOV    DIST+1,A     ;存高位(2字节,1个系统时钟周期)
         SJMP   $            ;(2字节,2个系统时钟周期)
         END
```

进行高4位数转换时,也可使用指令"ANL　A,#0F0H"先屏蔽低位,再利用高4位与低4位互换指令,把高位数交换到低位。

方法二: 把BCD数除以16,相当于把该数右移4位,刚好把两个BCD码分别移到A、B的低4位,然后再各自与30H相"或",即成为ASCII码。程序清单如下:

```
         ORG    0000H
         AJMP   MAIN
         ORG    0100H
MAIN:    MOV    A,SOURCE     ;取数据(2字节,1个系统时钟周期)
         MOV    B,#16        ;(3字节,2个系统时钟周期)
         DIV    AB           ;除以16(1字节,4个系统时钟周期)
         ORL    B,#30H       ;低4位转换ASCII码(2字节,1个系统时钟周期)
         MOV    DIST,B       ;存低位(2字节,1个系统时钟周期)
         ORL    A,#30H       ;高4位转换ASCII码(2字节,1个系统时钟周期)
         MOV    DIST+1,A     ;存高位(2字节,1个系统时钟周期)
         SJMP   $            ;(2字节,2个系统时钟周期)
         END
```

两种方法都可以达到目的,但通过比较可以看出,第一种方法占用19字节,执行时间为11个系统时钟周期,程序行为10行。第二种方法占用16字节,13个系统时钟周期,程序行为8行。当速度要求比较高或内存容量比较紧张时,须考虑这些细节。

4.2.2 分支结构程序设计

如果程序要求根据不同的条件进行不同的处理,则应采用分支结构。分支结构的程序通过转移指令实现。

1. 条件转移

可实现条件转移的指令有 CJNE、JZ、JNZ、JC、JNC、JB 和 JNB 等,使用这些指令,可以完成“=0”、“=1”、“相等”、“不等”等各种条件判断。编写时,应注意选择正确的转移条件和转移目标地址。

2. 无条件转移

使用 SJMP、AJMP 和 LJMP 等指令实现转移,程序执行方向与已执行程序的结果无关,使用时注意给出正确的转移目标地址。

【例 4.4】 设有一单字节变量 X(无符号数),编写计算下列函数式的程序,并将结果存入 Y 中。

分析:本例为典型的分支结构程序,根据自变量的不同,有 3 种不同的计算方法。首先,判断该变量是否小于 10。若不是,再判断是否大于 15;否则该变量在 10~15 之间。

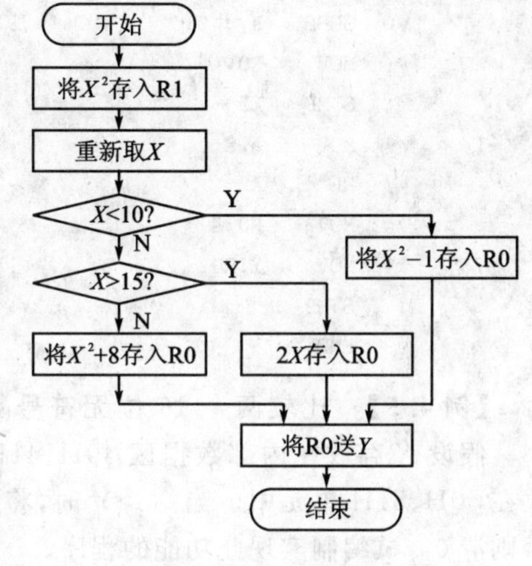

图 4.3 例 4.4 流程图

程序流程图如图 4.3 所示。

程序清单如下:

```
        X     DATA    30H
        Y     DATA    31H
        ORG   0000H
        AJMP  MAIN
        ORG   0100H
MAIN:   MOV   A,X
        MOV   B,A
        MUL   AB                      ;X²→A
        MOV   R1,A                    ;暂存入 R1
        MOV   A,X                     ;重新取数
        CJNE  A,#10,L1
L1:     JC    L3                      ;X<10 转 L3
        CJNE  A,#16,L2                ;X≥10,与 16 比
```

```
L2:     JNC     L4              ;X≥16,即 X>15 转 L4
        MOV     A,R1            ;10≤X≤15,取 X²→A
        ADD     A,#08H          ;X² + 8→A
        MOV     R0,A
        SJMP    L5
L3:     MOV     A,R1            ; X<10,取 X²→A
        CLR     C
        SUBB    A,#01           ;X² - 1→A
        MOV     R0,A
        SJMP    L5
L4:     MOV     A,X             ;X>15,重新把 X 装入 A
        RL      A               ;2X→A
        MOV     R0,A
L5:     MOV     Y,R0            ;存结果
        SJMP    $
        END
```

【例 4.5】 比较两个 16 位无符号数 X、Y 的大小。假设 X 存放在内部数据区 40H、41H 单元，Y 存放在 50H、51H 单元中。当 $X>Y$ 时，将标志位置 1；否则清 0。试编制实现此功能的程序。

分析：本例为 16 位数的比较程序，因单片机指令系统没有 16 位比较指令，只能使用 8 位比较指令。应先比较两数的高 8 位，若 X 的高 8 位大于 Y 的高 8 位，则说明 $X>Y$，将标志位置 1；若 X 的高 8 位小于 Y 的高 8 位，则说明 $X<Y$，将标志位清 0；若两数高 8 位相等，则需要再比较两数的低 8 位，具体处理方法与高 8 位相同。程序流程图如图 4.4 所示。程序清单如下：

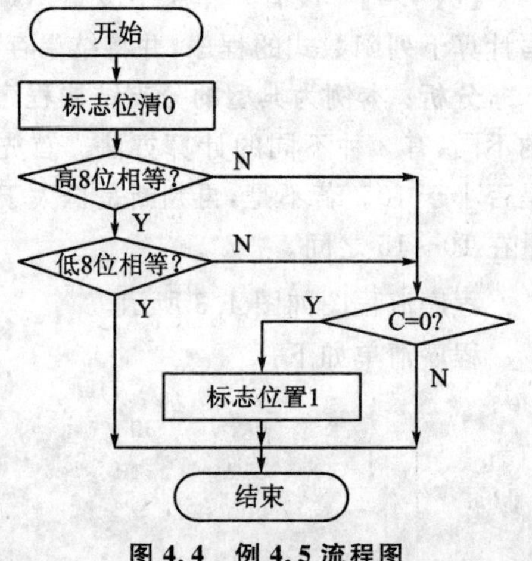

图 4.4　例 4.5 流程图

```
        FLAG    BIT     00H         ;定义标志位
        X       DATA    40H         ;定义 X 高位地址
        Y       DATA    50H         ;定义 Y 高位地址
        ORG     0000H
        AJMP    BEGIN
        ORG     0100H
BEGIN:  CLR     FLAG                ;清标志
        MOV     A,X                 ;取 X 高 8 位
```

```
        CJNE  A,Y,L1          ;高 8 位等？不等，转 L1
        MOV   A,X+1           ;高 8 位相等，则取 X 低 8 位
        CJNE  A,Y+1,L1        ;低 8 位等？不等，转 L1
        SJMP  L3              ;低 8 位等，则两数等，转 L3
L1:     JNC   L2              ;若 X>Y，则转 L2
L3:     SJMP  $               ;结束
L2:     SETB  FLAG            ;标志位置 1
        SJMP  L3
        END
```

3. 散　转

散转指令用来实现多分支结构。

【例 4.6】 假定键盘上有 4 个功能键，各自处理功能为：00 号键表示加 1；01 号键表示减 1；02 号键表示乘以 2；03 号键表示除以 2。

要求根据不同的按键值，对内部数据区 20H 单元内容实现不同的处理。若按键值存在内部数据单元 30H，则利用散转指令的程序清单如下：

```
        KEY   DATA   30H      ;定义键值存储单元
        DIST  DATA   20H      ;定义待处理数据单元
        ORG   0000H
        AJMP  BEGIN
        ORG   0100H
BEGIN:  MOV   A,KEY           ;取按键值
        MOV   DPTR,#TAB       ;指向转移指令表首地址
        RL    A               ;修正转移地址
        JMP   @A+DPTR         ;利用散转指令实现程序处理
NEXT:   SJMP  $
JIA:    INC   DIST
        AJMP  NEXT
JIAN:   DEC   DIST
        AJMP  NEXT
LEFT:   MOV   A,DIST
        RL    A
        MOV   DIST,A
        AJMP  NEXT
RIGHT:  MOV   A,DIST
        RR    A
        MOV   DIST,A
        AJMP  NEXT
```

```
TAB:    AJMP    JIA                     ;转移指令表
        AJMP    JIAN
        AJMP    LEFT
        AJMP    RIGHT
        END
```

本程序中建立了一个转移指令表 TAB。表中是一组无条件跳转指令“AJMP　JIA”、“AJMP　JIAN”等。假设表首地址为 1000H,由于 AJMP 指令为 2 字节,则:

AJMP　JIA　　在表中的第 0 和 1 单元(1000H 和 1001H)。

AJMP　JIAN　　在表中的第 2 和 3 单元(1002H 和 1003H)。

AJMP　LEFT　　在表中的第 4 和 5 单元(1004H 和 1005H)。

AJMP　RIGHT　在表中的第 6 和 7 单元(1006H 和 1007H)。

程序中“MOV　DPTR,# TAB”使 DPTR 指向转移表的表头(1000H)。“MOV　A,KEY”将键值送 A,“RL　A”使 A 中内容乘 2。

如果键值为 0,则乘以 2 后 A=0,“JMP　@A+DPTR”跳向 0+1000H=1000H,取出指令“AJMP　JIA”,再跳向 JIA 处理程序。

如果键值为 1,则乘以 2 后 A=2,“JMP　@A+DPTR”跳向 2+1000H=1002H,取出指令“AJMP　JIAN”,再跳向 JIAN 处理程序……

AJMP 指令的转移范围为 2 KB。若转移表中全部使用无条件转移指令 SJMP 跳转到各自的处理程序,由于为 SJMP 也是双字节指令,因此程序不变,但其转移范围只有 −128～+127。若转移表中全部使用无条件转移指令 LJMP,则因为它是三字节指令,所以应修改程序,将 A 中按键值从乘以 2 改为乘以 3,其转移范围为 64 KB。

4.2.3　循环结构程序设计

1. 循环结构程序

在处理实际问题时,有时要求某些程序段多次重复执行,此时可利用循环结构,这样可使程序简炼,不易出错,且节省存储空间。典型的循环结构如图 4.5 所示。循环结构程序一般包含 4 部分:置循环初值、循环体、循环控制部分和循环修改部分。下面分别介绍这 4 个组成部分。

(1) 置循环初值。用来设置循环初始状态,如建立地址指针初值、设置循环计数器的初值以及变量初值等。

(2) 循环体。循环体是重复执行的程序段,完成主要的计算或操作任务。

(3) 循环修改。循环修改的目的是为下一次循环做准备。通常是修改地址指针、修改循环变量等。

(4) 循环控制部分。循环控制部分用来判断循环继续与否。满足循环条件,重复执行循环工作部分;否则,退出循环,顺序执行。

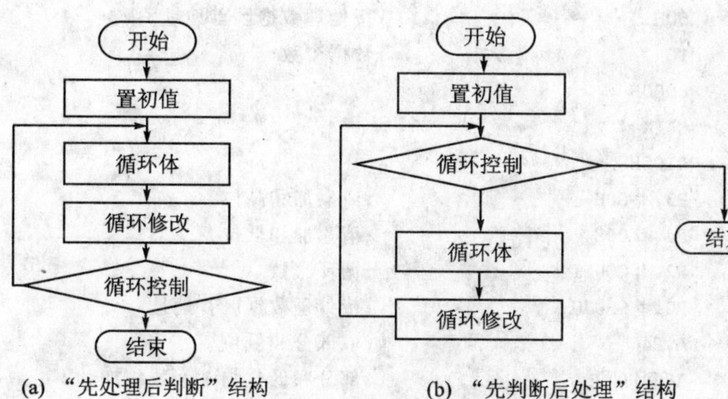

(a) “先处理后判断”结构　　(b) “先判断后处理”结构

图 4.5　两种循环结构

图 4.5(a)所示是先执行循环体，再判断循环是否继续。因此，至少执行循环体一次；图 4.5(b)所示是先判断循环条件是否满足，满足则执行循环体，因此，可能一次也不执行循环体。在已知循环至少执行一次的情况下，两种结构都可采用；在循环次数未知，可能一次也不执行循环体的情况下，应采用图 4.5(b)所示的结构。

根据循环结构的不同，循环结构程序可分为单重循环结构和多重循环结构；根据循环结束条件的不同，也可分为循环次数已知结构和未知的循环结构。

循环控制常采用的指令为 DJNZ、CJNE、JC、JNC、JZ 及 JNZ 等判断转移指令。

2. 单循环结构程序设计

如果循环结构程序的循环体中不再包含循环结构程序，则称为单循环结构程序。

【例 4.7】　计算从内部数据区 50H 单元开始的 10 个单字节数的累加和。

分析：连续进行 10 次加法，自然可以用循环结构。循环次数为 10。可利用 DJNZ 指令判断循环是否结束；由于循环次数大于 1，因此可以采用图 4.5(a)所示的结构。此外，10 个单字节数累加，和有可能成为双字节数，计算时应注意对进位的累加，进位累加的方法在例 4.2 中已介绍。为了循环处理方便，应先把累加和设为 0，其流程如图 4.6 所示。

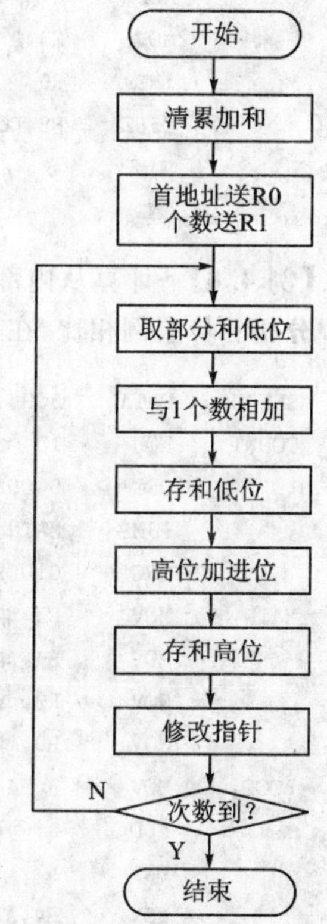

图 4.6　求累加和流程图

设累加和存放在 R3、R4 中，R3 存高位。程序清单如下：

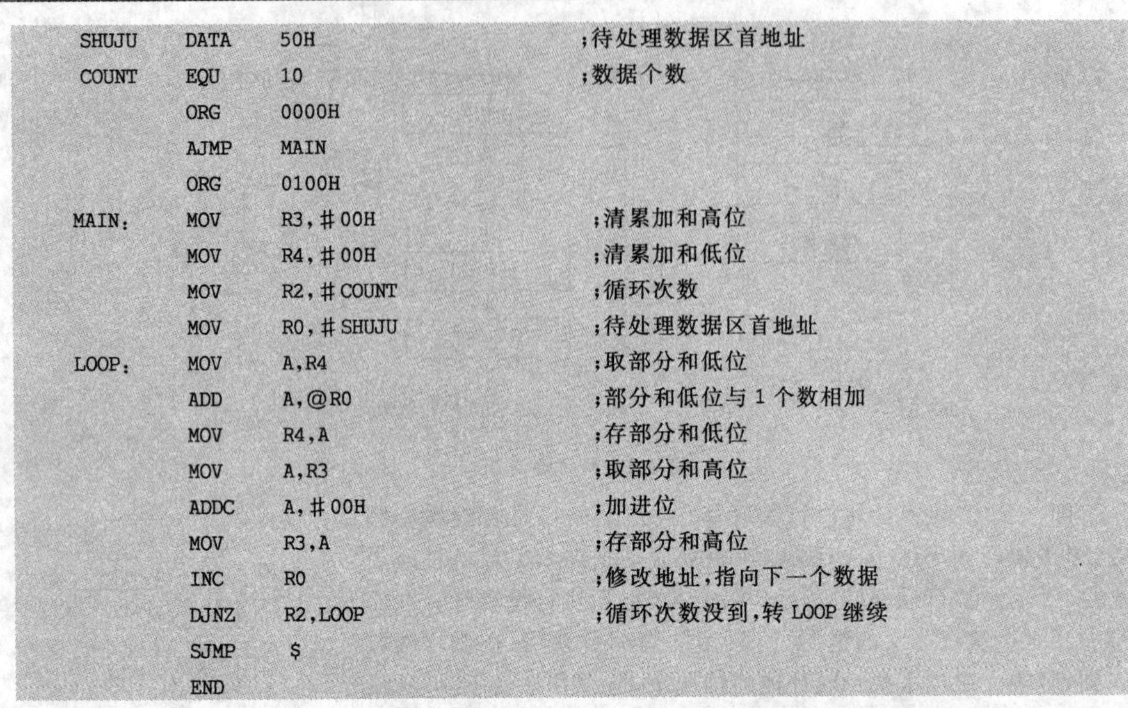

```
SHUJU   DATA    50H             ;待处理数据区首地址
COUNT   EQU     10              ;数据个数
        ORG     0000H
        AJMP    MAIN
        ORG     0100H
MAIN:   MOV     R3,#00H         ;清累加和高位
        MOV     R4,#00H         ;清累加和低位
        MOV     R2,#COUNT       ;循环次数
        MOV     R0,#SHUJU       ;待处理数据区首地址
LOOP:   MOV     A,R4            ;取部分和低位
        ADD     A,@R0           ;部分和低位与1个数相加
        MOV     R4,A            ;存部分和低位
        MOV     A,R3            ;取部分和高位
        ADDC    A,#00H          ;加进位
        MOV     R3,A            ;存部分和高位
        INC     R0              ;修改地址,指向下一个数据
        DJNZ    R2,LOOP         ;循环次数没到,转LOOP继续
        SJMP    $
        END
```

【例4.8】 计算从内部数据区50H单元开始的10个单字节BCD数的累加和。

分析：与上例相比,在程序中加入“DA A”调整指令即可。程序清单如下：

```
SHUJU   DATA    50H             ;待处理数据区首地址
COUNT   EQU     10              ;数据个数
        ORG     0000H
        AJMP    MAIN
        ORG     0100H
MAIN:   MOV     R3,#00H         ;清累加和高位
        MOV     R4,#00H         ;清累加和低位
        MOV     R2,#COUNT       ;循环次数
        MOV     R0,#SHUJU       ;待处理数据首地址
LOOP:   MOV     A,R4            ;取部分和低位
        ADD     A,@R0           ;部分和低位与1个数相加
        DA      A               ;BCD数调整
        MOV     R4,A            ;存部分和低位
        MOV     A,R3            ;取部分和高位
        ADDC    A,#00H          ;加进位
        DA      A               ;BCD数调整
        MOV     R3,A            ;存部分和高位
```

```
        INC     R0                          ;修改指针,指向下一个数
        DJNZ    R2,LOOP                     ;循环次数到？没有,转 LOOP 继续
        SJMP    $
        END
```

【例 4.9】 把内部数据区 RAM 20H～30H 单元中的内容,传送到外部数据区 XRAM 0600H 开始的单元,并将原数据区清 0。

方法一:利用 DJNZ 指令进行循环控制,流程图如图 4.7 所示。程序清单如下:

```
SOURCE   DATA    20H                  ;源数据块首地址
DIST     XDATA   0600H                ;目的块首地址
COUNT    EQU     17                   ;数据块长度
         ORG     0000H
         AJMP    MAIN
         ORG     0100H
MAIN:    MOV     R1,#SOURCE           ;源数据块首地址
         MOV     R2,#COUNT            ;数据块长度
         MOV     DPTR,#DIST           ;目的块首地址
LOOP1:   MOV     A,@R1                ;源数据块取 1 个数据
         MOVX    @DPTR,A              ;传送到目的块
         MOV     @R1,#00H             ;源数据块清 0
         INC     R1                   ;修改指针
         INC     DPTR
         DJNZ    R2,LOOP1             ;循环次数没到,转 LOOP1 继续
         SJMP    $
         END
```

方法二:利用 CJNE 指令进行循环控制。程序清单如下:

```
SOURCE_0   DATA    20H                ;源数据块首地址
SOURCE_N   DATA    30H                ;源数据块末地址
DIST       XDATA   0600H              ;目的块首地址
           ORG     0000H
           AJMP    MAIN
           ORG     0100H
MAIN:      MOV     R1,#SOURCE_0       ;源数据块首地址
           MOV     DPTR,#DIST         ;目的块首地址
LOOP1:     MOV     A,@R1
           MOVX    @DPTR,A            ;传送
           MOV     @R1,#00H           ;源数据块清 0
           INC     R1                 ;修改指针
```

```
        INC     DPTR
        CJNE    R1,# SOURCE_N + 1,LOOP1      ;最后 1 个数据没传完,转 LOOP1
        SJMP    $
        END
```

【例 4.10】 从内部数据区某单元开始,存有长度为 LEN 的无符号数据块。求其最大值,并存入内部数据区其他单元。

分析: 先假设 A 中放有最大值为 0。让 A 与数据区各数据逐个比较。如果 A 大于此值,则与下一个数比较;如果 A 小于此值,则将此值送 A 后再继续比较,直至与所有数据比较完。这里利用减法指令进行比较,但要注意原数据的恢复。考虑到循环次数已知,可利用 DJNZ 指令进行循环判断。其流程图如图 4.8 所示。

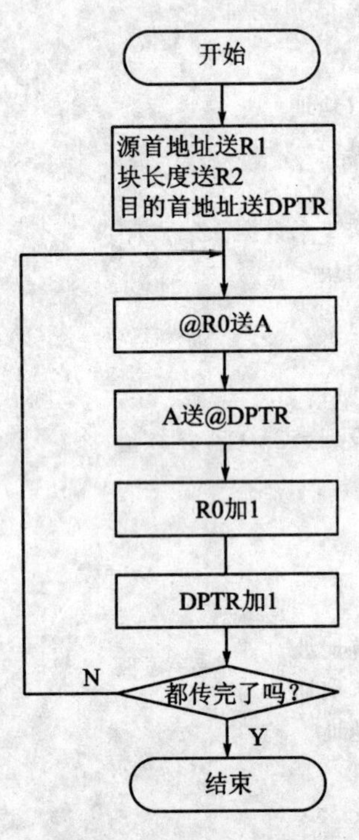

图 4.7　例 4.9 流程图

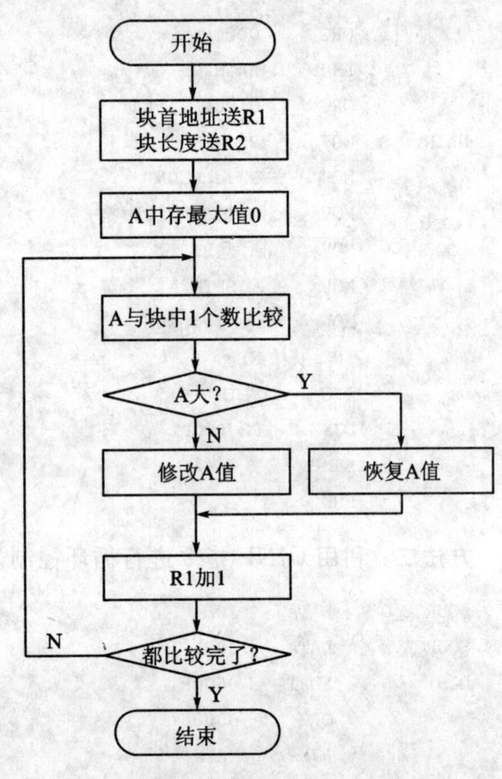

图 4.8　例 4.10 流程图

程序清单如下:

```
SOURCE   DATA    30H                    ;定义数据块首地址
LEN      DATA    20H                    ;定义长度单元地址
BIG      DATA    21H                    ;定义最大值存放单元的地址
         ORG     0000H
```

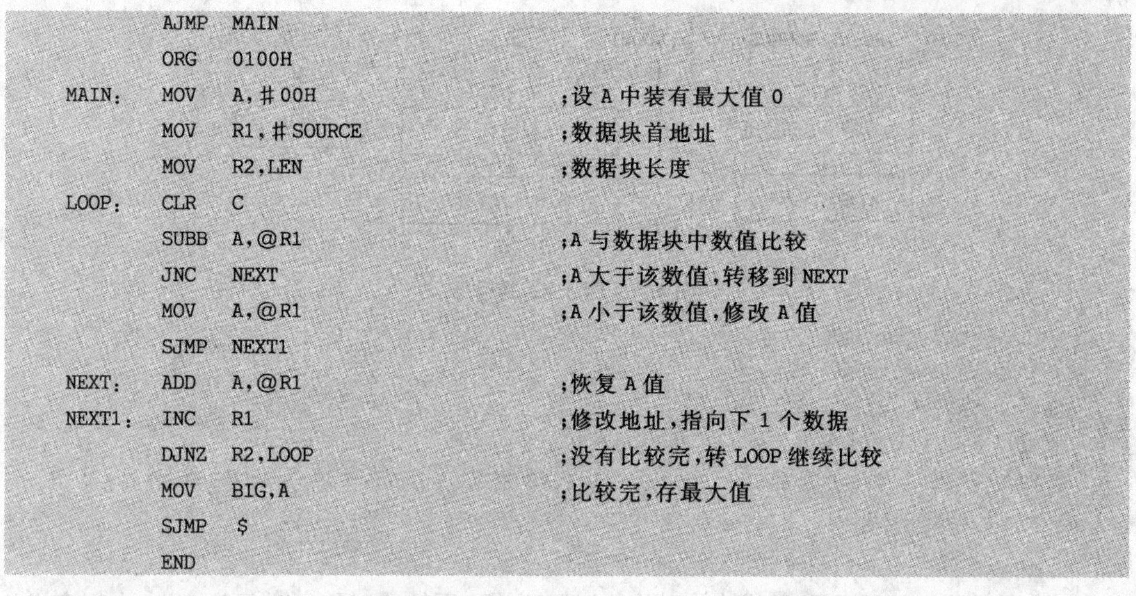

```
        AJMP  MAIN
        ORG   0100H
MAIN:   MOV   A,#00H              ;设 A 中装有最大值 0
        MOV   R1,#SOURCE          ;数据块首地址
        MOV   R2,LEN              ;数据块长度
LOOP:   CLR   C
        SUBB  A,@R1               ;A 与数据块中数值比较
        JNC   NEXT                ;A 大于该数值,转移到 NEXT
        MOV   A,@R1               ;A 小于该数值,修改 A 值
        SJMP  NEXT1
NEXT:   ADD   A,@R1               ;恢复 A 值
NEXT1:  INC   R1                  ;修改地址,指向下 1 个数据
        DJNZ  R2,LOOP             ;没有比较完,转 LOOP 继续比较
        MOV   BIG,A               ;比较完,存最大值
        SJMP  $
        END
```

【例 4.11】 设有以“＊”作为结束符的一串字符,放在内部数据区,统计字符串的长度,并存入寄存器 R2 中(字符串长度不超过 100)。

分析:本例题属于未知循环次数的循环程序,不能使用 DJNZ 指令。此外,存在字符串长度为 0 的情况。因此,应先判断循环条件,再进行程序处理。其流程图如图 4.9 所示。程序清单如下:

```
SOURCE  DATA  30H                 ;定义字符串首地址
        ORG   0000H
        AJMP  MAIN
        ORG   0100H
MAIN:   MOV   R2,#00H             ;字符串长度初值
        MOV   R1,#SOURCE          ;字符串首地址
LOOP:   CJNE  @R1,#'*',LOOP1      ;字符串是否结束
                                  ;没有,转 LOOP1
        SJMP  $
LOOP1:  INC   R2                  ;字符串长度加 1
        INC   R1                  ;修改地址指针
        AJMP  LOOP
        END
```

【例 4.12】 若单片机使用内部振荡器,频率为 2 MHz,试设计延时 500 μs 的子程序。

分析:因执行每条指令都需要一定的时间,循环执行几条指令,就可实现延时。延时时间=循环次数×指令执行时间。C8051 指令执行时间以 1 个时钟周期为单位。当系统时钟频率为 2 MHz 时,1 个时钟周期为 $T=1/(2\ \text{MHz})=0.5\ \mu s$。程序清单如下:

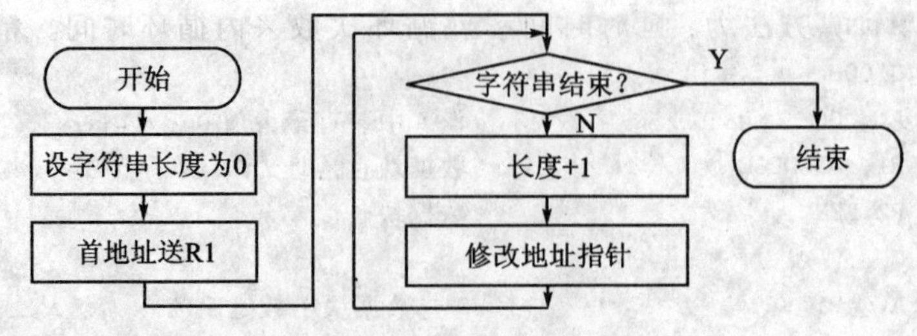

图 4.9　例 4.11 流程图

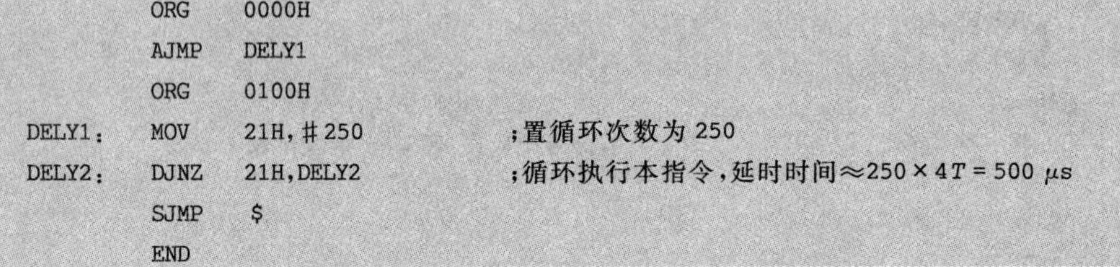

```
        ORG     0000H
        AJMP    DELY1
        ORG     0100H
DELY1:  MOV     21H,#250        ;置循环次数为 250
DELY2:  DJNZ    21H,DELY2       ;循环执行本指令,延时时间≈250×4T=500 μs
        SJMP    $
        END
```


指令“DJNZ　21H,DELY2”转移时执行时间为 $4T$,不转移时执行时间为 $3T$。本程序中,循环 250 次,只有最后 1 次执行时间为 $3T$。所以,循环执行时间为:$249\times4T+1\times3T=999T=499.5\ \mu s\approx500\ \mu s$。

如果对延时时间要求不是非常精确,则延时时间可以计算为:延时时间≈循环次数$\times4T=250\times4T=250\times4\times0.5\ \mu s=500\ \mu s$。

3. 多重循环结构设计

前面几个例子都是单循环结构程序,在实践中往往还会遇到一个循环结构程序的循环体中还包含一个或多个循环结构的情况,这就是双重循环结构或多重循环结构。

【例 4.13】 若单片机使用内部振荡器,频率为 2 MHz,试设计延时 100 ms 的子程序。

分析: 例 4.12 采用单重循环结构,最多循环 256 次,最大延时时间$\approx256\times4T=1024T=512\ \mu s$。要实现 100 ms 延时,可以采用双重循环。循环执行 500 μs,延时程序 200 次。程序清单如下:

```
        ORG     0000H
        AJMP    DELY
        ORG     0100H
DELY:   MOV     20H,#200        ;置外循环计数 200 次
DELY1:  MOV     21H,#250        ;置内循环计数 250 次  }
DELY2:  DJNZ    21H,DELY2       ;内循环,延时约 500 μs }  外循环,延时约 100 ms
        DJNZ    20H,DELY1
        SJMP    $
        END
```

延时时间的简单计算方法为：延时时间≈外循环次数×内循环时间。精确的计算方法如下：

外循环重复3条指令，包括指令“MOV 21H，#250”、内循环指令“DJNZ　21H，DELY2”以及指令“DJNZ 20H，DELY1”。其中，“MOV 21H，#250”指令的执行时间为3T。重复200次，用时200×3T＝300 μs。内循环1次需要499.5 μs，重复200次，需要200×499.5 μs＝99900 μs。“DJNZ　20H，DELY1”指令转移199次，不转移1次，用时199×4T＋1×3T＝399.5 μs。此外，“MOV　20H，#200”指令执行1次，用时3T＝1.5 μs。所以，到“SJMP　$”前，总延时时间＝(300＋99900＋399.5＋1.5) μs＝100601 μs＝100.601 ms。

思考：要实现1 s延时，如何编写程序？

【例4.14】　设在内部数据区中，存放长度为LEN的一组无符号数，要求将它们按从大到小顺序排列，排序后仍存放在原数据区内，试编写相应的程序。

分析：排序方法有多种，以下采用“冒泡法”进行设计。先将第一个数与第二个数比较，若前者大于后者，则保持原状；若小于后者，则将两数互换。然后同样方法比较第二个数与第三个数……直到最后两个数比较完。这样经过一轮循环后，最后一个单元中存放的是最小的数。然后按上述方法进行第二轮循环。循环结束时，在倒数第二个单元中存放的是次最小数……依次类推，经过一轮轮的循环，最后原数据区中的数据从大到小排列。因为每次循环中小数不断向下沉底，大数不断向上冒，像气泡一样，故称为“冒泡法”。流程图如图4.10所示。

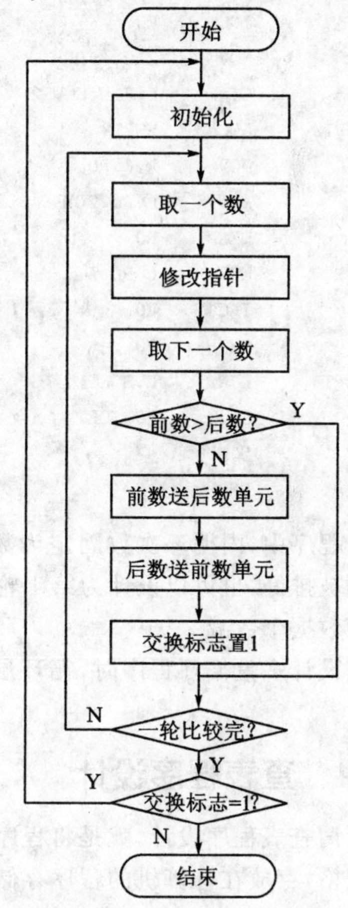

图4.10　例4.14流程图

内循环次数已知，为数据个数减1，因此可以用DJNZ指令进行循环判断。此外，如果排序已经完成，内循环中应该不会再有数据交换。因此，可以在程序中设置一个交换标志位，初始化时为0。循环中只要有两相邻单元内容互换，该标志位就置1。如果内循环完成后交换标志为0，则说明本次循环中没有发生交换，即所有数据均已排好，任务完成。因此，可以通过交换标志位确定是否应该结束外循环。程序清单如下：

```
SOURCE    DATA    31H                 ;定义数据块首地址
LEN       DATA    30H                 ;定义长度单元地址
          ORG     0000H
          AJMP    SORT
          ORG     0100H
SORT:     MOV     R0,#SOURCE          ;数据块首地址送 R0
          MOV     B,LEN               ;取数据个数
          DEC     B                   ;循环次数 = 数据个数 - 1
          CLR     F0                  ;交换标志清 0
SORT1:    MOV     A,@R0               ;取 1 个数
          MOV     20H,A               ;暂存到 20H
          INC     R0                  ;修改指针 R0,指向下 1 个数
          MOV     21H,@R0             ;取下 1 个数,暂存到 21H
          CJNE    A,21H,SORT2         ;两数比较
SORT2:    JNC     SORT3               ;若前数≥后数,转 SORT3
          MOV     A,@R0               ;若前数<后数,两者交换
          MOV     @R0,20H
          DEC     R0
          MOV     @R0,A
          INC     R0                  ;恢复 R0 原值
          SETB    F0                  ;置交换标志位为 1
SORT3:    DJNZ    B,SORT1             ;判长度计数器为 0? 不为 0,则继续循环
          JB      F0,SORT             ;判标志位为 1? 若为 1,则继续循环
          SJMP    $
          END
```

本程序中,内循环次数固定为数据个数减 1。实际上,考虑到每进行 1 轮内循环,就有 1 个数据被排好,也可以设计为第 1 轮内循环的循环次数为数据个数减 1,第 2 轮内循环的循环次数为数据个数减 2……

在设计多重循环程序时,循环层次要分明,不能出现层次交叉的情况;否则,将引起程序混乱。

4.2.4　查表程序设计

所谓查表程序设计,就是将程序中要用到的一些常数或一些复杂的函数值按一定规律编制成表格,存放在计算机的程序存储器中,当程序需要这些数据时,直接在表格中寻找。工业控制系统或智能仪器仪表中常用这种方法实现函数运算或进行数据转换。

1. 单字节表

单字节表是指表中的每一个数据只占 1 字节。

单片机中有两条专用的查表指令："MOVC　A,@A＋DPTR"和"MOVC　A,@A＋PC",这两条指令的功能是相同的。

"MOVC　A,@A＋DPTR"称为"远程查表指令",允许该指令与表格距离在 64 KB 以内,使用该指令前,必须将表格首地址送 DPTR,将待查数据在表中的位置(偏移量)送 A。

"MOVC　A,@A＋PC"称为"近程查表指令",允许该指令与表格距离 256 字节以内。使用该指令前,必须根据表首地址及当前 PC 值修正偏移量,计算稍微有些繁琐,但可以避免使用 DPTR,少占用 1 个特殊功能寄存器。

【例 4.15】　假设内部数据区中连续存放若干个单字节非压缩 BCD 码,个数存放于 LEN 中,查表求每个数的平方值,并存入外部数据区 XRAM 中。

分析:单字节非压缩 BCD 码最大值为 9,其平方值为 81,也为单字节数。若使用查表法,表中每个元素都是 1 字节。此外,由于外部数据区也需要使用寄存器 DPTR,为避免寄存器冲突,可使用近程查表指令。程序清单如下:

```
                LEN      DATA     20H                    ;数据个数存放单元地址
                SOURCE   DATA     30H                    ;源数据区首地址
                DIST     XDATA    0400H                  ;结果存放单元首地址
                         ORG      0000H
                         SJMP     MAIN
                         ORG      0030H
PC: 0030H       MAIN:    MOV      R0,#SOURCE             ;源数据串首地址
    0032H                MOV      DPTR,#DIST             ;目的数据串首地址
    0035H          L:    MOV      A,@R0                  ;取数据
    0036H                ADD      A,#08H                 ;修正偏移量
    0038H                MOVC     A,@A+PC                ;查表求平方
    0039H                MOVX     @DPTR,A                ;存结果(2 字节)
    003AH                INC      R0                     ;源地址+1(1 字节)
    003BH                INC      DPTR                   ;目的地址+1(1 字节)
    003CH                DJNZ     LEN,L                  ;所有数据都处理完?没有,转 L(3 字节)
    003FH                SJMP     $                      ;(1 字节)
    0041H       TAB:     DB       0,1,4,9,16,25,36,49,64,81
                         END
```

偏移量修正值＝表首地址－"MOVC　A,@A＋PC"指令地址－1

＝0041H－0038H－1＝08H

偏移量修正值的另一种计算方法为:偏移量修正值为查表指令与表之间指令所占字节数

(不包括查表指令)，计算结果仍然是 8。

若使用“MOVC　A,@A+DPTR”指令。程序清单如下：

```
        LEN     DATA    20H                     ;长度存放单元地址
        SOURCE  DATA    30H                     ;源数据串首地址
        DIST    XDATA   0400H                   ;结果存放单元首地址
                ORG     0000H
                SJMP    MAIN
                ORG     0030H
MAIN:           MOV     R0,#SOURCE              ;源数据串首地址
                MOV     DPTR,#DIST              ;目的数据串首地址
L:              MOV     A,@R0                   ;取单字节 BCD 码
                PUSH    DPH
                PUSH    DPL                     ;目的串地址入栈
                MOV     DPTR,#TAB               ;DPTR 指向表头
                MOVC    A,@A+DPTR               ;查表求平方
                POP     DPL
                POP     DPH                     ;恢复目的地址
                MOVX    @DPTR,A                 ;存结果
                INC     R0
                INC     DPTR
                DJNZ    LEN,L
                SJMP    $
TAB:            DB      0,1,4,9,16,25,36,49,64,81
                END
```

【例 4.16】　假设内部 RAM 区 30H 单元中存有一个压缩 BCD 码，查表求其共阴极 7 段 LED 代码，并存入内部数据区 31H 和 32H 单元，31H 中存高位。

分析：首先应建立一个供查表的共阴极代码表，再把压缩 BCD 码拆成单字节，并查找其共阴极代码。程序清单如下：

```
        ORG     0000H
        AJMP    BEGIN
        ORG     0100H
BEGIN:  MOV     DPTR,#TAB               ;取表首地址
        MOV     A,30H                   ;取压缩 BCD 码
        ANL     A,#0FH                  ;取低位
        MOVC    A,@A+DPTR               ;查表
        MOV     32H,A                   ;存低位代码
        MOV     A,30H                   ;重新取压缩 BCD 码
```

```
        ANL     A,#0F0H
        SWAP    A                       ;取高位
        MOVC    A,@A+DPTR               ;查表
        MOV     31H,A                   ;存高位代码
        SJMP    $
TAB:    DB      3FH,06H,5BH,4FH,66H,6DH,7DH,07H
        DB      7FH,6FH,77H,7CH,39H,5EH,79H,71H
        END
```

2. 多字节表

以上两例中，表中的每一个元素都是 1 字节，但有时表中的元素可能为多字节。

【例 4.17】　查表求 $Y=X^4$，$X=0,1,2,3,\cdots,9$。

分析：$9^4=6\,561>255$，占 2 字节。可以建立一个表，该表以 0～9 的顺序每两个单元存放一个数的 4 次方值，即每个数的 4 次方占 2 字节。因此，0^4 在表中的 0 和 1 单元；1^4 在表中的 2 和 3 单元；2^4 在表中的 4 和 5 单元；…；X^4 在表中的 $2X$ 和 $2X+1$ 单元。

设 X 值存放在 30H 单元，Y 值存放在 31H、32H 单元。程序清单如下：

```
        X       DATA    30H
        Y       DATA    31H
                ORG     0000H
                AJMP    START
                ORG     0100H
START:          MOV     DPTR,#TAB               ;取表首地址
                MOV     A,X                     ;取 X
                RL      A                       ;修正偏移量(X4 在表中的首位置 = X×2)
                MOV     B,A                     ;暂存偏移量
                MOVC    A,@A+DPTR               ;查表,取低位
                MOV     Y,A                     ;存低位
                MOV     A,B                     ;重新取偏移量
                INC     A                       ;修正偏移量
                MOVC    A,@A+DPTR               ;查表,取高位
                MOV     Y+1,A                   ;存高位
                SJMP    $
TAB:            DW      0,1,16,81,……,4096,6561
                END
```

4.2.5　子程序设计

1. 子程序结构

有时会遇到这样的情况：同一个程序中，需要多次执行同一个任务，而该任务又并非规则情况，不能用循环结构来实现；或者，许多程序都需要执行某个类似的任务（例如延时）。这两种情况都可利用子程序实现。将这项任务单独编写成一个子程序，需要时在主程序中对该子程序进行调用。程序结构如图 4.11 所示。采用子程序结构的程序在结构上更简明易懂，且更易于调试。

子程序是具有某种功能的程序段，为所有调用程序共享。因此，子程序在功能上应具有通用性，结构上应具有独立性。它在结构上与一般程序的主要区别是在子程序末尾有一条返回指令 RET。

2. 子程序的调用和返回

主程序调用子程序的指令格式为“ACALL　子程序名”和“LCALL　子程序名”。主程序中调用指令后面的那条指令称为“断点”。调用指令的功能是将子程序入口地址送 PC，使程序转入子程序执行。为了记住断点，确保子程序结束后能够返回断点继续执行主程序，调用指令在将子程序入口地址送 PC 前，先将断点地址压入堆栈保护起来。

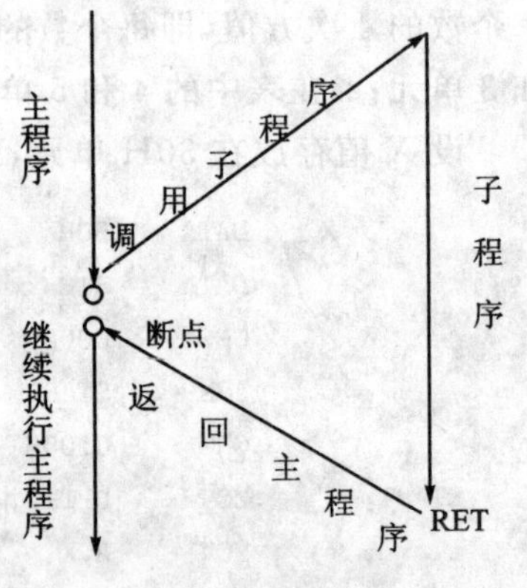

图 4.11　子程序结构

子程序返回主程序的指令为 RET。这条指令的具体功能为将堆栈中存放的返回地址（即断点）弹出堆栈，送回到 PC，使程序回到主程序继续从断点处执行。可见，在进行子程序调用和返回时，虽然没有 PUSH 或 POP 指令，却进行了隐性栈操作。

一个主程序可多次调用同一个子程序，也可以调用多个子程序。子程序也可调用其他子程序，称为子程序嵌套。

3. 子程序设计注意的事项

(1) 子程序入口惟一（即有惟一的名称），以便主程序能正确地调用。

(2) 子程序只有以 RET 指令结束，才能返回主程序。不可以用长转移或短转移指令返回主程序的某个地方。

(3) 注意信息交换。调用子程序前，主程序应将子程序需要的数据（入口参数）传给子程序；子程序处理结束，返回主程序时，应将处理结果（出口参数）传给主程序。这就是所谓的“参数传递”。

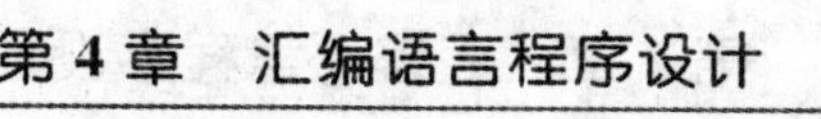

主程序与子程序之间的参数传递方法通常有 3 种：利用寄存器传递参数；利用寄存器间址传递参数；利用堆栈传递参数。

(4) 注意保护和恢复现场。为防止主程序和子程序发生寄存器或内存使用冲突，进入子程序时，应注意对冲突寄存器或内存的保护，返回主程序时应将它们恢复为原来的状态。

4. 子程序设计举例

【例 4.18】 用调用子程序的方法实现：$W=x^2+y^2+z^2$，其中 x、y、z 均小于 9。

分析：因为 x、y、z 均小于 9，所以它们的平方和为单字节数。此外，本例中 3 次用到平方值，所以程序中把求平方的程序段作为子程序。程序清单如下：

```
        x       DATA    30H
        y       DATA    31H
        z       DATA    32H
        W       DATA    33H
                ORG     0000H
                AJMP    MAIN
                ORG     0100H
MAIN:           MOV     A,x                 ;取 x 值
                LCALL   SQR                 ;求 x 平方
                MOV     B,A                 ;暂存
                MOV     A,y                 ;取 y 值
                LCALL   SQR                 ;求 y 平方
                ADD     A,B                 ;x² + y²
                MOV     W,A                 ;存入 W
                MOV     A,z                 ;取 z 值
                LCALL   SQR                 ;求 z 平方
                ADD     A,W                 ;x² + y² + z²
                MOV     W,A                 ;存入 W
                SJMP    $
;子程序 SQR:
;功能：求 0～9 的平方
;入口参数：A,放小于 9 的数
;出口参数：A,放结果
SQR:            INC     A                   ;修正偏移量
                MOVC    A,@A + PC           ;查平方表
                RET
TAB:            DB      0,1,4,9,16,25,36,49,64,81
                END
```

表 TAB 与查表指令值间只有 1 条单字节指令 RET，因此查表偏移量修正值为 1。

【例 4.19】 编程使 P1.0 上连接的发光二极管(LED)每 1 s 闪烁 1 次。设系统时钟为 2 MHz。

分析：每 1 s 取反 P1.0 一次就可实现闪烁。将 1 s 延时编制成子程序。程序清单如下：

```
        ORG     0000H
        AJMP    MAIN
        ORG     0100H
MAIN:   CPL     P1.0            ;P1.0 取反
        LCALL   DELY            ;延时 1 s
        SJMP    MAIN            ;循环
DELY:   MOV     20H,#10         ;延时 1 s
DELY1:  MOV     21H,#200        ;延时 100 ms
DELY2:  MOV     22H,#250        ;延时 500 μs
DELY3:  DJNZ    22H,DELY3
        DJNZ    21H,DELY2
        DJNZ    20H,DELY1
        RET
        END
```

【例 4.20】 在内部数据区 RAM 某单元 DATA1 中存有单字节十六进制数，编程把它们分别转换成 ASCII 码，并存入 DIST 和 DIST+1 单元。主程序清单如下：

```
        DATA1   DATA    30H
        DIST    DATA    31H
                ORG     0000H
                AJMP    MAIN
                ORG     0100H
MAIN:           MOV     A,DATA1         ;取 DATA1 值
                LCALL   HASC            ;求 ASCII 码
                MOV     DIST,A          ;存结果
                MOV     A,DATA1         ;取 DATA1 值
                SWAP    A
                LCALL   HASC            ;求 ASCII 码
                MOV     DIST+1,A        ;存结果
                SJMP    $
;子程序 HASC：将 A 中存放的十六进制数的低 4 位转换成 ASCII 码
;入口参数：A,放待转换的十六进制数
;出口参数：A,放转换后的 ASCII 码
HASC:           ANL     A,#0FH
```

```
            ADD     A,#01H                  ;修正偏移量
            MOVC    A,@A+PC                 ;查 ASCII 表
            RET
TAB:        DB      '0123456789ABCDEF'
            END
```

【例 4.21】 求内部数据区中两个无符号数据块中的最大值。每个数据块的第 1 个字节存放数据块长度,最大值放在内部数据区。

分析:分别求出每个数据块的最大值,然后比较其大小,再求最大值。求大值的过程采用子程序。主程序清单如下:

```
        X       DATA    30H
        Y       DATA    40H
        BIG     DATA    2FH
                ORG     0000H
                AJMP    MAIN
                ORG     0100H
MAIN:           MOV     R2,X            ;取一个数据块长度
                MOV     R1,#X+1         ;取一个数据块首地址
                ACALL   MAX             ;调最大值子程序
                MOV     BIG,A           ;暂存数据
                MOV     R2,Y            ;取另一个数据块长度
                MOV     R1,#Y+1         ;取另一个数据块首地址
                ACALL   MAX             ;调最大值子程序
                CJNE    A,BIG,L
L:              JNC     L1
                SJMP    L2
L1:             MOV     BIG,A           ;存最大值
L2:             SJMP    $
;子程序 MAX:求数据块最大值
;入口参数:R1,放数据块首地址;R2,放数据块长度
;出口参数:A,放最大值
MAX:            MOV     A,#00H          ;假设 A 中装有大值,其值为 0
NEXT:           CLR     C
                SUBB    A,@R1           ;A 与数据块的 1 个数值比较
                JNC     NEXT1           ;A 大于数据块数值,转移
                MOV     A,@R1           ;A 小于数据块数值,将该值送 A
                SJMP    NEXT2
NEXT1:          ADD     A,@R1           ;恢复 A 值
NEXT2:          INC     R1              ;修改指针
```

```
        DJNZ  R2,NEXT                  ;所有数据都比完了吗？没有，转 NEXT 继续
        RET                            ;都比完了，返回
        END
```

4.3 实用子程序

前面以简单的例子说明了编写汇编程序的方法，本节综合各种编程方法，给出一些实用子程序，供同学们学习参考。

4.3.1 代码转换类程序

人们在日常生活中习惯使用十进制数，而在计算机的输入和输出中常采用 BCD 码或 ASCII 码。因此，各种代码间的转换十分重要。程序设计中，常采用算法处理或查表方式来解决代码转换问题。

注意以下各例中子程序的入口参数和出口参数。调用这些子程序前，主程序要安排相应的指令为子程序提供入口参数。调用子程序后要使主程序能够正确处理子程序的运行结果，必须明确出口参数存放的位置。

【例 4.22】 单字节二进制数(十六进制数)转换为 BCD 码子程序。

程序清单如下：

```
;入口参数：R1 中存放待转换的二进制数；R0 中放转换结果的首地址
;出口参数：转换结果存放在 R0 指向的两个 RAM 单元。R0 指向的单元放百位；R0 + 1 指向的单元放十位
          和个位
;影响资源：A、PSW、B
;例如(R0) = 40H,(R1) = 0FFH,则待转换数据 = 0FFH = 255,转换成压缩 BCD 码 = 255H,其中(40H) = 02H,
 (41H) = 55H
BINBCD:   MOV    A,R1            ;取二进制数
          MOV    B,#100
          DIV    AB              ;除以 100,商在 A 里,为结果的百位
          MOV    @R0,A           ;存百位
          INC    R0
          MOV    A,B
          MOV    B,#10
          DIV    AB              ;余数除以 10,商为结果的十位(在 A 里),余数为个位(在 B 里)
          SWAP   A
          ADD    A,B             ;将十位和个位转换为压缩 BCD 码
          MOV    @R0,A
          RET
```

【例 4.23】 完成 45+56=101 的计算，将结果表示成压缩的 BCD 码，并存入片内数据区的 40H 和 41H。

方法一：直接进行 BCD 码加法。程序清单如下：

```
RESULT   DATA   40H
         ORG    0000H
         AJMP   MAIN
         ORG    0100H
MAIN:    MOV    A,#45H          ;将数据表示成压缩的 BCD 码,送 A
         MOV    B,#56H          ;将数据表示成压缩的 BCD 码,送 B
         ADD    A,B             ;二进制相加
         DA     A               ;压缩 BCD 码调整,结果(A)=01H,(C)=1
         MOV    RESULT+1,A      ;存结果低 8 位
         CLR    A
         ADDC   A,#0            ;调整后的进位送 A
         MOV    RESULT,A        ;存结果高 8 位
         SJMP   $
         END
```

方法二：先进行二进制加法，再利用二进制——BCD 转换子程序将结果转换成压缩 BCD 码。程序清单如下：

```
RESULT   DATA   40H
         ORG    0000H
         AJMP   MAIN
         ORG    0100H
MAIN:    MOV    A,#45           ;将数据 45 直接送 A,汇编后自动变成对应二进制数
         MOV    B,#56           ;将数据 56 直接送 B,汇编后自动变成对应二进制数
         ADD    A,B             ;二进制相加
         MOV    R1,A            ;为 BINBCD 子程序送入口参数 R1
         MOV    R0,#RESULT      ;为 BINBCD 子程序送入口参数 R0
         ACALL  BINBCD          ;调用 BINBCD 子程序
         SJMP   $
BINBCD:  ……
         RET
         END
```

第二种方法中，主程序调用 BINBCD 子程序前需要送入口参数 R0、R1。由于 BINBCD 返回前已将结果存入 RESULT 和 RESULT+1，所以调用结束后，主程序无须做其他处理。

【例 4.24】 将单字节十进制数(压缩 BCD 码)转换为二进制数子程序。

程序清单如下：

```
;入口参数：(R1) = 十进制数
;出口参数：(R1) = 二进制数
;影响资源：A、B、R3、PSW
;例如原来(R1) = 58H,说明待转换数据为 58H,由于是压缩 BCD 码,代表十进制数 58,58 转换成十六进制
 数为 3AH,因此转换结果(R1) = 3AH
BCDBIN:     MOV     A,R1            ;取十进制数
            ANL     A,#0F0H         ;取十进制数的高位
            SWAP    A
            MOV     B,#10
            MUL     AB              ;十位乘以 10
            MOV     R3,A            ;暂存
            MOV     A,R1            ;取原数
            ANL     A,#0FH          ;屏蔽高位,取个位
            ADD     A,R3            ;相加
            MOV     R1,A
            RET
```

4.3.2 运算类程序

【例 4.25】 多字节二进制无符号数加法。

说明：多字节加法运算按从低位到高位的顺序依次进行,注意低位对高位的进位。

程序清单如下：

```
;入口条件：字节数在 R7 中
;           被加数首地址在 R0 中,低地址存高位数据
;           加数首地址在 R1 中,低地址存高位数据
;出口信息：和的首地址在 R0 中,最高位的进位在 C 中
;影响资源：PSW、A     堆栈需求：2 字节
;例如：已知被加数放在 30H 开始的连续 4 个单元,即(30H) = 12H,(31H) = 34H,(32H) = 56H,(33H) = 78H
;加数放在 40H 开始的连续 4 个单元,即(40H) = 78H,(41H) = 56H,(42H) = 34H,(43H) = 12H
;调用前应给 R7 送字节数 4,给 R0 送 30H,给 R1 送 40H
;调用后结果在 30H 开始的连续 4 个单元,由于 12345678H + 78563412H = 8A8A8A8A8AH
;所以最后结果为：(30H) = 8AH,(31H) = 8A H,(32H) = 8A H,(33H) = 8A H,(C) = 0
BINA:       MOV     A,R7            ;取字节数
            ADD     A,R0            ;求被加数最低字节地址
            MOV     R0,A            ;被加数最低字节地址送 R0
            MOV     A,R7            ;取字节数
            ADD     A,R1
```

```
        MOV     R1,A                ;加数最低字节地址送 R1
        CLR     C
BINA1:  DEC     R0                  ;调整数据指针
        DEC     R1
        MOV     A,@R0
        ADDC    A,@R1               ;按字节相加
        MOV     @R0,A               ;和存回 R0 指向地址中
        DJNZ    R7,BINA1            ;处理完所有字节
        RET
```

【例 4.26】 多字节 BCD 数加法。

只需在多字节二进制加法程序 BINA 中的"ADDC A,@R1"后增加 1 条"DA A"调整指令即可。

【例 4.27】 利用例 4.25 多字节二进制无符号数加法程序,实现 F23456H+789ABCH 计算,将结果存入间接寻址区 80H～83H。

分析: 被加数与加数都是 3 字节,和将占 4 字节。如果利用如上子程序,和的后 3 字节与被加数占同一数据区。可以将和的最高字节安排在 IDATA 区的 80H 单元中,将和的后 3 字节与被加数都安排在 IDATA 区 81H～83H 单元中,将加数安排在 84H～86H 单元中。数据存放原则是低地址放高位数据。程序清单如下:

```
HE      IDATA   80H             ;定义和首地址,占 4 字节
BEIJIA  IDATA   81H             ;定义被加数首地址,占 3 字节,也是和的低 3 字节
JIA     IDATA   84H             ;定义加数首地址,占 3 字节
ZIJIE   EQU     3               ;定义字节数为 3
        ORG     0000H
        AJMP    MAIN
        ORG     0100H
MAIN:   MOV     BEIJIA,#0F2H    ;送被加数最高位
        MOV     BEIJIA+1,#34H   ;送被加数次高位
        MOV     BEIJIA+2,#56H   ;送被加数最低位
        MOV     JIA,#78H        ;送加数最高位
        MOV     JIA+1,#9AH      ;送加数次高位
        MOV     JIA+2,#0BCH     ;送加数最低位
        MOV     R0,#BEIJIA      ;取被加数首地址,为 ADDBIN 子程序送入口参数
        MOV     R1,#JIA         ;取加数首地址,为 ADDBIN 子程序送入口参数
        MOV     R7,#ZIJIE       ;取字节数,为 ADDBIN 子程序送入口参数
        ACALL   BINA            ;调多字节加法子程序,和的低 3 字节在被加数单元
                                ;和的最高位在 C 里
        MOV     A,#0
```

```
        ADDC   A,#0                  ;求和的最高字节
        MOV    HE,A
        SJMP   $
BINA:   ……
        RET
        END
```

【例 4.28】 多字节二进制无符号数减法。

说明：多字节减法运算从低位到高位顺序依次进行，程序与多字节二进制无符号加法类似。

程序清单如下：

```
;入口条件：字节数在 R7 中
;          被减数首地址在 R0 中，低地址存高位数据
;          减数首地址在 R1 中，低地址存高位数据
;出口信息：差的首地址在 R0 中，最高位的借位在 C 中
;影响资源：PSW、A    堆栈需求：2 字节
BINS:   MOV    A,R7                 ;取字节数
        ADD    A,R0                 ;求被减数最低字节地址
        MOV    R0,A                 ;被减数最低字节地址送 R0
        MOV    A,R7                 ;取字节数
        ADD    A,R1
        MOV    R1,A                 ;减数最低字节地址送 R1
        CLR    C
BINS1:  DEC    R0                   ;调整数据指针
        DEC    R1
        MOV    A,@R0
        SUBB   A,@R1                ;按字节相减
        MOV    @R0,A                ;差存回 R0 指向的地址中
        DJNZ   R7,BINS1             ;处理完所有字节
        RET
```


【例 4.29】 双字节二进制无符号数乘法。

程序清单如下：

```
;入口条件：被乘数在 R2、R3 中，R2 中放高字节。乘数在 R6、R7 中，R6 中放高字节
;出口信息：乘积在 R2、R3、R4、R5 中，R2 中放最高字节
;影响资源：PSW、A、B、R2～R7    堆栈需求：2 字节
;例如：要做 1234H×5678H = 06260060H，调用前应该使(R2) = 12H，(R3) = 34H，(R6) = 56H，(R7) = 78H
;调用后结果为：(R2) = 06H，(R3) = 26H，(R4) = 00H，(R5) = 60H
```

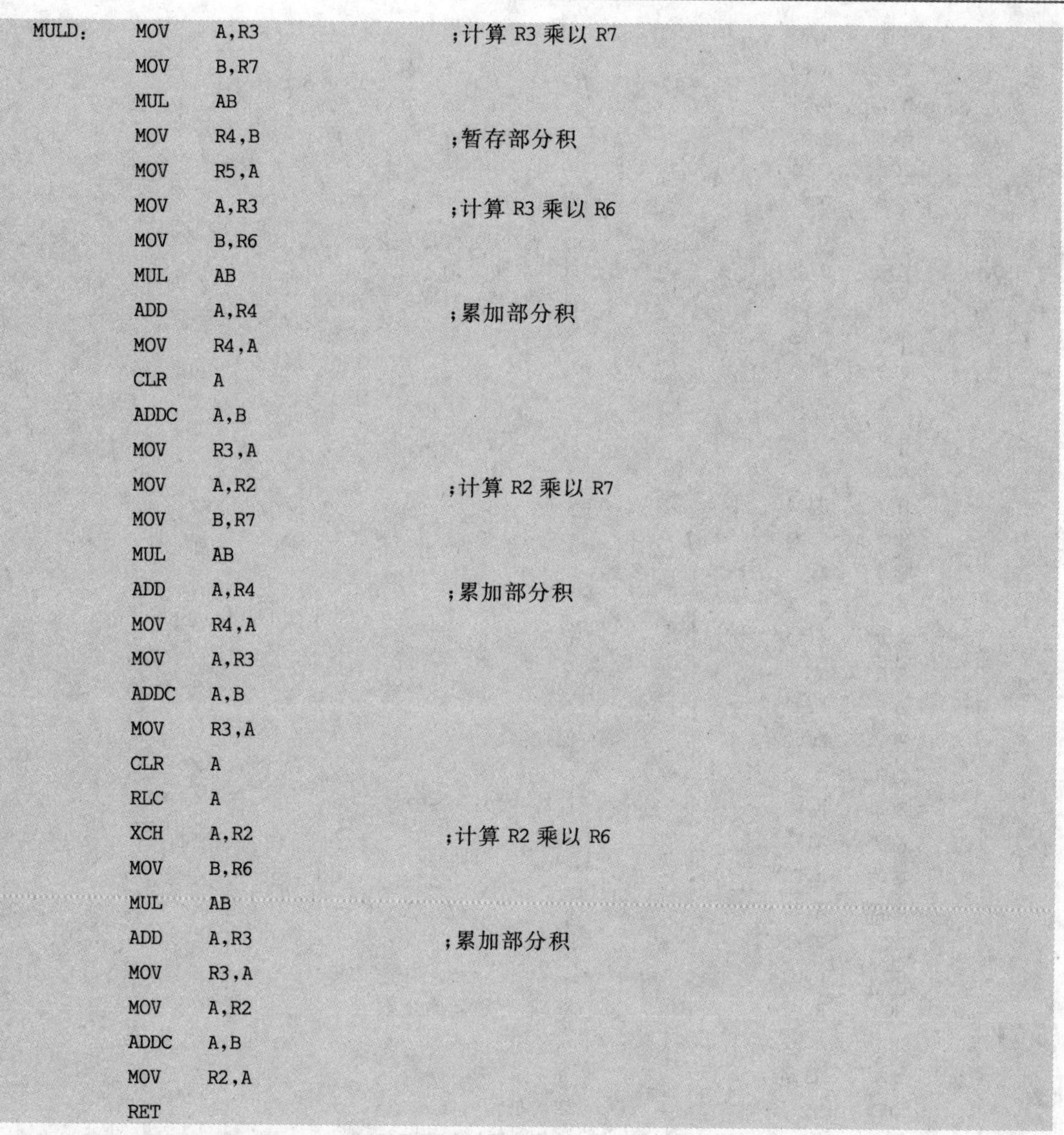

```
MULD:   MOV     A,R3            ;计算 R3 乘以 R7
        MOV     B,R7
        MUL     AB
        MOV     R4,B            ;暂存部分积
        MOV     R5,A
        MOV     A,R3            ;计算 R3 乘以 R6
        MOV     B,R6
        MUL     AB
        ADD     A,R4            ;累加部分积
        MOV     R4,A
        CLR     A
        ADDC    A,B
        MOV     R3,A
        MOV     A,R2            ;计算 R2 乘以 R7
        MOV     B,R7
        MUL     AB
        ADD     A,R4            ;累加部分积
        MOV     R4,A
        MOV     A,R3
        ADDC    A,B
        MOV     R3,A
        CLR     A
        RLC     A
        XCH     A,R2            ;计算 R2 乘以 R6
        MOV     B,R6
        MUL     AB
        ADD     A,R3            ;累加部分积
        MOV     R3,A
        MOV     A,R2
        ADDC    A,B
        MOV     R2,A
        RET
```

【例 4.30】 双字节二进制无符号数除法。

程序清单如下：

```
;入口条件：被除数在 R2、R3、R4、R5 中，R2 放最高字节。除数在 R6、R7 中，R6 中放最高字节
;出口信息：OV = 0 时，双字节商在 R2、R3 中，R2 中放高字节。当运算结果超出 2 字节时，OV = 1
;影响资源：PSW、A、B、R1～R7     堆栈需求：2 字节
DIVD:   CLR     C               ;比较被除数和除数
```

```
        MOV     A,R3
        SUBB    A,R7
        MOV     A,R2
        SUBB    A,R6
        JC      DVD1
        SETB    OV                  ;溢出
        RET
DVD1:   MOV     B,#10H              ;计算双字节商
DVD2:   CLR     C                   ;部分商和余数同时左移 1 位
        MOV     A,R5
        RLC     A
        MOV     R5,A
        MOV     A,R4
        RLC     A
        MOV     R4,A
        MOV     A,R3
        RLC     A
        MOV     R3,A
        XCH     A,R2
        RLC     A
        XCH     A,R2
        MOV     F0,C                ;保存溢出位
        CLR     C
        SUBB    A,R7                ;计算(R2R3 - R6R7)
        MOV     R1,A
        MOV     A,R2
        SUBB    A,R6
        ANL     C,/F0               ;结果判断
        JC      DVD3
        MOV     R2,A                ;够减,存放新的余数
        MOV     A,R1
        MOV     R3,A
        INC     R5                  ;商的低位置 1
DVD3:   DJNZ    B,DVD2              ;计算完 16 位商(R4R5)
        MOV     A,R4                ;将商移到 R2R3 中
        MOV     R2,A
        MOV     A,R5
        MOV     R3,A
        CLR     OV                  ;设立成功标志
        RET
```

【例 4.31】 利用双字节乘法和除法程序计算 $Y=X1\times X2\div X3$，已知 $X1$、$X2$、$X3$ 均为双字节无符号数。

程序清单如下：

```
X1     DATA    30H
X2     DATA    32H
X3     DATA    34H
Y      DATA    36H
       ORG     0000H
       AJMP    MAIN
       ORG     0100H
MAIN:  MOV     R2,X1
       MOV     R3,X1+1                ;被乘数送 R2、R3
       MOV     R6,X2
       MOV     R7,X2+1                ;乘数送 R6、R7
       ACALL   MULD                   ;双字节乘,结果在 R2～R5 中,R2 中放最高位
       MOV     R6,X3
       MOV     R7,X3+1                ;除数送 R6、R7
       ACALL   DIVD                   ;双字节除,结果在 R2、R3 中
       MOV     Y,R2
       MOV     Y+1,R3                 ;存结果
       SJMP    $
MULD:  ……
       RET
DIVD:  ……
       RET
       END
```

【例 4.32】 双字节二进制无符号数除单字节二进制无符号数。

程序清单如下：

```
;入口条件：被除数在 R4、R5 中,R4 中放高字节。除数在 R7 中
;出口信息：OV=0 时,单字节商在 R3 中,当结果超出 1 字节时,OV=1
;影响资源：PSW、A、R3～R7      堆栈需求：2 字节
D457:     CLR     C
          MOV     A,R4
          SUBB    A,R7
          JC      DV50
          SETB    OV                   ;商溢出
          RET
```

```
DV50:   MOV     R6,#8                   ;求平均值(R4R5/R7→R3)
DV51:   MOV     A,R5
        RLC     A
        MOV     R5,A
        MOV     A,R4
        RLC     A
        MOV     R4,A
        MOV     F0,C
        CLR     C
        SUBB    A,R7
        ANL     C,/F0
        JC      DV52
        MOV     R4,A
DV52:   CPL     C
        MOV     A,R3
        RLC     A
        MOV     R3,A
        DJNZ    R6,DV51
        MOV     A,R4                    ;四舍五入
        ADD     A,R4
        JC      DV53
        SUBB    A,R7
        JC      DV54
DV53:   INC     R3
DV54:   CLR     OV
        RET
```

【例 4.33】 求 1 组单字节二进制无符号数的最大值。

在例 4.7 中曾经编写过 1 个求单字节数据块中最大值的程序。将其改造为具有一定通用性的子程序。程序清单如下：

```
;入口参数：R2 中放数据块长度，R1 中放数据块首地址
;出口参数：R3 中放最大值
;影响资源：PSW、A、20H
MAX:    MOV     R3,#00H                 ;设最大值为 0
        MOV     20H,#00H                ;最大值暂存到 20H
NEXT:   MOV     A,@R1                   ;取出 1 个数据
        INC     R1                      ;修改地址，指向下一个数据
        CJNE    A,20H,NEXT1             ;当前数据与最大值比较
```

```
NEXT1:  JC    NEXT2          ;当前数据小于最大值,比较下一个
        MOV   20H,A          ;当前数据大于最大值,将此数作为最大值
NEXT2:  DJNZ  R2,NEXT        ;所有数据比较完?没完,转 NEXT 继续比较
        MOV   R3,20H         ;最大值送 R3
        RET
```


4.3.3 数字滤波程序设计

微机应用系统的输入信号中,常常含有各种噪声和干扰。为了提高信号的可靠性,减小干扰信号的影响,需要对输入信号进行滤波。滤波有硬件滤波和软件滤波两种方法。软件滤波也称为数字滤波。它有以下优点:

- 数字滤波是通过程序实现的,不需要增加硬件设备。
- 可以对频率很低的信号实现滤波。
- 灵活性好,可以方便地实现各种滤波算法。

数字滤波有很多种方法,可以根据不同的测量参数进行选择,这里只介绍两种。

1. 中值滤波程序

中值滤波一般要求对某一参数连续采样 N 次(一般为奇数),然后把 N 次采样结果从小到大或从大到小排列,再取中间值作为本次采样值。对于变化剧烈的参数,不宜采用此方法。

如果 3 次采样值分别存放在 R2、R3、R4 中,程序运行后,按从小到大排列,仍然存放在 R2、R3、R4 中,则中值在 R3 中。程序清单如下:

```
;入口参数:R2、R3、R4
;出口参数:R3 中值
;影响资源:A,PSW
FILT:    MOV   A,R2          ;R2<R3?
         CLR   C
         SUBB  A,R3
         JC    FILT21
         MOV   A,R2          ;R2>R3,交换 R2,R3
         XCH   A,R3
         MOV   R2,A
FILT21:  MOV   A,R3          ;R3<R4?
         CLR   C
         SUBB  A,R4
         JC    FILT22        ;R3<R4,排序结束
         MOV   A,R4          ;R3>R4,交换 R3,R4
         XCH   A,R3
         XCH   A,R4          ;R3>R2?
```

```
          CLR     C
          SUBB    A,R2
          JNC     FILT22                    ;R3>R2,排序结束
          MOV     A,R2                      ;R2<R3,以 R2 为中值
          MOV     R3,A                      ;中值在 R3 中
FILT22:   RET
```

2. 算术平均值滤波

算术平均值滤波是将多次采样值取平均,可滤掉随机干扰。以下程序是单字节二进制无符号数的算术平均值滤波程序。程序清单如下:

```
;入口条件:数据块在 XRAM 中,首地址在 DPTR 中,数据个数在 R7 中
;出口信息:平均值在累加器 A 中。DPTR 不变
;影响资源:PSW、A、R2~R6      堆栈需求:4 字节
DDM1:     MOV     A,R7                      ;保存数据个数
          MOV     R2,A
          PUSH    DPH
          PUSH    DPL
          CLR     A                         ;初始化累加和,R4R5 = 0000H
          MOV     R4,A
          MOV     R5,A
DM11:     MOVX    A,@DPTR                   ;读取一个数据
          ADD     A,R5                      ;累加
          MOV     R5,A                      ;存到 R5 中
          JNC     DM12
          INC     R4                        ;有进位,R4 + 1
DM12:     INC     DPTR                      ;调整指针
          DJNZ    R2,DM11                   ;累加完全部数据
          LCALL   D457                      ;求平均值(R4R5/R7→R3)
          MOV     A,R3                      ;取平均值
          POP     DPL
          POP     DPH
          RET
```

本程序将采样值放在 XDATA 区。如果放在其他区,则需要对程序略加修改。

第 5 章

C8051F005 单片机的振荡源、复位及电源管理

5.1 振荡源

5.1.1 振荡源的作用和频率范围

CPU 的所有工作都是按照系统时钟节拍进行的。振荡源的作用是为 CPU 提供系统时钟。

C8051F 既可以使用内部振荡器,也可以使用外部振荡器作为系统时钟源。

内部振荡器的频率可设置为 2 MHz、4 MHz、8 MHz 和 16 MHz。

外部振荡器的频率最多达 25 MHz。CPU 与外部振荡器连接的引脚是 XTAL1 和 XTAL2。

5.1.2 允许的振荡源

1. 内部振荡源

CPU 复位后默认的振荡源是内部振荡器,其频率为 2 MHz。如果要改变振荡频率或振荡源,则需要设置内部振荡器控制寄存器 OSCICN。OSCICN 各位的定义如图 5.1 所示。

	D7	D6	D5	D4	D3	D2	D1	D0	地址: 0B2H
OSCICN	MSCLKE	—	—	IFRDY	CLKSL	IOSCEN	IFCN1	IFCN0	复位值: 00000100B

图 5.1 OSCICN 各位的定义

其中:

D7　　MSCLKE　时钟丢失检测允许位。

　　=0　禁止时钟丢失检测器;

　　=1　允许时钟丢失检测器。检测到时钟丢失,将触发复位。

D6～D5　未用。读为 00;写为忽略。

D4　　IFRDY　内部振荡器准备好标志。

=0 内部振荡器未按 IFCN 指定的速度运行；

=1 内部振荡器已按 IFCN 指定的速度运行。

D3 CLKSL 系统时钟选择位。

=0 选择内部振荡器作为系统时钟；

=1 选择外部振荡器作为系统时钟。

D2 IOSCEN 内部振荡器允许位。

=0 禁止内部振荡器；

=1 允许内部振荡器。

D1～D0 IFCN1～IFCN0 内部振荡器频率选择。

=00 内部振荡器频率=2 MHz；

=01 内部振荡器频率=4 MHz；

=10 内部振荡器频率=8 MHz；

=11 内部振荡器频率=16 MHz。

复位后，OSCICN=00000100B=04H，因此默认的振荡器是内部 2 MHz 振荡器。

如果要改变内部振荡器的振荡频率，则可软件设置 IFCN1、IFCN0 的值。例如，执行指令“MOV OSCICN，#00000101B=05H”后，系统时钟将变成内部 4 MHz。

注意，当系统时钟采用内部振荡器时，内部振荡器必须被允许（IOSCEN 设置为 1），且 CLKSL 必须为 0。

2. 外部振荡源

如果要选择外部振荡器提供系统时钟，应该将 CLKSL 设置为 1。为减少功耗，可以禁止内部振荡器（将 IOSCEN 设置为 0）。

外部振荡器需要连接到 XTAL1/XTAL2 引脚上。注意，XTAL1 和 XTAL2 引脚的耐压值是 3.6 V 而非 5 V。C8051 允许的外部振荡源可以是以下几种：

选项 1——晶体或陶瓷谐振器；

选项 2——阻容网络（RC）；

选项 3——电容（C）；

选项 4——外部 CMOS 时钟电路。

外部振荡器与 CPU 的连接及内部振荡器结构如图 5.2 所示。虚线右侧为 CPU 内部。

其中，晶体振荡器（以下简称为晶振）是最常采用的方式。不同方式下的振荡频率如下。

(1) 晶体方式：振荡频率 f=晶体谐振频率。注意晶振两端须各接 1 个补偿电容。补偿电容一般为 30～40 pF。晶体与 XTAL 引脚之间的布线应尽量短，以减少干扰引入。

(2) RC 方式：

$$f = 1.23\times10^3/(R\times C)$$

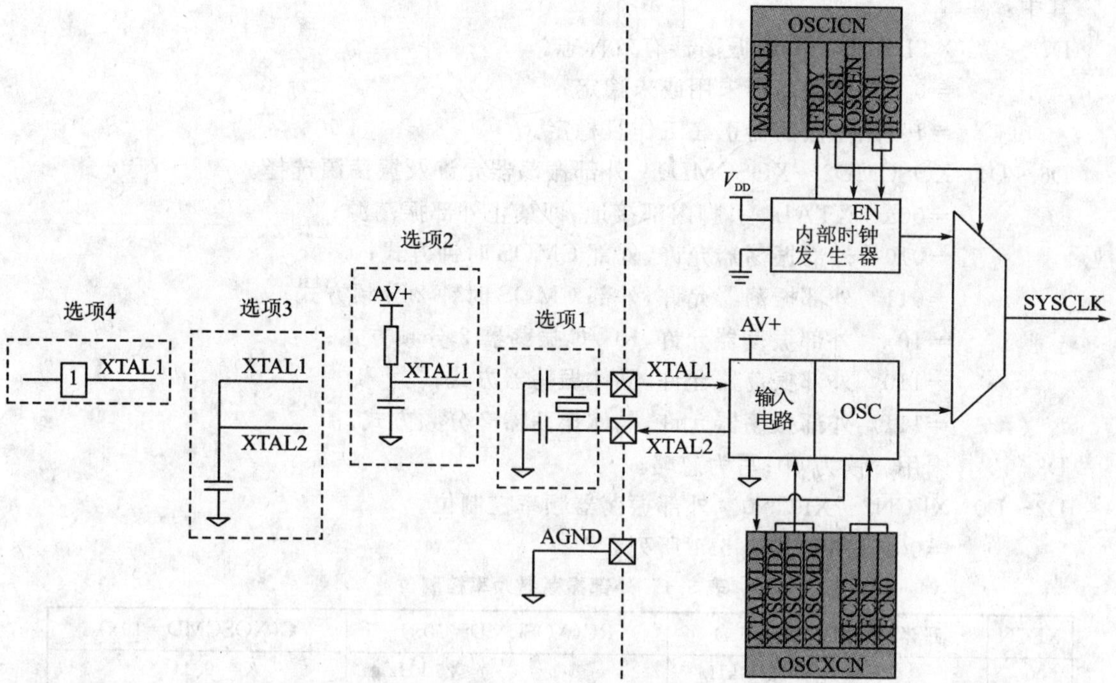

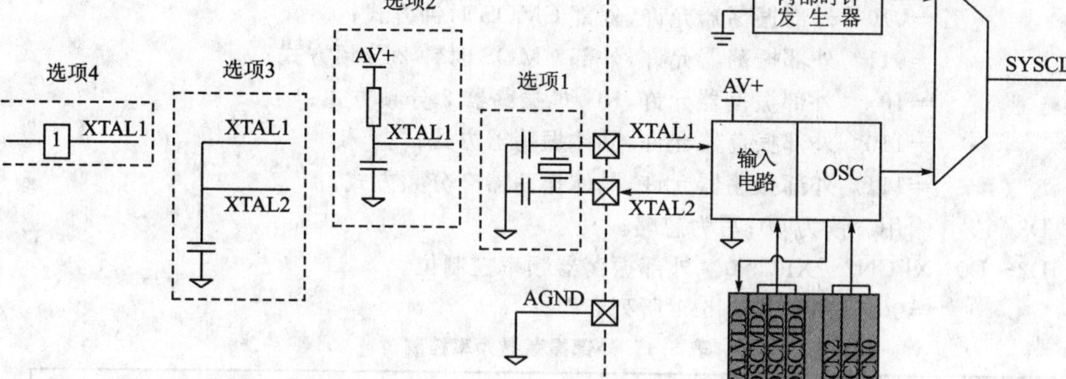

图 5.2　C8051 的振荡源

其中，f 为振荡器频率，以 MHz 为单位；C 为电容值，以 pF 为单位；R 为上拉电阻值，以 kΩ 为单位。

(3) C 方式：

$$f = K/(C \times AV+)$$

其中，f 为振荡器频率，以 MHz 为单位；C 为电容值，以 pF 为单位；AV＋为模拟电源电压，以 V 为单位；K 为频率因子，其范围为 0.44～1400，如表 5.1 所列。

(4) 外部 CMOS 时钟：振荡频率 f＝CMOS 时钟频率。注意，外部 CMOS 时钟电路的电平不应超过 3.6 V。

RC 方式和 C 方式下，电容 C 不能大于 100 pF。

外部振荡器控制寄存器 OSCXCN 用来对外部振荡源进行设置。OSCXCN 各位的定义如图 5.3 所示。

	D7	D6	D5	D4	D3	D2	D1	D0	地址：0B1H
OSCXCN	XTLVLD	XOSCMD2	XOSCMD1	XOSCMD0	—	XFCN2	XFCN1	XFCN0	复位值：00110000B

图 5.3　OSCXCN 各位的定义

其中：

D7　　XTLVLD　晶体振荡器有效标志。

=0　晶体振荡器未用或未稳定；

=1　晶体振荡器正在工作且稳定。

D6～D4　XOSCMD2～XOSCMD0　外部振荡器允许及振荡源选择。

=00x　XTAL1引脚内部接地，即禁止外部振荡源；

=010　外部振荡器允许，外部CMOS时钟方式；

=011　外部振荡器允许，外部CMOS时钟2分频方式；

=10x　外部振荡器允许，RC/C振荡器2分频方式；

=110　外部振荡器允许，晶体振荡器方式；

=111　外部振荡器允许，晶体振荡器2分频方式。

D3　　未用。读为00；写为忽略。

D2～D0　XFCN2～XFCN0　外部振荡器频率控制位。

=000～111，如表5.1所列。

表5.1　外部振荡器频率控制位

XFCN	晶体(XOSCMD=11x)	RC(XOSCMD=10x)	C(XOSCMD=10x)
000	$f\leqslant 12.5$ kHz	$f\leqslant 25$ kHz	$K=0.44$
001	12.5 kHz $<f\leqslant 30.3$ kHz	25 kHz $<f\leqslant 50$ kHz	$K=1.4$
010	30.35 kHz $<f\leqslant 93.8$ kHz	50 kHz $<f\leqslant 100$ kHz	$K=4.4$
011	93.8 kHz $<f\leqslant 267$ kHz	100 kHz $<f\leqslant 200$ kHz	$K=13$
100	267 kHz $<f\leqslant 722$ kHz	200 kHz $<f\leqslant 400$ kHz	$K=38$
101	722 kHz $<f\leqslant 2.23$ MHz	400 kHz $<f\leqslant 800$ kHz	$K=100$
110	2.23 MHz $<f\leqslant 6.74$ MHz	800 kHz $<f\leqslant 1.6$ MHz	$K=420$
111	$f>6.74$ MHz	1.6 MHz $<f\leqslant 3.2$ MHz	$K=1400$

如果采用外部晶振，$f=6$ MHz，不分频，则XOSCMD2～XOSCMD0=110，XFCN2～XFCN0=110，应写指令“MOV　OSCXCN，#01100110B”。如果采用12 MHz晶振，则应写指令“MOV　OSCXCN，#01100111B”。

如果采用RC方式，$R=300\ \text{k}\Omega$，$C=50$ pF，则振荡频率为：

$$f=1.23\times10^{3}/(R\times C)=[1.23\times10^{3}/(300\times50)]\ \text{MHz}=82\ \text{kHz}$$

应写指令“MOV　OSCXCN，#01000010B”。

如果采用C方式，$C=50$ pF，AV+=3.0 V，$K=13$，则振荡频率为：

$$f=K/(C\times \text{AV+})=13/(50\times3)\approx87\ \text{kHz}$$

应写指令“MOV　OSCXCN，#01000011B”。

C8051F005 内部振荡器的精度只有 20%。当对系统时钟精度要求较高时，应采用外部晶体方式或外部 CMOS 时钟方式。

由于复位后系统时钟自动选择内部 2 MHz，要将系统时钟切换到外部晶体，软件须做如下操作：

(1) 允许外部振荡器并明确外部振荡源(设置 OSCXCN)。

(2) 等待 1 ms 以上。

(3) 查询 OSCXCN 的 XTLVLD 是否由 0 到 1，即外部晶体振荡器是否稳定。

(4) 将系统时钟切换到外部振荡器(设置 OSCICN)。

注意，在外部振荡器未稳定前就切换到外部振荡器，将导致不可预料的后果。查询 XTLVLD 的目的，是为了确保外部振荡器稳定。但是在外部晶振被允许时，晶体驱动器的输出端 XTAL2 引脚会出现一个瞬时脉冲，该脉冲足以在晶体实际启动前将 OSCXCN 中的XTLVLD 位置 1。因此，应该在允许晶振和检查 XTLVLD 位之间引入 1 ms 的延时，防止提前切换到外部振荡器。

此外，当系统时钟使用内部振荡器时，外部振荡器可以禁止不用，以减少功耗；也可以不禁止，利用外部振荡器的振荡时钟为其他系统部件提供时钟。

【例 5.1】 编写程序，使系统时钟采用内部振荡器，其频率为 16 MHz。

程序清单如下：

```
        $ INCLUDE(C8051F000.INC)
        ORG     0000H
        LJMP    MAIN
        ORG     0100H
MAIN:   MOV     WDTCN,#0DEH
        MOV     WDTCN,#0ADH             ;禁止看门狗
        MOV     OSCICN,#00000111B       ;设置系统时钟为内部振荡器、16 MHz
         ⋮
        END
```

【例 5.2】 编写程序，使系统时钟采用外部晶振，其频率为 24 MHz。

程序清单如下：

```
        $ INCLUDE(C8051F000.INC)
        ORG     0000H
        LJMP    MAIN
        ORG     0100H
MAIN:   MOV     WDTCN,#0DEH
        MOV     WDTCN,#0ADH             ;禁止看门狗
        MOV     OSCXCN,#01100111B       ;设置外部振荡器为晶体方式,f>6.74 MHz
                                        ;同时允许外部振荡器
```

```
        CLR    A
        DJNZ   ACC, $
        DJNZ   ACC, $                      ;等待 1 ms
WAIT:   MOV    A,OSCXCN
        JNB    ACC.0  WAIT                 ;查询 XTLVLD,外部振荡器未稳定,等待
        MOV    OSCICN,#10001000B           ;外部振荡器已稳定,将系统时钟切换到外部
                                           ;并允许时钟丢失检测,禁止内部振荡器
        ⋮
        END
```

5.1.3　振荡频率的测试

实际应用时,测试 CPU 的系统时钟波形是判断系统是否正常工作的常用方法。可以通过设置 XBR1.7 将系统时钟连到 I/O 引脚,然后对该引脚输出波形进行测量。XBR1 各位的定义参见图 2.18。

其中:

D7　SYSCKE　系统时钟输出引脚分配位。

=0　不为系统时钟分配输出引脚;

=1　为系统时钟分配 1 个输出引脚 SYSCLK。

如果只有系统时钟被分配 I/O 引脚,根据交叉开关分配优先权原则,P0.0 将成为系统时钟输出引脚,具体原因参见表 2.8。

设置 XBR1.7=1 后,还应该设置 XBR2.6=1,以允许交叉开关。XBR2 各位的定义参见图 2.19。

因此,如果希望测量系统时钟,则软件可写指令:

```
ORL  XBR1,#80H          ;设置 XBR1.7 = 1,将系统时钟连到 I/O 引脚
ORL  XBR2,#40H          ;设置 XBR2.6 = 1,允许交叉开关
```

CPU 运行后,在相应引脚上测量波形即可。

当采用外部晶体振荡源时,还可以直接测量 XTAL2 引脚上的输出以获得系统时钟波形。这种方法显然更简单,而且不占用 I/O 线。

5.2　复　位

5.2.1　复位的作用及复位状态下的操作

复位在计算机系统中非常重要。使用 PC 机时,死机后最有效的处理手段就是按复位键,或者关掉电源,然后重新上电。这一点相信大家都有体会。其实,无论是按复位键还是重新上

电，都是使计算机复位。

复位状态下，CPU 按照一定的原则对内部各种资源进行复位操作。C8051 主要复位操作如下：

(1) 复位内部程序计数器，使 PC＝0000H。

(2) 复位内部特殊功能寄存器，使它们恢复初始值。例如：(ACC)＝00H，(B)＝00H，(PSW)＝00H，(SP)＝07H，(P0)～(P3)＝0FFH，(OSCICN)＝04H 等。特殊功能寄存器的复位值请参考各部分的具体介绍。

(3) 复位外部 I/O 引脚，使 P0.0～P3.7 线上为高电平。

复位操作完成后，退出复位状态，进入运行状态。由于 PC 被复位为 0000H，程序将从 0000H 开始运行。

5.2.2　复位源

C8051Fxxx 的复位电路结构如图 5.4 所示。

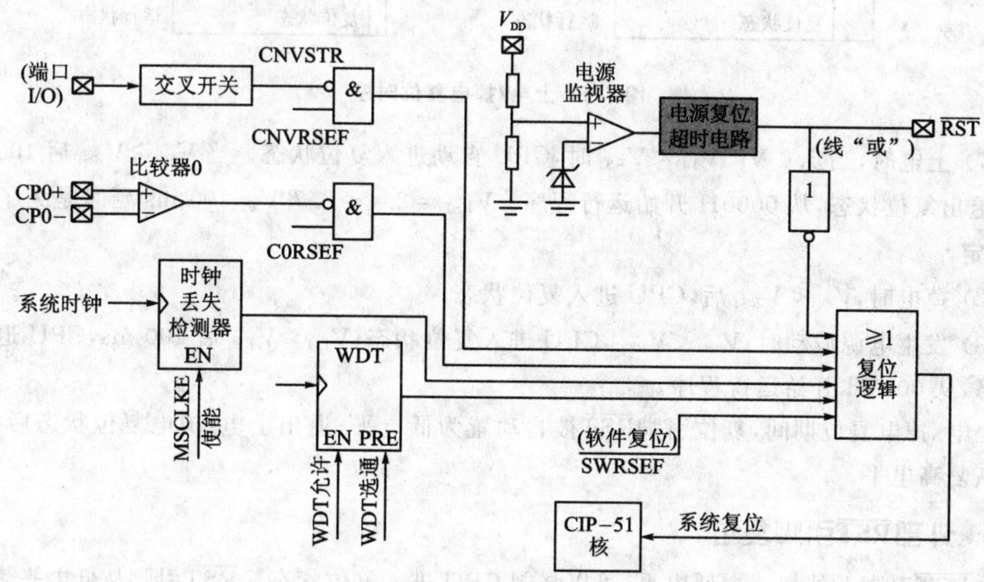

图 5.4　C8051 的复位源

有 7 个能使 CPU 进入复位状态的复位源：上电/掉电复位、外部 $\overline{RST}$ 引脚复位、外部 CNVSTR 信号复位、软件命令复位、比较器 0、时钟丢失检测器复位及看门狗定时器复位。尽管这些复位源产生复位的条件不同，但带来的结果都是一样的：使 CPU 复位，然后从 0000H 开始重新执行程序。下面分别对每个复位源做简要说明。

1. 上电/掉电复位

C8051F000 系列控制器内部有一个电源监视器，能够监视电源引脚 V_{DD} 的状态，如图 5.5 所示。

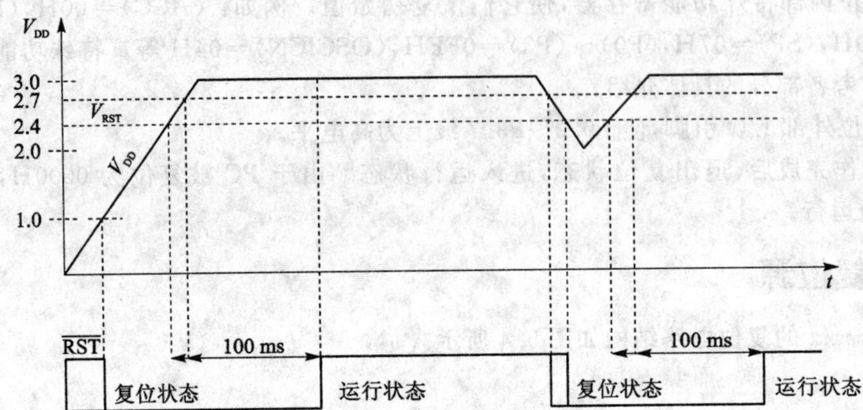

图 5.5　上电/掉电复位时序

(1) 上电时，当 1.0 V<V_{DD}<V_{RST}时，CPU 自动进入复位状态。当 V_{DD}≥V_{RST}后 100 ms，CPU 退出复位状态，从 0000H 开始运行程序。V_{RST} = 2.4～2.7 V。100 ms 延时是为了等待 V_{DD}稳定。

(2) 掉电时，V_{DD}<V_{RST}后，CPU 进入复位状态。

(3) 发生电源波动时，V_{DD}<V_{RST}，CPU 进入复位状态；V_{DD}≥V_{RST}后 100 ms，CPU 退出复位状态，从 0000H 开始运行程序。

上电/掉电复位期间，复位引脚$\overline{RST}$被自动置为低电平；退出上电/掉电复位状态后，$\overline{RST}$引脚恢复高电平。

2. 外部$\overline{RST}$引脚复位

在$\overline{RST}$引脚上外加一个低电平，可以强制 CPU 进入复位状态。$\overline{RST}$引脚从低电平恢复为高电平，将使 CPU 退出复位状态，从 0000H 开始运行程序。

实际系统中，常将$\overline{RST}$引脚与 1 个外部复位电路相连，并在电路上设置 1 个复位按键，如图 5.6 所示。按下复位键后，$\overline{RST}$引脚为低电平，CPU 进入复位状态；松开按键，$\overline{RST}$引脚恢复高电平，退出复位状态，从 0000H 开始运行。

如果复位电路出现故障，无法给$\overline{RST}$引脚低电平，就无法进入复位状态；如果无法使$\overline{RST}$引脚从低电平恢复为高电平，CPU 就总是处在复位状态，无法进入运行状态开始正常工作。

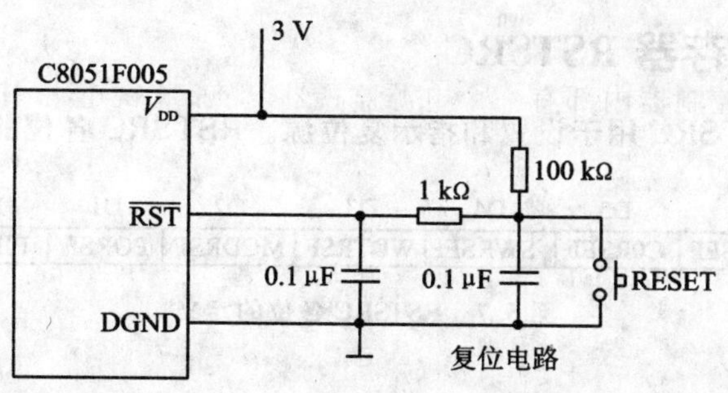

图 5.6　$\overline{\text{RST}}$引脚复位电路

3. 软件强制复位

向复位源寄存器 RSTSRC 的 D1 位(PORSF 位)写 1,或向复位源寄存器 RSTSRC 的 D4 位(SWRSEF 位)写 1,将强制产生软件复位(参见图 5.7)。

4. 时钟丢失检测器复位

在内部振荡器寄存器 OSCICN 的 D7 位被置 1 的情况下(参见图 5.1),如果时钟丢失检测器未收到系统时钟的时间大于 100 μs,将产生一个复位。

5. 比较器 0 复位

向复位源寄存器 RSTSRC 的 D5 位(C0RSEF 位)写 1,可以将比较器 0 设置为复位源。当比较器 0 的同相端输入电压(CP0+)小于反相端输入电压(CP0-),则 CPU 被进入复位状态,如图 5.7 所示。

使用比较器 0 复位时还应注意,应在写 C0RSEF 之前至少 20 μs 用 CPT0CN.7 允许比较器 0,以防止通电瞬间在输出端产生抖动,从而产生不希望的复位。比较器 0 在有或没有系统时钟的情况下都可产生复位。

6. 外部 CNVSTR 引脚复位

向 CNVRSEF 标志(RSTSRC.6)写 1,可以将外部 CNVSTR 引脚配置为复位源。CNVSTR 引脚须经交叉开关寄存器 XBR2 进行分配。当被配置为复位源时,CNVSTR 引脚上出现低电平,CPU 进入复位状态。

7. 看门狗定时器复位

CPU 内部有一个使用系统时钟的可编程看门狗定时器(Watch Dog Timer)。当看门狗定时器溢出时,CPU 进入复位状态。

掉电复位后,数据存储器内容不确定(因为 RAM 数据掉电丢失)。其他复位不影响数据存储器内容。

5.2.3　复位源寄存器 RSTSRC

复位源寄存器 RSTSRC 用于设置和指示复位源。RSTSRC 各位的定义如图 5.7 所示。

	D7	D6	D5	D4	D3	D2	D1	D0	地址：0EFH
RSTSRC	JTAGRST	CNVRSEF	C0RSEF	SWRSEF	WDTRSF	MCDRSF	PORSF	PINRSF	复位值：00000000B

图 5.7　RSTSRC 各位的定义

其中：

D7　JTAGRST　JTAG 复位标志。

=0　JTAG 不处于复位状态；

=1　JTAG 处于复位状态。

D6　CNVRSEF　CNVSTR 引脚复位允许和标志位。

写

=0　CNVSTR 引脚不做复位源；

=1　CNVSTR 引脚做复位源。

读

=0　前一次复位不是来自 CNVSTR 引脚；

=1　前一次复位来自 CNVSTR 引脚。

D5　C0RSEF　比较器 0 复位允许和标志位。

写

=0　比较器 0 不做复位源；

=1　比较器 0 做复位源。

读

=0　前一次复位不是来自比较器 0；

=1　前一次复位来自比较器 0。

D4　SWRSEF　软件强制复位和标志位。

写

=0　无作用；

=1　软件强制产生 1 个内部复位。

读

=0　前一次复位不是来自向 SWRSEF 写 1 复位；

=1　前一次复位来自向 SWRSEF 写 1 复位。

D3　WDTRSF　看门狗复位标志。

=0　前一次复位不是来自看门狗；

=1　前一次复位来自看门狗。

D2　MCDRSF　时钟丢失检测复位标志。

=0　前一次复位不是来自时钟丢失检测器；

=1　前一次复位来自时钟丢失检测器。

D1　PORSF　软件强制上电复位和标志位。

写

=0　无作用；

=1　软件强制产生 1 个上电复位。

读

=0　前一次复位不是来自软件向 PORSEF 写 1 复位或硬件上电复位；

=1　前一次复位来自软件向 PORSEF 写 1 复位或硬件上电复位。

D0　PINRSF　$\overline{\text{RST}}$引脚复位标志。

=0　前 1 次复位不是来自$\overline{\text{RST}}$引脚；

=1　前 1 次复位来自$\overline{\text{RST}}$引脚。

5.2.4　看门狗

1. 看门狗定时器的定时间隔

看门狗 WatchDog 是 1 个特殊的定时器。定时时间为：

$$T_{WDT}=4^{(3+WDTCN[2\sim0])}\times T_{SYSCLK}$$

其中：T_{SYSCLK}是系统时钟周期；WDTCN 是看门狗定时器控制寄存器；WDTCN 的地址是 0FFH，复位值为 xxxxx111B。

在系统时钟频率为 2 MHz 的情况下，看门狗定时器的定时间隔为：

$$T_{WDT}=4^{(3+WDTCN[2\sim0])}\times T_{SYSCLK}=[4^{(3+0)}\sim4^{(3+7)}]\times1/(2\times10^{6})=0.032\sim524\ \text{ms}。$$

由于复位后 WDTCN[2～0]=111，默认系统时钟频率为 2 MHz，看门狗定时器的默认定时间隔为 524 ms。如果希望修改定时间隔，将 WDTCN[2～0]设置为期望值即可。但要注意，修改 WDTCN[2～0]时，WDTCN. 7 必须为 0。例如，对于 2 MHz 的系统时钟，希望看门狗定时间隔为 0. 128 ms，算得 WDTCN[2～0]=001，应该写指令“MOV　WDTCN，#00000001B”。

2. 看门狗的作用与“喂狗”

复位后，看门狗总是被允许的。因此，CPU 工作的同时，看门狗也在进行计时操作。一旦 CPU 运行时间超过看门狗设定的时间间隔，系统就会复位，从 0000H 重新开始执行程序。

有人可能立刻会想到，如果是这样，在 2 MHz 的系统时钟、不对看门狗做任何处理的情况下，CPU岂不是每524 ms就复位一次？那样，执行时间超过524 ms的程序就无法正确执行了。例如：

```
        $INCLUDE(C8051F000.INC)
        ORG     0000H
        AJMP    MAIN
        ORG     0100H
MAIN:   MOV     XBR2,#40H               ;交叉开关允许
        MOV     PRT1CF,#00000010B       ;P1.1 推挽输出
INPUT:  SETB    P1.0                    ;输入前写"1"
        MOV     C,P1.0                  ;采集 P1.0 上按键状态
        JC      INPUT                   ;没按下,等待
        CPL     P1.1                    ;按下,取反 P1.1
        SJMP    INPUT                   ;重新采集按键
```


程序希望CPU不断地检测P1.0引脚上按键状态，按键按下，则取反P1.1。

事实上，由于看门狗每隔一定时间(本程序为524 ms)复位1次，使P1.1引脚复位为高电平，实际的P1.1输出并不完全受P1.0上按键控制，甚至可以说基本不受按键控制。

可见，如果不对看门狗做处理，它是会影响程序的正常运行的。处理办法是：程序中不等看门狗定时时间到(减到0)，就重新给它赋值，即周期性地进行“喂狗”操作。这样就不会发生看门狗复位了。但这样做的意义何在呢？

大家知道，单片机的一个很重要的应用领域就是工业控制。在工业控制领域，单片机工作环境中存在大量的电磁干扰，它们有时会干扰单片机的工作。例如，瞬间干扰改变了程序计数器(PC)的值，使程序跑飞，造成系统死机。

假如程序中每隔一定时间就有一句“喂狗”指令，正常工作情况下，由于不断“喂狗”，看门狗不会影响系统工作。一旦程序跑飞，不能“喂狗”，看门狗定时器就会溢出，使CPU复位，强制PC恢复为0000H，使CPU回到正常的程序。

可见，看门狗提供了一种防止系统死机、防止程序跑飞的抗干扰手段。

“喂狗”的方法是不断写指令“MOV　WDTCN,#0A5H”。注意，两次喂狗时间间隔应小于看门狗定时间隔。

将上述程序加入“喂狗”指令，程序变为：

```
        $INCLUDE(C8051F000.INC)
        ORG       0000H
        AJMP      MAIN
        ORG       0100H
MAIN:   MOV       XBR2,#40H               ;交叉开关允许
        MOV       PRT1CF,#00000010B       ;P1.1 推挽输出
```

```
INPUT:  MOV    WDTCN,#0A5H          ;"喂狗"
        SETB   P1.0                 ;输入前写 1
        MOV    C,P1.0               ;采集 P1.0 上按键状态
        JC     INPUT                ;没按下,等待
        CPL    P1.1                 ;按下,取反 P1.1
        SJMP   INPUT                ;重新采集按键
```

“喂狗”的作用是复位并使能看门狗。

3. 看门狗的禁止

如果不希望使用看门狗，可以写以下指令：

```
MOV   WDTCN,#0DEH
MOV   WDTCN,#0ADH
```

注意，两条指令必须发生在 4 个时钟周期之内；否则，禁止无效。一般写程序时都将这两条指令连续编写，并放在程序开头。如果只能在程序运行过程中禁止看门狗，则最好写成：

```
CLR   EA
MOV   WDTCN,#0DEH
MOV   WDTCN,#0ADH
SETB  EA
```

关闭中断的目的是防止执行“MOV WDTCN，#0DEH”指令时发生中断，使两条指令的执行间隔超过 4 个时钟周期。当然，如果系统禁止一切中断，就不必提前清 EA 了。

本教材中，为了使学生将注意力转向特定内容，大多数程序都在程序开始禁止了看门狗。但请大家不要误认为看门狗没有作用。

4. 看门狗的锁定

如果应用程序想一直使用看门狗，并使禁止功能无效，就可锁定看门狗。锁定的方法是：向 WDTCN 写入 0FFH。注意，写 0FFH 并不使能或复位看门狗定时器。

5.3 电源及电源管理

5.3.1 电源电压范围及相应引脚

C8051F005 的数字电压源和模拟电压源的电压值为 2.7～3.6 V，典型值为 3.0 V。

C8051F005 的数字电源引脚是 V_{DD}，数字地引脚是 DGND。

C8051F005 的模拟电源引脚是 AV+，模拟地引脚是 AGND，如图 2.5 所示。

5.3.2 低功耗方式下电源的管理

从电源管理角度，C8051 CPU 有 2 种工作状态：普通运行状态和低功耗状态。在低功耗状态下，系统消耗更少的能量。这在便携式应用等场合非常有用。

C8051 提供了两种低功耗电源管理方式：等待方式(空闲方式)和停机方式。

等待方式下，CPU 停止运行，但系统时钟仍处于活动状态，所有模拟和数字外设也都处于活动状态。

停机方式下，CPU 停止运行，系统时钟停止，所有的中断和定时器(时钟丢失检测器除外)都停止，所有数字外设停止。

由于在等待方式下时钟仍然运行，所以功耗与系统时钟频率以及处于活动方式的外设数目有关。停机方式消耗最少的能量。

1. 低功耗状态的进入

电源管理方式寄存器 PCON 用于选择是否进入低功耗方式和进入何种低功耗方式。PCON 各位的定义如图 5.8 所示。

	D7	D6	D5	D4	D3	D2	D1	D0	地址：87H
PCON	SMOD	GF4	GF3	GF2	GF1	GF0	STOP	IDLE	复位值：00000000B

图 5.8 PCON 各位的定义

其中，D1、D0 位与电源管理有关。

D1 STOP 停机方式选择。将该位置 1 进入停机方式。该位读出值总是为 0。

D0 IDLE 等待方式选择。将该位置 1 进入等待方式。该位读出值总是为 0。

(1) 等待方式的进入。执行完指令“ORL PCON，#00000001B”或“MOV PCON，#00000001B”，将导致 CPU 停止运行并进入等待方式。但应注意，“ORL PCON，#00000001B”后的那条指令不应该是单字节指令；否则，唤醒时可能发生异常。

(2) 停机方式的进入。执行完指令“ORL PCON，#00000010B”或“MOV PCON，#00000010B”，将导致 CPU 进入停机方式。

注意，进入停机方式前应关闭所有模拟外设。如果不希望进入低功耗方式，则不对 PCON 的这两位进行操作即可。

2. 低功耗状态的唤醒

低功耗状态下可以消耗更少的能量，但 CPU 却停止了工作。因此，一旦进入等待或停机状态，后面的所有程序都不能执行了。那么，如何在需要时重新唤醒 CPU，使它回到普通运行状态继续工作呢？

(1) 等待状态的唤醒

有以下两种办法可以将 CPU 从等待状态唤醒：

- 产生被允许的中断。
- 发生系统复位。

如果发生了中断，并且该中断被允许，则等待方式位 IDLE(PCON.0)立刻被自动清除，CPU 重新开始工作：CPU 先执行中断服务程序，然后执行“ORL　PCON，#00000001B”或“MOV PCON，#00000001B”后面的那条指令。C8051F 要求等待指令后的指令不能是单字节指令；否则，有可能不能被中断唤醒。

如果发生了系统复位(例如复位引脚$\overline{\mathrm{RST}}$出现低电平)，则 CPU 先进行复位操作，然后重新开始工作，从 0000H 开始运行程序。

(2) 停机状态的唤醒

停机状态只能通过复位唤醒 CPU。一旦发生复位，CPU 先进行复位操作，然后重新开始工作，从 0000H 开始运行程序。

有 7 种情况都可以使 C8051F 的 CPU 进入复位状态，因此，无论发生何种复位，都会使 CPU 退出低功耗状态。所以，

- 如果不希望看门狗复位唤醒等待状态，则在进入等待前应禁止看门狗。
- 如果希望停机时间大于 100 μs 的时钟丢失检测超时时间，则在进入停机方式前应禁止时钟丢失检测复位。

虽然具有等待和停机方式，但最好禁止不需要的外设，从而使整个单片机的功耗最低。

第6章

C8051F005 单片机的中断系统

6.1 中断的概述

6.1.1 中断的概念

所谓中断,是指 CPU 在运行主程序的过程中,外部突然发生某一事件,请求 CPU 迅速去处理。于是,CPU 暂时中止当前的工作,去处理这个突发事件;处理完成后,再回到原来被中止的地方,继续原来的工作。中断处理流程如图 6.1(a)所示。

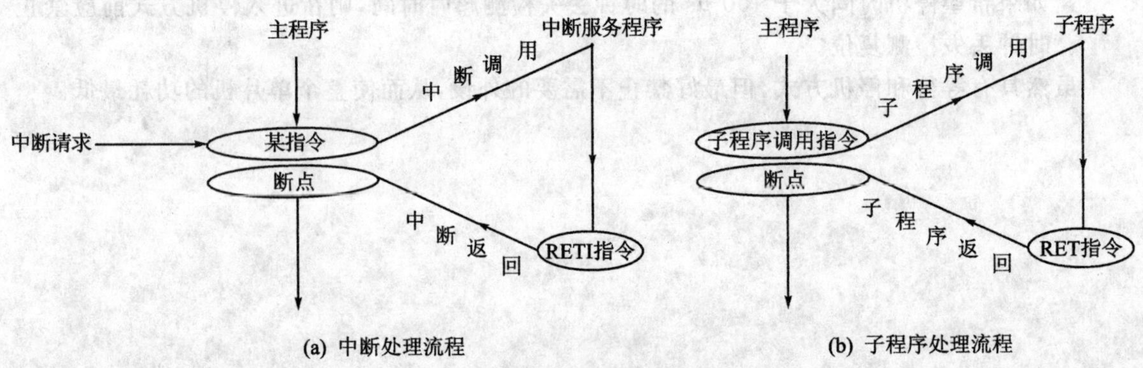

(a) 中断处理流程　　(b) 子程序处理流程

图 6.1　中断调用与子程序调用

中断包括以下几个过程。

- 中断源及中断请求:中断请求是要求 CPU 中止当前的工作,进行中断处理的信号。中断源是产生中断请求的设备。不同单片机允许不同的中断源和中断请求信号。
- 中断响应:CPU 暂时中止当前工作,转去调用中断服务程序的过程。
- 中断服务:对中断事件的处理过程。处理内容应被写在程序中,称为中断服务程序。
- 中断返回:事件处理完毕,返回断点的过程。

与图 6.1(b)所示的子程序处理流程对比会发现它们很相似。不同的是,子程序调用是由事先安排在主程序中的调用指令“ACALL　子程序名”或“LCALL　子程序名”启动的，以指令“RET”结束。因此，何时调用、何时返回是很确定的。中断调用则是由中断源通过向 CPU 发出中断信号请求触发的。中断源在何时发中断请求是不确定的。此外，中断服务程序必须以指令“RETI”结尾。

6.1.2　中断的作用与优点

中断处理方式不是单片机进行事务处理的惟一方式。与一般计算机一样，单片机有 3 种事务处理的方式，即程序控制方式、查询方式和中断方式。

以单片机向外部微型打印机输出数据为例，假设数据通过 P1 口送给打印机。程序控制方式下，数据输出工作受程序控制，完全不考虑打印机的状态，即每当希望输出数据时，程序中就写 1 条输出指令。程序结构可能如下：

```
        ⋮                           ;初始化
CHULI:  ⋮                           ;数据处理,处理结果在 40H
        MOV    P1,40H               ;输出数据给打印机
        ⋮                           ;其他处理
        LJMP   CHULI
```

由于打印机速度远慢于单片机的处理速度，如果两次输出指令的间隔时间太短，则前一组数据还没有打印完，可能被后一组数据覆盖，这样就会出现打印错误。

如果能够将打印机的状态检测出来并送给单片机，就可以采用另外的 2 种方式。当然这需要硬件的配合。假设打印机电路有 1 根状态输出线 BUSY，当打印机忙于打印时，该线上为高电平；当打印机空闲时，BUSY＝0。此种情况下，可将这根线与单片机的 P0.0 引脚相连。如果程序写为：

```
        ⋮                           ;初始化
CHULI:  ⋮                           ;数据处理,处理结果在 40H
WAIT:   JB     P0.0,WAIT            ;查询打印机是否忙,忙则重新查询,直至空闲
        MOV    P1,40H               ;打印机空闲,输出数据给打印机
        ⋮                           ;其他处理
        LJMP   CHULI
```

则这就是查询方式。在前面的学习中也介绍过许多程序控制和查询的例子。

查询方式可以解决慢速外设与快速 CPU 的速度匹配问题，但这是以牺牲 CPU 的效率为代价的，因为在查询等待期间，CPU 不能做其他任何事情。

中断方式则不同。可以按以下过程进行事务处理。

(1) 将数据输出这条指令放在中断服务程序中。

```
DAYIN:    MOV    P1,40H           ;输出数据给打印机
          RETI                    ;中断返回
```

(2) 将其他任务放在主程序中。

```
          ⋮                       ;初始化
CHULI:    ⋮                       ;数据处理,处理结果在 40H
          ⋮                       ;其他处理
     LJMP    CHULI
```

(3) 将打印机送来的 BUSY 信号接到单片机的中断输入引脚 $\overline{INT0}$ 上,并进行必要的软件设置,使得:

- 当 BUSY=1 时,CPU 执行主程序,进行数据处理和其他工作。
- 当 BUSY=0 时,CPU 自动转到中断服务程序,将准备好的数据(在 40H 中)输出给打印机,然后返回主程序。

这样,打印机忙期间,CPU 无须等待。可见,中断方式不仅可以解决与慢速外设的速度匹配问题,而且与查询方式相比,效率更高。

采用中断方式的好处如下:

- 用中断方式可以提高 CPU 的工作效率。
- 中断能使几个外设并行工作。当 CPU 需要与若干外设进行 I/O 操作时,可以分别启动不同的外设,让它们各自进行自己的工作。谁准备好了,就向 CPU 发中断请求;CPU 收到谁的请求,就为谁服务。
- 中断能进行实时处理。实时控制时,现场的各种参数、信息随时变化,利用中断可以随时捕捉到这种变化,及时进行处理。例如,在巡回监测系统中,每隔一定时间监测一次温度、压力、流量等参数,及时采集最新数据。键盘操作也可作为一种中断,当有按键按下时,立即进行键盘处理等。
- 故障处理。在计算机运行过程中,有时会出现不希望的情况或故障,如电源掉电、运算溢出、传输错误等,此时可利用中断进行及时的处理。

6.2 允许的中断源及中断入口地址

中断源是发出中断请求的设备,C8051 允许的中断源包括内部中断源和外部中断源两大类。

6.2.1 外部中断源

顾名思义,外部中断源是位于单片机外部的设备。当发生某些情况时,外部设备通过一根

信号线向 CPU 申请中断。例如前面提到的打印机，当打印机空闲时，通过 BUSY 线向 CPU 申请中断。CPU 则通过引脚接收外部中断源发出的中断请求。当这些引脚上出现了低电平或下降沿时，C8051 认为发生了中断请求。

C8051F005 支持的外部中断源有 6 个，除与标准 8051 兼容的外部中断 0($\overline{INT0}$)和外部中断 1($\overline{INT1}$)外，C8051F005 还有外部中断 4～7 四个外部中断源。即 C8051F005 允许 6 个外部设备同时通过 I/O 引脚向 CPU 申请中断。

C8051F005 没有为外部中断 0 和外部中断 1 安排专门的引脚，需要通过交叉开关 XBR1 进行分配。具体使用哪个引脚接收中断请求信号，由分配情况和优先权决定。例如，系统只需要给外部中断 0、外部中断 1 各分配 1 个 I/O 个引脚，则按照交叉开关分配的优先权原则，P0.0被分配给外部中断 0，P0.1 被分配给外部中断 1。外部中断 4～7 则不受交叉开关限制。当被允许时，它们被固定地分配给引脚 P1.4～P1.7。

由于外部设备种类繁多，发生中断请求的条件各不相同，外部中断可以灵活地用来处理各种不同的事件，例如前面提到的打印机空闲处理，类似地还有参数越限处理、电源故障处理、按键处理等。

6.2.2 内部中断源

单片机内部有许多电路，在发生某些特定情况下，它们也会向 CPU 申请中断。例如片内定时器，当定时时间到时，可以向 CPU 申请中断。再如片内 ADC，每当 A/D 转换完成时，也会向 CPU 申请中断。这些置于单片机内部，能发出中断请求的电路，就是内部中断源。片内定时器、串行接口、片内 ADC 等都是允许的内部中断源。有些内部资源甚至能申请不止 1 种中断。

表 6.1 列出了 C8051F005 允许的中断源。如果将复位也看成是 1 种中断，则 C8051F005 允许 22 种不同类型的中断。

表 6.1 中断一览表

中断源	入口地址	优先级	中断请求标志	中断允许	中断标志硬件清除
复位	0000H	最高	无	始终使能	
外部中断 0($\overline{INT0}$)	0003H	0	IE0(TCON.1)	EX0(IE.0)	√
定时器 0 溢出	000BH	1	TF0(TCON.5)	ET0(IE.1)	√
外部中断 1($\overline{INT1}$)	0013H	2	IE1(TCON.3)	EX1(IE.2)	√
定时器 1 溢出	001BH	3	TF1(TCON.7)	ET1(IE.3)	√
串行接口 UART	0023H	4	RI(SCON.0) TI(SCON.1)	ES(IE.4)	

续表 6.1

中断源	入口地址	优先级	中断请求标志	中断允许	中断标志硬件清除
定时器 2	002BH	5	TF2(T2CON.7) EXF2(T2CON.6)	ET2(IE.5)	
串行接口 SPI	0033H	6	SPIF(SPI0CN.7) WCOL(SPI0CN.6) MODF(SPI0CN.5) RXOVRN(SPI0CN.4)	ESPI0(EIE1.0)	
串行接口 SMBus	003BH	7	SI(SMB0CN.3)	ESMB0(EIE1.1)	
ADC0 窗口比较	0043H	8	ADWINT(ADC0CN.1)	EWADC0(EIE1.2)	
可编程计数器阵列 0	004BH	9	CF(PCA0CN.7) CCFn(PCA0CN.n)	EPCA0(EIE1.3)和 ECF(PCA0MD.0) EPCA0(EIE1.3)和 ECCFn(PCA0CPMn.0)	
比较器 0 下降沿	0053H	10	CP0FIF(CPT0CN.4)	ECP0F(EIE1.4)	
比较器 0 上升沿	005BH	11	CP0RIF(CPT0CN.5)	ECP0R(EIE1.5)	
比较器 1 下降沿	0063H	12	CP1FIF(CPT1CN.4)	ECP1F(EIE1.6)	
比较器 1 上升沿	006BH	13	CP1RIF(CPT1CN.5)	ECP1R(EIE1.7)	
定时器 3 溢出	0073H	14	TF3(TMR3CN.7)	ET3(EIE2.0)	
ADC0 转换结束	007BH	15	ADCINT(ADC0CN.5)	EADC0(EIE2.1)	
外部中断 4	0083H	16	IE4(PRT1IF.4)	EX4(EIE2.2)	
外部中断 5	008BH	17	IE5(PRT1IF.5)	EX5(EIE2.3)	
外部中断 6	0093H	18	IE6(PRT1IF.6)	EX6(EIE2.4)	
外部中断 7	009BH	19	IE7(PRT1IF.7)	EX7(EIE2.5)	
未使用的中断	00A3H	20	无	保留(EIE2.6)	
外部晶体振荡器准备好	00ABH	21	XTLVLD(OSCXCN.7)	EXVLD(EIE2.7)	

6.2.3 中断入口地址

编程人员总是将发生中断后要进行的处理工作放到中断服务程序中。例如前面打印机的例子，打印机通过$\overline{\text{INT0}}$向 CPU 申请中断，中断服务程序的名字叫“DAYIN”。问题是，如果发生中断，CPU 如何跳到中断服务程序？

C8051 是这样解决的：只要发生$\overline{INT0}$中断，而且中断被允许，它就会自动跳到 0003H 处执行程序。如果在 0003H 处写一条指令"AJMP DAYIN"，就可以跳到打印程序了。程序结构如下：

```
        ORG     0000H           ;复位向量
        AJMP    MAIN            ;跳到主程序 MAIN
        ORG     0003H           ;外部中断 0 中断入口
        AJMP    DAYIN           ;跳到中断服务程序 DAYIN
;---------------------主程序---------------------
        ORG     0100H
MAIN:   ⋮                       ;初始化
CHULI:  ⋮                       ;数据处理,处理结果送 40H
        ⋮                       ;其他处理
        LJMP    CHULI
;-------------------中断服务程序-------------------
DAYIN:  MOV     P1,40H          ;输出数据给打印机
        RETI                    ;中断返回
        END
```

这里的 0003H 被称为$\overline{INT0}$的中断入口地址。中断入口地址也称中断向量或中断矢量，是发生中断后程序计数器 PC 要跳向的地址。表 6.1 中列出了各中断源的入口地址。例如，外部中断 0 的入口地址为 0003H；定时器 0 中断的入口地址为 000BH。

中断源不同，中断入口地址也不同，但跳转方法都是类似的。例如：

```
        ORG     0000H           ;复位向量
        AJMP    MAIN            ;跳到主程序 MAIN
        ORG     000BH           ;定时器 0 中断向量
        LJMP    T0_P            ;跳到中断服务程序 T0_P
        ORG     0100H           ;主程序入口
MAIN:   ⋮
        LJMP    MAIN
T0_P:                           ;中断服务程序
        ⋮
        RETI                    ;中断返回
        END
```

发生定时器 0 中断时，先自动跳到定时器 0 中断入口地址 000BH，然后执行指令"LJMP T0_P"，再跳到中断服务程序 T0_P 处执行。

6.3　与中断有关的特殊功能寄存器

6.3.1　中断的允许与禁止

并非有中断请求 CPU 就响应，中断是可以被允许或禁止的。例如复位时，除复位中断外，所有其他 21 种中断都被禁止。要允许中断，必须在程序中进行正确的设置。

C8051F005 的特殊功能寄存器 IE、EIE1、EIE2 用来允许和禁止中断。其中 IE 的最高位 EA 是中断总开关。将 EA 清 0，将禁止复位以外的一切中断。下面分别介绍这 3 个中断允许寄存器。

1. IE

IE 各位的定义如图 6.2 所示。

	D7	D6	D5	D4	D3	D2	D1	D0	
IE	EA	IEGF0	ET2	ES	ET1	EX1	ET0	EX0	地址：0A8H 复位值：00000000B

图 6.2　中断允许寄存器 IE 各位的定义

其中：

EA　总中断允许位。该位允许/禁止所有中断。

EA=0　禁止所有中断请求；

EA=1　开放中断。只有开放总中断后，各中断源的申请才可能被响应。

IEGF0　通用标志位，与中断没有直接关系。

ET2　定时器 T2 中断允许位。

ET2=0　禁止 T2 中断；

ET2=1　允许 T2 中断。

ES　UART 中断允许位。

ES=0　禁止 UART 中断；

ES=1　允许 UART 中断。

ET1　定时器/计数器 T1 中断允许位。

ET1=0　禁止 T1 中断；

ET1=1　允许 T1 中断。

EX1　外部中断 1 中断允许位。

EX1=0　禁止外部中断 1 中断；

EX1=1 允许外部中断1中断。外部中断1请求引脚须经交叉开关分配。

ET0 定时器/计数器T0中断允许位。

ET0=0 禁止T0中断；

ET0=1 允许T0中断。

EX0 外部中断0中断允许位。

EX0=0 禁止外部中断0中断；

EX0=1 允许外部中断0中断。外部中断0请求引脚须经交叉开关分配。

IE可以位寻址。前面提到的打印机程序中，主程序的初始化处理部分应该有这样几条：

```
ORL    XBR1,#00000100B          ;将INT0连到I/O引脚
ORL    XBR2,#40H                ;交叉开关允许
SETB   EX0                      ;允许外部中断0
SETB   EA                       ;开放总中断
```

2. EIE1

EIE1各位的定义如图6.3所示。

	D7	D6	D5	D4	D3	D2	D1	D0	
EIE1	ECP1R	ECP1F	ECP0R	ECP0F	EPCA0	EWADC0	ESMB0	ESPI0	地址：0E6H 复位值：00000000B

图6.3 中断允许寄存器EIE1各位的定义

其中：

ECP1R 比较器1(CP1)上升沿中断允许位。

ECP1R=0 禁止CP1上升沿中断；

ECP1R=1 允许CP1上升沿中断。

ECP1F 比较器1(CP1)下降沿中断允许位。

ECP1F=0 禁止CP1下降沿中断；

ECP1F=1 允许CP1下降沿中断。

ECP0R 比较器0(CP0)上升沿中断允许位。

ECP0R=0 禁止CP0上升沿中断；

ECP0R=1 允许CP0上升沿中断。

ECP0F 比较器0(CP0)下降沿中断允许位。

ECP0F=0 禁止CP0下降沿中断；

ECP0F=1 允许CP0下降沿中断。

EPCA0 可编程计数器阵列(PCA0)中断允许位。

EPCA0=0 禁止PCA0的中断；

EPCA0=1 允许 PCA0 的中断请求。

EWADC0 ADC0 窗口比较中断允许位。

EWADC0=0 禁止 ADC0 窗口比较中断;

EWADC0=1 允许 ADC0 窗口比较中断。

ESMB0 SMBus0 中断允许位。

ESMB0=0 禁止 SMBus0 中断;

ESMB0=1 允许 SMBus0 中断。

ESPI0 串行外设接口 0 中断允许位。

ESPI0=0 禁止 SPI0 中断;

ESPI0=1 允许 SPI0 中断。

3. EIE2

EIE2 各位的定义如图 6.4 所示。

	D7	D6	D5	D4	D3	D2	D1	D0	地址：0E7H
EIE2	EXVLD	—	EX7	EX6	EX5	EX4	EADC0	ET3	复位值：00000000B

图 6.4 中断允许寄存器 EIE2 各位的定义

其中:

EXVLD 外部时钟源有效(XTLVLD)中断允许位。

EXVLD=0 禁止 XTLVLD 中断。

EXVLD=1 允许 XTLVLD 中断。

D6 保留。必须写入 0,读出为 0。

EX7 外部中断 7 允许位。

EX7=0 禁止外部中断 7。当被禁止时,P1.7 为普通 I/O 引脚。

EX7=1 允许外部中断 7。当被允许时,P1.7 自动作为外部中断 7 中断请求引脚。

EX6 外部中断 6 允许位。

EX6=0 禁止外部中断 6。当被禁止时,P1.6 为普通 I/O 引脚。

EX6=1 允许外部中断 6。当被允许时,P1.6 自动作为外部中断 6 中断请求引脚。

EX5 外部中断 5 允许位。

EX5=0 禁止外部中断 5。当被禁止时,P1.5 为普通 I/O 引脚。

EX5=1 允许外部中断 5。当被允许时,P1.5 自动作为外部中断 5 中断请求引脚。

EX4 外部中断 4 允许位。

EX4=0 禁止外部中断 4。当被禁止时,P1.4 为普通 I/O 引脚。

EX4=1 允许外部中断 4。当被允许时,P1.4 自动作为外部中断 4 中断请求引脚。

EADC0　ADC0 转换结束中断允许位。

EADC0＝0　禁止 ADC0 转换结束中断。

EADC0＝1　允许 ADC0 转换结束中断。

ET3　定时器 3 中断允许位。

ET3＝0　禁止定时器 3 中断。

ET3＝1　允许定时器 3 中断。

注意：EIE1 和 EIE2 不能位寻址。

6.3.2　中断优先级的设定

1. 中断优先级

中断优先级用来解决 2 个或 2 个以上的中断源同时申请中断发生撞车的情况。单片机规定先处理优先级高的中断，再处理优先级低的中断。

C8051 的优先级分自然优先级和人工优先级。自然优先级中复位中断最高，然后是外部中断 0、定时器 0 中断……最后是外部晶体振荡器有效中断，如表 6.1 所列。

如果希望改变优先级，就要在软件中进行人工设置。

C8051F 系列单片机与 8051 一样，只能设置两级中断：高优先级和低优先级。可通过软件设置每个中断源的级别。

显然，高优先级比低优先级先被处理。但是如果都是高优先级，或者都是低优先级，则自然优先级高者先被处理。复位后，所有中断源都是低优先级。

例如，程序中允许 2 个中断——外部中断 0 和定时器 0：

在不进行优先级设置的情况下，默认都是低优先级，外部中断 0 优先级大于定时器 0。

如果将定时器 0 设置为高优先级，外部中断 0 设置为低优先级，则外部中断 0 优先级低于定时器 0。

如果将它们都设置为高优先级，则外部中断 0 优先级仍高于定时器 0。

中断优先级的设定通过特殊功能寄存器 IP、EIP1 和 EIP2 进行。

(1) IP

IP 各位的定义如图 6.5 所示。

	D7	D6	D5	D4	D3	D2	D1	D0	地址：0B8H
IP	—	—	PT2	PS	PT1	PX1	PT0	PX0	复位值：00000000B

图 6.5　中断优先级寄存器 IP 各位的定义

其中：

D7～D6　未用。读＝11B，写＝忽略。

PT2　　定时器 T2 中断优先级控制位。

PT2＝0　定时器 T2 中断为低优先级；

PT2＝1　定时器 T2 中断为高优先级。

PS　　UART 中断优先级控制位。

PS＝0　UART 中断为低优先级；

PS＝1　UART 中断为高优先级。

PT1　　定时器 T1 中断优先级控制位。

PT1＝0　定时器 T1 中断为低优先级；

PT1＝1　定时器 T1 中断为高优先级。

PX1　　外部中断 1 中断优先级控制位。

PX1＝0　外部中断 1 为低优先级；

PX1＝1　外部中断 1 为高优先级。

PT0　　定时器 T0 中断优先级控制位。

PT0＝0　定时器 T0 中断为低优先级；

PT0＝1　定时器 T0 中断为高优先级。

PX0　　外部中断 0 中断优先级控制位。

PX0＝0　外部中断 0 为低优先级；

PX0＝1　外部中断 0 为高优先级。

(2) EIP1

EIP1 各位的定义如图 6.6 所示。

	D7	D6	D5	D4	D3	D2	D1	D0	地址：0F6H
EIP1	PCP1R	PCP1F	PCP0R	PCP0F	PPCA0	PWADC0	PSMB0	PSPI0	复位值：00000000B

图 6.6　中断优先级寄存器 EIP1 各位的定义

其中：

PCP1R　　比较器 1(CP1)上升沿中断优先级控制。

PCP1R＝0　CP1 上升沿中断为低优先级；

PCP1R＝1　CP1 上升沿中断为高优先级。

PCP1F　　比较器 1(CP1)下降沿中断优先级控制。

PCP1F＝0　CP1 下降沿中断为低优先级；

PCP1F＝1　CP1 下降沿中断为高优先级。

PCP0R　　比较器 0(CP0)上升沿中断优先级控制。

PCP0R＝0　CP0 上升沿中断为低优先级；

PCP0R＝1　CP0 上升沿中断为高优先级。

PCP0F 比较器 0(CP0)下降沿中断优先级控制。

PCP0F=0 CP0 下降沿中断为低优先级；

PCP0F=1 CP0 下降沿中断为高优先级。

PPCA0 可编程计数器阵列中断优先级控制。

PPCA0=0 PCA0 中断为低优先级；

PPCA0=1 PCA0 中断为高优先级。

PWADC0 ADC0 窗口比较器中断优先级控制。

PWADC0=0 ADC0 窗口中断为低优先级；

PWADC0=1 ADC0 窗口中断为高优先级。

PSMB0 SMBus0 中断优先级控制。

PSMB0=0 SMBus0 中断为低优先级；

PSMB0=1 SMBus0 中断为高优先级。

PSPI0 串行外设接口 0 中断优先级控制。

PSPI0=0 SPI0 中断为低优先级；

PSPI0=1 SPI0 中断为高优先级。

(3) EIP2

EIP2 各位的定义如图 6.7 所示。

	D7	D6	D5	D4	D3	D2	D1	D0	地址：0F7H
EIP2	PXVLD	—	PX7	PX6	PX5	PX4	PADC0	PT3	复位值：00000000B

图 6.7 中断优先级寄存器 EIP2 各位的定义

其中：

PXVLD 外部时钟源有效(XTLVLD)中断优先级控制。

PXVLD=0 XTLVLD 中断为低优先级；

PXVLD=1 XTLVLD 中断为高优先级。

D6 保留。必须写入 0,读为 0。

PX7 外部中断 7 优先级控制。

PX7=0 外部中断 7 为低优先级；

PX7=1 外部中断 7 为高优先级。

PX6 外部中断 6 优先级控制。

PX6=0 外部中断 6 为低优先级；

PX6=1 外部中断 6 为高优先级。

PX5 外部中断 5 优先级控制。

PX5=0 外部中断 5 为低优先级；

PX5＝1　外部中断 5 为高优先级。

PX4　外部中断 4 优先级控制。

PX4＝0　外部中断 4 为低优先级；

PX4＝1　外部中断 4 为高优先级。

PADC0　ADC0 转换结束中断优先级控制。

PADC0＝0　ADC0 转换结束中断为低优先级；

PADC1＝1　ADC0 转换结束中断为高优先级。

PT3　定时器 3 中断优先级控制。

PT3＝0　定时器 3 中断为低优先级；

PT3＝1　定时器 3 中断为高优先级。

2. 中断嵌套

当 CPU 正在处理一个低优先级中断请求时，又出现一个高优先级中断申请，CPU 将暂时中止当前中断，转去响应高优先级中断。待高级中断结束，再继续执行被打断的低级中断服务，该过程称为中断嵌套，C8051F 可实现二级嵌套，如图 6.8 所示。

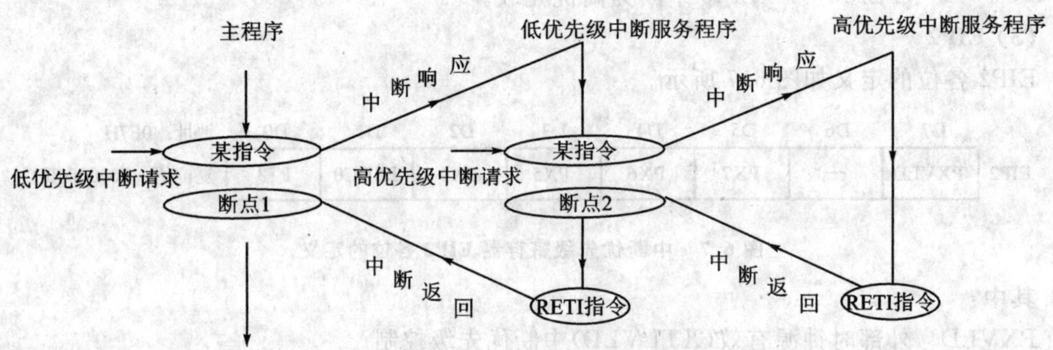

图 6.8　中断嵌套

6.3.3　中断请求标志位

中断源实际上是通过中断请求标志位向 CPU 申请中断的。每个中断源都与 1 个中断标志相对应。发生中断时，相应的中断标志被自动置 1。如果中断被允许，在中断标志被置位时将产生中断。如果中断未被允许，中断标志将被忽略。

1. TCON 中的中断标志位

特殊功能寄存器 TCON 中有 4 位是定时器 T0、定时器 T1、外部中断 $\overline{INT0}$ 和外部中断 $\overline{INT1}$ 的中断请求标志。其字节地址为 88H，可以位寻址，TCON 各位的定义如图 6.9 所示。

	D7	D6	D5	D4	D3	D2	D1	D0	地址：88H
TCON	TF1	TR1	TF0	TR0	IE1	IT1	IE0	IT0	复位值：00000000B

图 6.9　定时器控制寄存器 TCON 各位的定义

与中断标志有关的有 4 位，其中：

TF1　定时器/计数器 T1 的中断请求标志位。

　　T1 最高位产生溢出时，由硬件置位 TF1，同时向 CPU 申请中断。

　　当 CPU 响应中断后，硬件自动对 TF1 清 0。也可用软件查询该标志，但必须软件清 0。

TF0　定时器/计数器 T0 的中断请求标志位。

　　T0 最高位产生溢出时，由硬件置位 TF0，同时向 CPU 申请中断。

　　当 CPU 响应中断后，硬件自动对 TF0 清 0。也可用软件查询该标志，但必须软件清 0。

IE1：外部中断$\overline{\text{INT1}}$中断请求标志。

　　若交叉开关分配的$\overline{\text{INT1}}$引脚上存在有效的中断请求信号，则由硬件置位 IE1。

　　下降沿触发方式时，当 CPU 响应中断后，由硬件自动将 IE1 清 0。

　　低电平触发方式时，只要$\overline{\text{INT1}}=0$，IE1 始终为 1。

IE0　外部中断$\overline{\text{INT0}}$中断请求标志。

　　若交叉开关分配的$\overline{\text{INT0}}$引脚上存在有效的中断请求信号，则由硬件置位 IE0。

　　下降沿触发方式时，当 CPU 响应中断后，由硬件自动将 IE0 清 0。

　　低电平触发方式时，只要$\overline{\text{INT0}}=0$，IE0 始终为 1。

还有 2 位用来设置外部中断 0 和外部中断 1 的触发方式：

IT1　外部中断$\overline{\text{INT1}}$中断触发方式控制位。

　　IT1=0　$\overline{\text{INT1}}$为低电平触发方式；

　　IT1=1　$\overline{\text{INT1}}$为下降沿触发方式。

IT0　外部中断$\overline{\text{INT0}}$中断触发方式控制位。

　　IT0=0　$\overline{\text{INT0}}$为低电平触发方式；

　　IT0=1　$\overline{\text{INT0}}$为下降沿触发方式。

打印机输出例子中，希望设置外部中断 0 为下降沿触发，初始化程序中还应有指令“SETB　IT0”。

其他 2 位用来控制定时器 T0 和 T1 的运行，与中断没有直接的关系，将在第 7 章中介绍。

2. PRT1IF 中的中断标志位

C8051F005 系列单片机除标准 8051 的外部中断$\overline{\text{INT0}}$和外部中断$\overline{\text{INT1}}$外，还有另外 4 个下降沿触发的外部中断 4～7。这些中断的中断标志在端口 1 中断标志寄存器 PRT1IF 中。外部中断 4～7 被固定分配给引脚 P1.4～P1.7。PRT1IF 各位的定义如图 6.10 所示。

	D7	D6	D5	D4	D3	D2	D1	D0	地址：0ADH
PRT1IF	IE7	IE6	IE5	IE4	—	—	—	—	复位值：00000000B

图 6.10 中断标志寄存器 PRT1IF 各位的定义

其中：

IE7　外部中断 7 中断请求标志。

IE7＝0　P1.7 引脚没有检测到下降沿；

IE7＝1　当检测到 P1.7 引脚下降沿时，该标志由硬件置 1。

IE6　外部中断 6 中断请求标志。

IE6＝0　P1.6 引脚没有检测到下降沿；

IE6＝1　当检测到 P1.6 引脚下降沿时，该标志由硬件置 1。

IE5　外部中断 5 中断请求标志。

IE5＝0　P1.5 引脚没有检测到下降沿；

IE5＝1　当检测到 P1.5 引脚下降沿时，该标志由硬件置 1。

IE4　外部中断 4 中断请求标志。

IE4＝0　P1.4 引脚没有检测到下降沿；

IE4＝1　当检测到 P1.4 引脚下降沿时，该标志由硬件置 1。

D3～D0　未用。读为 0000b，写为忽略。

注意：IE7～IE0 必须用软件清 0。

3. 其他中断标志位

其他中断源的中断标志留待后面章节介绍。表 6.1 中列出了 C8051F005 所有中断源所在位置和标志位的名称。

6.4 中断结构程序设计

6.4.1 主程序及中断服务程序

1. 主程序及初始化

主程序除了需要在 0000H(复位向量)处安排 1 条跳转指令跳向主程序外，还需要在准备使用的中断向量处安排 1 条跳转指令跳向对应的中断服务程序。例如使用外部中断 0 和定时器 0 中断：

```
ORG     0000H                       ;复位向量
AJMP    主程序名                    ;跳向主程序
ORG     0003H                       ;外部中断 0 中断向量
LJMP    外部中断 0 服务程序名       ;跳向外部中断 0 服务程序
ORG     000BH                       ;定时器 0 中断向量
LJMP    定时器 0 中断服务程序名     ;跳向定时器 0 中断服务程序
```

不使用的中断不需要安排。

在主程序中，还应对 IE～EIE2 进行设置，开放需要的中断。如果需要，还要对 IP～EIP2 进行设置，改变优先级。

2. 中断服务程序

中断服务程序是中断服务的主要处理内容。在编写中断服务程序时，应注意：

- 中断标志位的清除，只有 T0、T1、$\overline{\text{INT0}}$和$\overline{\text{INT1}}$中断能够自动清除中断标志，其他中断标志必须软件清除；否则会不断地进入中断服务程序，使程序无法正常运行。
- 保护现场。CPU 执行中断服务程序之前，会自动将断点地址压入堆栈保护起来，然后跳到中断入口地址处，执行中断服务程序。但中断服务程序中使用到的寄存器、存储器仍可能会与主程序发生冲突，导致中断前现场数据的破坏。因此，进入中断服务程序后，应首先将相互冲突的寄存器、存储器内容压入堆栈保护起来(用 PUSH 指令)。中断处理结束，执行 RETI 指令前，再将它们恢复成原来的状态(用 POP 指令)。
- 中断返回。中断服务程序中，最后一条指令必须为 RETI。它把原来压入堆栈保护起来的断点地址弹出来，送 PC，使程序转到被中断的程序断点处，继续执行下去。此外，还应注意 RETI 与 RET 不能混用。
- 若不希望当前中断被更高级中断打断(中断嵌套)，可以在中断服务程序的开始先用软件禁止总中断，中断返回前再开放中断。

6.4.2 外部中断应用

【例 6.1】 将 1 个按键接在 C8051F005 P1.7 引脚上，1 个发光二极管(LED)接在 P1.6 引脚上。编写程序，要求每按 1 次按键，P1.6 所接 LED 状态取反。

分析：这个任务可以用查询和中断两种方式实现。

(1) 查询方式

不断地检测 P1.7 上的输入，只要 P1.7 从 1 变为 0，说明键被按下，取反 P1.6。这种情况下，P1.7 被当作普通 I/O 端口引脚。程序如下：

```
        $INCLUDE(C8051F000.INC)
JIAN    BIT     P1.7
DENG    BIT     P1.6
        ORG     0000H                   ;复位向量
        AJMP    MAIN                    ;跳到主程序 MAIN
        ORG     0100H
MAIN:   MOV     WDTCN,#0DEH
        MOV     WDTCN,#0ADH             ;禁止看门狗
        MOV     SP,#60H                 ;设堆栈指针
        MOV     PRT1CF,#01000000B       ;P1.6 推挽输出
        MOV     XBR2,#40H               ;交叉开关允许
        SETB    JIAN                    ;输入前写 1
JIANCE: JB      JIAN,GAO                ;检测按键,高电平,则转 GAO
        SJMP    JIANCE                  ;低电平,转 JIANCE
GAO:    JNB     JIAN,ANXIA              ;检测按键,从高电平变成低电平,转 ANXIA
        SJMP    GAO                     ;还是高电平,转 GAO
ANXIA:  CPL     DENG                    ;键被按下,取反灯
        SJMP    JIANCE                  ;重新进行按键检测
        END
```

(2) 中断方式

将按键看作 1 个外部中断请求设备。每当键被按下,P1.7 产生 1 个下降沿,向 CPU 申请 1 次中断。中断发生后,在中断服务程序中把 P1.6 上的 LED 的状态取反。程序如下:

```
      $INCLUDE(C8051F000.INC)
JIAN  BIT   P1.7
DENG  BIT   P1.6
      ORG   0000H                       ;复位向量
      AJMP  MAIN                        ;跳到主程序 MAIN
      ORG   009BH                       ;外部中断 7 中断向量
      LJMP  INT7                        ;跳到 INT7
;--------------------主程序--------------------
      ORG   0100H
MAIN: MOV   WDTCN,#0DEH
      MOV   WDTCN,#0ADH                 ;禁止看门狗
      MOV   SP,#60H                     ;设堆栈指针
      MOV   PRT1CF,#01000000B           ;P1.6 推挽输出
      MOV   XBR2,#40H                   ;交叉开关允许
      MOV   EIE2,#20H                   ;允许外部中断 7 中断
      SETB  EA                          ;总中断允许
      SJMP  $                           ;等待中断
```

```
;---------------------中断服务程序---------------------
INT7:   ANL     PRT1IF,#01111111B           ;清外部中断 7 标志
        CPL     P1.6                        ;P1.6 取反
NEXT:   RETI
        END
```

注意：

- C8051F 系列单片机外部中断 4～7 固定分配给引脚 P1.4～P1.7。
- C8051F 系列单片机硬件不能清除外部中断 4～7 中断请求标志，须在程序中用软件清除。
- 外部中断 4～7 只有下降沿触发方式。

比较以上两种方式，中断方式中不需要软件检测按键是否按下，是否出现了下降沿。只要有键按下，必然出现下降沿，程序会自动跳到中断程序中取反指示灯。但主程序需要开放中断，在中断入口安排跳转指令等。从效率看，由于本程序没有其他事务处理，开放中断后，主程序只有等待，效率与查询方式基本相同。但如果还有其他事务处理，则中断的优势就体现出来了。以下几个例子的功能也都可以用查询方式实现，这里只介绍中断方式。

【例 6.2】 C8051F005 引脚 P0.0 上连接 1 个按键开关，要求每按一次按键，P1 口连接的 8 个 LED 点亮位置左移 1 次（初态 P1.0 亮）。

分析： 令 XBR1＝04H，将 P0.0 分配给外部中断 0，令 XBR2＝40H，交叉开关允许，则每按 1 次按键，向 CPU 申请$\overline{\text{INT0}}$中断。在中断服务程序中使 P1 口连接的 LED 左移。程序清单如下：

```
       $INCLUDE(C8051F000.INC)
        ORG     0000H
        AJMP    MAIN                        ;跳到主程序
        ORG     0003H                       ;外部中断 0 中断矢量
        AJMP    INT0_P                      ;跳到 INT0_P
;-----------------------主程序-----------------------
        ORG     0100H
MAIN:   MOV     XBR2,#40H                   ;交叉开关允许
        MOV     XBR1,#04H                   ;INT0连到端口引脚 P0.0
        MOV     PRT1CF,#0FFH                ;P1 口推挽输出
        SETB    IT0                         ;INT0下降沿触发
        SETB    EA                          ;CPU 开中断
        SETB    EX0                         ;允许外部中断 0 中断
        MOV     A,#01H                      ;LED 初态
L:      MOV     P1,A                        ;输出
        SJMP    L
;---------------------中断服务程序---------------------
INT0_P: RL      A                           ;左移
NEXT:   RETI
        END
```

注意：边沿触发方式下，C8051F 系列单片机硬件能自动清除外部中断 0、1 中断请求标志。

【例 6.3】 编写程序，在主程序中使 P0 口连接的 8 个 LED 点亮位置循环左移。P1.7 引脚上的按键每按一次，P2 口连接的共阴极数码管显示数字加 1，加到 10 时重新从 0 开始计数。(内部振荡频率为 2 MHz)

分析：应设置 XBR2＝40H，允许交叉开关，确保信号能输出到 P0 口和 P2 口的显示器。此外，还应设置 P0 口、P2 口为推挽输出。主程序完成 LED 点亮位置循环左移任务。P1.7 作为外部中断 7 的输入。每按 1 次按键，CPU 便发生中断。在中断服务程序中，将 P2 口连接的共阴极数码管显示数字加 1。程序清单如下：

```
          $INCLUDE(C8051F000.INC)
          ORG     0000H
          AJMP    MAIN
          ORG     009BH                          ;外部中断 7 中断矢量
          AJMP    INT7
;-----------------------主程序-----------------------
          ORG     0100H
MAIN:     MOV     WDTCN,#0DEH                    ;禁止看门狗定时器
          MOV     WDTCN,#0ADH
          MOV     SP,#60H
          MOV     XBR2,#40H                      ;交叉开关允许
          MOV     PRT0CF,#0FFH                   ;P0 口推挽输出
          MOV     PRT2CF,#0FFH                   ;P2 口推挽输出
          MOV     DPTR,#TAB                      ;共阴极段码表首地址
          MOV     R0,#00H                        ;数码显示数字初值
          MOV     A,R0
          MOVC    A,@A+DPTR                      ;查表取段码
          MOV     P2,A                           ;显示数字 0
          SETB    EA                             ;CPU 开中断
          MOV     EIE2,#20H                      ;允许外部中断 7 中断
          MOV     A,#01H                         ;LED 初态
L:        MOV     P0,A                           ;LED 循环左移
          RL      A
          ACALL   DELAY                          ;延时 1 s
          SJMP    L
;---------------------中断服务程序---------------------
INT7:     PUSH    ACC                            ;保护主程序中 A 的值
          MOV     PRT1IF,#00H                    ;清外部中断 7 标志
          INC     R0                             ;显示值 +1
          CJNE    R0,#10,NEXT                    ;显示值 = 10?
```

```
NEXT:    JNC    GE10                          ;显示值≥10,转 GE10
DISP:    MOV    A,R0                          ;显示值<10,显示值送 A
         MOVC   A,@A + DPTR                   ;查表取段码
         MOV    P2,A                          ;显示数字
         POP    ACC                           ;恢复 A 的值
         RETI
GE10:    MOV    R0,#00H                       ;显示值清 0
         SJMP   DISP
TAB:     DB  3FH,06H,5BH,4FH,66H,6DH,7DH,07H,7FH,6FH
;--------------------延时程序---------------------
DELAY:   MOV    20H,#10                       ;延时 1 s 子程序
DELAY1:  MOV    21H,#250
DELAY2:  MOV    22H,#200
         DJNZ   22H,$
         DJNZ   21H,DELAY2
         DJNZ   20H,DELAY1
         RET
         END
```

【例6.4】 主程序中使P0口连接的8个LED点亮位置循环右移,P1.6引脚上的按键每按1次,P2.0连接的1个LED状态取反。P1.7引脚上的按键每按1次,P2.1连接的1个LED状态取反。两键同时按下时,先响应哪个外部中断?

分析: P1.6作为外部中断6的输入;P1.7作为外部中断7的输入。若P1.6引脚上的按键按下,则执行外部中断6中断服务程序,使P2.0连接的1个LED状态取反;若P1.7引脚上的按键按下,则执行外部中断7中断服务程序,使P2.1连接的1个LED状态取反。

P0口连接的LED循环右移任务由主程序完成。若不设置优先级别,则两键同时按下时,先响应外部中断6。程序清单如下:

```
      $INCLUDE(C8051F000.INC)
         ORG    0000H
         AJMP   MAIN
         ORG    0093H                         ;外部中断 6 中断矢量
         AJMP   INT6
         ORG    009BH                         ;外部中断 7 中断矢量
         AJMP   INT7
;----------------------主程序----------------------
         ORG    0100H
MAIN:    MOV    WDTCN,#0DEH                   ;禁止看门狗定时器
         MOV    WDTCN,#0ADH
```

```
        MOV    SP,#60H
        MOV    XBR2,#40H               ;交叉开关允许
        MOV    PRT0CF,#0FFH            ;P0 口推挽输出
        MOV    PRT2CF,#03H             ;P2.0、P2.1 推挽输出
        SETB   EA                      ;CPU 开中断
        MOV    EIE2,#30H               ;允许外部中断 6、外部中断 7 中断
        MOV    A,#01H                  ;LED 初态
L:      MOV    P0,A                    ;送 LED 显示
        RR     A                       ;右移
        ACALL  DELAY                   ;延时 1 s
        SJMP   L
;-----------------------延时程序-----------------------
DELAY:  MOV    20H,#10                 ;延时 1 s 子程序
DELAY1: MOV    21H,#250
DELAY2: MOV    22H,#200
        DJNZ   22H,$
        DJNZ   21H,DELAY2
        DJNZ   20H,DELAY1
        RET
;-------------------INT6 中断服务程序-------------------
INT6:   ANL    PRT1IF,#10111111B       ;清外部中断 6 标志
        CPL    P2.0                    ;P2.0 取反
NEXT:   RETI
;-------------------INT7 中断服务程序-------------------
INT7:   ANL    PRT1IF,#01111111B       ;清外部中断 7 标志
        CPL    P2.1                    ;P2.1 取反
NEXT1:  RETI
        END
```

若主程序中增加指令“MOV　EIP2,#20H”,则外部中断 7 的优先级别高,两键同时按下时,先响应外部中断 7。

【例 6.5】 如图 6.11 所示为抢答器电路。已知不抢答时,抢答信号为低电平;抢答时,输入高电平。要求当某人抢答时,相应的 LED 点亮。

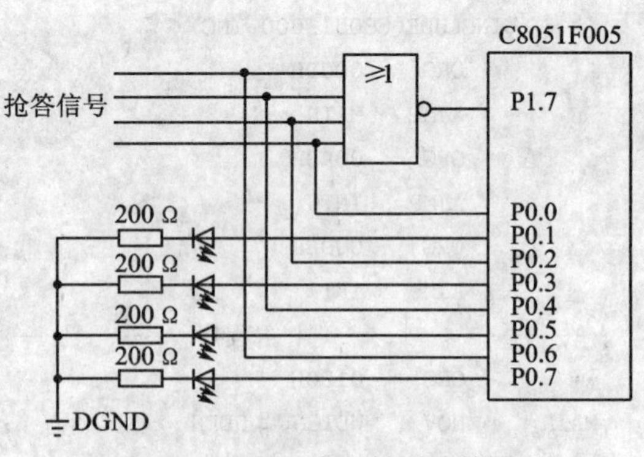

图 6.11　利用中断模拟抢答器

分析:4 个抢答信号都是低电平时,“或非”门输出高电平。当某一抢答信号输入线由

低电平变为高电平时,"或非"门输出为 0,并通过外部中断 7 申请中断。可以在中断服务程序中,通过查询与抢答信号相连接的 P0.0、P0.2、P0.4 和 P0.6 的值是否为 1 来确定抢答者,并使相应的 LED 点亮。程序清单如下:

```
        $INCLUDE(C8051F000.INC)
            ORG     0000H
            AJMP    MAIN
            ORG     009BH                   ;外部中断 7 中断矢量
            AJMP    INT7
;————————————主程序————————————
            ORG     0100H
MAIN:       MOV     WDTCN,#0DEH             ;禁止看门狗定时器
            MOV     WDTCN,#0ADH
            MOV     SP,#60H
            MOV     XBR2,#40H               ;交叉开关允许
            MOV     PRT0CF,#0AAH            ;P0 口 P0.1、P0.3、P0.5 和 P0.7 为推挽输出
            MOV     P0,#01010101B           ;P0.6、P0.4、P0.2、P0.0 输入前写 1
            SETB    EA                      ;CPU 开中断
            MOV     EIE2,#20H               ;允许外部中断 7 中断
L:          MOV     A,P0                    ;输入 P0 口状态
            SJMP    L
;————————————中断服务程序————————————
INT7:       MOV     PRT1IF,#00H             ;清外部中断 7 标志
            JNB     ACC.0,L1                ;是 P0.0 抢答吗? 不是,转 L1
            SETB    P0.1                    ;P0.0 抢答,点亮 P0.1
L1:         JNB     ACC.2,L2                ;是 P0.2 抢答吗? 不是,转 L2
            SETB    P0.3                    ;P0.2 抢答,点亮 P0.3
L2:         JNB     ACC.4,L3                ;是 P0.4 抢答吗? 不是,转 L3
            SETB    P0.5                    ;P0.4 抢答,点亮 P0.5
L3:         JNB     ACC.6,L4                ;是 P0.6 抢答吗? 不是,转 L4
            SETB    P0.7                    ;P0.6 抢答,点亮 P0.7
L4:         RETI
            END
```

第 7 章

C8051F005 单片机的定时器/计数器

7.1 定时器/计数器的原理与作用

C8051F005 内部有 4 个 16 位的可编程定时器/计数器 T0、T1、T2 和 T3。它们都具有定时和计数两种基本功能,但本质上是加 1 计数器。

1. 定时器

当 C8051 定时器/计数器被设置为定时工作方式时,每过 1 个时钟基准周期,计数值加 1。时钟基准周期可通过软件设置为系统时钟周期或系统时钟周期的 12 倍(标准 8051 的定时器只能选择系统时钟周期的 12 倍)。

例如初值为 0,做 16 位定时器,系统时钟频率为 2 MHz,时钟基准频率为系统时钟 12 分频,则

$$时钟基准频率=系统时钟\div 12=2\div 12=1/6\ \text{MHz}$$

$$时钟基准周期=1\div 时钟基准频率=1\div(1/6)=6\ \mu\text{s}$$

每过 6 μs,计数值加 1。从开始计数(计时)到溢出所用时间即定时时间为

$$t=(65536-0)\times 6\ \mu\text{s}=393.216\ \text{ms}$$

如果初值为 65535,则定时时间为

$$t=(65536-65535)\times 6\ \mu\text{s}=6\ \mu\text{s}$$

显然,定时器的定时时间与初值、系统时钟频率及时钟基准的设置有关。当定时器的初值和时钟基准周期都确定后,从初值开始加 1 计数直到溢出所需的时间是一定的,所以称为“定时方式”。

2. 计数器

当 C8051 定时器/计数器被设置为计数工作方式时,对指定引脚上的输入脉冲进行计数。该引脚上每出现 1 个负跳变,计数器的值加 1。C8051 没有为计数器安排专门的计数输入引

脚，需要通过交叉开关XBR1进行分配。具体使用哪个引脚接收输入脉冲，由分配情况和优先权决定。例如，系统需要给外部中断0、T0和T1各分配1个I/O引脚，则按照交叉开关分配的优先权原则(参见表2.8)，P0.0被分配给T0；P0.1被分配给$\overline{\text{INT0}}$；P0.2被分配给T1。这样，T0和T1做计数器时，P0.0上每出现1个负跳变，T0加1；P0.2上每出现1个负跳变，T1加1。

做定时器时，不需要分配I/O引脚。

3. 定时器/计数器的作用

无论是定时工作方式还是计数工作方式，定时器在对时钟基准周期或外部脉冲计数时，都不占用CPU时间。启动定时器/计数器后，它们就自动工作。溢出后，还可以向CPU发出中断请求。利用定时器/计数器可以实现很多有用的功能，例如定时检测、定时扫描键盘、定时刷新显示、脉冲计数及测量脉冲宽度等。本章提供了定时器/计数器的多个应用实例。为叙述方便，也常将定时器/计数器简称为定时器。

7.2 定时器/计数器T0和T1

7.2.1 相关特殊功能寄存器

T0、T1与标准8051中的定时器/计数器兼容。相关特殊功能寄存器(SFR)有TH0、TL0、TH1、TL1、CKCON、TMOD和TCON。

1. TH0、TL0、TH1和TL1

TH0、TL0用来保存T0的计数值，其中TH0存高8位，TL0存低8位。(TH1:TL1)用来保存T1的计数值，其中TH1存高8位，TL1存低8位。可以软件设置(TH0:TL0)和(TH1:TL1)的初始值。T0、T1一旦开始计数，(TH0:TL0)和(TH1:TL1)自动加1。TL0的地址为8AH，TH0的地址为8CH，TL1的地址为8BH，TH1的地址为8DH。当C8051系统复位时，这些寄存器的所有位被清0。

2. 时钟控制寄存器CKCON

CKCON决定定时器时钟基准频率使用系统时钟还是系统时钟12分频，如图7.1所示。

	D7	D6	D5	D4	D3	D2	D1	D0	地址：8EH
CKCON	—	—	T2M	T1M	T0M	—	—	—	复位值：00000000B

图7.1 时钟基准选择寄存器CKCON各位的定义

其中：

D7、D6　未用。读为 11B,写为忽略。

T2M　定时器 T2 时钟基准选择位。

　T2M＝0　T2 时钟基准频率＝系统时钟的 12 分频;

　T2M＝1　T2 时钟基准频率＝系统时钟频率。

T1M　定时器 T1 时钟基准选择位。

　T1M＝0　T1 时钟基准频率＝系统时钟的 12 分频;

　T1M＝1　T1 时钟基准频率＝系统时钟频率。

T0M　定时器 T0 时钟基准选择位。

　T0M＝0　T0 时钟基准频率＝系统时钟的 12 分频;

　T0M＝1　T0 时钟基准频率＝系统时钟频率。

D2～D0　保留。读＝000B,必须写入 000。

复位后,CKCON＝00H,所以,默认的时钟基准频率＝系统时钟频率/12。

3. 工作模式寄存器 TMOD

TMOD 用来决定 T0 和 T1 做定时器还是计数器,以什么模式工作等,如图 7.2 所示。

	D7	D6	D5	D4	D3	D2	D1	D0	地址：89H
TMOD	GATE1	$C/\overline{T}1$	T1M1	T1M0	GATE0	$C/\overline{T}0$	T0M1	T0M0	复位值：00000000B

图 7.2　定时器工作模式寄存器 TMOD 各位的定义

其中:低 4 位用于设置 T0,高 4 位用于设置 T1。

GATE1　门控制位。

　GATE1＝0　当 TCON 的 TR1＝1 时,启动 T1,与$\overline{INT1}$引脚状态无关。

　GATE1＝1　只有当 TR1＝1 且/INT1＝1 时,才能启动 T1。

$C/\overline{T}1$　T1 工作方式选择位。

　$C/\overline{T}1$＝0　T1 为定时方式,对 CKCON 选择的时钟基准加 1 计数。

　$C/\overline{T}1$＝1　为计数方式,对 T1 引脚上出现的负跳变加 1 计数。

T1M1、T1M0　T1 工作模式设置位。具体情况见表 7.1。

GATE0　门控制位

　GATE0＝0　当 TCON 的 TR0＝1 时,启动 T0,与$\overline{INT0}$引脚状态无关。

　GATE0＝1　只有当 TR0＝1 且$\overline{INT0}$＝1 时,才能启动 T0。

$C/\overline{T}0$　T0 工作方式选择位

　$C/\overline{T}0$＝0　T0 为定时方式,对 CKCON 选择的时钟基准加 1 计数。

　$C/\overline{T}0$＝1　为计数方式,对 T0 引脚上出现负跳变加 1 计数。

T0M1、T0M0　T0 工作模式设置位。具体情况见表 7.2。

表 7.1 T1的工作模式

T1M1	T1M0	工作模式
0	0	模式0,13位定时器/计数器
0	1	模式1,16位定时器/计数器
1	0	模式2,8位自动重装定时器/计数器
1	1	模式3,定时器1停止运行

表 7.2 T0的工作模式

T0M1	T0M0	工作模式
0	0	模式0,13位定时器/计数器
0	1	模式1,16位定时器/计数器
1	0	模式2,8位自动重装定时器/计数器
1	1	模式3,双8位定时器/计数器

TMOD不能位寻址,只能用字节传送指令或字节“与”、字节“或”指令进行定义,低4位定义定时器0,高4位定义定时器1。复位时,TMOD所有位均清0。

【例7.1】 指令“MOV TMOD,#12H”

设置T1工作于模式1,T0工作于模式2,都做定时器,门控都无效。

【例7.2】 指令“MOV TMOD,#42H”

设置T1工作于模式0、计数方式,T0工作于模式2、定时方式,门控都无效。

4. 定时器控制寄存器TCON

TCON的高4位与定时器/计数器有关,低4位与外部中断0和外部中断1有关。其字节地址为88H,可以位寻址,各位的定义如图7.3所示。

	D7	D6	D5	D4	D3	D2	D1	D0	地址: 88H
TCON	TF1	TR1	TF0	TR0	IE1	IT1	IE0	IT0	复位值: 00000000B

图7.3 定时器控制寄存器TCON各位的定义

其中:

TF1　T1溢出标志位。

T1溢出时,由硬件自动置1,并同时向CPU申请中断。进入中断后自动被硬件清0。也可用软件查询TF1,但此时须用软件清0。

TR1　T1的启动信号。

TR1=0　关闭T1。

TR1=1　当GATE1=0时,启动T1开始工作;当GATE1=1时,如果$\overline{INT1}$也为1,启动T1工作。

TF0　T0溢出标志位。

T0溢出时,由硬件自动置1,并同时向CPU申请中断。进入中断后自动被硬件清0。也可用软件查询TF0,但此时须用软件清0。

TR0　T0的启动信号。

TR0=0　关闭T0。

TR0=1　当 GATE0=0 时，启动 T0 开始工作；当 GATE0=1 时，如果$\overline{INT0}$也为 1，启动 T0 工作。

D3～0　与外部中断 0 和外部中断 1 有关，参见第 6 章中的介绍。

7.2.2　定时器/计数器 T0 与 T1 的工作模式

对 T0 与 T1，可通过设置 TMOD 中 C/$\overline{T}$ 位来选择定时方式或计数方式。设置 M1 和 M0 (T1M1、T1M0 和 T0M1、T0M0)来选择 4 种工作模式——模式 0、模式 1、模式 2 和模式 3。T0 与 T1 的模式 0、模式 1、模式 2 相同；但工作在模式 3 时，两个定时器不同。

1. 模式 0

若设置 M1M0 为 00B，则定时器工作于模式 0。图 7.4 所示为 T0 的模式 0 的结构框图。T1 与之类似。模式 0 为 13 位定时器/计数器，由 TL0 的低 5 位(TL0.4～TL0.0)和 TH0 的 8 位组成。TCLK 上每出现 1 个脉冲，计数值自动加 1。最大计数值为 $2^{13}-1=8\,191$。之后，再出现 1 个脉冲，发生溢出，计数值恢复为 0，并自动置标志位 TF0 为 1。同时，申请 T0 中断。进入中断后该位自动被硬件清 0。也可用软件查询 TF0，但此时 TF0 不会被自动清除，必须用软件清 0。

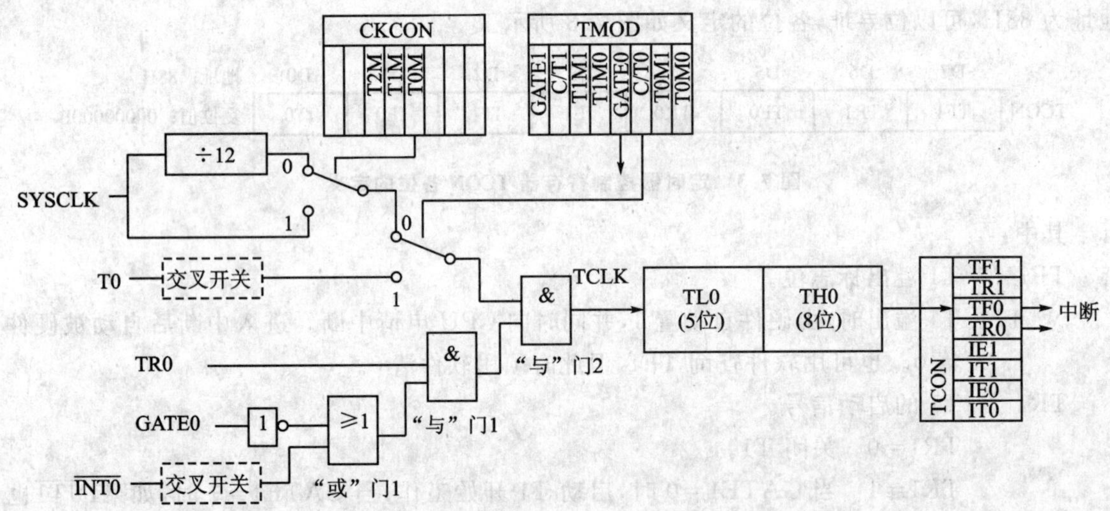

图 7.4　T0 的模式 0 的结构框图

TR0、GATE0 和$\overline{INT0}$是启动信号。如果启动信号 TR0 被设置为 0，"与"门 1 输出 0，"与"门 2 输出 TCLK 恒为 0，不计数；当启动信号 TR0 被设置为 1，且门控信号 GATE0 被设置为 0 时，"或"门 1 输出 1，"与"门 1 输出 1。设置为定时器方式时，TCLK 上的脉冲来自系统时钟脉冲 SYSCLK/12 或 SYSCLK，由 CKCON 中的定时器时钟选择位 T0M 决定；设置为计数器方式时，TCLK 上的脉冲来自 T0 引脚。当门控信号 GATE0 被设置为 1 时，只有启动信号 TR0 被设置为 1，且$\overline{\text{INT0}}$引脚输入 1 时，T0 才工作。

2. 模式 1

若设置 M1M0 为 01B，则定时器工作于模式 1。模式 0 与模式 1 的区别仅为：模式 0 为 13 位定时器/计数器，而模式 1 为 16 位定时器/计数器。由 TL0 的 8 位和 TH0 的 8 位组成。最大计数值$=2^{16}-1=65535$。之后，再产生 1 个脉冲，发生溢出，计数值恢复为 0，并自动置标志位 TF0 为 1。同时，申请 T0 中断。

3. 模式 2

设置 M1M0 为 10B，定时器工作于模式 2。模式 0 和模式 1 下，T0 或 T1 溢出后，计数值自动变为 0。一般要用软件给 T0、T1 重新装入初值；否则，下一次将从 0 开始计数。但是重装初值需要一定时间，会影响定时/计数的精确性。模式 2 是能自动重装初值的 8 位定时器/计数器。图 7.5 所示为定时器 T0 的模式 2 的结构框图。TCLK 每产生 1 个脉冲，TL0 计数值$+1$。最大计数值$=2^{8}-1=255$，之后，再来产生 1 个脉冲发生溢出并置位 TF0，向 CPU 申请中断。特别地，它还能自动将 TH0 中的值重新装入 TL0。应用时，一般用 TH0 存放重装值。模式 2 是 8 位定时器/计数器，这种方式可以避免在程序中重装初值，适用于精确定时场合。

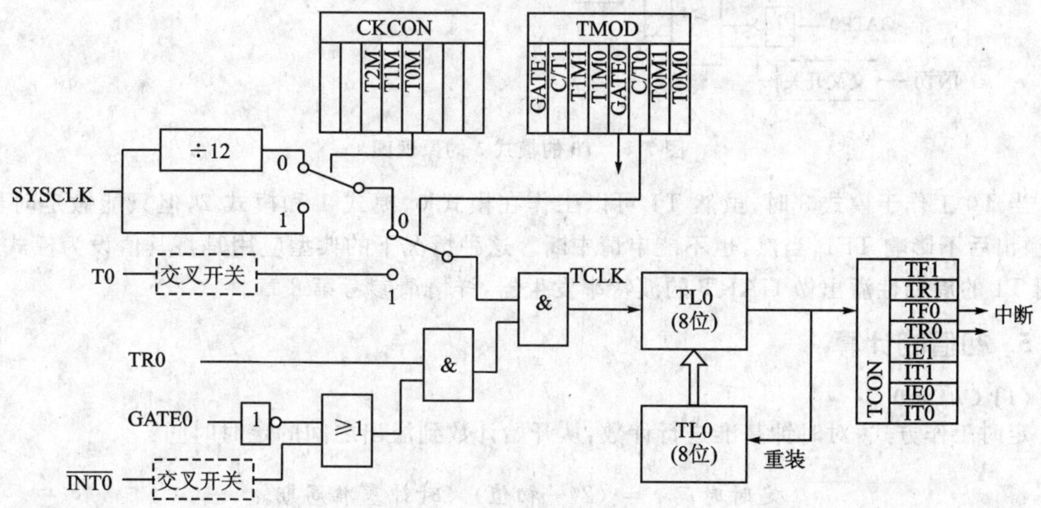

图 7.5 T0 的模式 2 的原理图

4. 模式 3

模式 3 只适用于 T0，若将 T1 设置为模式 3，则 T1 会停止工作。当 T0 工作在模式 3 时，TL0 和 TH0 被分成为两个相互独立的 8 位定时器/计数器。

TL0使用原来T0的控制位、引脚和中断源，即C/$\overline{\text{T}}$0、GATE0、TR0、TF0和$\overline{\text{INT0}}$引脚。TL0可以作为8位定时器或计数器使用。TL0计数溢出时，置位TF0并申请定时器0中断，此时，T0不具备自动重装功能，TL0计数初值必须由软件重装。

TH0只能做8位定时器使用，并使用T1的状态控制位TR1和TF1。其关闭和启动只受TR1控制。当TR1为1时，启动TH0对时钟基准进行计数；当TH0计数溢出时，置溢出标志TF1为1并申请定时器1中断。方式3为定时器T0增加了一个8位定时器。图7.6所示为T0的模式3原理图。

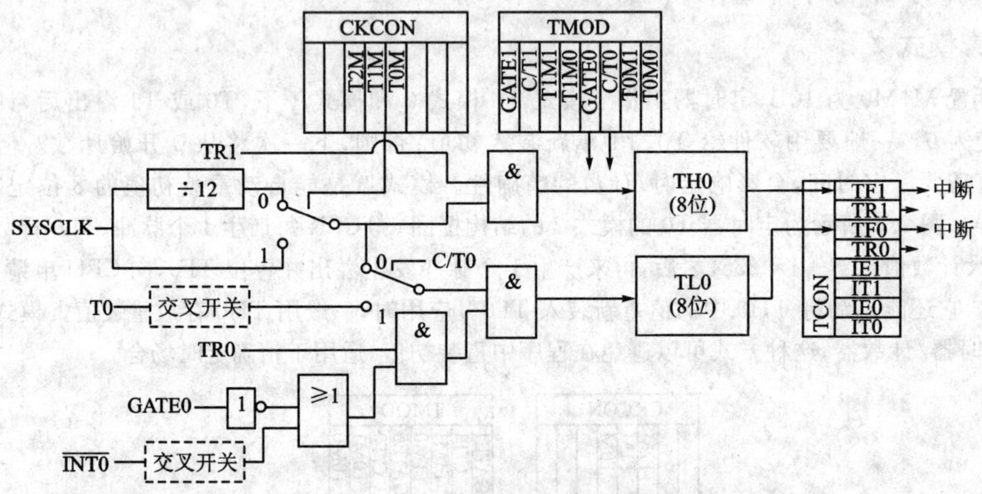

图7.6　T0的模式3的原理图

当T0工作于模式3时，虽然T1可以工作在模式0、模式1和模式2，但只能做定时器。T1溢出后不影响TF1，当然，也不能申请中断。这种情况下的典型应用是将其值设为模式2，利用T1的周期性溢出做UART的波特率发生器，详情请参考第8章。

5. 初值的计算

(1) C/$\overline{\text{T}}$=0

定时工作方式，对时钟基准进行计数，从开始计数到溢出之间的定时时间：

$$\begin{aligned}\text{定时时间}\ t &= (2^n-\text{初值})\times\text{时钟基准周期}\\ &=(2^n-\text{初值})\div\text{时钟基准频率}\\ &=(2^n-\text{初值})\div\text{系统时钟频率}\times 12^{(1-\text{TIM})}\end{aligned}$$

$$\begin{aligned}\text{初值}\ X &= 2^n-\text{定时时间}\ t\div\text{时钟基准周期}\\ &=2^n-\text{定时时间}\ t\times\text{时钟基准频率}\\ &=2^n-\text{定时时间}\ t\times\text{系统时钟频率}\div 12^{(1-\text{TIM})}\end{aligned}$$

其中：n 为定时器/计数器的位数，与工作模式有关。

模式 0：$n=13$；模式 1：$n=16$；模式 2：$n=8$；模式 3：$n=8$。

对于 T0，TIM＝T0M；对于 T1，TIM＝T1M，其值取决于 CKCON 的设置。若想使定时时间长些，应使用系统时钟 12 分频，即设置 CKCON 的 TIM＝0。

TIM＝0：时钟基准频率＝系统时钟 12 分频

定时时间 $t=(2^n-\text{初值})\div\text{系统时钟频率}\times 12$

初值 $X=2^n-\text{定时时间 }t\times\text{系统时钟频率}\div 12$

TIM＝1：时钟基准频率＝系统时钟频率

定时时间 $t=(2^n-\text{初值})\div\text{系统时钟频率}$

初值 $X=2^n-\text{定时时间 }t\times\text{系统时钟频率}$

(2) $C/\overline{T}=1$

计数器工作方式，交叉开关为定时器所选择的引脚上出现负跳变时，计数值加 1。从开始计数到溢出之间的计数次数：

$$\text{计数次数}=2^n-\text{初值}$$

$$\text{初值}=2^n-\text{计数次数}$$

【例 7.3】 系统时钟＝2 MHz，T0 使用系统时钟作为计时基准，若希望定时时间 $t=$ 2 ms，确定定时器 0 工作方式，并求初值。

解： 时钟基准周期＝系统时钟周期＝1÷2 MHz＝0.5 μs。

模式 0 定时器方式下，最长定时时间＝2^{13}×时钟基准周期＝2^{13}×0.5 μs＝4.096 ms；

模式 1 定时器方式下，最长定时时间＝2^{16}×时钟基准周期＝2^{16}×0.5 μs＝32.768 ms；

模式 2 定时器方式下，最长定时时间＝2^8×时钟基准周期＝2^8×0.5 μs＝0.128 ms；

模式 3 定时器方式下，最长定时时间＝2^8×时钟基准周期＝2^8×0.5 μs＝0.128 ms。

因此，可以选择模式 0 或模式 1。如果选择模式 1，则有

$$\text{初值 }X=2^{16}-\text{定时时间 }t\div\text{时钟基准周期}=2^{16}-2\text{ ms}\div 0.5\ \mu\text{s}=61536=\text{F060H}$$

所以，TH0＝0F0H，TL0＝60H。

如果选择模式 0，则计算略麻烦一些：

$$\begin{aligned}\text{初值 }X&=2^{13}-\text{定时时间 }t\div\text{时钟基准周期}\\&=2^{13}-2\times10^3\div0.5=4192=1060\text{H}\\&=\underbrace{000\mathbf{1000001100000}\text{B}}_{16\text{位}}=\underbrace{\mathbf{1000001100000}\text{B}}_{13\text{位}}=\underbrace{10000011}_{\text{高8位}}\underbrace{00000\text{B}}_{\text{低5位}}\end{aligned}$$

将初值 X 的低 5 位送 TL0 的低 5 位，高 8 位送 TH0，则 TH0＝10000011B＝83H，TL0＝xxx00000B。如果将 x 看做 0，则 TL0＝00H。

【例 7.4】 利用定时器 T1 计数 1000 次,然后申请中断,求定时器 T1 初值 TH1、TL1。

模式 0 计数器方式下,最大计数次数$=2^{16}=65536$;

模式 1 计数器方式下,最大计数次数$=2^{13}=8192$;

模式 2 计数器方式下,最大计数次数$=2^{8}=256$。

所以,应该选择模式 0 或模式 1。

如果选择模式 1,则

$$X=2^{16}-\text{计数次数}=65536-1000=64536=\text{FC18H}$$
$$\text{TH1}=\text{0FCH},\quad \text{TL1}=\text{18H}$$

如果选择模式 0,则

$$X=2^{13}-\text{计数次数}=8192-1000=7192=\text{1C18H}$$
$$=\underbrace{000\mathbf{1110000011000}\text{B}}_{16\text{位}}=\underbrace{\mathbf{1110000011000}\text{B}}_{13\text{位}}=\underbrace{11100000}_{\text{高8位}}\underbrace{11000\text{B}}_{\text{低5位}}$$

将初值 X 的低 5 位送 TL0 的低 5 位,高 8 位送 TH0,则 TH0=11100000B=0E0H,TL0=xxx11000B。如果将 x 看做 0,则 TL0=18H。

6. 门控位影响

(1) GATE=0 时,T0 或 T1 的启动完全由软件控制。软件置位 TR0 或 TR1,立刻启动 T0 或 T1。软件清零 TR0 或 TR1,立刻停止 T0 或 T1。引脚$\overline{\text{INT0}}$和$\overline{\text{INT1}}$上的输入信号不影响 T0、T1 的工作。

(2) GATE=1 时,T0 或 T1 的启动不仅受软件(SETB 或 CLR TR0、TR1)控制,而且也受引脚$\overline{\text{INT0}}$和$\overline{\text{INT1}}$上输入信号的控制。引脚$\overline{\text{INT0}}$和$\overline{\text{INT1}}$分别是外部中断 0 和外部中断 1 的中断请求引脚。只有$\overline{\text{INT0}}$引脚上输入的信号是高电平,且 TR0 也被置位时,才能启动 T0。1 个条件不满足,T0 就会停止工作。T1 的情况与 T0 类似。

由于引脚$\overline{\text{INT0}}$和$\overline{\text{INT1}}$上的输入信号一般来自外部硬件电路,T0、T1 的启动和停止实际受软件和硬件的共同影响。

7.2.3 定时器/计数器 T0 与 T1 的应用

1. 利用查询方式实现定时

查询方式下,所有工作都在主程序进行,步骤如下:

(1) 计算定时器/计数器初值。

(2) 对定时器 T0 或 T1 初始化,包括设置系统时钟、设置 TMOD、CKCON 以及给定时器送初值等。

(3) 启动定时器/计数器。

(4) 查询 TF0(TF1)是否为 1。若为 1,表示定时时间到,清 TF0(TF1),重装初值(模式 2 不用重装),进行定时溢出或计数溢出处理;若为 0,表示定时时间未到,继续等待。

【例 7.5】 系统时钟使用内部振荡器,$f=2$ MHz。T0 时钟基准为系统时钟,利用定时器 T0,使 P1.0 输出频率为 50 Hz 的方波。

分析:频率为 50 Hz 即周期为 20 ms,因为要输出的是方波,所以高、低电平定时时间均为 10 ms。如果采用方式 1,则

$$\begin{aligned}\text{初值 } X &= 2^{16} - \text{定时时间 } t \times \text{系统时钟频率} \div 12^{(1-\text{T0M})} \\ &= 2^{16} - 10\times10^{-3}\times2\times10^{6}\div12^{0} \\ &= 65\,536 - 20\,000 = \text{0B1E0H}\end{aligned}$$

$$\text{TH0}=\text{0B1H},\ \text{TL0}=\text{0E0H}$$

程序清单如下:

```
            $INCLUDE(C8051F000.INC)
CHUZHI_H    EQU     0B1H
CHUZHI_L    EQU     0E0H
SHUCHU      BIT     P1.0
            ORG     0000H
            AJMP    MAIN
            ORG     0100H
MAIN:       MOV     WDTCN,#0DEH
            MOV     WDTCN,#0ADH             ;禁止看门狗
            MOV     SP,#60H                 ;设堆栈指针
            MOV     OSCICN,#04H             ;系统时钟使用内部振荡器 2 MHz
            MOV     CKCON,#08H              ;T0 时钟基准使用系统时钟
            MOV     XBR2,#40H               ;交叉开关允许
            MOV     PRT1CF,#01H             ;P1.0 推挽输出
            MOV     TMOD,#01H               ;设置 T0 为定时器,模式 1
            MOV     TL0,#CHUZHI_L           ;送初值
            MOV     TH0,#CHUZHI_H
            SETB    TR0                     ;启动 T0
LOOP:       JBC     TF0,NEXT                ;查询是否到定时时间? 到,清 TF0 并转 NEXT
            SJMP    LOOP                    ;没到,转 LOOP 重新查询
NEXT:       MOV     TL0,#CHUZHI_L           ;重装定时初值
            MOV     TH0,#CHUZHI_H
            CPL     P1.0                    ;输出取反
            SJMP    LOOP                    ;重复
            END
```

注意：

- 使用查询方式时，TF0(TF1)标志必须用软件清 0(程序中使用 JBC 指令清 TF0)，而中断方式会自动清 0。
- 模式 0 和模式 1 的 TF0(TF1)置位后，必须重装计数初值，模式 2 则不必。

2. 用中断方式实现定时或计数及其作用

方法步骤如下：

(1) 计算定时器初值。

(2) 确定主程序、中断服务程序入口地址；T0 中断服务程序入口地址为 000BH，T1 中断服务程序入口地址 001BH。

(3) 在主程序中初始化 T0 或 T1，包括设置系统时钟、设置 TMOD、CKCON、给定时器送初值、允许定时器中断、开放总中断、设置中断优先级等。

(4) 定时器初始化后，在主程序中启动定时器，并编写主程序其他内容。

(5) 在中断服务程序中重装定时初值(模式 0、模式 1)，保护现场，编写定时溢出或计数溢出处理程序，恢复现场和返回主程序。

【例 7.6】 系统时钟使用内部振荡器，$f_{SYSCLK}=4$ MHz。利用定时器 T1，由 P1.0 输出周期为 30 ms 的方波。

分析： 因为要输出的是方波，所以高、低电平定时时间均为 15 ms；选择 T1 定时方式，定时 15 ms，每 15 ms 取反 P1.0 一次。

$f=4$ MHz 时，如果使用 12 分频的系统时钟，T1M＝0，则时钟基准周期＝$12\div f_{SYSCLK}=12\div 4=3\ \mu s$。

模式 0 下，最长定时时间＝2^{13}×时钟基准周期＝$2^{13}\times 3\ \mu s=24.576$ ms；

模式 1 下，最长定时时间＝2^{16}×时钟基准周期＝$2^{16}\times 3\ \mu s=196.608$ ms；

模式 2 下，最长定时时间＝2^{8}×时钟基准周期＝$2^{8}\times 3\ \mu s=0.768$ ms；

模式 3 下，最长定时时间＝2^{8}×时钟基准周期＝$2^{8}\times 3\ \mu s=0.768$ ms。

15 ms 定时可以选择模式 0 或 1。这里选择模式 1。

$$\text{初值}\ X = 2^{16} - \text{定时时间}\ t \div \text{时钟基准周期}$$
$$= 2^{16} - 15\times 10^{3} \div 3.0 = 65\,536 - 5\,000 = 60\,536 = 0EC78H$$
$$TH1 = 0ECH, TL1 = 78H$$

程序清单如下：

```
$INCLUDE(C8051F000.INC)
ORG     0000H
AJMP    MAIN
ORG     001BH                          ;定时器 1 中断矢量
AJMP    TCT1
```

```
;--------------------------主程序--------------------------
MAIN:  MOV     WDTCN,#0DEH
       MOV     WDTCN,#0ADH         ;禁止看门狗
       MOV     SP,#60H             ;设堆栈指针
       MOV     OSCICN,#05H         ;系统时钟使用内部振荡器 4 MHz
       MOV     CKCON,#00H          ;时钟基准使用系统时钟 12 分频
       MOV     XBR2,#40H           ;交叉开关允许
       MOV     PRT1CF,#01H         ;P1.0 推挽输出
       MOV     TMOD,#10H           ;设置 T1 做定时器,方式 1
       MOV     TH1,#0ECH           ;装入定时初值
       MOV     TL1,#78H
       SETB    ET1                 ;允许 T1 中断
       SETB    EA                  ;CPU 开中断
       SETB    TR1                 ;启动定时器
       SJMP    $                   ;等待中断
;----------------------中断服务程序----------------------
TCT1:  MOV     TL1,#78H            ;重装初值
       MOV     TH1,#0ECH
       CPL     P1.0                ;输出方波
       RETI                        ;中断返回
       END
```

为提高定时精度,重装时一般先装低字节,再装高字节。

思考:如何利用软件延时实现如上功能?对比两种方法的异同。

【例 7.7】 利用 T0 模式 2,对某电路输入的脉冲计数,要求每计满 100 个脉冲,将 R6 内容加 1。

分析:应将 T0 设置为计数器,若交叉开关只给 T0 分配 I/O 引脚,则 P0.0 将作为 T0 外部计数信号输入引脚,每下跳变一次 T0 加 1。由于计数次数 $=100<255$,因此可以选择 8 位具有自动重装功能的模式 2。

$$\text{初值 } X = 2^8 - 100 = 256 - 100 = 9CH$$

$$(TH0) = (TL0) = 9CH$$

程序清单如下:

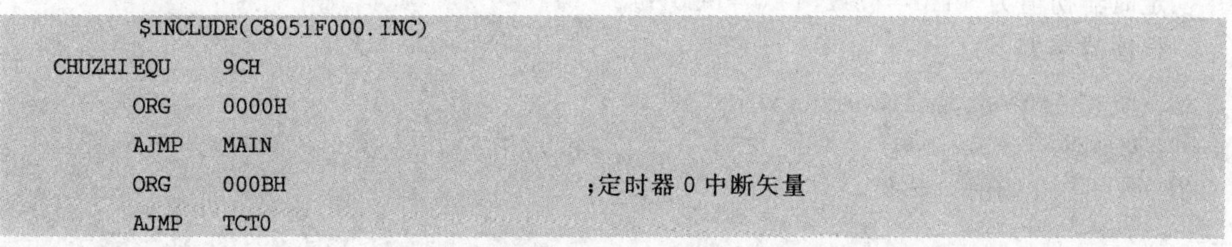

```
        $INCLUDE(C8051F000.INC)
CHUZHI EQU    9CH
        ORG    0000H
        AJMP   MAIN
        ORG    000BH                ;定时器 0 中断矢量
        AJMP   TCT0
```

```
;---------------------------主程序---------------------------
MAIN:  MOV    WDTCN,#0DEH
       MOV    WDTCN,#0ADH            ;禁止看门狗
       MOV    SP,#60H                ;设堆栈指针
       MOV    XBR2,#40H              ;交叉开关允许
       MOV    XBR1,#02H              ;T0 连接到端口
       MOV    TMOD,#06H              ;设置 T0 做计数器,模式 2
       MOV    TH0,#CHUZHI            ;TH0 赋重装值
       MOV    TL0,#CHUZHI            ;TL0 赋初值
       MOV    R6,#00H                ;R6 初值
       SETB   ET0                    ;允许 T0 中断
       SETB   EA                     ;CPU 开中断
       SETB   TR0                    ;启动定时器
       SJMP   $                      ;等待中断
;-----------------------T0 中断服务程序-----------------------
TCT0:  INC    R6                     ;R6 + 1
       RETI                          ;返回主程序
       END
```

对照例 7.7,模式 2 不需要重装初值。程序开始定义了 1 个常量 CHUZHI=9CH,可以方便地修改定时器初值。

【例 7.8】 利用定时器,使通过 P1 口连接的 8 个 LED 每隔 1 s 点亮的位置左移 1 次(初态 P1.0 点亮)。系统时钟使用内部振荡器,$f=2$ MHz。

分析: 类似的题目在第 4 章、第 6 章都曾遇到。那时是利用软件延时实现的。如果用定时器实现,通过计算得知定时器工作在方式 1,时钟基准采用系统时钟,系统时钟 $f=2$ MHz 时,最长定时时间$=65\,536\div f=32.768$ ms<1 s。时钟基准采用系统时钟 12 分频,最长定时时间$=65\,536\div f\times 12\approx 393$ ms<1 s。

所以,若想利用定时器延时 1 s,必须与软件配合。可以设置 T0 采用方式 1,时钟基准采用系统时钟(T0M=1),定时 20 ms,另设循环次数 R2 为 50。那么,20 ms 循环 50 次即可达到 1 s。

$$\text{初值 } X = 2^{16} - \text{定时时间 } t \times \text{系统时钟频率} \div 12^{(1-\mathrm{T0M})}$$
$$= 2^{16} - 20\times 10^{-3}\times 2\times 10^{6} = 65\,536 - 40\,000 = 63\mathrm{C0H}$$

定时器初值为 TH0=63H,TL0=0C0H。

程序清单如下:

```
            $INCLUDE(C8051F000.INC)
SHUCHU_KOU   EQU    P1
CHUZHI_H     EQU    63H
CHUZHI_L     EQU    0C0H
```

```
CISHU       EQU     50
            ORG     0000H
            AJMP    MAIN
            ORG     000BH                   ;定时器 0 中断矢量
            AJMP    TCT0
;--------------------主程序--------------------
MAIN:       MOV     WDTCN,#0DEH
            MOV     WDTCN,#0ADH             ;禁止看门狗
            MOV     SP,#60H                 ;设堆栈指针
            MOV     XBR2,#40H               ;交叉开关允许
            MOV     PRT1CF,#0FFH            ;P1 口推挽输出
            MOV     OSCICN,#04H             ;使用内部振荡器 2 MHz
            MOV     CKCON,#08H              ;T0 使用系统时钟
            MOV     TMOD,#01H               ;T0 做定时器,方式 1
            MOV     TH0,#CHUZHI_H           ;装入定时初值
            MOV     TL0,#CHUZHI_L
            MOV     R2,#CISHU               ;循环次数送 R2
            SETB    ET0                     ;允许 T0 中断
            SETB    EA                      ;CPU 开中断
            SETB    TR0
            MOV     A,#01H                  ;二极管初态
 L:         MOV     SHUCHU_KOU,A            ;循环显示
            SJMP    L
;------------------中断服务程序------------------
TCT0:       MOV     TL0,#CHUZHI_L           ;重装初值
            MOV     TH0,#CHUZHI_H
            DJNZ    R2,NEXT                 ;循环次数不为 0,返回
            RL      A                       ;定时 1 s时间到,左移
            MOV     R2,#CISHU               ;重装循环次数
NEXT:       RETI                            ;返回主程序
            END
```

7.3 定时器/计数器 T2

T0、T1 可以做 13 位、16 位以及 8 位定时器/计数器，T2 只能做 16 位定时器/计数器。与 T0 和 T1 一样，T2 本质上也是加 1 计数器。它既可以做定时器，对时钟基准进行计数；也可以做计数器，对外部引脚上的负跳变进行计数。计数值存放在两个 8 位特殊功能寄存器 TH2、TL2 中。

虽然T2只能做16位定时器/计数器，却具有T0、T1不具备的功能：16位自动重装功能和捕捉功能。

(1) 定时器方式。当T2被设置为定时工作方式时，对每个时钟基准加1计数。时钟基准频率为系统时钟频率或系统时钟频率除以12，由CKCON中的定时器时钟选择位T2M决定。

(2) 计数器方式。T2设置为计数工作方式时，对外部引脚上的负跳变进行计数。C8051F005没有为T2安排专门的计数输入引脚，而是在需要时，通过交叉开关寄存器XBR1将T2连接到端口引脚，当选择的引脚上出现负跳变时，计数值加1。

(3) 外部引脚T2EX引脚。T2EX引脚与捕捉方式和重装方式有关。C8051F005没有安排专门的T2EX引脚，需要经交叉开关寄存器XBR1将T2EX连接到端口引脚。

(4) 16位自动重装方式。前面介绍的T0和T1工作在模式2时，是自动重装方式。重装值放在TH0(TH1)里，只剩下TL0(TL1)进行计数。因此，是8位自动重装方式。T2内部有2个专门的8位寄存器RCAP2H和RCAP2L，可用来存放16位重装值。T2工作在重装方式时，TL2计数溢出，向TH2进位。TH2溢出后，RCAP2H和RCAP2L里的重装值会自动重装入T2H和T2L。因此，是16位自动重装方式。此外，T2EX引脚上的负跳变也可以导致重装。具体过程会在后续章节中介绍。

(5) 捕捉方式。捕捉方式下，T2EX引脚每来1个下降沿(还有其他条件，具体见后面介绍)，会将TH2和TL2中的计数值自动捕捉到RCAP2H和RCAP2L中，而不影响TH2和TL2的加1计数。捕捉方式下，RCAP2H和RCAP2L中的值记录了T2EX引脚发生负跳变时刻T2的计数值。

7.3.1 T2相关特殊功能寄存器

1. 定时器2寄存器TH2、TL2

TH2、TL2分别存放T2计数值的高字节和低字节，可以用软件写入T2的初值。一旦开始计数，TH2∶TL2将自动加1。其字节地址分别为0CDH和0CCH，复位值均为00H。

2. 捕捉/重装寄存器RCAP2H、RCAP2L

捕捉方式下，RCAP2H、RCAP2L用来存放捕捉值；自动重装方式下，用来存放重装值，所以叫捕捉/重装寄存器。RCAP2H放高字节，RCAP2L放低字节。字节地址分别为0CBH、0CAH，复位值均为0。

3. T2CON

定时器2控制寄存器T2CON用于控制T2工作方式、启动和停止等。T2CON可以位寻址，其各位的定义如图7.7所示。

	D7	D6	D5	D4	D3	D2	D1	D0	
T2CON	TF2	EXF2	RCLK	TCLK	EXEN2	TR2	C/$\overline{T2}$	CP/$\overline{RL2}$	地址：0C8H 复位值：00000000B

图 7.7　定时器控制寄存器 T2CON 各位的定义

其中：

TF2　　T2 溢出标志位。

T2 溢出时，由硬件自动置 1，同时向 CPU 申请中断。该位不能由硬件自动清 0。

当 RCLK 或 TCLK 为 1 时，TF2 不会被置位。

EXF2　　定时器 2 外部捕捉/重装标志。

当 T2EX 输入引脚出现负跳变且 EXEN2＝1 时，由硬件自动置位，并申请中断。该位不能由硬件自动清 0。

RCLK　　UART 接收时钟选择。

选择 UART 工作在方式 1 或方式 3 时接收时钟使用的定时器。

RCLK＝0，定时器 1 溢出作为 UART 接收时钟(即 T1 做 UART 的 RX 波特率发生器)。

RCLK＝1，定时器 2 溢出作为 UART 接收时钟(即 T2 做 UART 的 RX 波特率发生器)。

TCLK　　UART 发送时钟选择。

选择 UART 工作在方式 1 或方式 3 时发送时钟使用的定时器。

TCLK＝0，定时器 1 溢出作为 UART 发送时钟(即 T1 做 UART 的 TX 波特率发生器)。

TCLK＝1，定时器 2 溢出作为 UART 发送时钟(即 T2 做 UART 的 TX 波特率发生器)。

EXEN2　　定时器 2 外部捕捉/重装允许。

EXEN2＝0，T2EX 上的负跳变被忽略。

EXEN2＝1，且 RCLK＝0，TCLK＝0 时，T2EX 上的负跳变导致捕捉或重装。

TR2　　T2 的启动信号。

TR2＝0，关闭 T2。

TR2＝1，启动 T2，T2 开始工作。

C/$\overline{T2}$　　定时器/计数器工作方式选择位。

C/$\overline{T2}$＝0，为定时方式，对由 CKCON 选择的时钟基准加 1 计数。

C/$\overline{T2}$＝1，为计数方式。交叉开关寄存器 XBR1 负责把 T2 连接到端口引脚，当所选择的引脚上出现负跳变时加 1 计数。

CP/$\overline{RL2}$　捕捉/重装方式选择位。

当 RCLK=1 或 TCLK=1 时(波特率发生器方式),该位被忽略。

当 RCLK=0,TCLK=0 时:CP/$\overline{RL2}$=0,自动重装方式;CP/$\overline{RL2}$=1,捕捉方式。

7.3.2　定时器/计数器 T2 的工作方式

定时器 T2 提供了与定时器 0 和定时器 1 不一样的功能。它有 3 种工作方式:带捕捉的 16 位定时器/计数器方式、自动重装载的 16 位定时器/计数器方式以及波特率发生器方式。T2CON 中的 RCLK、TCLK 和 CP/$\overline{RL2}$位用来选择 T2 工作方式,如表 7.3 所列。

表 7.3　T2 的工作方式选择

RCLK	TCLK	CP/$\overline{RL2}$	工作方式
0	0	1	带捕捉的 16 位定时器/计数器
0	0	0	自动重装载的 16 位定时器/计数器
0	1	x	UART 的 TX 波特率发生器
1	0	x	UART 的 RX 波特率发生器
1	1	x	UART 的 TX 和 RX 波特率发生器

1. 捕捉工作方式

当 T2 按照表 7.3 被设置为捕捉工作方式,且将 EXEN2(T2CON.3)设置为 1(允许外部捕捉)时,T2EX 引脚上的负跳变将把 T2 的当前计数值(TH2、TL2)捕捉到 RCAP2H、RCAP2L 中,如图 7.8 所示。

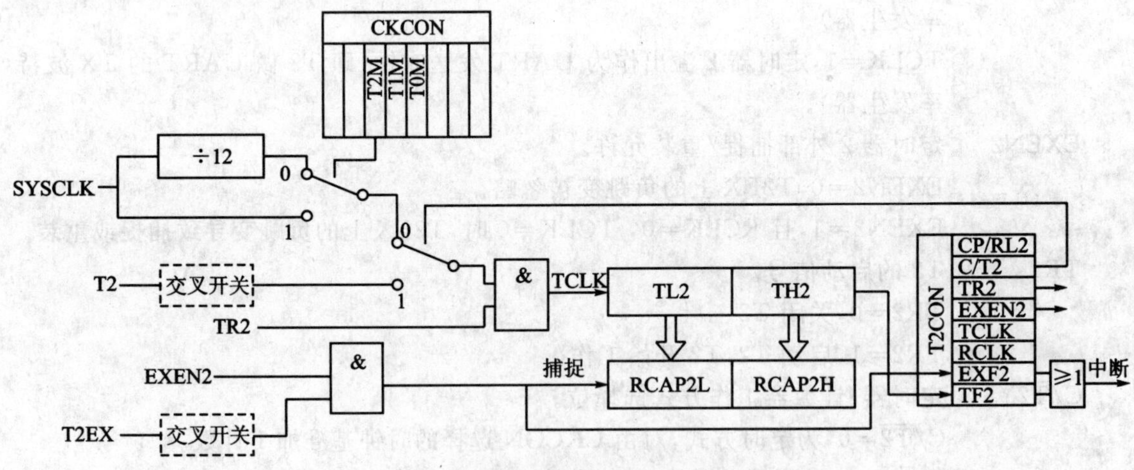

图 7.8　T2 捕捉模式原理图

(1) T2CON 中的 $C/\overline{T2}$(T2CON.1)被设置为 0 时,T2 做定时器,时钟基准频率为系统时钟频率或系统时钟 12 分频,由 CKCON 中的定时器时钟选择位 T2M 决定。其定时时间为:

$$\begin{aligned}定时时间\ t &= (2^{16}-初值)\times 时钟基准周期\\ &= (2^{16}-初值)\div 系统时钟频率\times 12^{(1-\mathrm{T2M})}\end{aligned}$$

$$\begin{aligned}初值\ X &= 2^{16}-定时时间\ t\div 时钟基准周期\\ &= 2^{16}-定时时间\ t\times 系统时钟频率\div 12^{(1-\mathrm{T2M})}\end{aligned}$$

(2) T2CON 中的 $C/\overline{T2}$(T2CON.1)被设置为 1 时,T2 做计数器。交叉开关寄存器 XBR1 负责把 T2 连接到端口引脚,当选择的引脚上出现负跳变时,T2 加 1。

$$计数次数=2^{16}-初值,\quad 初值=2^{16}-计数次数$$

(3) 当 T2 溢出时,T2 溢出标志位 TF2(T2CON.7)被硬件自动置位,并向 CPU 申请 **T2 溢出(TF2)中断**。

在捕捉工作方式下,且外部捕捉被允许(EXEN2 被设置为 1)时,T2EX 输入引脚的负跳变不仅导致捕捉发生,还会使 EXF2(T2CON.6)标志自动置位,并向 CPU 申请 **EXF2 中断**。

C8051F005 的这两个不同的中断使用同一个入口地址 002BH。若允许 T2 中断(ET2(IE.5)=1),CPU 将响应中断,跳到 002BH 处执行程序。为了对 T2 溢出中断和 EXF2 中断进行区分,需要在中断服务程序中查询 TF2 和 EXF2 标志。如果是 TF2 中断,则应重装 TL2 和 TH2 初值,并进行溢出处理;如果是 EXF2 中断,一般应读取 RCAP2H:RCAP2L 的值,并进行相应数据处理。

注意:TF2 和 EXF2 标志都不能由硬件自动清 0,必须用软件清 0。

被设置为捕捉工作方式,但外部捕捉被禁止(EXEN2=0)时,则 T2 只能做普通 16 位定时器或计数器用,不具有捕捉功能。

2. 自动重装工作方式

将 T2 设置为自动重装工作方式,T2 溢出时,重装寄存器 RCAP2H:RCAP2L 中的值会自动装入 TH2:TL2 中。若 EXEN2(T2CON.3)也被置 1,则 T2EX 引脚上的负跳变也可使 RCAP2H:RCAP2L 中的值立刻重装入 TH2:TL2 中,如图 7.9 所示。

与捕捉工作方式一样,重装工作方式下,T2 既可以做定时器,也可以做计数器。做定时器时,可以选择时钟基准频率为系统时钟频率,也可以选择为系统时钟 12 分频。

与捕捉工作方式相同,计满溢出时,TF2 被自动置位,并申请 T2 **溢出中断**;EXEN2 被置 1 的情况下,T2EX 输入引脚的负跳变,会置位 EXF2 标志,并向 CPU 申请 **EXF2 中断**。

被设置为重装工作方式,但外部重装被禁止(EXEN2=0)后,则 T2 只在溢出时自动重装。

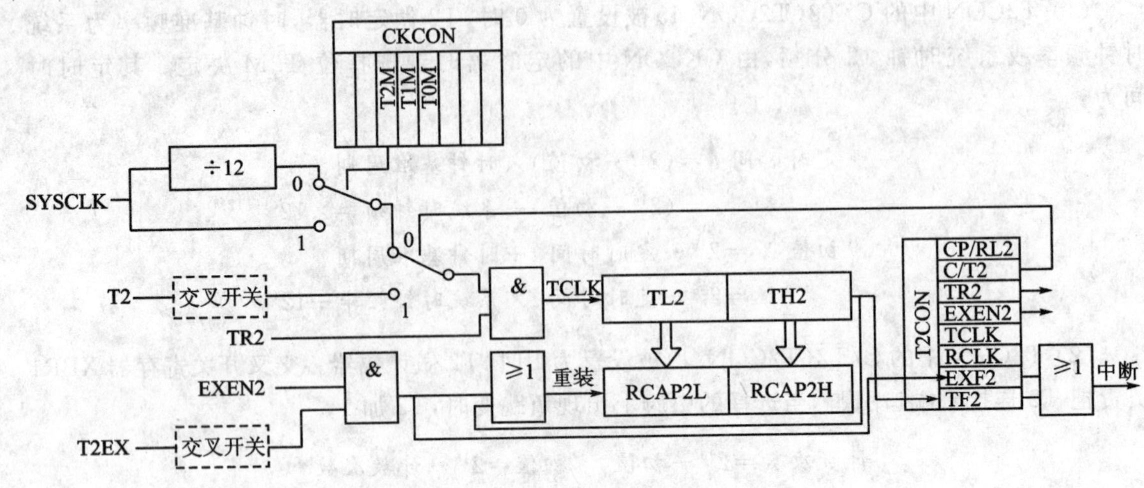

图 7.9　T2 自动重装工作方式原理图

3. 波特率发生器工作方式

当片内 UART 工作在方式 1 或方式 3 时，T1 和 T2 都可以作为波特率发生器使用。关于这一点，前面在介绍 T1 时已经提到。T2CON 的 TCLK 和 RCLK 用于 T1、T2 选择。只要二者中有 1 位为 1，T2 就工作在波特率发生器工作方式下。波特率发生器的原理图如图 7.10 所示。

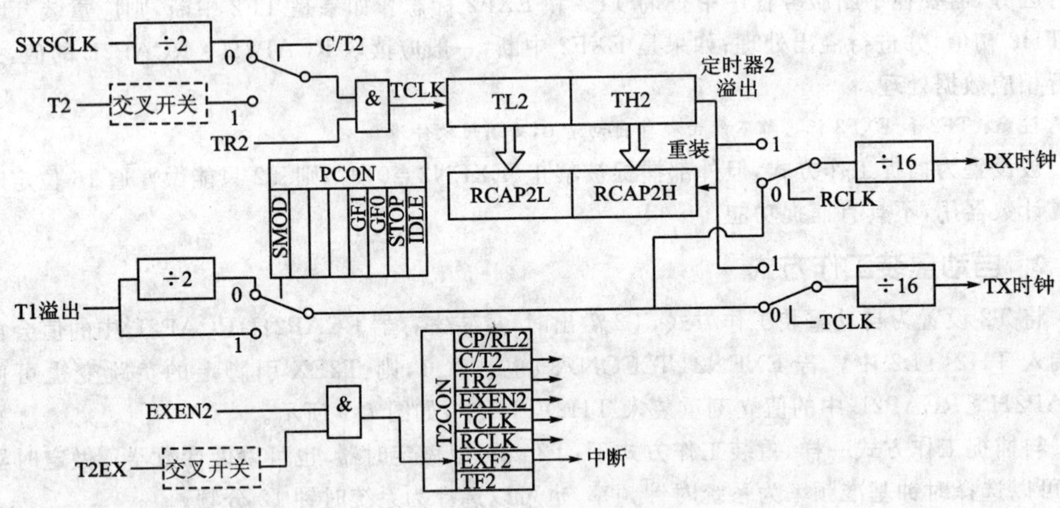

图 7.10　T2 波特率发生器原理图

波特率发生器工作方式下，T2 同样既可以做定时器，也可以做计数器。做定时器时，时钟基准频率固定为系统时钟 2 分频，与 CKCON 的设置无关，这一点与其他方式不同，请特别注意。

溢出时，重装寄存器 RCAP2H∶RCAP2L 中的 16 位计数初值被自动装入到 TH2∶TL2 中，但 TF2 标志不置位，也不产生中断，只是不断地计数、溢出、计数、溢出……。定时器 2 的周期性溢出可以用于产生独立的发送或接收波特率。

➢ T2 工作于波特率发生器工作方式：

$$波特率=定时器 2 溢出率/16$$

➢ T1 工作于波特率发生器工作方式：

在 PCON 的 SMOD=0 情况下：

$$波特率=定时器 1 溢出率/2/16=定时器 1 溢出率/32$$

在 PCON 的 SMOD=1 情况下：

$$波特率=定时器 1 溢出率/16=定时器 1 溢出率/16$$

例如，T2 做定时器时，则

$$\begin{aligned}定时时间\ t &=(2^{16}-初值)\times 时钟基准周期\\ &=(65\,536-初值)\div(系统时钟频率/2)\end{aligned}$$

T2 溢出率=1/定时时间 t，算得

$$\begin{aligned}波特率&=定时器 2 溢出率/16\\ &=\frac{系统时钟频率/2}{16(65\,536-重装值)}=\frac{系统时钟频率}{32((65\,536-重装值)}\end{aligned}$$

重装值在 RCAP2H∶RCAP2L 中。

波特率发生器方式下，T2CON 的 $CP/\overline{RL2}$ 位被忽略。

定时器 2 工作在波特率发生器工作方式时，不能将 TF2 置位，因此不能产生 T2 溢出中断。但是，若 EXEN2(T2CON.3)被置为 1，当 T2EX 引脚输入负跳变时，EXF2 将被置位，并申请 EXF2 中断，但这个负跳变对 T2 没有任何其他影响，因此 T2EX 引脚可以作为额外的外部中断使用。

【例 7.9】 利用定时器 T2 产生占空比为 80％的矩形波，频率为 40 Hz。假设定时器 T2 使用系统时钟，系统时钟采用内部振荡器，频率为 2 MHz。

分析： 频率为 40 Hz 矩形波，周期为 1/40=25 ms。占空比为 80％的矩形波是指高电平时间与周期之比为 80％。由此算得高电平时间为 20 ms，低电平时间为 5 ms。

定时 20 ms 的初值：

$$X=2^{16}-定时时间\ t/时钟基准周期$$

$$=2^{16}-\text{定时时间 } t\times\text{系统时钟频率}\div 12^{(1-\mathrm{T2M})}$$
$$=2^{16}-20\times10^{-3}\times2\times10^{6}\div12^{0}$$
$$=65\,536-40\,000=63\mathrm{C0H}$$

定时 5 ms 的初值：

$$X=2^{16}-\text{定时时间 } t/\text{时钟基准周期}$$
$$=2^{16}-\text{定时时间 } t\times\text{系统时钟频率}\div 12^{(1-\mathrm{T2M})}$$
$$=2^{16}-5\times10^{-3}\times2\times10^{6}\div12^{0}$$
$$=65\,536-10\,000=0\mathrm{D8F0H}$$

为了使 P1.0 上输出以上要求的波形，可进行如下操作：

- 开始，软件使 P1.0＝1，(TH2:TL2)＝63C0H(定时 20 ms)，(RCAP2H:RCAP2L)＝0D8F0H(重装值＝5 ms)，启动 T2。
- 20 ms 后，(TH2:TL2)自动变为 0D8F0H(定时 5 ms)，软件使 P1.0＝0，(RCAP2H:RCAP2L)＝63C0H(重装值＝20 ms)。
- 5 ms 后，(TH2:TL2)自动变为 63C0H(定时 20 ms)，软件使 P1.0＝1，(RCAP2H:RCAP2L)＝0D8F0H(重装值＝5 ms)。
- 20 ms 后，(TH2:TL2)自动变为 0D8F0H，软件使 P1.0＝0，(RCAP2H:RCAP2L)＝63C0H。

⋮

如此反复，这样即可实现 T2 定时时间的周期改变。由于重装过程自动完成，不会因为重装影响 T2 计时的准确性。程序清单如下：

```
        $INCLUDE(C8051F000.INC)
            ORG     0000H
            AJMP    MAIN
            ORG     0100H
MAIN:       MOV     WDTCN,#0DEH
            MOV     WDTCN,#0ADH         ;禁止看门狗
            MOV     SP,#60H             ;设堆栈指针
            MOV     OSCICN,#04H         ;系统时钟使用内部振荡器 2 MHz
            MOV     CKCON,#20H          ;T2 时钟基准使用系统时钟
            MOV     XBR2,#40H           ;交叉开关允许
            MOV     PRT1CF,#01H         ;P1.0 推挽输出
            MOV     T2CON,#00H          ;设置 T2 为自动重装模式,外部重装禁止
            MOV     RCAP2H,#0D8H        ;送 5 ms 重装值
            MOV     RCAP2L,#0F0H
            MOV     TH2,#63H            ;送 20 ms 初值
```

```
        MOV     TL2,#0C0H
        SETB    TR2                     ;启动 T2
L:      SETB    P1.0                    ;输出高电平
        SETB    F0                      ;置位高电平标志
L1:     JBC     TF2,NEXT                ;定时时间到? 到,清 TF2 标志,转 NEXT
        SJMP    L1                      ;没到,等待
NEXT:   JB      F0,L2                   ;正输出高电平,转 L2
        SETB    P1.0                    ;正输出低电平,将输出变为高电平
        SETB    F0                      ;置位高电平标志
        MOV     RCAP2H,#0D8H            ;送 5 ms 重装值
        MOV     RCAP2L,#0F0H
        SJMP    L1
L2:     CLR     P1.0                    ;将输出变为低电平
        CLR     F0                      ;清高电平标志
        MOV     RCAP2H,#63H             ;送 20 ms 重装值
        MOV     RCAP2L,#0C0H
        SJMP    L1
        END
```

【例 7.10】 利用定时器 T2 设计一个频率计,测量每秒钟计数引脚输入的脉冲数。

分析:

(1) 将定时器 T2 设定为计数方式,初值为 0 并工作于捕捉方式。

(2) 将 T0 设置为定时器、方式 1,与软件配合,每隔 1 s 使 P1.0 输出 1 个下降沿。

(3) 将 P1.0 与 T2 捕捉引脚 T2EX 相连,每 1 s 捕捉 1 次 T2 计数值,即为输入脉冲频率。

(4) 要为 T2 的计数输入(T2)和捕捉允许(T2EX)各分配 1 个 I/O 引脚,按照交叉开关分配原则,T2 被分配给 P0.0,T2EX 被分配给 P0.1。因此,应将被测信号接在 P0.0 上,将 P1.0 与 P0.1 接在一起。

(5) P1.0 周期=1 s,可以设计高电平和低电平各 500 ms,每隔 500 ms 取反 P1.0。

假设定时器 T0 使用系统时钟做基准,系统时钟采用 2 MHz 内部振荡器。T0 工作于方式 1,定时 20 ms,另设循环次数 R2=25。那么,20 ms 循环计数 25 次即可达到 500 ms。

$$\begin{aligned}\text{初值 } X &= 2^{16} - \text{定时时间 } t/\text{时钟基准周期} \\ &= 2^{16} - \text{定时时间 } t \times \text{系统时钟频率} \div 12^{(1-\mathrm{T0M})} \\ &= 2^{16} - 20\times10^{-3}\times2\times10^{6}\div12^{0} \\ &= 65\,536-40\,000=63\mathrm{C0H}\end{aligned}$$

定时器初值为 TH0=63H,TL0=0C0H。

程序清单如下:

```
          $ INCLUDE(C8051F000.INC)
CHUZHI_H  EQU    63H
CHUZHI_L  EQU    0C0H                     ;T0 定时初值
CISHU     EQU    25                       ;循环次数
CELIANG   DATA   40H                      ;频率测量值
          ORG    0000H
          AJMP   MAIN
          ORG    000BH                    ;定时器 0 中断矢量
          AJMP   TCT0
          ORG    002BH                    ;定时器 2 中断矢量
          AJMP   TCT2
;--------------------主程序--------------------
MAIN:     MOV    WDTCN,#0DEH
          MOV    WDTCN,#0ADH              ;禁止看门狗
          MOV    SP,#60H                  ;设堆栈指针
          MOV    XBR1,#60H                ;T2EX、T2 连接到端口
          MOV    XBR2,#40H                ;交叉开关允许,弱上拉输出
          MOV    OSCICN,#04H              ;系统时钟使用内部振荡器 2 MHz
          MOV    CKCON,#08H               ;T0 使用系统时钟
          MOV    TMOD,#01H                ;T0 做定时器,方式 1
          MOV    TH0,#CHUZHI_H            ;装入定时初值
          MOV    TL0,#CHUZHI_L
          MOV    R2,#CISHU                ;循环次数送 R2
          MOV    T2CON,#0BH               ;设置 T2 为计数模式、捕捉方式、允许捕捉
          MOV    TH2,#00H                 ;装入 T2 计数初值 0
          MOV    TL2,#00H
          SETB   ET0                      ;允许 T0 中断
          SETB   ET2                      ;允许 T2 中断
          SETB   EA                       ;CPU 开中断
          SETB   TR0                      ;启动 T0、T2
          SETB   TR2
          SETB   P1.0                     ;输出高电平
L:        SJMP   L
;----------------T0 中断服务程序----------------
TCT0:     MOV    TL0,#CHUZHI_L            ;重装初值
          MOV    TH0,#CHUZHI_H
          DJNZ   R2,NEXT                  ;循环次数不为 0,返回
          CPL    P1.0                     ;定时时间到,取反 P1.0
          MOV    R2,#CISHU                ;重装循环次数
```

```
NEXT:    RETI                                 ;返回主程序
;--------------------T2 中断服务程序--------------------
         MOV      TL2,#00H                    ;T2 清 0,重新开始计数
         MOV      TH2,#00H
         CLR      EXF2                        ;清捕捉标志
         MOV      CELIANG,RCAP2H              ;取捕捉到的脉冲数
         MOV      CELIANG+1,RCAP2L
         RETI                                 ;返回主程序
         END
```

该程序每隔 1 s 捕捉 1 次 T2 计数值并清 TH2:TL2,则捕捉值即频率值,并存入 CELIANG和 CELIANG+1 单元。另一种方法是不清 TH2:TL2,而是根据两次测量值之差计算频率,请同学们自己写出程序,并比较两种方法各自的优缺点。

7.4 定时器 T3

T3 是一个 16 位的定时器,与其他 3 个定时器不一样,它只能做定时器,不能做计数器。T3 的时钟基准频率可以是系统时钟,也可以是系统时钟 12 分频。计数值被存放在 TMR3H:TMR3L 中,TMR3H 放高字节,地址分别为 95H、94H。

T3 只有 1 种工作方式——自动重装的定时工作方式。重装值在 TMR3RLH(高字节)和 TMR3RLL(低字节)中。T3 可作为通用定时器使用,也可用于启动 ADC、SMBus 等。

7.4.1 T3 相关特殊功能寄存器

1. T3 控制寄存器 TMR3CN

T3 控制寄存器 TMR3CN 决定 T3 溢出、启动、时钟源等方式,其各位的定义如图 7.11 所示。

	D7	D6	D5	D4	D3	D2	D1	D0	地址：91H
TMR3CN	TF3	—	—	—	—	TR3	T3M	—	复位值：00000000B

图 7.11　T3 控制寄存器 TMR3CN 各位的定义

其中:

TF3　　T3 溢出标志位。

T3 溢出时,由硬件自动置 1,并同时向 CPU 申请中断。该位不能由硬件自动清 0,必须用软件清 0。

D6～3　　未用。

TR3　　T3运行控制位。

　　TR3＝0,禁止T3运行；

　　TR3＝1,允许T3运行。

T3M　　定时器3时钟基准选择。

　　T3M＝0,定时器3时钟基准使用系统时钟的12分频；

　　T3M＝1,定时器3时钟基准使用系统时钟。

D0　　未用。读为0,写为忽略。

2. T3寄存器

TMR3H、TMR3L分别存放T3计数值的高字节和低字节,也可用软件设置T3初值。其字节地址分别为95H和94H,复位值均为00H。

3. T3重载寄存器

TMR3RLH、TMR3RLL分别存放T3的重装值的高字节和低字节,其字节地址分别为93H、92H,复位值均为0。

7.4.2 定时器T3的工作方式

定时器3被固定为自动重装工作方式,其原理如图7.12所示。

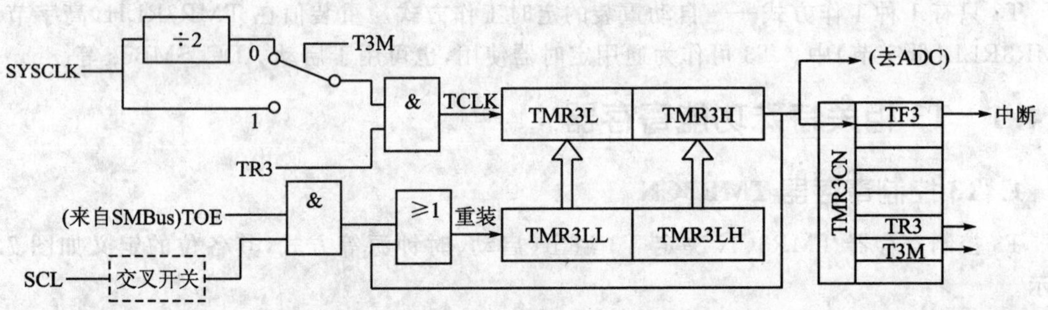

图7.12　T3重装工作方式原理图

当定时器3溢出时,标志位TF3(TM3CN.7)被自动置1,若此时定时器3允许中断标志位ET3(EIE2.0)为1,CPU将响应定时器3中断。该位不能由硬件自动清0,必须用软件清0。定时器3中断矢量地址为0073H。其定时时间为:

$$定时时间\ t=(2^{16}-初值)\times 时钟基准周期$$
$$=(2^{16}-初值)\times 12^{(1-T3M)}\div 系统时钟频率$$

【例7.11】　利用定时器3使P1.0每625 μs输出取反1次。

假设 T3 时钟基准使用系统时钟，系统时钟为 16 MHz。

$$定时时间\ t = (2^{16} - 初值) \times 时钟基准周期$$
$$= (2^{16} - 初值) \times 12^{(1-T3M)} \div 系统时钟频率$$
$$初值\ X = 2^{16} - 定时时间\ t \div 12^{(1-T3M)} \times 系统时钟频率$$
$$= 2^{16} - 625 \times 10^{-6} \div 12^{0} \times 16 \times 10^{6}$$
$$= 65\,536 - 10\,000 = 0D8F0H$$

程序清单如下：

```
        $INCLUDE(C8051F000.INC)
        ORG     0000H
        LJMP    MAIN
        ORG     0073H               ;定时器 3 溢出中断向量
        LJMP    TCT3
        ORG     0100H
MAIN:   MOV     WDTCN,#0DEH
        MOV     WDTCN,#0ADH         ;禁止看门狗
        MOV     OSCION,#07H         ;内部振荡器设置系统时钟为 16 MHz
        MOV     XBR2,#40H           ;交叉开关允许
        MOV     PRT1CF,#01H         ;P1.0 推挽输出
        MOV     TMR3L,#0F0H
        MOV     TMR3H,#0D8H         ;定时器 3 初值
        MOV     TMR3RLL,#0F0H
        MOV     TMR3RLH,#0D8H       ;定时器 3 重载值
        MOV     EIE2,#00000001B     ;允许 T3 中断
        SETB    EA                  ;允许所有中断
        MOV     TMR3CN,#06H         ;定时器 3 启动,使用系统时钟
        SJMP    $                   ;等待中断
;定时器 3 溢出中断子程序
TCT3:   ANL     TMR3CN,#7FH         ;定时器 3 溢出标志清 0
        CPL     P1.0                ;输出取反
        RETI
        END
```

定时器 3 还可应用于 SMBus、ADC 中，具体情况参见第 9 章和第 12 章。

第8章

C8051F005 单片机的通用异步串行通信接口 UART

8.1 串行通信基础知识

8.1.1 数据通信

计算机的 CPU 经常需要与外部设备之间进行信息交换，计算机与计算机之间也经常需要信息交换，所有这些信息交换均可称为“通信”。

通信方式有两种：并行通信和串行通信。并行通信时，n 位数据同时传送。例如我们已经非常熟悉的 P0～P3 口，每个端口每次能够同时输出(发送)或输入(接收)8 位数据，因此，这些都是并行通信接口。显然，要实现 n 位数据的并行通信，至少需要 n 根数据线(不包括地线)。

在最少的情况下，串行通信只需要 1 根数据线进行数据传送(不包括地线)，但每次只能传送 1 位数据，n 位数据需要经过 n 次逐位传送出去。图 8.1 表示了数据 10010110B 以并行和串行两种方式进行数据传送的情况。串行通信中为确保通信双方能够正确地进行数据发送与接收，双方必须规定好每位数据所占的宽度，即串行时钟(移位时钟)的周期(频率)。此外，还要规定数据发送的先后顺序，确定是高位在先还是低位在先。

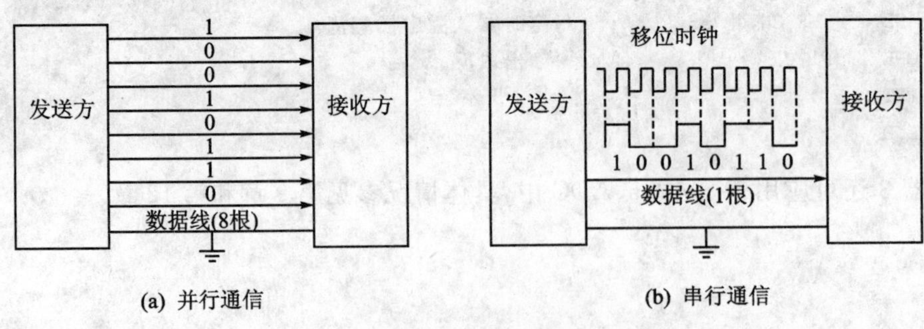

图 8.1 并行通信和串行通信

串行通信的优点是占用数据线少，因此，在远距离通信时比较经济，但显然其数据传输速度远低于并行通信。

8.1.2　串行通信的通信方式

串行通信有两种基本通信方式：同步通信和异步通信。

1. 同步通信

同步通信中，要求通信双方同步进行数据发送与接收。为实现同步，数据收发时双方必须采用相同的移位时钟——同步时钟。在数据收发前，主动要求通信的一方（主器件）一般要向从器件发送 1～2 个同步码，通知从器件准备进行数据通信，然后双方在同步移位时钟的共同作用下按顺序将数据逐位发送（接收），直到所有数据全部传送完毕为止。

同步码可以是 1 位，也可以是多位；可以由用户约定，也可以采用 ASCII 码中规定的 SYN 代码，即 16H。同步时钟通常由主器件提供。图 8.2 表示的是同步串行通信时主器件进行数据发送，从器件进行数据接收的情况。发送数据为 10010110B，同步码为 010011010011B。如果要传送多字节数据，传送完 1 字节后，可以接着传送下 1 字节，直到数据全部传送完毕为止。

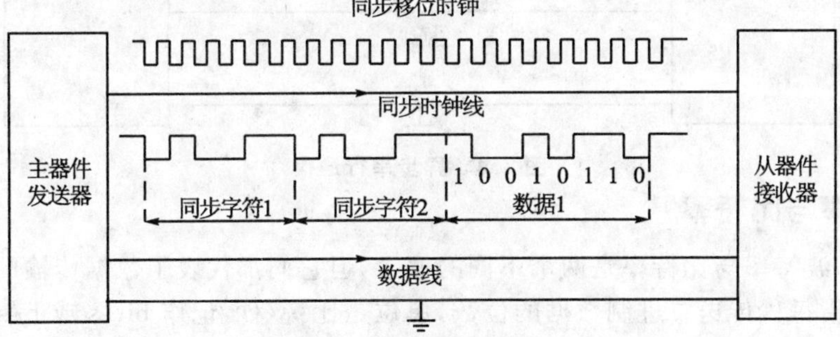

图 8.2　同步串行通信

与异步通信相比，同步通信方式有更高的传输速率，但硬件比较复杂。

2. 异步通信

异步通信不要求通信双方按照同一时钟绝对同步工作。通信双方各自有着独立的移位时钟，但一般应有相同的频率。为解决双方移位时钟不同步可能带来的错位现象，确保数据正确地传送，规定数据必须一帧一帧地传送。每一帧数据的格式如图 8.3 所示。

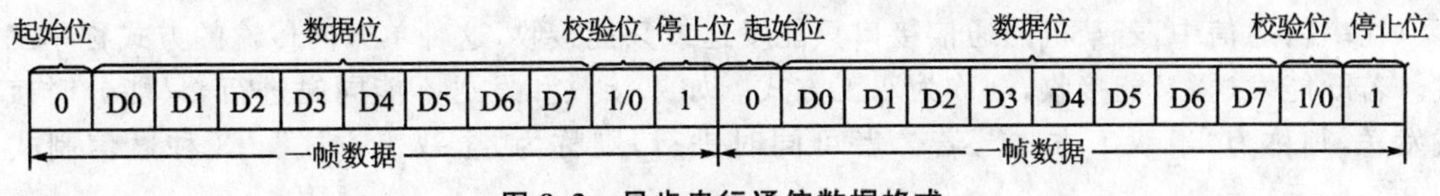

图 8.3　异步串行通信数据格式

一帧数据由 4 部分组成：起始位、数据位、校验位、停止位。在不进行数据传送时，数据线上是高电平。发送方在发送数据之前，首先向数据线上送 1 个起始位 0，通知接收方准备接收数据；然后是 5～8 位数据（规定低位在前，高位在后）；接下来是校验位；最后一位是停止位 1，表示一帧数据的结束。同样，接收方在接收到起始位后开始接收数据，接收到停止位后结束数据接收。由于每一帧数据长度有限，又有起始位和停止位标志，即使通信双方的移位时钟不绝对同步，一般也不会发生数据错位现象并导致传输错误。

异步通信的硬件结构比同步通信方式简单，并能利用校验位检测数据传输错误。但由于每帧数据都要加上起始位和停止位，不能进行多字节数据的连续传输，因此相对同步通信，传输速率较低。

校验位可省略。两帧数据间可以有空闲的情况，空闲位为 1。图 8.4 表示没有奇偶校验位、异步传送数据 10010110B 的情况。发送方与接收方之间不需要同步时钟线。

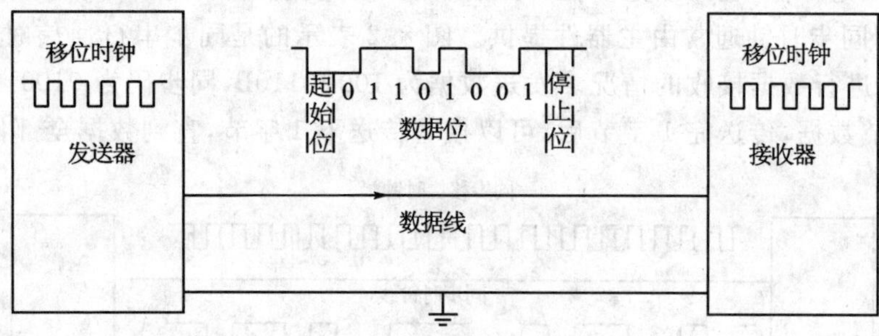

图 8.4　异步串行通信

3. 波特率与比特率

严格地说，波特率与比特率是两个不同的概念，但它们都代表了数据传输的速率。

比特率是指每秒传送二进制数据的位数，单位是比特/秒，记作 bit/s 或 b/s 或 bps。

波特率是每秒信号电平的变化次数，单位是 baud（波特）。

当信号中只有高低两种电平时，波特率与比特率值相等，人们也常混用这两个概念，不做严格区分。在单片机应用系统中更是如此。

异步通信时，假如数据传输速率是 120 帧/秒，每帧数据由 1 个起始位，8 个数据位和 1 个停止位组成，则比特率为

$$10\text{ 位}\times 120\text{ 帧/秒} = 1200\text{ 位/秒} = 1200\text{ b/s}$$

4. 通信制式

在串行通信中，若某机的通信接口只能发送或只能接收，这种单方向传输的方式称单工方式。若既能发送，又能接收，则称为双工方式。如果接收和发送不能同时进行，只能分时接收或发送，则称为“半双工方式”；若二者可同时进行，则称为“全双工方式”。3 种通信制式如图 8.5 所示。

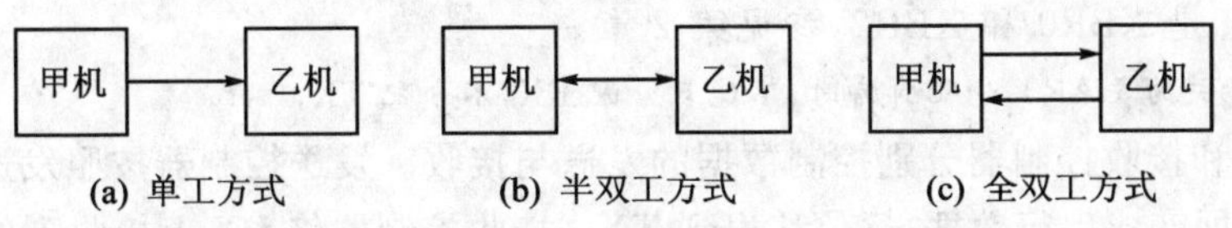

(a) 单工方式　(b) 半双工方式　(c) 全双工方式

图 8.5　3 种通信制式

8.2　UART 的结构

C8051F005 片内的 UART 是一个可编程的全双工串行通信接口，发送与接收可同时进行。它以异步通信为主，事实上，UART 就是通用异步接收和发送器之意。C8051F005 UART 内部结构如图 8.6 所示。

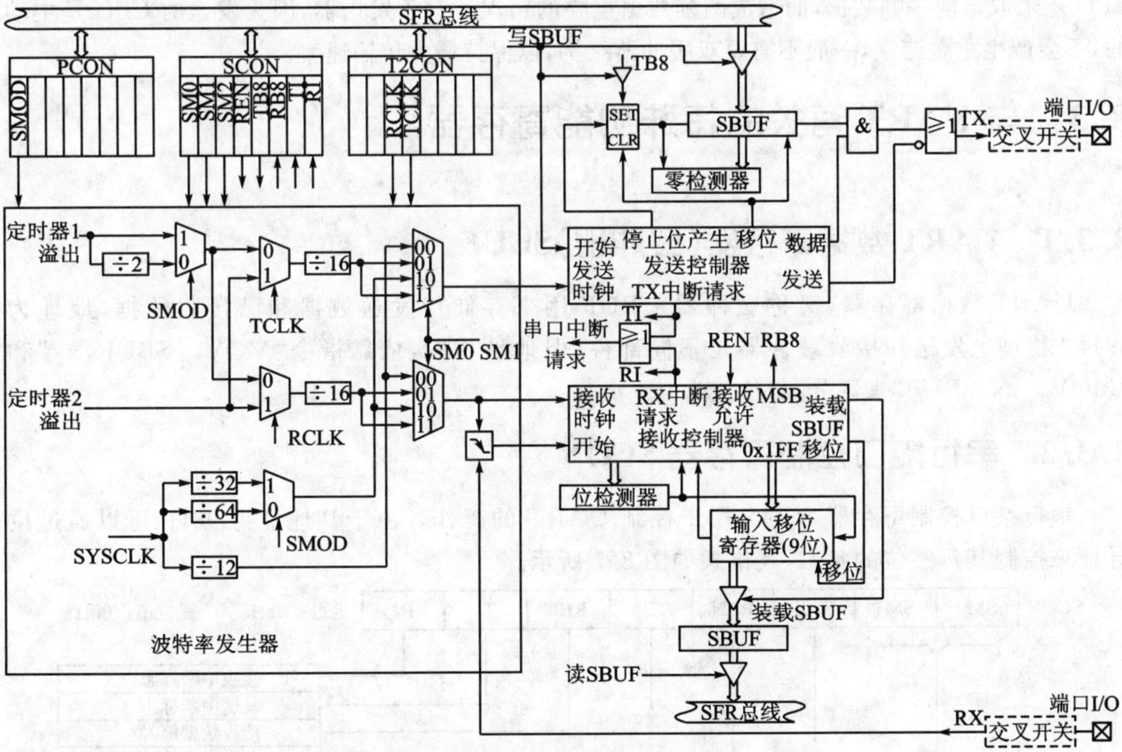

图 8.6　C8051F005 UART 内部结构

从图中可以看出，UART 有 2 套独立的发送器和接收器，可以同时进行数据发送和接收，因此是全双工方式。数据从 TX 引脚发出，从 RX 引脚接入。C8051F005 并没有为 UART 安排专门的 RX、TX 引脚。如果要使用 UART，需要通过交叉开关为 UART 分配 2 个 I/O 引脚。相关的 SFR 是 XBR0 和 XBR2,参见第 2 章。

注意: 交叉开关为 UART 分配引脚时,不能只分配 RX,不分配 TX。

发送控制器和接收控制器分别控制数据的发送与接收。发送控制器按照发送时钟将发送缓冲器中的并行数据变成串行数据,逐位移出到 TX。接收控制器将 RX 上接收到的串行数据按照接收时钟逐位移入到接收缓冲器,变成并行数据。发送缓冲器和接收缓冲器在物理上是不同的部件,用同一个名字 SBUF,地址为 99H。对编程者来说,发送数据时,只要写"MOV　SBUF,#数据"或"MOV　SBUF,数据地址"或"MOV　SBUF,A"等指令,执行指令时,发送控制器就会自动将数据送到发送缓冲器(图 8.6 中上方的 SBUF)并变成串行数据从 TX 引脚发送出去。接收时,接收控制器会自动将 RX 引脚收到的串行数据变成并行数据存到接收缓冲器(图 8.6 中下方的 SBUF)。编程时,只要写指令"MOV　地址,SBUF"或"MOV　A,SBUF",就可以将接收到的数据取走。接收器是双缓冲结构(移位寄存器+接收缓冲器),以避免在接收到第二帧数据前,CPU 还未取走前一帧数据,而造成两帧数据重叠的错误。对于发送器,因为发送时 CPU 是主动的,不会产生重叠错误,一般不需要双缓冲器结构,以保持最大传输速率。

8.3　与 UART 有关的特殊功能寄存器

8.3.1　UART 数据寄存器(缓冲器)SBUF

UART 数据寄存器(又称缓冲器)SBUF 用来存储待发送数据和已接收数据,地址为 99H。物理上发送和接收缓冲器是不同部件,但地址相同,依靠指令"MOV　SBUF,xx"和"MOV　xx,SBUF"来区分,复位值为 0。

8.3.2　串行接口控制寄存器 SCON

串行接口控制寄存器 SCON 用于控制 UART 的工作。由于其地址为 98H,可以通过位寻址来控制其每一位的状态,其格式如图 8.7 所示。

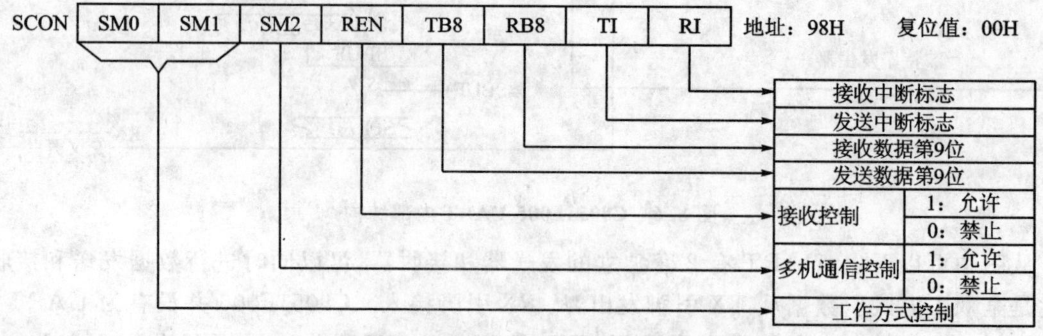

图 8.7　UART 的控制寄存器 SCON

其中 SM0、SM1 用于 UART 的工作方式选择。UART 的 4 种工作方式如表 8.1 所列。例如，希望 UART 工作在方式 1，则应写指令“MOV　SCON，#01000000B”或“CLR　SM0，SETB　SM1”。

表 8.1　UART 工作方式

SM0	SM1	工作方式	功能描述	波特率
0	0	方式 0	8 位同步移位寄存器	$f_{SYSCLK}/12$
0	1	方式 1	10 位异步收发	定时器 1 或定时器 2 溢出
1	0	方式 2	11 位异步收发	$f_{SYSCLK}/64$ 或 $f_{SYSCLK}/32$
1	1	方式 3	11 位异步收发	定时器 1 或定时器 2 溢出

SM2 是多机通信允许位，希望进行多机通信时，用软件将该位置 1。

REN 是接收允许位，允许进行数据接收时，用软件将该位置 1。

注意： UART 没有发送允许位，每次执行指令“MOV　SBUF，xx”类指令时，就启动 1 次数据发送。

TB8 中存放待发送数据的第 9 位，RB8 中存放接收数据的第 9 位。

TI 是发送结束标志。每当发送器发送完一帧数据，UART 硬件自动将 TI 置 1，并申请中断。TI 必须用软件清 0。RI 是接收结束标志。每当接收器接收完一帧数据，UART 硬件自动将 RI 置 1，并申请中断。RI 必须用软件清 0。复位后，SCON 所有位均清 0。

8.3.3　电源控制寄存器 PCON

电源控制寄存器 PCON 中只有 1 位 SMOD 与异步通信接口 UART 的工作有关，如图 8.8 所示。其他位的定义见第 5 章。

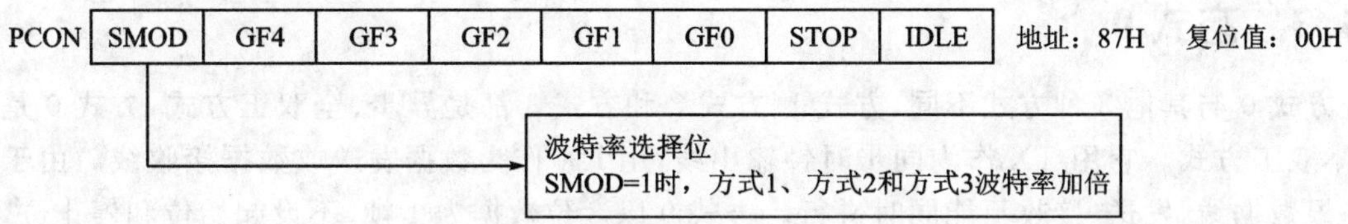

图 8.8　电源控制寄存器 PCON

SMOD(PCON.7)：波特率加倍位。UART 工作在方式 1、方式 2 和方式 3，且 SMOD＝1 时，波特率提高一倍。复位时，SMOD＝0。

8.4　UART 的工作方式

如表 8.1 所列，UART 可设置 4 种工作方式，其中方式 1、方式 2 和方式 3 是异步方式，方式 0 是同步方式。

8.4.1 方式 1

方式 1 为 10 位异步方式，用 RX 接收数据，TX 发送数据。1 帧数据的格式为：1 位起始位 0、8 位数据位(低位在前)、1 位停止位 1，共 10 位。方式 1 没有奇偶校验位。

发送数据(执行"MOV SBUF，xx")时，发送控制器会自动先发 1 个起始位 0，然后逐位发送 8 位数据(低位在前)，最后自动发送 1 个停止位 1。发送完毕，使 TI 置 1。

接收时，如果 SCON 的 REN=1(允许接收)，则当接收控制器发现起始位时，就立刻开始接收数据。将起始位后面的 8 位数据接收到接收缓冲器，将停止位接收到 SCON 的 RB8 中。接收完毕，RI 置 1。取数据时，应该到 SBUF 中取 8 位数据。

8.4.2 方式 2 和方式 3

方式 2 和方式 3 都是 11 位异步通信方式，也用 RX 接收数据，TX 发送数据。每帧 11 位：1 位起始位、8 位数据位(低位在前)、1 位可编程的第 9 位和 1 位停止位。

单机通信时，第 9 位通常用做奇偶校验位。发送数据(执行"MOV SBUF，xx")时，发送方的发送器总是自动先发送 1 个起始位 0，然后发送 8 位数据(低位在前)，之后发送 TB8，最后发送停止位 1。发送完毕，使 TI 置 1。因此在发送前，应先将奇偶校验位送 TB8。

接收时，若 SCON 的 REN=1(允许接收)，则当接收器发现起始位时，就立刻启动接收，将起始位后面的 8 位数据接收到接收缓冲器，将第 9 位数据接收到 RB8，并置 RI 为 1。因此取数据时，应该到 SBUF 中取 8 位数据，到 RB8 中取第 9 位数据。

方式 2 和方式 3 的波特率不同，详情见 8.4.4 小节。

8.4.3 方式 0

方式 0 与其他 3 种方式不同，方式 1、方式 2 和方式 3 都是异步、全双工方式，方式 0 是同步、半双工方式。它用 TX 作为同步时钟输出线，用 RX 作为数据发送或数据接收线。由于只有 1 根数据线，发送、接收不能同时进行。方式 0 以 8 位数据为 1 帧，不设起始位和停止位，也不发送同步字符，直接传送(低位在前)8 位数据。每发送或接收 8 位数据，TI 或 RI 置位，并申请中断。

与后面要介绍的片内其他同步串行通信接口 SMBus 和 SPI 相比，UART 的同步通信功能比较单一，方式 0 主要用于扩展 I/O 口。

方式 0 下，RX 被强制定义为漏极开路方式，需要外接一个上拉电阻，而不管 XBR2 和 PRT1CF 的定义如何。

8.4.4 波特率设计

在串行通信中，收发双方对发送或接收数据的速率有一定的约定：同步方式下，双方在同一移位时钟控制下工作；异步方式下，虽然不要求绝对同步，为确保数据收发正确，要求双方波特率相同。C8051UART 不同工作方式下的波特率不同，可由软件设定。其中，方式 0 和方式 2 的波特率是固定的；而方式 1 和方式 3 的波特率是可变的，由定时器 1 和定时器 2 的溢出率决定。

1. 方式 0 的波特率

方式 0 的波特率为系统时钟频率的 1/12。

2. 方式 2 的波特率

方式 2 的波特率固定为 $2^{SMOD}\times(f_{SYSCLK}/64)$。式中 SMOD 是 PCON 的 D7 位，可设定为 0 或 1。方式 2 选择波特率为 $f_{SYSCLK}/64$ 或 $f_{SYSCLK}/32$。

3. 方式 1 和方式 3 的波特率

方式 1 和方式 3 的波特率由定时器 1 或定时器 2 的溢出率决定。此时，T1 或 T2 应定义为自动重装方式，每次定时器溢出时向波特率电路发送一个时钟脉冲，该脉冲的 16 分频即为波特率。

定时器 2 控制寄存器 T2CON 的 TCLK 和 RCLK 用于进行 UART 波特率发生器选择。具体定义见第 7 章。

TCLK＝0，T1 作为发送时钟的波特率发生器；

TCLK＝1，T2 作为发送时钟的波特率发生器；

RCLK＝0，T1 作为接收时钟的波特率发生器；

RCLK＝1，T2 作为接收时钟的波特率发生器。

复位后，TCLK 和 RCLK 都为 0。

(1) T1 用作波特率发生器时，应被配置为自动重装方式，并禁止中断。时钟选择可为系统时钟、系统时钟 12 分频(作为定时器)，也可以是 T1 引脚上的外部时钟(作为计数器)。T1 作为定时器在方式 2 下时：

$$\text{UART 方式 1、方式 3 的波特率}=\frac{2^{SMOD}}{32}\times \text{T1 溢出率}$$

$$=\frac{2^{SMOD}}{32}\times\frac{f_{SYSCLK}\times 12^{(T1M-1)}}{256-TH1}$$

SMOD 可设置为 0 或 1，选择波特率加倍。T1M 为(CKCON.4)时钟选择位，可为 0 或 1，选择定时器时钟基准为系统时钟或系统时钟 12 分频。

(2) T2 用作波特率发生器方式时，时钟选择可以是系统时钟的 2 分频(作为定时器)，也可以是 T2 引脚上的外部时钟(作为计数器)。T2 作为定时器时：

$$波特率=\frac{1}{16}\text{T2 溢出率}=\frac{系统时钟/2}{16(65536-重装值)}$$

$$=\frac{f_{SYSCLK}}{32(65536-重装值)}$$

重装值在 RCAP2H、RCAP2L 中。

无论 T1 还是 T2 作为波特率发生器，改变它们的初值便可改变 UART 的波特率。

【例 8.1】 C8051F005 时钟频率为 11.0592 MHz，选用定时器 T1 方式 2 作为波特率发生器，波特率为 115200 b/s，求定时器初值(假定 SMOD=1)。

解： 若 T1M=1，使用系统时钟，定时器 T1 初值为

$$定时器\ \text{T1}\ 的波特率=\frac{2^{SMOD}}{32}\times\frac{f_{SYSCLK}\times 12^{(T1M-1)}}{256-TH1}$$

$$=\frac{1}{16}\times\frac{f_{SYSCLK}}{256-TH1}$$

其中：$TH1=256-\dfrac{11.0592\times10^6}{16\times115200}=250=FAH$。所以，(TH1)=(TL1)=0FAH

若把波特率计算公式中分母上的值 16×(256－TH1)称为"分频系数"，T1 波特率与其他参数选取关系如表 8.2 所列。

表 8.2 常用波特率与其他参数选取关系

振荡器频率/MHz	分频系数	定时器 1 装载值*	波特率**
24.0	208	0F3H	115200(115384)
23.592	205	0F3H	115200(113423)
22.1184	192	0F4H	115200
18.432	160	0F6H	115200
16.5888	144	0F7H	115200
14.7456	128	0F8H	115200
12.9024	112	0F9H	115200
11.0592	96	0FAH	115200
9.216	80	0FBH	115200
7.3728	64	0FCH	115200
5.5296	48	0FDH	115200
3.6864	32	0FEH	115200
1.8432	16	0FFH	115200

续表 8.2

振荡器频率/MHz	分频系数	定时器 1 装载值*	波特率**
24.576	320	0ECH	76800
25.0	434	0E5H	57600(57870)
25.0	868	0CAH	28800
24.576	848	0CBH	28800(28921)
24.0	833	0CCH	28800(28846)
23.592	819	0CDH	28800(28911)
22.1184	768	0D0H	28800
18.432	640	0D8H	28800
16.5888	576	0DCH	28800
14.7456	512	0E0H	28800
12.9024	112	0FAH	115200
11.0592	384	0E8H	28800
9.216	320	0ECH	28800
7.3728	256	0F0H	28800
5.5296	192	0F4H	28800
3.6864	128	0F8H	28800
1.8432	64	0FCH	28800

* 假定 SMOD=1 且 T1M=1。

** 括号里的数是实际波特率。

8.5 UART 的应用

C8051F 的异步串行通信口 UART 的工作主要受 SCON 的控制，所以初始化时要对 SCON 进行设置。另外，若波特率受 T1 或 T2 溢出率控制，则还要设置定时器的初值。

8.5.1 UART 方式 0 的应用

C8051F 的 UART 方式 0 是同步通信方式，通信中只能作为主器件，为通信提供同步时钟。两个 UART 之间不能进行方式 0 通信，因为同步通信中只能有 1 个主器件。方式 0 常用于 I/O 口的扩展，但需要配合串入并出器件和并入串出器件。

【例 8.2】 8051F005 控制 8 个 LED，要求 LED 以一定时间轮流显示，并不断循环。

方法一： 将 8 个 LED 接 P0 口，利用软件延时实现从下到上的显示，电路如图 8.9(a)所示。程序如下：

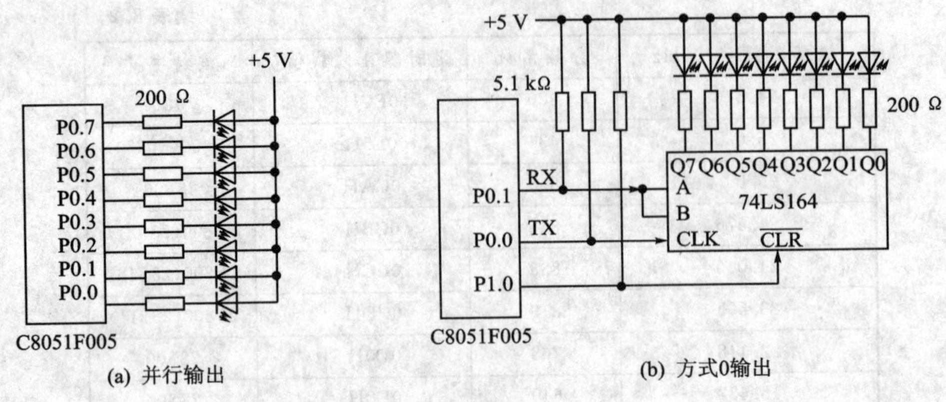

图 8.9　UART 方式 0 应用

```
         $INCLUDE(C8051F000.INC)
         ORG      0000H
         AJMP     MAIN
         ORG      0000H
MAIN：   MOV      WDTCN,＃0DEH
         MOV      WDTCN,＃0ADH          ;禁止看门狗
         MOV      SP,＃60H              ;设堆栈指针
         MOV      XBR2,＃40H            ;交叉开关允许
         MOV      PRT0CF,＃0FFH         ;P0 口推挽输出
         MOV      A,＃0FEH              ;准备点亮最下边的 LED
LIGHT：  MOV      P0,A                  ;点灯
         ACALL    DELAY                 ;延时
         RL       A                     ;左移 1 位
         SJMP     LIGHT
DELAY：  (略)
         RET
         END
```

方法二：利用 UART 方式 0，电路如图 8.9(b)所示。

其中 74LS164 是串入并出转换器。它可以将 UART 输入的串行数据转换成 8 位并行数据输出。对比之下，方法 2 只用 3 根 I/O 线就可以控制 8 个输出，但显然电路要复杂些。74LS164 引脚定义如下：

- A、B　串行输入端；
- $Q_0 \sim Q_7$　并行输出端；
- $\overline{CLR}$　清除端，低电平时，使 164 输出清 0；
- CLK　时钟输入端，在 CLK 脉冲的上升沿作用下，实现移位。

如果交叉开关只为UART分配I/O引脚，则P0.0将分配给TX，P0.1将分配给RX。图中将同步时钟线TX接164的CLK，将数据线接164的A、B，P1.0用作清0控制，将8个LED接164的并行输出端。RX上输出的串行数据经164转换成并行数据控制LED。

方式0时，RX引脚自动配置为漏极开路，因此RX应接上拉电阻。164是5 V器件，TX、P1.0都是3 V输出。为确保正常通信，TX和P1.0也要经上拉电阻接5 V电压，软件应将其设置为漏极开路输出。程序清单如下：

```
        $INCLUDE(C8051F000.INC)
        ORG     0000H
        AJMP    MAIN
        ORG     00B3H
MAIN:   MOV     OSCXCN,#67H         ;外部振荡器采用晶振，频率大于6.7 MHz
        MOV     SP,#60H
        CLR     A
        DJNZ    ACC,$
        DJNZ    ACC,$               ;等待1 ms以上
WAIT:   MOV     A,OSCXCN
        JNB     ACC.7,WAIT          ;查询外部振荡器控制寄存器是否稳定
        ORL     OSCICN,#08H         ;将系统时钟切换到外部振荡器
        MOV     WDTCN,#0DEH
        MOV     WDTCN,#0ADH         ;禁止看门狗
        MOV     XBR0,#04H           ;连UART引脚到输出端口
        MOV     XBR2,#0C0H          ;允许交叉开关，漏极开路输出
        MOV     SCON,#00H           ;串口方式0
        MOV     A,#0FEH             ;最右一位LED
        CLR     P1.0                ;164输出清0
        SETB    P1.0                ;允许164并行输出
LOOP1:  MOV     SBUF,A              ;启动串行数据发送，点灯
        JNB     TI,$                ;查询TI，等待发送完成
        CLR     TI                  ;清0中断标志位
        ACALL   DELAY               ;延时
        RL      A                   ;左移
        SJMP    LOOP1               ;循环
DELAY:  (略)
        RET
        END
```

本程序采用查询方式判断发送是否完成，即每发送1次数据(执行1次“MOV SBUF,A”指令)，查询1次TI的值。如果TI为0，则说明8位数据还没发送完，需要继续查询等待；

如果 TI 为 1，则说明本次数据发送完毕，可以发送下一个数据。TI 须用软件清 0，也可以采用中断方式。因为每发送 1 帧数据，TI 置 1 的同时会向 CPU 申请中断。如果允许 UART 中断，就会转向中断服务程序。RI 和 TI 中断入口地址都是 0023H，中断允许位为 IE.4(ES)。采用中断方式的程序如下：

```
            $INCLUDE(C8051F000.INC)
            ORG     0000H
            AJMP    MAIN
            ORG     0023H
            AJMP    UART_P                  ;UART 中断入口
;-----------------------主程序-----------------------
            ORG     00B3H
MAIN:       MOV     OSCXCN,#67H             ;外部振荡器采用晶振，频率大于 6.7 MHz
            CLR     A
            DJNZ    ACC,$
            DJNZ    ACC,$                   ;等待 1 ms 以上
WAIT:       MOV     A,OSCXCN
            JNB     ACC.7,WAIT              ;查询外部振荡器控制寄存器是否稳定
            ORL     OSCICN,#08H             ;将系统时钟切换到外部振荡器
            MOV     SP,#60H
            MOV     WDTCN,#0DEH
            MOV     WDTCN,#0ADH             ;禁止看门狗
            MOV     XBR0,#04H               ;连 UART 引脚到输出端口
            MOV     XBR2,#0C0H              ;允许交叉开关，漏极开路输出
            MOV     SCON,#00H               ;串口方式 0
            SETB    ES                      ;UART 中断允许
            SETB    EA                      ;总中断允许
            MOV     A,#0FEH                 ;最右一位 LED
            CLR     P1.0                    ;164 输出清 0
            SETB    P1.0                    ;允许 164 并行输出
            MOV     SBUF,A                  ;启动串行数据发送
            SJMP    $
;--------------------UART 中断服务程序--------------------
UART_P:     CLR     TI                      ;清 0 中断标志位
            ACALL   DELAY                   ;延时
            RL      A                       ;左移
            MOV     SBUF,A                  ;发送下 1 个数据，点亮下 1 个 LED
            RETI
```

```
;-------------------------------延时程序-------------------------------
DELAY:  (略)
        RET
        END
```

8.5.2　UART 方式 1、方式 2 和方式 3 的发送和接收

方式 1、方式 2 和方式 3 是异步通信方式，可用于两个 UART 器件之间（例如 2 个带有 UART 的单片机之间、1 个带有 UART 的单片机和 1 个带有 UART 的输入输出外设之间）、单片机与 PC 机之间进行单机通信；也可用于 1 个 UART 器件与多个 UART 之间的通信。通信时，双方的 TX 与 RX 对接（注意共地），如图 8.10 所示。此外，C8051F005 片内时钟精度只有±20%，不能用作 UART 波特率发生器的时钟基准，必须使用较为精确的片外时钟，否则数据传送的错误率会很高。

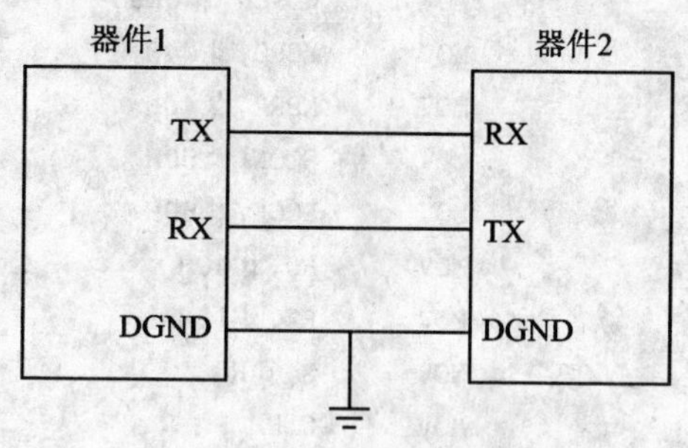

图 8.10　两个 UART 器件之间的对接

C8051F 的 UART 方式 1 是 10 位异步通信方式，方式 2、方式 3 都为 11 位异步通信方式，方式 2、方式 3 的第 9 数据位在单机通信中可作奇偶校验位；在多机通信中可作为发送地址帧或数据帧的标志位。方式 2 和方式 3 只是波特率设置不同，方式 2 的波特率为 $f_{SYSCLK}/64$ 或 $f_{SYSCLK}/32$；而方式 3 的波特率由定时器 1 和定时器 2 的溢出率决定。UART 的发送和接收可以采用中断方式，也可以采用查询方式。

【例 8.3】　编写程序，把数据存储器 40H～4FH 单元中的数据通过 UART 串行发送出去，串行口定义为工作方式 2。

利用串口方式 2 传输数据，应在数据写入发送缓冲器前，先将数据的奇偶校验位 P 写入 TB8 中作为发送数据的第 9 位，与 8 位数据一起发送出去。发送完毕，TI 自动置 1。

1. 数据发送采用查询方式

查询方式程序清单如下：

```
        $INCLUDE(C8051F000.INC)
        ORG     0000H
        AJMP    START
        ORG     00B3H
START:  MOV     OSCXCN,#67H          ;外部振荡器采用晶振，频率大于 6.7 MHz
        MOV     SP,#60H
        CLR     A
```

```
        DJNZ    ACC, $
        DJNZ    ACC, $              ;等待 1 ms 以上
WAIT:   MOV     A,OSCXCN
        JNB     ACC.7,WAIT          ;查询外部振荡器控制寄存器是否稳定
        ORL     OSCICN,#08H         ;将系统时钟切换到外部振荡器
        MOV     WDTCN,#0DEH
        MOV     WDTCN,#0ADH         ;禁止看门狗
        MOV     XBR0,#04H           ;连 UART 引脚到输出端口
        MOV     XBR2,#40H           ;交叉开关允许
        MOV     SCON,#80H           ;设置为方式 2,禁止接收
        MOV     PCON,#80H           ;波特率加倍
        MOV     R0,#40H             ;数据块首地址
        MOV     R2,#10H             ;数据块长度
LOOP:   MOV     A,@R0               ;取数据
        MOV     C,P                 ;奇偶校验位送 TB8
        MOV     TB8,C
        MOV     SBUF,A              ;启动 UART 发送
WAIT1:  JBC     TI,CONT             ;等待一帧数据发送结束
        SJMP    WAIT1
CONT:   INC     R0                  ;修改指针
        DJNZ    R2,LOOP             ;数据发送完? 未完,转 LOOP 继续发送
        SJMP    $
        END
```

2. 数据发送采用中断方式

中断方式程序清单如下：

```
        $INCLUDE(C8051F000.INC)
        ORG     0000H
        AJMP    MAIN
        ORG     0023H
        AJMP    SEND
MAIN:   MOV     OSCXCN,#67H         ;外部振荡器采用晶振,频率大于 6.7 MHz
        MOV     SP,#60H
        CLR     A
        DJNZ    ACC, $
        DJNZ    ACC, $              ;等待 1 ms 以上
WAIT:   MOV     A,OSCXCN
        JNB     ACC.7,WAIT          ;查询外部振荡器控制寄存器是否稳定
        ORL     OSCICN,#08H         ;将系统时钟切换到外部振荡器
```

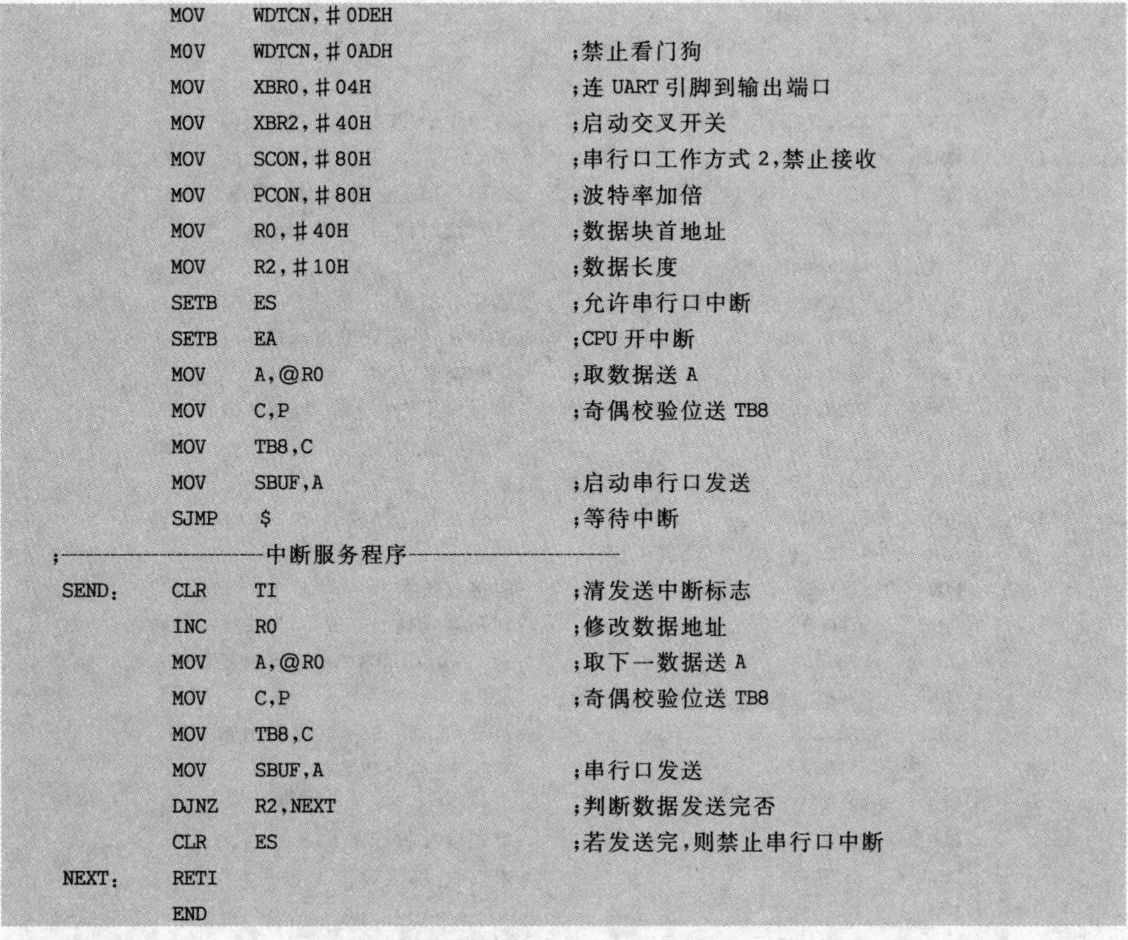

```
        MOV     WDTCN,#0DEH
        MOV     WDTCN,#0ADH                 ;禁止看门狗
        MOV     XBR0,#04H                   ;连 UART 引脚到输出端口
        MOV     XBR2,#40H                   ;启动交叉开关
        MOV     SCON,#80H                   ;串行口工作方式 2,禁止接收
        MOV     PCON,#80H                   ;波特率加倍
        MOV     R0,#40H                     ;数据块首地址
        MOV     R2,#10H                     ;数据长度
        SETB    ES                          ;允许串行口中断
        SETB    EA                          ;CPU 开中断
        MOV     A,@R0                       ;取数据送 A
        MOV     C,P                         ;奇偶校验位送 TB8
        MOV     TB8,C
        MOV     SBUF,A                      ;启动串行口发送
        SJMP    $                           ;等待中断
;-------------------中断服务程序--------------------
SEND:   CLR     TI                          ;清发送中断标志
        INC     R0                          ;修改数据地址
        MOV     A,@R0                       ;取下一数据送 A
        MOV     C,P                         ;奇偶校验位送 TB8
        MOV     TB8,C
        MOV     SBUF,A                      ;串行口发送
        DJNZ    R2,NEXT                     ;判断数据发送完否
        CLR     ES                          ;若发送完,则禁止串行口中断
NEXT:   RETI
        END
```

【例 8.4】 编制一个接收程序，将 UART 接收的数据送入数据存储器的 50H～5FH 单元。若接收错误，则置用户标志位 F0 为 1。要求 UART 工作在方式 2。

用方式 2 和方式 3 进行异步通信时，把接收到的第 9 位数据放在 RB8 中。程序中或是约定的奇偶校验位（单机通信），或是约定的地址/数据标志位（多机通信）。单机通信时可以通过比较 RB8 的值与接收数据奇偶性是否一致，判断数据传输是否有错。

查询方式程序清单如下：

```
      $INCLUDE(C8051F000.INC)
        ORG     0000H
        AJMP    START
        ORG     00B3H
START:  MOV     OSCXCN,#67H                 ;外部振荡器采用晶振,频率大于 6.7 MHz
```

```
        MOV     SP,#60H
        CLR     A
        DJNZ    ACC,$
        DJNZ    ACC,$               ;等待 1 ms 以上
WAIT:   MOV     A,OSCXCN
        JNB     ACC.7,WAIT          ;查询外部振荡器控制寄存器是否稳定
        ORL     OSCICN,#08H         ;将系统时钟切换到外部振荡器
        MOV     WDTCN,#0DEH
        MOV     WDTCN,#0ADH         ;禁止看门狗
        MOV     XBR0,#04H           ;连 UART 引脚到输出端口
        MOV     XBR2,#40H           ;启动交叉开关
        MOV     SCON,#90H           ;串行口工作在方式 2,允许接收
        MOV     R0,#50H             ;数据块首地址
        MOV     R2,#10H             ;数据块长度送 R2
WAIT1:  JBC     RI,RECV             ;等待接收 1 帧数据
        SJMP    WAIT1
RECV:   MOV     A,SBUF              ;取接收数据
        JB      P,LOOP              ;判断接收到的奇偶位,若 P=1,则转移至 LOOP
        JB      RB8,ERR             ;若 P=0,而 RB8=1,则转出错处理
        SJMP    RIGHT
LOOP:   JNB     RB8,ERR             ;若 P=1,而 RB8=0,则转出错处理
RIGHT:  MOV     @R0,A               ;接收正确,存放数据
        INC     R0
        CLR     F0                  ;置正确接收标志 F0=0
        DJNZ    R2,WAIT1            ;未接收完,继续接收下一个数据
        SJMP    $
ERR:    SETB    F0                  ;置错误接收标志 F0=1
        SJMP    $
        END
```

【例 8.5】 利用 UART 方式 3,同时进行数据发送与接收,已知波特率为 115 200 b/s,发送数据区首地址为 20H,接收数据区的首地址为 40H,单片机时钟频率为 11.0592 MHz 。

方式 3 的波特率取决于定时器 T1、T2 的溢出率。数据传送若采用中断方式,则可进行双工通信。响应中断后,需要检查是 RI 置位还是 TI 置位,从而决定 CPU 是进行发送操作还是接收操作。发送和接收都通过调用子程序来完成。

选用定时器 T1 工作模式 2 作为波特率发生器,假定 SMOD=1,由表 8.2 查得预置初值 (TH1)=(TL1)=0FAH。

程序采用中断方式程序如下:

```
          $INCLUDE(C8051F000.INC)
          ORG     0000H
          AJMP    MAIN
          ORG     0023H
          AJMP    SEND_REC
MAIN:     MOV     OSCXCN,#67H          ;外部振荡器采用晶振,频率大于 6.7 MHz
          MOV     SP,#60H
          CLR     A
          DJNZ    ACC,$
          DJNZ    ACC,$                ;等待 1 ms 以上
WAIT:     MOV     A,OSCXCN
          JNB     ACC.7,WAIT           ;查询外部振荡器控制寄存器是否稳定
          ORL     OSCICN,#08H          ;将系统时钟切换到外部振荡器
          MOV     WDTCN,#0DEH
          MOV     WDTCN,#0ADH          ;禁止看门狗
          MOV     XBR0,#04H            ;连 UART 引脚到输出端口
          MOV     XBR2,#40H            ;启动交叉开关
          MOV     SCON,#11010000B      ;设置串行口为方式 3,允许接收
          MOV     PCON,#80H            ;波特率倍增
          MOV     TMOD,#20H            ;设置定时器 1 为模式 2
          MOV     TL1,#0FAH            ;定时器 1 的初值
          MOV     TH1,#0FAH
          MOV     R0,#20H              ;发送数据区首地址
          MOV     R1,#40H              ;接收数据区首地址
          SETB    ES                   ;允许串行口中断
          SETB    EA                   ;CPU 开中断
          SETB    TR1                  ;启动定时器 1
          MOV     A,@R0                ;取第 1 个字符
          MOV     C,P
          MOV     TB8,C                ;P 送 TB8
          MOV     SBUF,A               ;发送
          SJMP    $                    ;等待中断
;--------------------中断服务程序--------------------
SEND_REC: JB      TI,SEND              ;TI=1,为发送中断,转 SEND
          ACALL   REC                  ;RI=1,为接收中断
          SJMP    NEXT
SEND:     CLR     TI                   ;清 TI,准备下一次发送
          INC     R0                   ;修改发送数据指针
          MOV     A,@R0                ;取发送数据送 A
```

```
        MOV     C,P
        MOV     TB8,C                   ;P 送 TB8
        MOV     SBUF,A                  ;发送
        NEXT:   RETI                    ;中断返回
;--------------------接收子程序--------------------
REC:    CLR     RI
        MOV     A,SBUF                  ;接收数据
        JB      P,L1                    ;若 P = 1,则转 L1
        JB      RB8,ERR                 ;若 P = 0,RB8 = 1,则转出错处理
        SJMP    RIGHT                   ;否则,转正确
L1:     JNB     RB8,ERR                 ;若 P = 1,RB8 = 0,则转出错处理
RIGHT:  MOV     @R1,A                   ;正确,数据送接收单元
        INC     R1
        RET
ERR:    (略)                            ;错误处理程序
        RET
        END
```

【例 8.6】 利用 UART 方式 1,同时进行数据发送与接收,已知波特率为 115200 b/s,发送数据区首地址为 20H,接收数据区的首地址为 40H,单片机时钟频率为 11.0592 MHz 。

方式 1 没有奇偶校验位,程序比例 8.5 更简单。假设用 T2 作为波特率发生器,则有

$$波特率=\frac{f_{SYSCLK}}{32\times(65535-重装值)}$$

算得重装值=65533=FFFDH。程序如下:

```
        $INCLUDE(C8051F000.INC)
        ORG     0000H
        AJMP    MAIN
        ORG     0023H
        AJMP    SEND_REC
MAIN:   MOV     OSCXCN,#67H             ;外部振荡器采用晶振,频率大于 6.7 MHz
        MOV     SP,#60H
        CLR     A
        DJNZ    ACC,$
        DJNZ    ACC,$                   ;等待 1 ms 以上
WAIT:   MOV     A,OSCXCN
        JNB     ACC.7,WAIT              ;查询外部振荡器控制寄存器是否稳定
        ORL     OSCICN,#08H             ;将系统时钟切换到外部振荡器
        MOV     WDTCN,#0DEH
```

```
        MOV     WDTCN,#0ADH             ;禁止看门狗
        MOV     XBR0,#04H               ;连 UART 引脚到输出端口
        MOV     XBR2,#40H               ;启动交叉开关
        MOV     R0,#20H                 ;发送数据区首地址
        MOV     R1,#40H                 ;接收数据区首地址
        MOV     SCON,#01010000B         ;设置串行口为方式 1,允许接收
        MOV     RCAP2H,#0FFH
        MOV     RCAP2L,#0FDH            ;设置 T2 的重装值
        MOV     TH2,#0FFH
        MOV     TL2,#0FDH               ;设置 T2 初值
        SETB    RCLK                    ;设置 T2 作为接收波特率发生器
        SETB    TCLK                    ;设置 T2 作为发送波特率发生器
        SETB    TR2                     ;启动 T2
        SETB    ES                      ;允许串行口中断
        SETB    EA                      ;CPU 开中断
        MOV     A,@R0                   ;取第 1 个字符
        MOV     SBUF,A                  ;发送
        SJMP    $                       ;等待中断
;-------------------中断服务程序-------------------
SEND_REC: JB    TI,SEND                 ;TI = 1,为发送中断,转 SEND
        ACALL   REC                     ;RI = 1,为接收中断
        SJMP    NEXT
SEND:   CLR     TI                      ;清 TI,准备下一次发送
        INC     R0                      ;修改发送数据指针
        MOV     A,@R0                   ;取发送数据送 A
        MOV     SBUF,A                  ;发送
NEXT:   RETI                            ;中断返回
;-------------------接收子程序-------------------
REC:    CLR     RI
        MOV     A,SBUF                  ;取接收数据
        MOV     @R1,A                   ;数据送接收单元
        INC     R1
        RET
        END
```

第9章

C8051F005 单片机的 12 位 A/D 转换器

9.1 概 述

单片机应用系统中，经常需要处理各种模拟信号如电压、电流、电阻、温度和速度等。有些单片机，例如 80C51，只能直接输入数字量和输出数字量。如果需要输入模拟量，则必须在片外设计 A/D 转换接口电路，将模拟量转换成数字量后再送给单片机；要输出模拟量，也只能先输出数字量，再通过片外 D/A 转换接口电路转换成模拟量输出。而 C8051F00x 系列单片机，由于片内集成了 1 个 8+1 通道的 12 位 A/D 转换器(亦称 ADC)、2 个 12 位的 D/A 转换器(亦称 DAC)、2 个模拟电压比较器 CP0 和 CP1，可以直接输入模拟电压信号、输出模拟电压信号以及进行模拟电压信号的比较。在进行模拟量处理时，用 C8051 构成的系统在电路上显然更简单。由于片内既有数字电路，也有模拟电路，因此被称为模拟数字混合芯片。

C8051F005 片内模拟接口电路及相关引脚如图 9.1 所示。

- AV+：模拟电源输入引脚，为片内模拟器件提供电源。不管是否使用片内模拟器件，都必须给模拟电源供电。允许的模拟电源供电电压为 2.7～3.6 V，典型值为 3 V。
- AGND：模拟地。
- V_{REF}：基准电压源引脚。为片内 A/D 转换器、D/A 转换器提供基准电压。允许的外部基准电压源电压范围为 1.0 V～(AV+)－0.3 V。
- AIN0～AIN7：模拟电压信号输入引脚。每个引脚上输入的电压最小为 0，最大不能超过 AV+。
- DAC0～DAC1：模拟电压输出引脚。输出模拟电压范围：0～V_{REF}×4095/4096。
- CP0+、CP0－和 CP1+、CP1－：比较器 0 和比较器 1 的电压输入引脚。每个引脚上允许输入电压范围为－0.25 V～(AV+) +0.25 V。

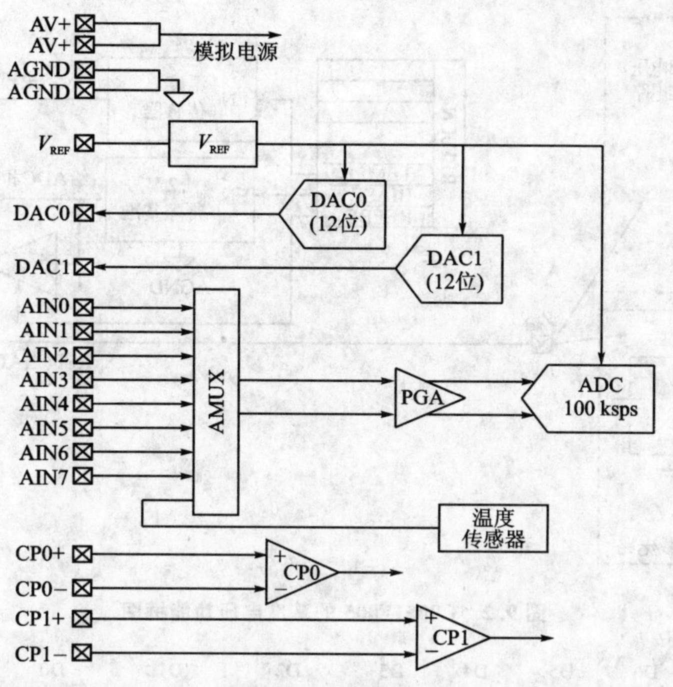

图 9.1　C8051F005 与片内模拟 I/O 接口有关的引脚

9.2　电压基准

片内 A/D 转换器和 D/A 转换器工作时，需要 1 个基准电压源。可以使用外部基准电压源，从 V_{REF} 和 AGND 引脚输入基准电压；也可以使用 C8051F005 片内的基准电压源。

C8051F005 片内有一个 1.2 V 的基准电压发生器和一个 2 倍增益的输出缓冲放大器，可以为片内 A/D 转换器和 D/A 转换器提供约 2.4 V 的基准电压。

基准电压电路功能框图如图 9.2 所示。

基准电压控制寄存器 REF0CN 用于为 C8051 配置电压基准。REF0CN 各位的定义如图 9.3所示。

其中：

D2　TEMPE：温度传感器允许位。

=0　关闭内部温度传感器；

=1　允许内部温度传感器工作。

D1　BIASE：ADC 和 DAC 偏置电压允许位。

=0　关闭内部偏压；

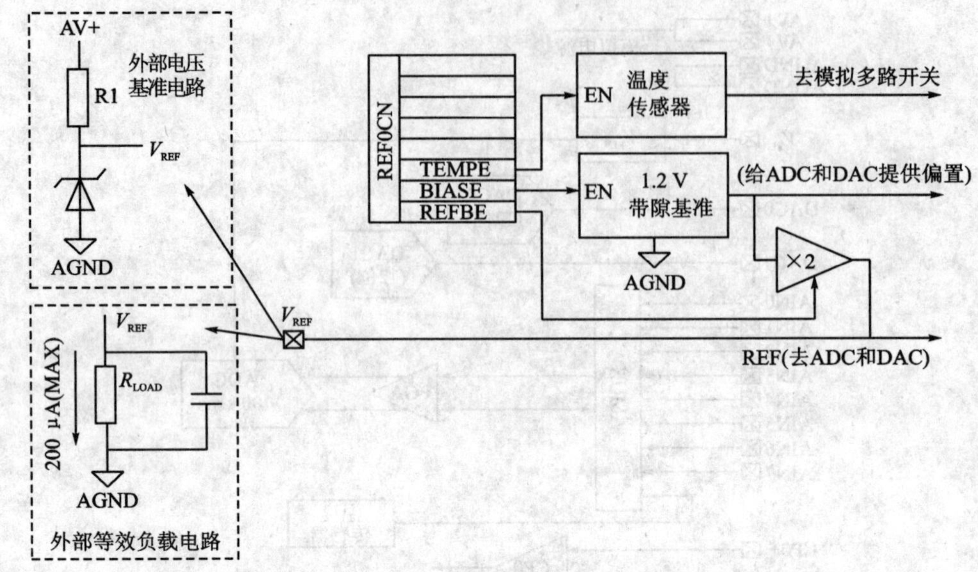

图 9.2　C8051F005 的基准电压功能框图

	D7	D6	D5	D4	D3	D2	D1	D0	地址：0D1H
REF0CN	—	—	—	—	—	TEMPE	BIASE	REFBE	复位值：00000000B

图 9.3　基准电压控制寄存器 REF0CN 各位的定义

=1　允许内部偏压(使用 ADC 和 DAC 时需要)。

D2　REFBE：内部基准电压源允许位。

=0　关闭内部基准电压缓冲器，使用外部基准电压源；

=1　允许内部基准电压缓冲器，使用内部基准电压源。

- 当 ADC 和 DAC 使用内部基准电压源时，BIASE 和 REFBE 都应被置 1。
- 当 ADC 和 DAC 使用外部基准电压源时，BIASE 应置 1，而 REFBE 应被清 0。
- 当不使用 ADC 和 DAC 时，BIASE 和 REFBE 都可以被清 0，以减少功耗。

使用内部基准电压源时，若 V_{DD} 为 3.0 V，AV+为 3.0 V，则 V_{REF} 的范围为 2.36～2.48 V，典型值为 2.43 V。

使用外部基准电压源时，V_{REF} 的值取决于外部基准电压源。但允许的基准电压范围是 V_{REF} = 1 V～(AV+)－0.3 V，使用时应注意不能超出这个范围。

使用内部基准电压源时，内部基准电压还可以通过 V_{REF} 引脚输出到外部，驱动外部电路，但要求负载电流小于 200 μA。因此，V_{REF} 引脚既是外部基准电压源的电压输入引脚，也是内部基准电压源的输出引脚。

9.3 A/D 转换器

9.3.1 ADC 结构

C8051F005 片内 A/D 转换器(ADC)结构如图 9.4 所示。

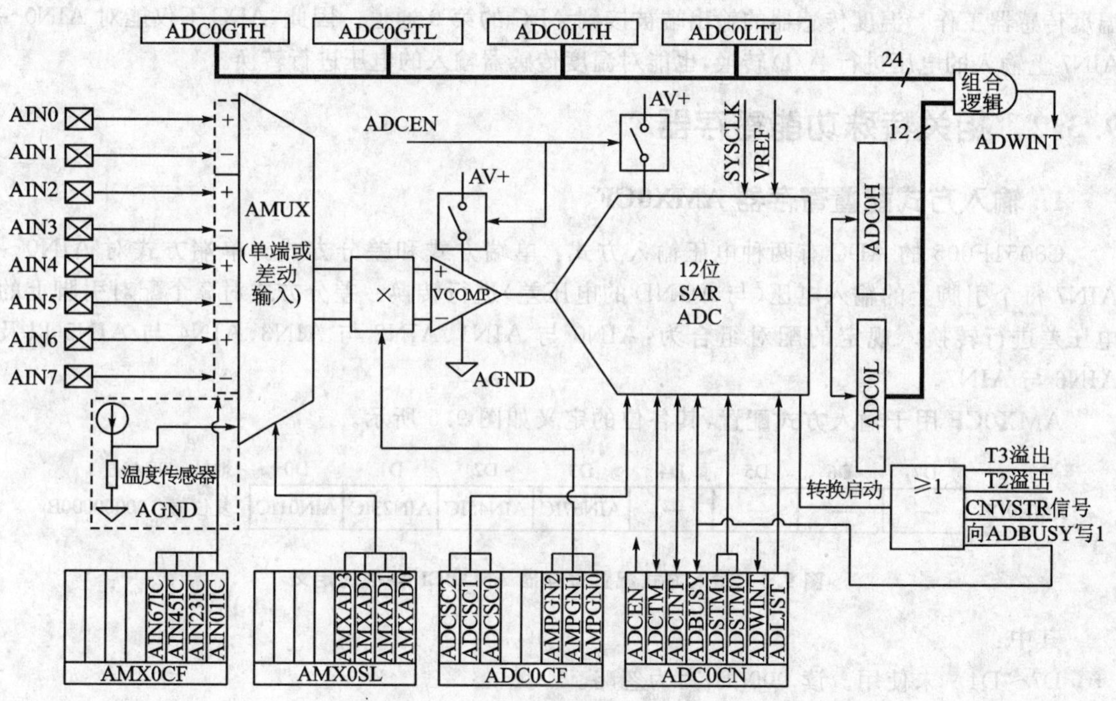

图 9.4 C8051F005 内部 ADC 结构

AIN0～AIN7 引脚用于接收模拟电压信号。最多可以对 8 个模拟电压进行转换。

12 位 SAR ADC 的功能是将 AIN0～AIN7 引脚输入的模拟电压转换成 12 位数字量，它是 ADC 的核心器件，采用逐次比较型 A/D 转换技术。

A/D 转换结果存放在特殊功能寄存器 ADC0H 和 ADC0L 中。ADC0H 和 ADC0L 都是 8 位 SFR，合起来共 16 位，足够存储 12 位转换结果。

SAR ADC 一次只能对 1 个通道的模拟电压进行转换，在 AIN0～AIN7 引脚与 SAR ADC 之间有 1 个多路开关 AMUX，用于进行通道选择。AMUX 受通道选择寄存器 AMX0SL 和输入方式配置寄存器 AMX0CF 控制。例如在 AMX0CF＝00H 情况下，当 AMX0SL＝00H 时，对 AIN0 和 AGND 上送入的电压(0 通道)进行转换；当 AMX0SL＝01H 时，对 AIN1 和 AGND 上送入的电压(1 通道)进行转换……因此，编程时只要用 AMX0SL 指出通道号，就可以对指定引脚上的输入电压进行转换。

C8051F005 的 ADC 还配置有 1 个内部可编程增益放大器，可以对输入电压进行放大。增益为 0.5、1、2、4、8 或 16，软件可选。在小信号输入或几个通道输入电压差异较大时，此功能起着很重要的作用。

C8051F005 片内还带有 1 个温度传感器，可以进行芯片内部温度的检测。图 9.3 基准电压控制寄存器 REF0CN 的 TEMPE 位用于温度传感器设置。将 TEMPE 位设置为 1 时，允许温度传感器工作。温度传感器的输出端被接到 ADC 的第 9 通道。因此，ADC 不仅能对 AIN0～AIN7 上输入的电压进行 A/D 转换，也能对温度传感器输入的电压进行转换。

9.3.2 相关特殊功能寄存器

1. 输入方式配置寄存器 AMX0CF

C8051F005 的 ADC 有两种电压输入方式：单端方式和差分方式。单端方式对 AIN0～AIN7 每个引脚上的输入电压（与 AGND 的电压差）进行转换。差分方式对 2 个配对引脚上的电压差进行转换。规定的配对组合为：AIN0 与 AIN1、AIN2 与 AIN3、AIN4 与 AIN5 以及 AIN6 与 AIN7。

AMX0CF 用于输入方式配置，其各位的定义如图 9.5 所示。

	D7	D6	D5	D4	D3	D2	D1	D0	地址：0BAH
AMX0CF	—	—	—	—	AIN67IC	AIN45IC	AIN23IC	AIN01IC	复位值：00000000B

图 9.5 输入方式配置寄存器 AMX0CF 各位的定义

其中：

D7～D4 未使用。读 0000B，写为忽略。

D3 AIN67IC：AIN6 和 AIN7 输入对配置位。
=0 AIN6 和 AIN7 为独立的单端输入；
=1 AIN6 和 AIN7 为＋、－差分输入对。

D2 AIN45IC：AIN4 和 AIN5 输入对配置位。
=0 AIN4 和 AIN5 为独立的单端输入；
=1 AIN4 和 AIN5 为＋、－差分输入对。

D1 AIN23IC：AIN2 和 AIN3 输入对配置位。
=0 AIN2 和 AIN3 为独立的单端输入；
=1 AIN2 和 AIN3 为＋、－差分输入对。

D0 AIN01IC：AIN0 和 AIN1 输入对配置位。
=0 AIN0 和 AIN1 为独立的单端输入；

=1　AIN0 和 AIN1 为+、−差分输入对。

复位后,AMX0CF=00H,所有输入都默认为单端输入。允许将一部分输入配置为单端输入,另一部分配置为差分输入。应根据实际需要正确地配置 AMX0CF。

(1) 单端输入情况

此情况下,输入电压大于 0,转换结果为 0~4095。A/D 转换结果与输入电压关系为

$$D=\frac{4096}{V_{REF}}\times V_{IN}\qquad V_{IN}=\frac{V_{REF}}{4096}\times D$$

其中:V_{IN}为输入电压;D 为转换结果。可以算出:

$$V_{IN}=0\ \text{V}\ \rightarrow D=0$$
$$V_{IN}=V_{REF}/4096\ \rightarrow D=1$$
$$V_{IN}=V_{REF}\times 4095/4096\ \rightarrow D=4095$$

因此可知:

- 12 位 A/D 转换,单端输入情况下,输出范围为 0~4095。
- 最小数字变化量为 1,所以最小分辨电压 1 LSB=$V_{REF}/4096$。
- 最大输入电压=$V_{REF}\times 4095/4096$。当 $V_{IN}\geqslant V_{REF}$时,转换发生溢出。因此,能够进行正常转换的输入电压范围为 0~$V_{REF}\times 4095/4096$= 0~($V_{REF}-1$ LSB)。

(2) 差分输入情况

此情况下,电压差可能大于 0,也可能小于 0。转换结果为−2048~+2047。A/D 转换结果与输入电压关系为

$$D=\frac{2048}{V_{REF}}\times(V_{IN+}-V_{IN-})\qquad V_{IN+}-V_{IN-}=\frac{V_{REF}}{2048}\times D$$

其中:$V_{IN+}-V_{IN-}$ 为输入电压差;D 为转换结果。可以算出:

$$V_{IN+}-V_{IN-}=0\ \text{V}\ \rightarrow D=0$$
$$V_{IN+}-V_{IN-}=V_{REF}/2048\ \rightarrow D=1$$
$$V_{IN+}-V_{IN-}=V_{REF}\times 2047/2048\ \rightarrow D=+2047$$
$$V_{IN+}-V_{IN-}=-V_{REF}\ \rightarrow D=-2048$$

因此可知:

- 12 位 A/D 转换,差分输入情况下,输出范围为−2048~+2047。
- 最小分辨电压 1 LSB=$V_{REF}/2048$。
- 能够进行正常转换的输入电压差范围为$-V_{REF}$~$V_{REF}\times 2047/2048$=$-V_{REF}$~($V_{REF}-$1 LSB)。

2. 通道选择寄存器 AMX0SL

AMX0SL 与 AMX0CF 配合,用于指出 A/D 转换通道。AMX0SL 各位的定义如图 9.6

所示。

	D7	D6	D5	D4	D3	D2	D1	D0	地址：0BBH
AMX0SL	—	—	—	—	AMXAD3	AMXAD2	AMXAD1	AMXAD0	复位值：0000000B

图 9.6　通道选择寄存器 AMX0SL 各位的定义

其中：

D7～D4　未使用。读为 0000B,写为忽略。

D3～D0　通道地址选择,为 0000～1111。

AMX0SL 与 AMX0CF 配置值与通道关系如表 9.1 所列。

表 9.1　ADC 通道选择

		AMX0SL								
		0	1	2	3	4	5	6	7	8～15
AMX0CF	0	AIN0	AIN1	AIN2	AIN3	AIN4	AIN5	AIN6	AIN7	温度传感器
	1	+(AIN0) −(AIN1)		AIN2	AIN3	AIN4	AIN5	AIN6	AIN7	温度传感器
	2	AIN0	AIN1	+(AIN2) −(AIN3)		AIN4	AIN5	AIN6	AIN7	温度传感器
	3	+(AIN0) −(AIN1)		+(AIN2) −(AIN3)		AIN4	AIN5	AIN6	AIN7	温度传感器
	4	AIN0	AIN1	AIN2	AIN3	+(AIN4) −(AIN5)		AIN6	AIN7	温度传感器
	5	+(AIN0) −(AIN1)		AIN2	AIN3	+(AIN4) −(AIN5)		AIN6	AIN7	温度传感器
	6	AIN0	AIN1	+(AIN2) −(AIN3)		+(AIN4) −(AIN5)		AIN6	AIN7	温度传感器
	7	+(AIN0) −(AIN1)		+(AIN2) −(AIN3)		+(AIN4) −(AIN5)		AIN6	AIN7	温度传感器
	8	AIN0	AIN1	AIN2	AIN3	AIN4	AIN5	+(AIN6) −(AIN7)		温度传感器
	9	+(AIN0) −(AIN1)		AIN2	AIN3	AIN4	AIN5	+(AIN6) −(AIN7)		温度传感器

续表 9.1

		AMX0SL								
		0	1	2	3	4	5	6	7	8～15
AMX0CF	10	AIN0	AIN1	+(AIN2) −(AIN3)		AIN4	AIN5	+(AIN6) −(AIN7)		温度传感器
	11	+(AIN0) −(AIN1)		+(AIN2) −(AIN3)		AIN4	AIN5	+(AIN6) −(AIN7)		温度传感器
	12	AIN0	AIN1	AIN2	AIN3	+(AIN4) −(AIN5)		+(AIN6) −(AIN7)		温度传感器
	13	+(AIN0) −(AIN1)		AIN2	AIN3	+(AIN4) −(AIN5)		+(AIN6) −(AIN7)		温度传感器
	14	AIN0	AIN1	+(AIN2) −(AIN3)		+(AIN4) −(AIN5)		+(AIN6) −(AIN7)		温度传感器
	15	+(AIN0) −(AIN1)		+(AIN2) −(AIN3)		+(AIN4) −(AIN5)		+(AIN6) −(AIN7)		温度传感器

例如，AMX0CF＝0 时，AMX0SL＝0，对 AIN0 上输入电压进行转换；
AMX0SL＝1，对 AIN1 上输入电压进行转换；
AMX0SL＝2，对 AIN2 上输入电压进行转换；
⋮
AMX0SL＝7，对 AIN7 上输入电压进行转换；
AMX0SL＝8，对温度传感器输入电压进行转换。

例如，AMX0CF＝1 时，AMX0SL＝0，对 AIN0 和 AIN1 上输入电压差进行转换；
AMX0SL＝1，无意义；
AMX0SL＝2，对 AIN2 上输入电压进行转换；
⋮
AMX0SL＝7，对 AIN7 上输入电压进行转换；
AMX0SL＝8，对温度传感器输入电压进行转换。

AMX0CF 和 AMX0SL 复位值都是 0。

3. 转换速度和增益配置寄存器 ADC0CF

前面提到，C8051F005 片内 ADC 自带放大器，且增益可调。ADC0CF 的 D2～D0 用于增益设定，如图 9.7 所示。默认增益为 1。如果希望增益为 2，则可设置 AMPGN2～AMPGN0＝001，以此类推。

ADC0CF 还可以用来设定 A/D 转换速度。

C8051F005 的 A/D 最大转换速度＝100 ksps(100 000 次/s),1 次转换最少需要 1/100 k＝10 μs。

C8051F005 的 A/D 转换周期用 SAR 转换时钟衡量。SAR 时钟频率应不大于 2 MHz。

ADC0CF 的 D7～D5 位用于设定 SAR 转换时钟周期(频率),以确保 ADC 有足够的转换时间。

ADC0CF 各位的定义如图 9.7 所示。

	D7	D6	D5	D4	D3	D2	D1	D0	地址：0BCH
ADC0CF	ADCS2	ADCS1	ADCS0	—	—	AMPGN2	AMPGN1	AMPGN0	复位值：00000000B

图 9.7 转换速度和增益配置寄存器 ADC0CF 各位的定义

其中：

D7～D5 ADCS2～ADCS0：SAR 转换时钟设置位。

＝000 SAR 转换时钟周期＝系统时钟周期(SAR 转换时钟频率＝系统时钟频率);

＝001 SAR 转换时钟周期＝2 个系统时钟周期(SAR 转换时钟频率＝系统时钟频率/2);

＝010 SAR 转换时钟周期＝4 个系统时钟周期(SAR 转换时钟频率＝系统时钟频率/4);

＝011 SAR 转换时钟周期＝8 个系统时钟周期(SAR 转换时钟频率＝系统时钟频率/8);

＝1xx SAR 转换时钟周期＝16 个系统时钟周期(SAR 转换时钟频率＝系统时钟频率/16)。

D2～D0 AMPGN2～AMPGN1：增益选择。

＝000 增益＝1;

＝001 增益＝2;

＝010 增益＝4;

＝011 增益＝8;

＝10x 增益＝16;

＝11x 增益＝0.5。

复位后,ADC0CF＝00H,即增益＝1,SAR 转换时钟周期＝1 个系统时钟。

【例 9.1】 在系统时钟频率＝4 MHz 情况下,若

- ADC0CF＝**01**0000000B,则 SAR 时钟频率＝系统时钟频率/4＝1 MHz＜2 MHz,这个设置是合适的。

➢ ADC0CF＝**000**00000B，则 SAR 时钟频率＝系统时钟频率＝4 MHz＞2 MHz，速度要求过高，应该降低 SAR 时钟频率。

【例 9.2】 已知系统时钟频率为 16 MHz，计算并选择合理的 SAR 时钟。

解： n 取 8，SAR 时钟频率为 16 MHz/8＝2 MHz；n 取 16，SAR 时钟频率为 16 MHz/16＝1 MHz。n 为分频系数，这 2 个系数都允许。

4. ADC 控制寄存器 ADC0CN

ADC0CN 用于对 ADC 的控制，其各位的定义如图 9.8 所示。

	D7	D6	D5	D4	D3	D2	D1	D0	地址：0E8H
ADC0CN	ADCEN	ADCTM	ADCINT	ADBUSY	ADCSTM1	ADCSTM0	ADWINT	ADLJST	复位值：0

图 9.8　ADC 控制寄存器 ADC0CN 各位的定义

其中：

D7　ADCEN：ADC 允许位。
　＝0　禁止 ADC；
　＝1　允许 ADC。

D6　ADCTM：ADC 跟踪方式位。
　＝0　连续跟踪方式。当 ADC 被允许时，除了转换期间外一直处于跟踪方式。
　＝1　低功耗跟踪方式。由 ADCSTM1～ADCSTM0 定义跟踪方式，即
　ADCSTM1～ADCSTM 0：
　＝00　向 ADBUSY 写 1 时启动跟踪，持续 3 个 SAR 时钟；
　＝01　定时器 3 溢出启动跟踪，持续 3 个 SAR 时钟；
　＝10　只有当 CNVSTR 输入为逻辑低电平时，启动 ADC 跟踪；
　＝11　定时器 2 溢出启动跟踪，持续 3 个 SAR 时钟。

D5　ADCINT：ADC 转换结束中断标志，必须用软件清 0。
　＝0　从最后一次将该位清 0 后，ADC 还没有完成一次数据转换；
　＝1　ADC 完成一次数据转换。

D4　ADCBUSY：ADC 忙标志位。
　读
　＝0　ADC 转换结束或复位以来没有有效的数据转换。当被允许时，ADC-BUSY 的下降沿触发中断。
　＝1　ADC 正在转换。
　写
　＝0　无效。

=1 若 ADCSTM1～ADCSTM0=000B,则启动 A/D 转换。

D3～D2 ADCSTM1～ADCSTM0：A/D 转换启动方式位。

=00 向 ADBUSY 写 1 启动 ADC 转换；

=01 定时器 3 溢出启动 ADC 转换；

=10 CNVSTR 上升沿启动 ADC 转换；

=11 定时器 2 溢出启动 ADC 转换。

D1 ADWINT：ADC 窗口比较中断标志,必须用软件清 0。

=0 未发生 ADC 窗口比较匹配；

=1 发生 ADC 窗口比较匹配。

D0 ADLJST：ADC 数据对齐控制位。

=0 ADC0H:ADC0L 寄存器数据右对齐；

=1 ADC0H:ADC0L 寄存器数据左对齐。

ADC0CN 的地址为 0E8H,可以位寻址。ADC0CN 主要控制如下内容。

(1) 允许和禁止 ADC

将 ADC0CN 的 D7 位 ADCEN 置 1,将允许 ADC 工作;否则禁止 ADC 工作。当不使用 ADC 时,应将 ADCEN 置 1,以降低功耗。复位后,ADCEN=0。

(2) 转换结果对齐方式设置

C8051F005 用 ADC0H 和 ADC0L 存放转换结果。ADC0H、ADC0L 共 16 位,转换结果为 12 位。数据有两种存放形式,如图 9.9 所示。

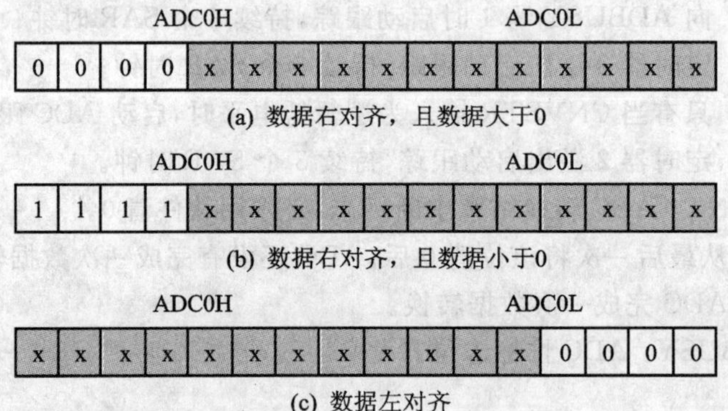

图 9.9 数据对齐形式

将数据存放在 ADC0H 的低 4 位和 ADC0L 的 8 位中——称为“右对齐”。

将数据存放在 ADC0H 的 8 位和 ADC0L 的高 4 位中——称为“左对齐”。

右对齐情况下,当数据大于 0 时,ADC0H 的高 4 位放 0000B;当数据小于 0 时,ADC0H

的高 4 位放 1111B。

左对齐情况下，ADC0L 的低 4 位总是 0000B。

ADC0CN 的 D0 位 ADLJST 用于设置对齐方式。复位后，ADLJST=0，因此默认为右对齐。

【例 9.3】 单端输入时，输入电压为 AIN0－AGND=0.5V_{REF}，转换数字为

$$D=\frac{4096}{V_{REF}}\times V_{IN}=2048=800H=1000\,0000\,0000B$$

右对齐和左对齐情况下，ADC0H 和 ADC0L 中的数据存放如图 9.10 所示。

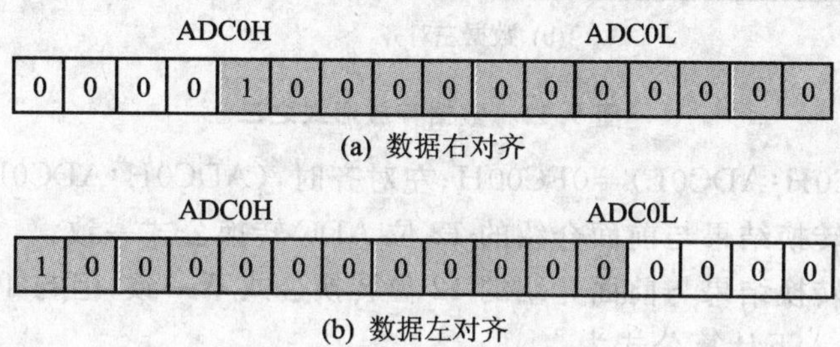

图 9.10　数据存放形式之一

右对齐时，(ADC0H:ADC0L)=0800H；左对齐时，(ADC0H:ADC0L)=8000H。

【例 9.4】 差分输入时，输入电压为 AIN0－AIN1=+0.5V_{REF}，转换数字为

$$D=\frac{2048}{V_{REF}}\times V_{IN}=+1024=400H=0100\,0000\,0000B$$

右对齐和左对齐情况下，ADC0H:ADC0L 中的数据存放如图 9.11 所示。

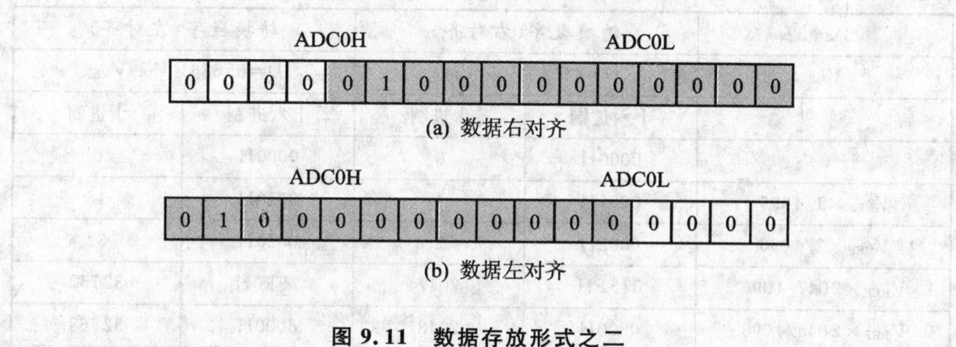

图 9.11　数据存放形式之二

右对齐时，(ADC0H:ADC0L)=0400H。左对齐时，(ADC0H:ADC0L)=4000H。

【例 9.5】 差分输入时，输入电压为 AIN0－AIN1=－0.5V_{REF}，转换数字为

$$D=\frac{2048}{V_{REF}}\times V_{IN}=1024=C00H=1100\,0000\,0000B$$

注意：负数要用补码表示。

右对齐和左对齐情况下，ADC0H 和 ADC0L 中的数据存放如图 9.12 所示。

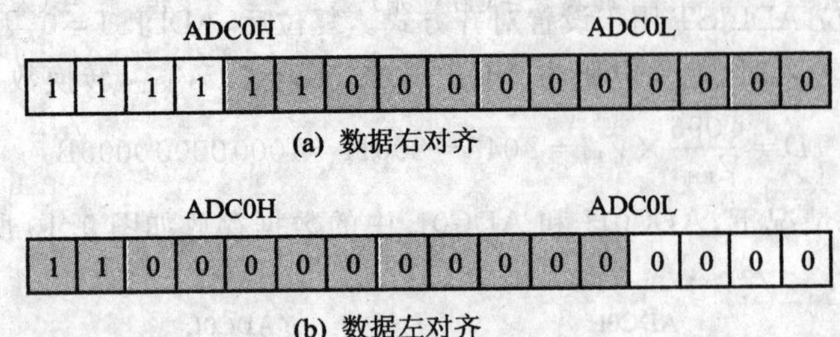

图 9.12　数据存放形式之三

右对齐时，(ADC0H:ADC0L)＝0FC00H；左对齐时，(ADC0H:ADC0L)＝0C000H。

右对齐时，A/D 转换结果与前面介绍的 12 位 ADC 转换公式一致。

左对齐时，A/D 转换结果与前面介绍的 12 位转换公式不一致，但与 16 位 ADC 转换公式相同。左对齐单端输入下计算公式为

$$D=\frac{65\,536}{V_{REF}}\times V_{IN}\quad V_{IN}=\frac{V_{REF}}{65\,536}\times D$$

左对齐差分输入下计算公式为

$$D=\frac{32\,768}{V_{REF}}\times(V_{IN+}-V_{IN-})\quad V_{IN+}-V_{IN-}=\frac{V_{REF}}{327\,688}\times D$$

单端输入右对齐和左对齐典型数据如表 9.2 所列。

表 9.2　单端输入右对齐和左对齐典型数据

输入电压	转换数字（右对齐）		转换数字（左对齐）	
V_{IN}	$D=4\,096\times V_{IN}/V_{REF}$		$D=65\,536\times V_{IN}/V_{REF}$	
	十六进制	十进制	十六进制	十进制
0	0000H	0	0000H	0
$V_{REF}\times 1/4\,096$	0001H	1	0010H	16
$V_{REF}\times 2/4\,096$	0002H	2	0020H	32
$V_{REF}\times 2047/4\,096$	07FFH	2047	7FF0H	32752
$V_{REF}\times 2048/4\,096$	0800H	2048	8000H	32768
$V_{REF}\times 4095/4\,096$	0FFFH	4095	FFF0H	65520

差分输入右对齐和左对齐典型数据如表 9.3 所列。

表 9.3 差分输入右对齐和左对齐典型数据

输入电压	转换数字(右对齐)		转换数字(左对齐)	
$V_{IN+}-V_{IN-}$	$D=2048\times(V_{IN+}-V_{IN-})/V_{REF}$		$D=32768\times(V_{IN+}-V_{IN-})/V_{REF}$	
	十六进制	十进制	十六进制	十进制
$-V_{REF}$	F800H	−2048	8000H	−32768
$-V_{REF}\times2047/2048$	F801H	−2047	8010H	−32752
$-V_{REF}\times2/2048$	FFFEH	−2	FFE0H	−32
$-V_{REF}\times1/2048$	FFFFH	−1	FFF0H	−16
0	0000H	0	0000H	0
$V_{REF}\times1/2048$	0001H	+1	0010H	+16
$V_{REF}\times2/2048$	0002H	+2	0020H	+32
$V_{REF}\times2047/2048$	07FFH	+2047	7FF0H	+32752

【例 9.6】 已知 A/D 转换结果(ADC0H:ADC0L)= 0450H,$V_{REF}=2.43$ V,单端输入,采用右对齐,求输入电压。

解: (ADC0H:ADC0L)= 0450H=1104。单端输入,右对齐时,输入电压为

$$V_{IN}=\frac{V_{REF}}{4096}\times D=\left(\frac{2.43}{4096}\times1104\right)\text{V}\approx0.65\ \text{V}$$

【例 9.7】 已知 ADC 转换结果(ADC0H:ADC0L)= 0450H,$V_{REF}=2.43$ V,单端输入,采用左对齐,求输入电压。

解: ADC0H:DC0L= 0450H=1104。单端输入,左对齐时,输入电压为

$$V_{IN}=\frac{V_{REF}}{65536}\times D=\left(\frac{2.43}{65536}\times1104\right)\text{V}\approx0.04\ \text{V}$$

编程时,经常需要根据 ADC0H 和 ADC0L 上的转换结果反推电压值,应注意使用正确的计算公式。

(3) ADC 的启动

ADC 被允许后,还需要给启动信号,才能开始 1 次转换。ADC 的启动有 4 种方式,通过 ADC0CN 的 ADCSTM1~ADCSTM0 进行设置,如图 9.8 所示。复位后,默认启动方式为向 ADBUSY 写 1 启动。下面介绍这 4 种启动方式。

① 向 ADBUSY 写 1 启动

向 ADC0CN 的 D4 位(ADBUSY)写 1,将启动 1 次 A/D 转换。即每当需要 A/D 转换时,写指令“SETB ADBUSY”。

【例 9.8】 某压力测量系统,结构如图 9.13 所示。压力传感器将压力信号 0~4.8 MPa 转变成 0~2.4 V 电压送 C8051 的 AIN0 通道,在程序中经过处理后,送 P1、P2 口显示。已知

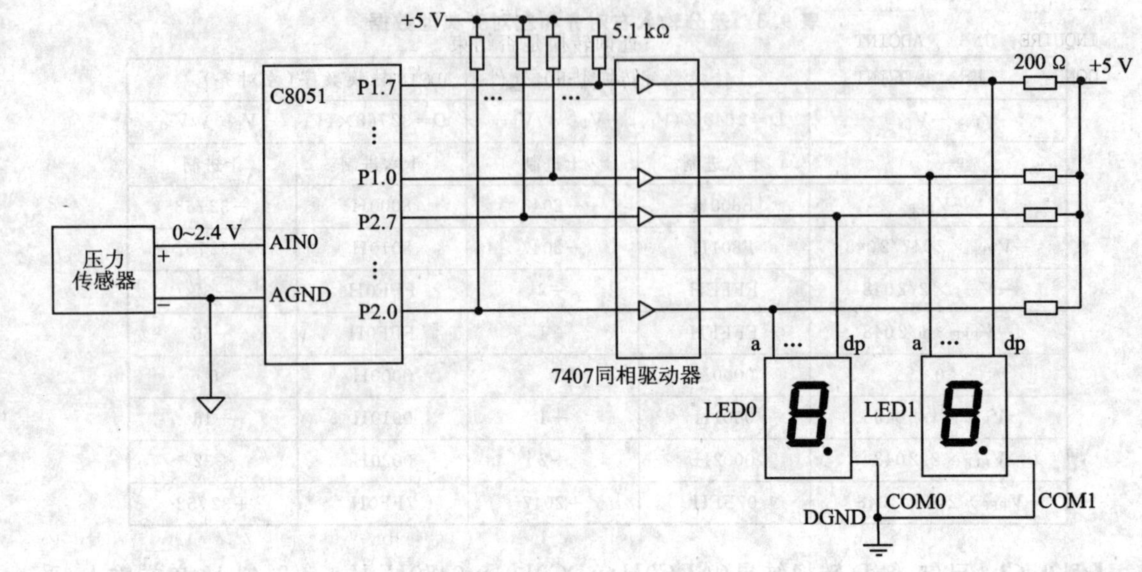

图 9.13　压力测量系统之一

系统时钟频率为 8 MHz。

解：ADC 采用内部基准电压。分频系数 *n* 取 8 时，SAR 转换频率＝系统时钟频率/8＝1 MHz＜2 MHz。AIN0 单端输入，其他通道任意，这里暂时全部设置成单端输入。

数据采用右对齐格式，向 ADBUSY 写 1 启动 ADC。

电路上，P1 和 P2 口接 7407 驱动器，7407 是 5 V 器件，因此 P1 和 P2 必须设置为漏极开路输出。程序如下：

```
          $INCLUDE(C8051F000.INC)
          ORG     0000H
          SJMP    START
          ORG     0030H
START:    MOV     WDTCN,＃0DEH
          MOV     WDTCN,＃0ADH          ;禁止看门狗
          MOV     SP,＃60H              ;设堆栈指针
          MOV     OSCICN,＃06H          ;系统时钟采用内部 8 MHz
          MOV     XBR2,＃0C0H           ;交叉开关允许，漏极开路输出
          MOV     REF0CN,＃00000011B    ;A/D 转换器的基准电压由内部基准电压源提供(2.4 V)
          MOV     AMX0CF,＃0            ;AIN0～AIN7 全部为单端输入
          MOV     AMX0SL,＃0            ;选择 AIN0 通道
          MOV     ADC0CF,＃01100000B    ;SAR 转换时钟周期为 8 个系统时钟周期，增益为 1
          MOV     ADC0CN,＃10000000B    ;ADC 允许，向 ADBUSY 写 1 启动转换，数据右对齐
```

```
BEGIN:    SETB  ADBUSY            ;启动 A/D 转换
INQUIRE:  JNB   ADCINT,$          ;查询转换是否结束
DONE:     CLR   ADCINT            ;转换结束,软件清 ADCINT
          MOV   40H,ADC0H
          MOV   41H,ADC0L         ;取 A/D 转换结果
TREAT:    ACALL BDBH              ;将 A/D 转换得到数字量转换成压力值
          ACALL DISP              ;压力显示
          SJMP  BEGIN             ;重复启动—查询—取数据—处理—显示过程
BDBH:     (略)
          RET
DISP:     (略)
          RET
          END
```

由于 A/D 转换需要时间，启动 ADC 后，不能马上到 ADC0H:ADC0L 中取转换结果，应等转换结束(ADCINT=1)后，再取结果；否则将不能得到正确的数据。此外，ADCINT 位必须用软件清 0。

BDBH 程序的任务是将 A/D 转换的结果变成压力。压力与电压对应关系为

$$P = \frac{P_{max} - P_{min}}{V_{INmax} - V_{INmin}} \times V_{IN} = \frac{4.8 - 0}{2.4 - 0} \times V_{IN} = 2V_{IN}$$

单端输入，右对齐时，数字量与电压对应关系为

$$V_{IN} = \frac{V_{REF}}{4096} \times D$$

故
$$P = 2V_{IN} = 2 \times \frac{V_{REF}}{4096} \times D$$

BDBH 程序的主要工作就是按上式进行计算。请同学们自己完成 BDBH 和 DISP 程序。

本程序中，两次启动 A/D 转换的时间间隔(采样时间间隔)主要取决于 DONE 程序段、BDBH 和 DISP 子程序的执行时间。程序改变了，采样时间也随之改变。

② 定时器 T3 和定时器 T2 溢出启动(定时启动)

这 2 种方式下，不需要软件干预，每隔一定时间，自动进行 1 次 A/D 转换。ADC 转换时间间隔取决于定时器 T2 或 T3 的溢出时间。采样时间固定，只与 T2 或 T3 的设置有关。当然，需要提前将 T2 或 T3 设置好。

【例 9.9】 将例 9.8 程序改为 T3 溢出启动，采样间隔 $t = 30$ ms。

解：T3 对系统时钟 12 分频计数，则 T3 初值为

$$X = 2^{16} - t \times f_{SYSCLK}/12 = 65\,536 - 30\text{ ms} \times 8\text{ MHz}/12 = 45\,536 = 0B1E0H$$

程序如下：

```
          $INCLUDE(C8051F000.INC)
          ORG     0000H
          SJMP    START
          ORG     0030H
START:    MOV     WDTCN,#0DEH
          MOV     WDTCN,#0ADH          ;禁止看门狗
          MOV     SP,#60H              ;设堆栈指针
          MOV     OSCICN,#06H          ;系统时钟采用内部 8 MHz
          MOV     XBR2,#0C0H           ;交叉开关允许,漏极开路输出
          MOV     TMR3H,#0B1H
          MOV     TMR3L,#0E0H          ; T3 初值
          MOV     TMR3RLH,#0B1H
          MOV     TMR3RLL,#0E0H        ;T3 重装值
          MOV     TMR3CN,#00000100B    ;允许并启动 T3,T3 使用系统时钟 12 分频
          MOV     REF0CN,#00000011B    ;ADC 的基准电压由内部基准电压源提供(2.4 V)
          MOV     AMX0CF,#0            ;AIN0～AIN7 全部为单端输入
          MOV     AMX0SL,#0            ;选择 AIN0 通道
          MOV     ADC0CF,#01100000B    ;SAR 转换时钟周期为 8 个系统时钟周期,增益为 1
          MOV     ADC0CN,#10000100B    ;ADC 允许,T3 溢出启动转换,数据右对齐
                                       ;此句原来是"BEGIN: SETB   ADBUSY",不再需要
INQUIRE:  JNB     ADCINT,$             ;查询转换是否结束
DONE:     CLR     ADCINT               ;转换结束,软件清 ADCINT
          MOV     40H,ADC0H
          MOV     41H,ADC0L            ;取 A/D 转换结果
TREAT:    ACALL   BDBH                 ;将 A/D 转换得到数字量转换成压力值
          ACALL   DISP                 ;压力显示
          SJMP    INQUIRE              ;重复查询—取数据—处理—显示过程
BDBH:     (略)
          RET
DISP:     (略)
          RET
          END
```

注意:程序中不再需要"SETB　ADBUSY"指令。

③ CNVSTR 上升沿启动

这种方式下,CNVSTR 引脚每出现 1 个上升沿,就启动 1 次 ADC。CNVSTR 引脚需要经交叉开关连到 I/O 引脚上。

【例 9.10】 某系统结构如图 9.14 所示。要求每按 1 次按键,进行 1 次压力测量,并显示测量结果。已知系统时钟频率为 8 MHz。

解：由于压力传感器的输出被接到 AIN2 和 AIN3 上，应设置此通道为差分输入，其他通道任意，暂时全部设置为差分输入。

可以利用 CNVSTR 启动功能。如果只有 CNVSTR 被连到 I/O 引脚上，按照交叉开关优先权分配原则，P0.0 被分配给 CNVSTR。每按下按键 1 次，CNVSTR = 0；松开按键，CNVSTR 出现 1 个上升沿，启动 1 次 A/D 转换。按键下的电容起去抖作用。

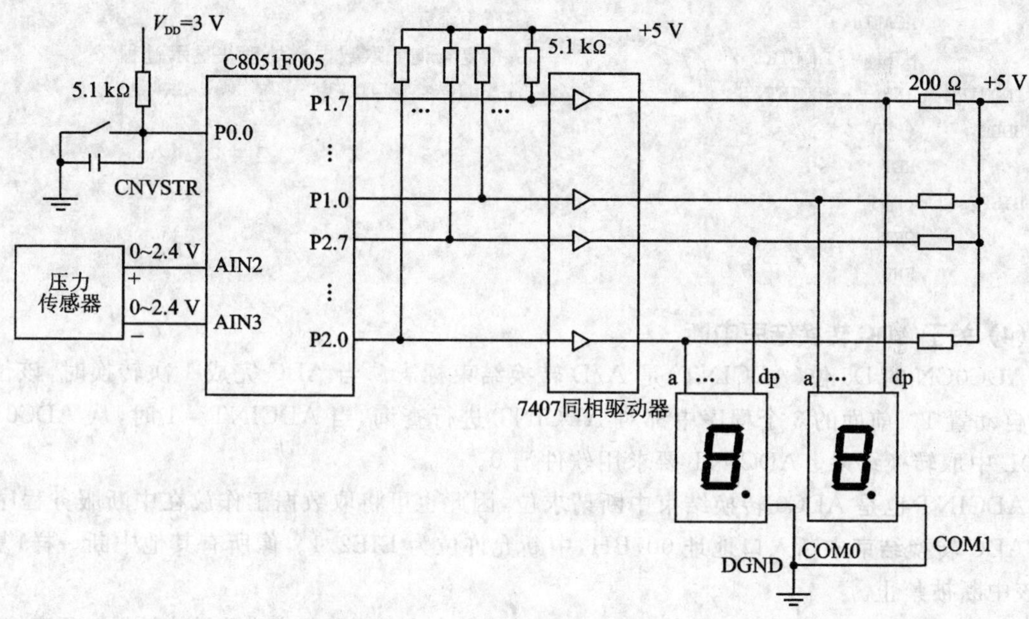

图 9.14 压力测量系统之二

程序如下：

```
        $INCLUDE(C8051F000.INC)
        ORG     0000H
        SJMP    START
        ORG     0030H
START:  MOV     WDTCN, #0DEH
        MOV     WDTCN, #0ADH           ;禁止看门狗
        MOV     SP, #60H               ;设堆栈指针
        MOV     OSCICN, #06H           ;系统时钟采用内部 8 MHz
        MOV     XBR2, #0C1H            ;交叉开关允许，漏极开路输出，CNVSTR 连到 I/O
        MOV     REF0CN, #00000011B     ;ADC 的基准电压由内部基准电压源提供(2.4 V)
        MOV     AMX0CF, #15            ;AIN0～AIN7 全部为差分输入
        MOV     AMX0SL, #2             ;选择 AIN2 和 AIN3 通道
        MOV     ADC0CF, #01100000B     ;SAR 转换时钟周期为 8 个系统时钟周期，增益为 1
```

```
            MOV     ADC0CN,#10001000B          ;ADC 允许,CNVSTR 上升沿启动转换,数据右对齐
INQUIRE:    JNB     ADCINT,$                   ;查询转换是否结束
DONE:       CLR     ADCINT                     ;转换结束,软件清 ADCINT
            MOV     40H,ADC0H
            MOV     41H,ADC0L                  ;取 A/D 转换结果
TREAT:      ACALL   BDBH                       ;将 A/D 转换得到数字量转换成压力值
            ACALL   DISP                       ;压力显示
            SJMP    INQUIRE                    ;重复查询—取数据—处理—显示过程
INQUIRE:    JNB     ADCINT,$                   ;查询转换是否结束
BDBH:       (略)
            RET
DISP:       (略)
            RET
            END
```


(4) 关于 ADC 转换结束中断

ADC0CN 的 D5 位(ADCINT)是 A/D 转换结束标志。当 ADC 完成 1 次转换时,该位由硬件自动置 1。前面的 3 个程序中都对 ADCINT 进行查询,当 ADCINT=1 时,从 ADC0H:ADC0L 中取转换结果。ADCINT 要求用软件清 0。

ADCINT 也是 ADC0 转换结束中断请求位,因此也可将取数据工作放在中断服务程序。

ADC 转换结束中断入口地址 007BH,中断允许位为 EIE2.1。像所有其他中断一样,复位后,该中断被禁止。

【例 9.11】 将例 9.9 的程序改为在 ADC0 转换结束中断服务程序中取转换结果。程序如下:

```
            $INCLUDE(C8051F000.INC)
            ORG     0000H
            AJMP    START
            ORG     007BH                ;ADC0 转换结束中断向量
            AJMP    DONE
            ORG     0100H                ;此处原来为“ORG   0030H”
                                         ;ADC0 中断向量在 007BH,为防止主程序覆盖 007BH 内容
                                         ;应将主程序放在 007BH+3 后,这里定位在 0100H 后
START:      MOV     WDTCN,#0DEH
            MOV     WDTCN,#0ADH          ;禁止看门狗
            MOV     SP,#60H              ;设堆栈指针
            MOV     OSCICN,#06H          ;系统时钟采用内部 8 MHz
            MOV     XBR2,#0C0H           ;交叉开关允许,漏极开路输出
            MOV     TMR3H,#0B2H
            MOV     TMR3L,#0E0H          ; T3 初值
```

```
        MOV     TMR3RLH,#0B1H
        MOV     TMR3RLL,#0E0H          ;T3 重装值
        MOV     TMR3CN,#00000100B      ;允许并启动 T3,T3 使用系统时钟 12 分频
        MOV     REF0CN,#00000011B      ;ADC 的基准电压由内部基准电压源提供(2.4 V)
        MOV     AMX0CF,#0              ;AIN0～AIN7 全部为单端输入
        MOV     AMX0SL,#0              ;选择 AIN0 通道
        MOV     ADC0CF,#01100000B      ;SAR 转换时钟周期为 8 个系统时钟周期,增益为 1
        ORL     EIE2,#00000010         ;允许 ADC0 转换结束中断
TREAT:  ACALL   BDBH                   ;将数字量转换成压力值
        ACALL   DISP                   ;压力显示
        SJMP    TREAT
DONE:   CLR     ADCINT                 ;软件清 ADCINT
        MOV     40H,ADC0H
        MOV     41H,ADC0L              ;取 A/D 转换结果
        RETI                           ;中断返回
BDBH:   (略)
        RET
DISP:   (略)
        RET
        END
```

(5) 跟踪方式设定

ADC0CN 的 D6 位 ADCTM 用于跟踪方式设定。

ADC 有 3 种工作状态：跟踪状态、转换状态和低功耗状态(不跟踪也不转换状态)。

跟踪状态下，模拟电压信号进入 ADC，对内部采样电容充电；转换状态下，对采样电容上的电压信号进行转换；低功耗状态下，信号根本不进入 ADC，也不进行转换，功耗最小。

① 当 ADC 被禁止时，处于低功耗状态。

② 当 ADC 被允许时：

如果 ADCTM=0，则只要没收到启动转换信号，ADC 就总处于跟踪状态，即模拟电压信号一直被允许进入 ADC，对内部采样电容充电。ADC 收到启动信号，进入转换状态，转换结束，又恢复跟踪状态。也可以说，在被允许后，ADC 或者处于跟踪状态，或者处于转换状态。

如果 ADCTM=1，则 ADC 被允许后，大部分时间里 ADC 仍处于低功耗状态，除非收到启动信号。

如果启动信号来自向 ADBUSY 写 1 或 T2 溢出或 T3 溢出，则收到启动信号后，先进入跟踪方式，持续 3 个 SAR 时钟周期，把模拟电压信号放进来，对内部采样电容充电，然后再进行 A/D 转换。转换结束后，恢复低功耗状态。

如果启动信号来自向 CNVSTR 引脚，则 CNVSTR 为低电平时，进入跟踪方式，让模拟电

压信号进来，CNVSTR 从低电平变为高电平（上升沿），进入转换状态。转换结束后，恢复低功耗状态。

可见，ADCTM 位置 1 时，可消耗更少的能量。在需要低功耗场合和多通道数据采集时，此功能起到非常重要的作用。

ADC 工作状态如图 9.15 所示。

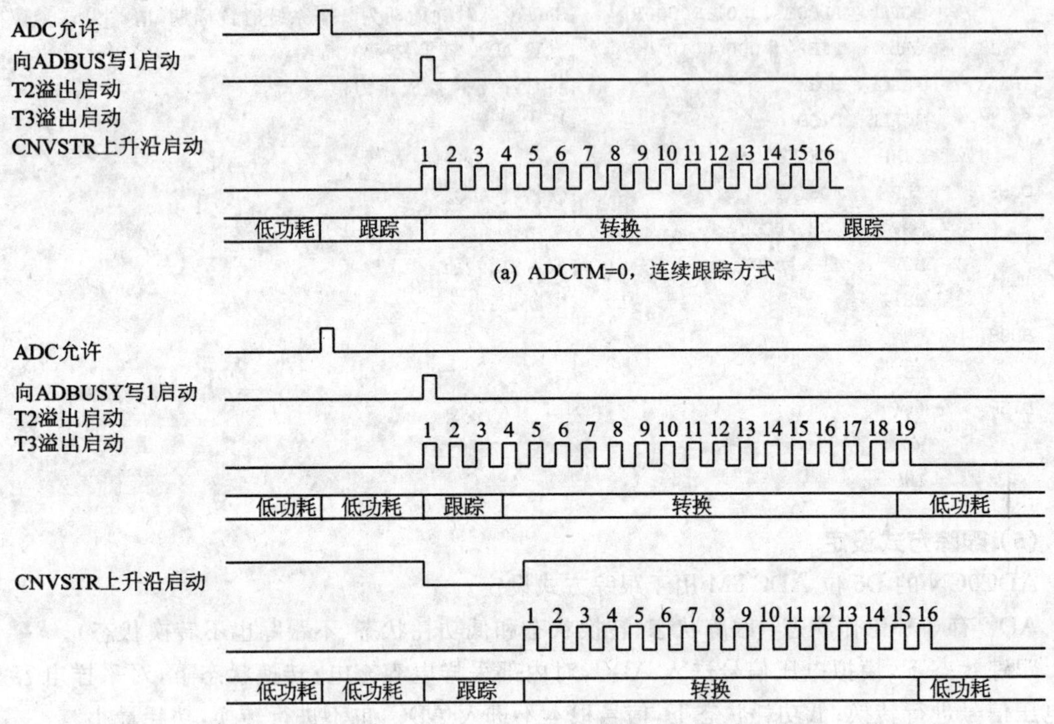

图 9.15 ADC 工作状态

由图中可以看出，每次转换需要 16 个 SAR 时钟。复位后，ADCTM＝0。前面几个程序都设置 ADCTM＝0。

5. A/D 转换结果寄存器 ADC0H、ADC0L

ADC0H 和 ADC0L 用于存储转换结果。ADC0H 和 ADC0L 的地址分别为 0BFH、0BEH，复位值为 0。

6. 可编程窗口检测器

前面几个例子程序设计都是：每当 A/D 转换结束时，不管数据是多少，就立刻取走转换数据。有时，并不需要将所有数据都取走进行处理。

【例 9.12】 如图 9.13 所示的压力测量系统中，压力传感器将压力信号 0～4.8 MPa 转变成 0～2.4 V 电压送 C8051 的 AIN0 通道。在程序中经过处理后，送 P1、P2 接口显示。已知系统时钟频率为 8 MHz。如果压力在正常范围，则显示压力值；如果压力超过 2 V 或低于 0.5 V，则不处理。

解：可以有以下两种程序设计方法。

(1) 像前面程序一样，将所有转换数据取走，然后在程序中对转换结果进行分析，决定显示压力值或者不予理睬。

(2) 利用 ADC 窗口比较功能，压力超范围时根本不取数据。

ADC 的窗口监测器提供了这样的功能：它不停地将 ADC 的转换结果与 1 个预先设定的范围进行比较，只有当 ADC 转换结果在此范围内时，才通知 CPU。也可以设置成：当 ADC 输出超出这个范围时，才通知 CPU。

这就好像设置了一个窗口，只有符合条件的数据才能通过窗口。

利用窗口比较器，可以过滤掉那些不需要的数据，只存取需要的数据。这样可以节约一些时间，让 CPU 去做其他处理。在对速度要求较高的场合，尤其需要有这种处理。

C8051F005 通过 ADC0GTH、ADC0GTL、ADC0LTH 和 ADC0LTL 这 4 个寄存器进行窗口设定。

当数据通过窗口检测时，通知 CPU 的方式是将 ADC0CN 的 D1 位 ADWINT 置位，并向 CPU 申请 ADC 窗口比较中断。

因此，如果预先设置好 ADC0GTH、ADC0GTL、ADC0LTH 和 ADC0LTL 寄存器的值，允许 ADC0 窗口比较中断，禁止 ADC0 转换结束中断，并将取数据操作放在 ADC0 窗口比较中断服务程序中，则只有当数据通过窗口检测时，才进入服务程序取走数据。

ADC0 窗口比较中断的中断向量为 0043H，中断允许位是 EIE1.2。

利用 ADC 窗口比较中断实现例 9.12 的要求，并使用低功耗跟踪方式。程序如下：

```
          $ INCLUDE(C8051F000.INC)
          ORG     0000H
          AJMP    START
          ORG     0043H                   ;ADC0 窗口比较中断向量
          AJMP    DONE
          ORG     0100H
START:    MOV     WDTCN,＃0DEH
          MOV     WDTCN,＃0ADH            ;禁止看门狗
          MOV     SP,＃60H                ;设堆栈指针
          MOV     OSCICN,＃06H            ;系统时钟采用内部 8 MHz
          MOV     XBR2,＃0C0H             ;交叉开关允许,漏极开路输出
          MOV     TMR3H,＃0B2H
```

```
        MOV     TMR3L,#0E0H          ;T3 初值
        MOV     TMR3RLH,#0B1H
        MOV     TMR3RLL,#0E0H        ;T3 重装值
        MOV     TMR3CN,#00000100B    ;允许并启动 T3,T3 使用系统时钟 12 分频
        MOV     REF0CN,#00000011B    ;ADC 的基准电压由内部基准电压源提供(2.4 V)
        MOV     AMX0CF,#0            ;AIN0～AIN7 全部为单端输入
        MOV     AMX0SL,#0            ;选择 AIN0 通道
        MOV     ADC0CF,#01100000B    ;SAR 转换时钟周期为 8 个系统时钟周期,增益为 1
        MOV     ADC0CN,#11000100B    ;ADC 允许,低功耗跟踪方式,T3 溢出启动转换,数据右对齐
        MOV     ADC0GTH,#01H
        MOV     ADC0GTL,#0A5H
        MOV     ADC0LTH,#06H
        MOV     ADC0LTL,#96H         ;设置窗口值
        ORL     EIE1,#00000100       ;允许 ADC0 窗口比较中断
        SETB    EA                   ;开总中断
TREAT:  ACALL   BDBH                 ;将数字量转换成压力值
        ACALL   DISP                 ;压力显示
        SJMP    TREAT
DONE:   CLR     ADCINT               ;软件清 ADCINT
        MOV     40H,ADC0H
        MOV     41H,ADC0L            ;取 A/D 转换结果
        RETI                         ;中断返回
BDBH:   (略)
        RET
DISP:   (略)
        RET
        END
```

下面介绍 ADC0GTH、ADC0GTL、ADC0LTH 和 ADC0LTL 寄存器的设置方法。

本例中,希望压力在 0.5～2 V 时取走数据。根据压力与数字量之间对应关系:

$$P=2V_{IN}=2\times\frac{V_{REF}}{4\,096}\times D$$

如果 $V_{REF}=2.43$ V,则可算得:

$P=0.5$ MPa 时,对应数字 $D_L\approx421=$01A5H。

$P=2.0$ MPa 时,对应数字 $D_H\approx1\,686=$0696H。

(1) 单端输入,数据右对齐

窗口设置如图 9.16 所示。

如果希望 0.5 MPa$<P<$2 MPa,即 $D_L<D<D_H$时取数据,则应按图 9.16(a)设置。

(ADC0LTH:ADC0LTL)$=D_H=$0696H, (ADC0GTH:ADC0GTL)$=D_L=$01A5H

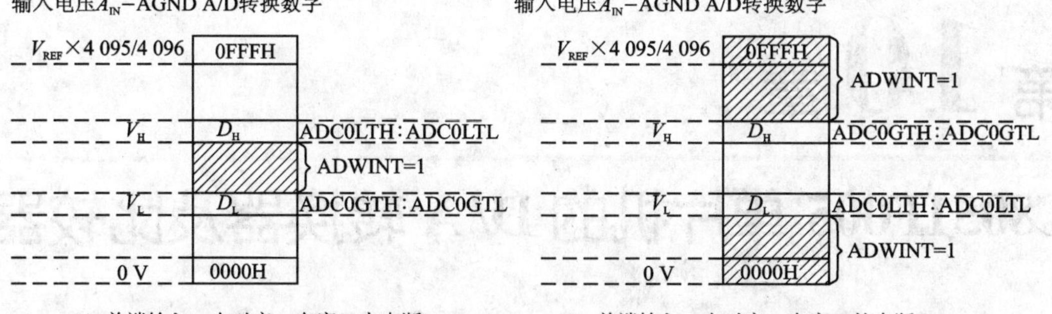

图 9.16　单端输入数据、右对齐情况下的窗口设置

本例中就是这种设置。

若希望 $P<0.5$ MPa 或 $P>2$ MPa,即 $D<D_L$或 $D>D_H$时取数据,则应按图 9.16(b)设置。

(ADC0GTH∶ADC0GTL)$=D_H=$0696H，　(ADC0LTH∶ADC0LTL)$=D_L=$01A5H

(2) 差分输入,数据右对齐

设置方法与单端输入类似,不同的只是 A/D 转换数字的范围为 −2 048～+2 047(0F800H～07FFH)。窗口设置如图 9.17 所示。

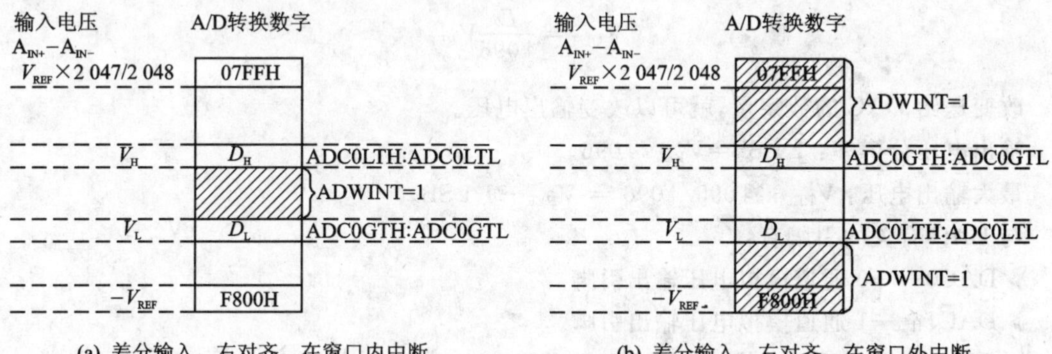

图 9.17　差分输入数据、右对齐情况下的窗口设置

(3) 单端输入,数据左对齐

设置方法与单端输入类似,不同的只是 A/D 转换数字的范围为 0～65 520(0000H～0FFF0H)。

(4) 差分输入,数据左对齐

设置方法与单端输入类似,不同的只是 A/D 转换数字的范围为 −32 768～+32 752(8000H～7FF0H)。

复位后,(ADCGTH∶ADCGTL)＝0FFFFH;(ADCLTH∶ADCLTL)＝0000H。这 4 个特殊功能寄存器的地址为 0C4H～0C7H。

第 10 章

C8051F005 单片机的 D/A 转换器及比较器

10.1 D/A 转换器

10.1.1 D/A 转换器的作用

C8051F005 内置 2 个 12 位的电压输出型 D/A 转换器(DAC),用于将 12 位数字量转换成模拟电压输出。每个 DAC 的输出电压范围为 0～(V_{REF}－1 LSB),对应的输入数字量范围是 000H～0FFFH(0～4 095)。输出电压 V_{OUT} 与数字量关系式为

$$V_{OUT}=\frac{D}{4096}V_{REF}$$

改变送给 DAC 的数字量,就可以改变输出电压。

输出电压分辨率：1 LSB=V_{REF}/4 096。

最大输出电压：$V_{REF}\times 4095/4096 = V_{REF}-1$ LSB。

与 DAC 有关的引脚有：

- DAC0——0 通道模拟电压输出引脚。
- DAC1——1 通道模拟电压输出引脚。
- AV+和 AGND——模拟电源和地引脚。
- V_{REF}——基准电压源引脚。

10.1.2 D/A 转换器的结构

C8051F00x 的 DAC 的结构如图 10.1 所示。

2 个 DAC 的结构完全相同。下面以 DAC0 为例进行说明。

待转换的数字量在 DAC0H∶DAC0L 中,转换结果(模拟电压信号)通过 DAC0 和 AGND 引脚输出。

完成转换任务的核心部件是 DAC0——数/模转换器,工作时它需要基准电压 V_{REF} 的

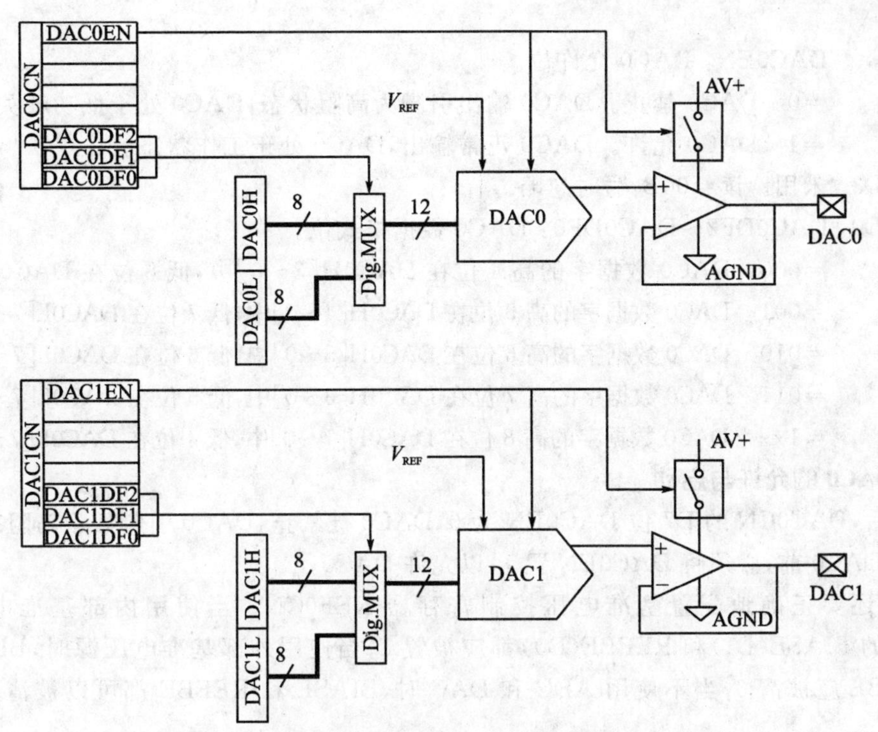

图 10.1　DAC0 和 DAC1 的结构图

配合。

关于基准电压源的配置，请参考第 9 章的相关内容。

DAC0CN 用于控制 DAC0 的工作。

10.1.3　相关特殊功能寄存器

1. DAC0 数据寄存器 DAC0H 和 DAC0L

DAC0H 和 DAC0L 用于存储 DAC0 待转换数据，地址为 0D3H 和 0D2H，复位值为 0。

2. DAC0 控制寄存器 DAC0CN

DAC0CN 各位的定义如图 10.2 所示。

	D7	D6	D5	D4	D3	D2	D1	D0	地址：0D4H
DAC0CN	DAC0EN	—	—	—	—	DAC0DF2	DAC0DF1	DAC0DF0	复位值：00H

图 10.2　DAC0 控制寄存器 DAC0CN 各位的定义

其中：

D7　　　DAC0EN：DAC0 允许位。

　　　　=0　DAC0 禁止。DAC0 输出引脚为高阻状态，DAC0 处于低功耗关断方式。

　　　　=1　DAC0 允许。DAC0 正常输出，DAC0 处于工作状态。

D6～D3　未用。读=00B，写时忽略。

D2～D0　DAC0DF2～DAC0DF0：DAC0 数据格式位。

　　　　=000　DAC0 数据字的高 4 位在 DAC0H[3～0]中，低 8 位在 DAC0L 中；

　　　　=001　DAC0 数据字的高 5 位在 DAC0H[4～0]中，低 7 位在 DAC0L[7～1]中；

　　　　=010　DAC0 数据字的高 6 位在 DAC0H[5～0]中，低 6 位在 DAC0L[7～2]中；

　　　　=011　DAC0 数据字的高 7 位在 DAC0H[6～0]中，低 5 位在 DAC0L[7～3]中；

　　　　=1xx　DAC0 数据字的高 8 位在 DAC0H[7～0]中，低 4 位在 DAC0L[7～4]中。

(1) DAC0 的允许与启动

复位后，DAC0CN 的 D7 位 DAC0EN 为 0，DAC0 被禁止，DAC0 引脚处于高阻态。

使用 DAC0 前，必须将 DAC0EN 置 1，以允许 DAC0。

另外，还要正确地配置基准电压控制寄存器 REF0CN。当使用内部基准电压源时，REF0CN 的 BIASE(D1)和 REFBE(D0)都应被置 1；当使用外部基准电压源时，BIASE 应置 1，而 REFBE 应被清 0；当不使用 ADC 和 DAC 时，BIASE 和 REFBE 都可以被清 0，以减小功耗。

将数据送 DAC0H 的同时，数据进入 DAC0 并开始 D/A 转换。因此，输出时必须注意**先送 DAC0L，再送 DAC0H**；否则，将对新的 DAC0H 和旧的 DAC0L 中的数据进行 D/A 转换。

有一种特殊的情况，预先将 DAC0L 送 0(也可以送其他值)，以后每次输出时，只给 DAC0H 送数据，不理会 DAC0L。这实际上是将 12 位的 DAC 做 8 位 DAC 用。

(2) 数据格式

DAC0H 和 DAC0L 共 16 位，用来存储 12 位待转换数据。C8051005 允许 5 种数据存放格式，具体情况如图 10.3 所示。数据格式取决于 DAC0CN 的 D2～D0 位的设置。复位后，ADC0CN=00H，因此默认为格式 0。

DAC1 和 DAC0 的结构完全相同，相关 SFR 如下：

3. DAC1 数据寄存器 DAC1H 和 DAC1L

DAC1H 和 DAC1L 用于存储 DAC1 待转换数据，地址为 0D6H 和 0D5H，复位值=0。

4. DAC1 控制寄存器 DAC1CN

DAC1CN 各位的定义如图 10.4 所示。

其中：

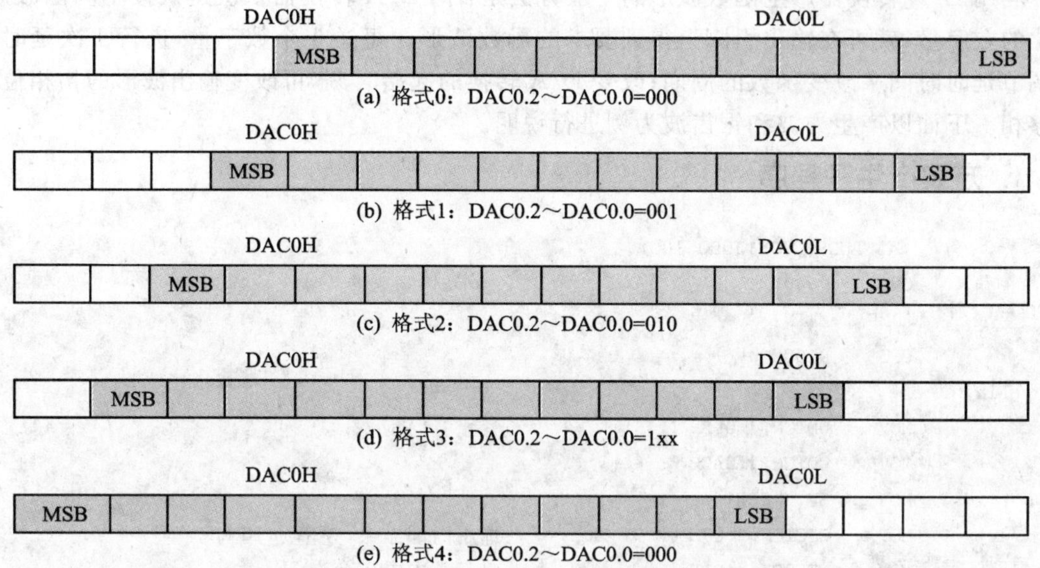

图 10.3　DAC0H 和 DAC0L 中数据的存放格式

	D7	D6	D5	D4	D3	D2	D1	D0	地址：0D7H
DAC1CN	DAC1EN	—	—	—	—	DAC1DF2	DAC1DF1	DAC1DF0	复位值：00H

图 10.4　DAC1 控制寄存器 DAC1CN 各位的定义

D7　　DAC1EN：DAC1 允许位。

　　＝0　DAC1 禁止。DAC1 输出引脚为高阻态，DAC1 处于低功耗关断方式。

　　＝1　DAC1 允许。DAC1 正常输出，DAC1 处于工作状态。

D6～D3　未用。读为 00B，写时忽略。

D2～D0　DAC1DF2～DAC1DF0：DAC1 数据格式位。

　　＝000　DAC1 数据字的高 4 位在 DAC1H[3～0]中，低 8 位在 DAC1L 中；

　　＝001　DAC1 数据字的高 5 位在 DAC1H[4～0]中，低 7 位在 DAC1L[7～1]中；

　　＝010　DAC1 数据字的高 6 位在 DAC1H[5～0]中，低 6 位在 DAC1L[7～2]中；

　　＝011　DAC1 数据字的高 7 位在 DAC1H[6～0]中，低 5 位在 DAC1L[7～3]中；

　　＝1xx　DAC1 数据字的高 8 位在 DAC1H[7～0]中，低 4 位在 DAC1L[7～4]中。

10.1.4　D/A 转换器应用举例

D/A 转换器的应用非常广泛，可以实现数字信号到模拟信号的转换。例如，利用 D/A 转换功能，结合灵活的编程技巧，可以产生多种函数波形，并且硬件电路比较简单。

利用 D/A 转换器产生函数波形的一般方法是：向 D/A 转换器依次送入按不同函数规律变化的数字量，就可在输出引脚上得到要求的函数波形。每送 1 个数字量，进行 1 次延时，通过调节延时时间来改变函数的周期；改变 D/A 转换的起始时刻，可改变输出波形的初相位，实现移相。下面以产生方波和锯齿波为例进行说明。

1. 方波产生子程序

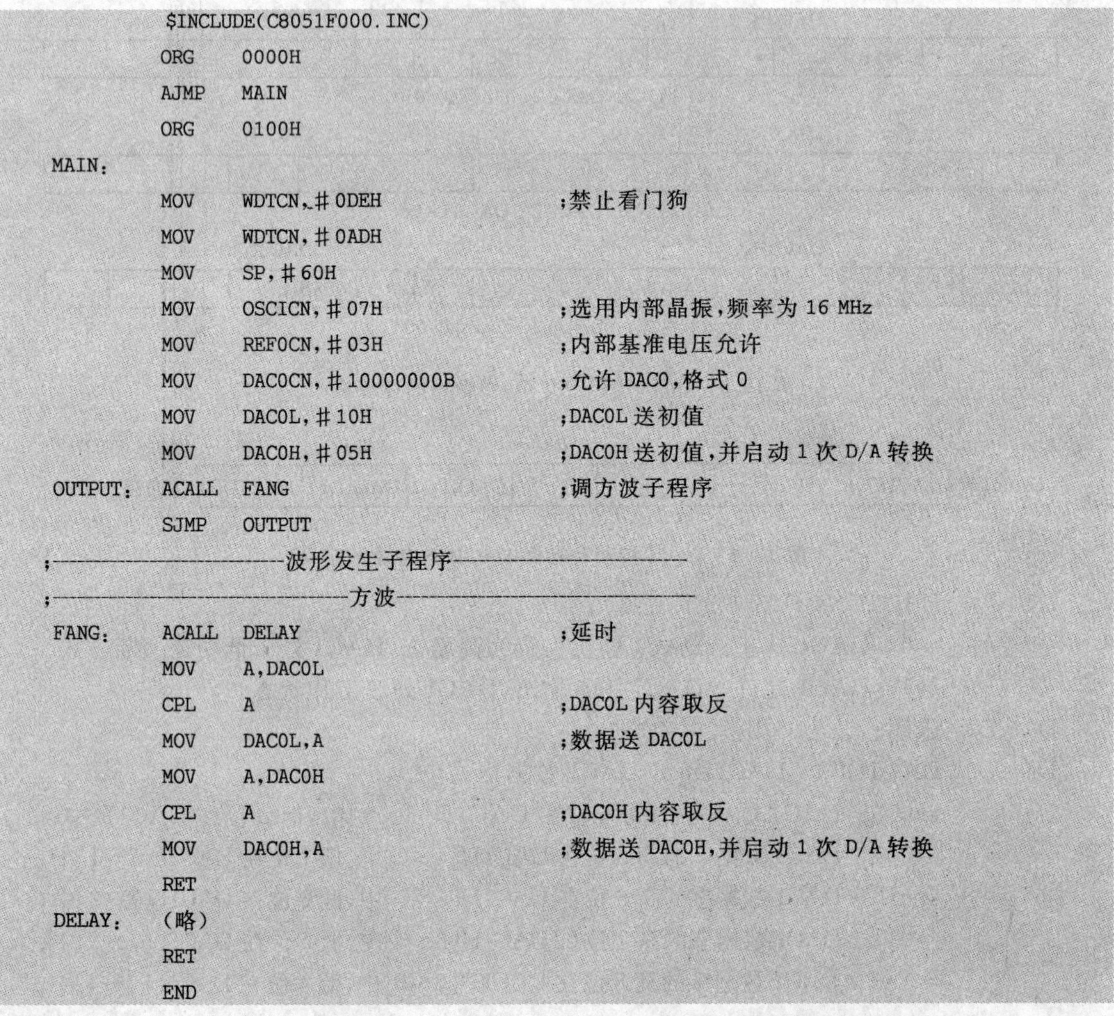

```
          $INCLUDE(C8051F000.INC)
          ORG     0000H
          AJMP    MAIN
          ORG     0100H
MAIN:
          MOV     WDTCN,#0DEH              ;禁止看门狗
          MOV     WDTCN,#0ADH
          MOV     SP,#60H
          MOV     OSCICN,#07H              ;选用内部晶振,频率为 16 MHz
          MOV     REF0CN,#03H              ;内部基准电压允许
          MOV     DAC0CN,#10000000B        ;允许 DAC0,格式 0
          MOV     DAC0L,#10H               ;DAC0L 送初值
          MOV     DAC0H,#05H               ;DAC0H 送初值,并启动 1 次 D/A 转换
OUTPUT:   ACALL   FANG                     ;调方波子程序
          SJMP    OUTPUT
;--------------------波形发生子程序--------------------
;------------------------方波------------------------
FANG:     ACALL   DELAY                    ;延时
          MOV     A,DAC0L
          CPL     A                        ;DAC0L 内容取反
          MOV     DAC0L,A                  ;数据送 DAC0L
          MOV     A,DAC0H
          CPL     A                        ;DAC0H 内容取反
          MOV     DAC0H,A                  ;数据送 DAC0H,并启动 1 次 D/A 转换
          RET
DELAY:    (略)
          RET
          END
```

此程序使用 DAC0，格式 0。DAC0 初始值=0510H=0000010100010000B。有效的 12 位数字是后 12 位，D=010100010000B=510H=1296。如果 $V_{REF}=2.43\ \text{V}$，则对应输出电压为

$$V_{OUT}=V_{REF}\times D/4096=2.43\ \text{V}\times 1296/4096\approx 0.77\ \text{V}$$

方波发生子程序中不断地取反 DAC0H:DAC0L。初值 0510H 取反后为

(DAC0H:DAC0L)=1111101011101111B

有效的数字仍然是后 12 位，D=101011101111B=2799，对应输出电压为

$$V_{OUT}=V_{REF}\times D/4096=2.43\ V\times 2799/4096\approx 1.66\ V$$

因此，输出方波的幅度在 0.66～1.66 V 之间变化。如果要改变输出电压幅度，则修改 DAC0H:DAC0L 的初始值即可；如果要改变输出波形周期，则修改延时时间即可。

2. 锯齿波产生子程序

```
WAVE1:  MOV     DAC0L,#0
        MOV     DAC0H,#0                ;给 DAC0 送初值
W1LOOP: ACALL   DELAY                   ;延时
        MOV     A,DAC0L
        ADD     A,#1
        MOV     DAC0L,A
        MOV     A,DAC0H
        ADDC    A,#1
        MOV     DAC0H,A                 ;输出加 1
        RET
```


该程序每次将 DAC0H:DAC0L 的值加 1(步长=1)，因此，输出电压每次增加 1 LSB。当 ADC0H:ADC0L=0000111111111111B(4095)时，输出达到最大值。再加 1，ADC0H:ADC0L 的低 12 位全部变成 0，输出电压跳回 0。因此，在 DAC0 引脚上得到锯齿波。

调整延时时间，可改变锯齿波周期。增加步长，可调整锯齿波斜率。

10.2　电压比较器

10.2.1　电压比较器的作用

电压比较器(以下简称比较器)的主要作用就是比较两个模拟电压信号的大小。比较器的输入为 2 路模拟电压，比较器的输出或者为 0，或者为 1。

比较器有 2 种：无回差比较器和回差比较器。

无回差比较器的工作过程是：当同相端电压 V_{IN+} 大于反相端电压 V_{IN-} 时，比较器输出电压 V_{OUT} 为高电平；反之，输出为低电平。表达式为

$$V_{OUT}=\begin{cases}0 & (当\ V_{IN+}-V_{IN-}<0\ 时)\\ 1 & (当\ V_{IN+}-V_{IN-}>0\ 时)\end{cases}$$

回差比较器的的工作过程是：当 $V_{IN+}-V_{IN-}$ 大于正向回差电压 ε_1 时，比较器输出 V_{OUT} 为高电平；当 $V_{IN+}-V_{IN-}$ 小于反向回差电压 $-\varepsilon_2$ 时，比较器输出 V_{OUT} 为低电平；当电压差在 $-\varepsilon_2\sim+\varepsilon_1$ 之间时，比较器输出不变。表达式为

$$V_{OUT}=\begin{cases}0 & (\text{当 } V_{IN+}-V_{IN-}<-\varepsilon_2 \text{ 时})\\ 1 & (\text{当 } V_{IN+}-V_{IN-}>+\varepsilon_1 \text{ 时})\\ \text{不变} & (\text{当 } -\varepsilon_2<V_{IN+}-V_{IN-}<+\varepsilon_1 \text{ 时})\end{cases}$$

比较器工作特性曲线如图 10.5 所示。

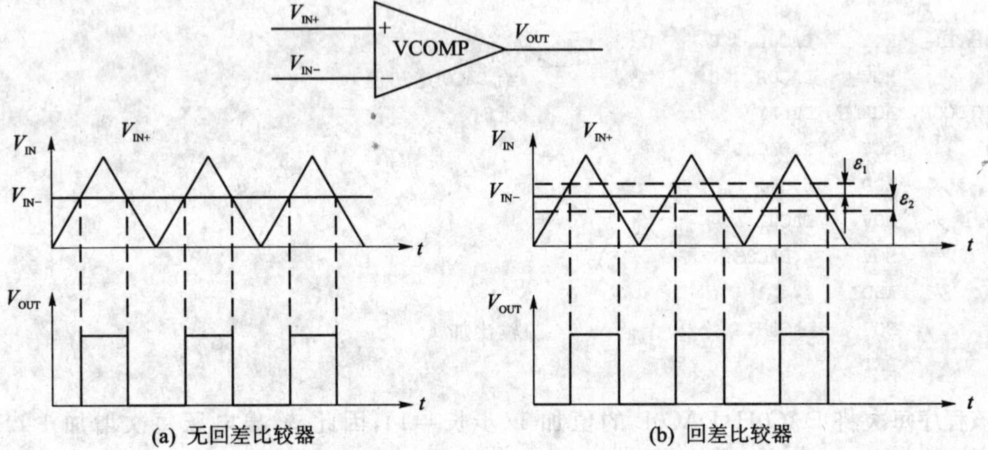

图 10.5　比较器的工作特性曲线

无回差比较器实际上是回差比较器的特例，其正向回差电压和反向回差电压都为 0。

10.2.2　比较器的结构

C8051F005 比较器电路结构如图 10.6 所示。

C8051F005 内部有两个回差比较器 CP0 和 CP1，可用软件设置回差电压的大小。两个比较器的结构完全相同。只是比较器 0 能用作复位源，比较器 1 不能用作复位源。请参见第 5 章关于 C8051 复位的相关内容。

CP0 的输入电压引脚为 CP0＋和 CP0－引脚；CP1 的输入电压引脚为 CP1＋和 CP1－引脚。每个引脚上允许输入信号的范围为－0.25 V～(AV+) ＋0.25 V。

比较的结果以 3 种形式送出，下面以 CP0 为例进行说明。

- 结果在 CPT0CN 寄存器的 D6 位 CP0OUT。软件可通过对该位的查询得知比较结果，然后进行相应处理。
- 结果在比较器中断标志位。比较器输出由 0 变为 1 时，比较器上升沿中断标志位自动

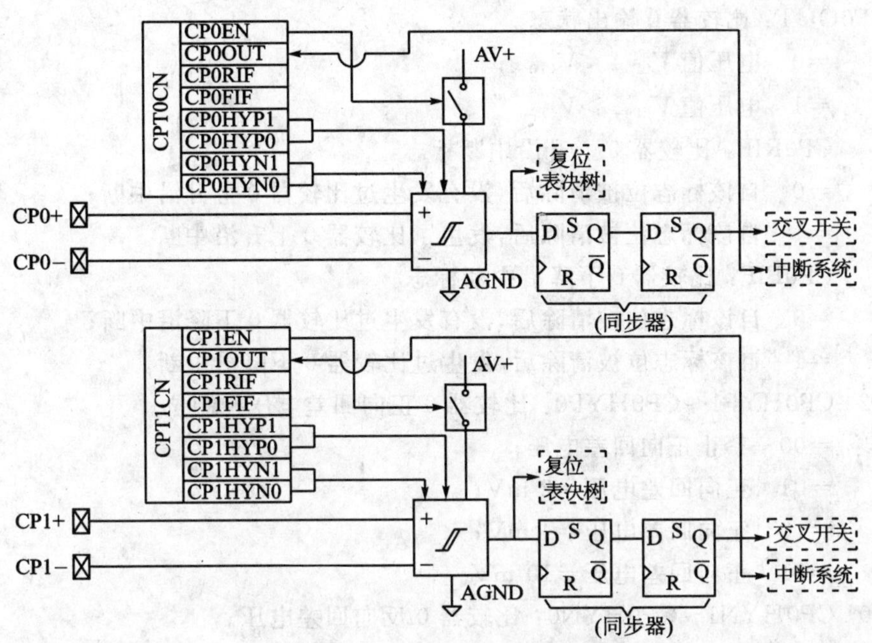

图 10.6　比较器的电路结构

置 1；比较器输出由 1 变为 0 时，比较器下降沿中断标志位自动置 1。

➢ 设置交叉开关，允许比较器输出连到 I/O 引脚上以后，还可以直接在该引脚上得到比较结果。比较器输出可被编程为漏极开路或推挽输出。

比较器控制寄存器 CPT0CN 用于控制 CP0；CPT1CN 用于控制 CP1。

10.2.3　相关特殊功能寄存器

1. 比较器 0 控制寄存器 CPT0CN

CPT0CN 各位的定义如图 10.7 所示。

	D7	D6	D5	D4	D3	D2	D1	D0	地址：9EH
CPT0CN	CP0EN	CP0OUT	CP0RIF	CP0FIF	CP0HYP1	CP0HYP0	CP0HYN1	CP0HYN0	复位值：00H

图 10.7　CPT0CN 各位的定义

其中：

D7　　CP0EN：比较器 0 允许位。

=0　禁止比较器 0；

=1　允许比较器 0。

D6 CP0OUT：比较器 0 输出状态。

=0 电压值 $V_{CP0+} < V_{CP0-}$；

=1 电压值 $V_{CP0+} > V_{CP0-}$。

D5 CP0RIF：比较器 0 上升沿中断标志。

=0 自该标志位被清除后，没有发生过比较器 0 上升沿中断；

=1 自该标志位被清除后，发生了比较器 0 上升沿中断。

D4 CP0FIF：比较器 0 下降沿中断标志。

=0 自该标志位被清除后，没有发生过比较器 0 下降沿中断；

=1 自该标志位被清除后，发生过比较器 0 下降沿中断。

D3～D2 CP0HYP1～CP0HYP0：比较器 0 正向回差电压控制位。

=00 禁止正向回差电压；

=01 正向回差电压=2 mV；

=10 正向回差电压=4 mV；

=11 正向回差电压=10 mV。

D1～D0 CP0HYN1～CP0HYN0：比较器 0 反向回差电压。

=00 禁止反向回差电压；

=01 反向回差电压=2 mV；

=10 反向回差电压=4 mV；

=11 反向回差电压=10 mV。

复位后，比较器 0 被禁止。要使用比较器 0，须将 CPT0CN 的 D7 位 CP0EN 置 1。注意在上电或 CP0EN 位置 1 后大约要经过 20 μs 的建立时间，比较器 0 输出才能稳定。比较器 0 还可以被编程为复位源。详情参见第 5 章相关内容。

CPT0CN 的 D6 位 CP0OUT 代表比较器输出。软件可以对该位进行查询，以获知比较结果。CPT0CN 的 D3～D2 位用于设定正向回差电压，D0～D2 位用于设定反向回差电压。复位后，这 4 位都是 0，做无回差比较器。

比较器 0 翻转时，通过 CPT0CN 的 D5、D4 位申请中断。CPT0CN.5=1，说明比较器由 0 翻到 1；CPT0CN.4=1，说明比较器由 1 翻到 0。

比较器 0 下降沿中断向量为 0053H，中断允许位为 EIE1.4。

比较器 0 上升沿中断向量为 005BH，中断允许位为 EIE1.5。

设置交叉开关寄存器 XBR0.7=1，可以将 CP0 的输出连到 I/O 端口引脚上，允许交叉开关后，可在该引脚上得到比较结果。

2. 比较器 1 控制寄存器 CPT1CN

比较器 1 控制寄存器 CPT1CN 各位的定义如图 10.8 所示。

	D7	D6	D5	D4	D3	D2	D1	D0	地址：9FH
CPT1CN	CP1EN	CP1OUT	CP1RIF	CP1FIF	CP1HYP1	CP1HYP0	CP1HYN1	CP1HYN0	复位值：00H

图 10.8　CPT1CN 各位的定义

其中：

D7　　CP1EN：比较器 1 允许位。

=0　禁止比较器 1；

=1　允许比较器 1。

D6　　CP1OUT：比较器 1 输出状态。

=0　电压值 $V_{CP+} < V_{CP-}$；

=1　电压值 $V_{CP+} > V_{CP-}$。

D5　　CP1RIF：比较器 1 上升沿中断标志。

=0　自该标志位被清除后，没有发生过比较器 1 上升沿中断；

=1　自该标志位被清除后，发生了比较器 1 上升沿中断。

D4　　CP1FIF：比较器 1 下降沿中断标志。

=0　自该标志位被清除后，没有发生过比较器 1 下降沿中断；

=1　自该标志位被清除后，发生过比较器 1 下降沿中断。

D3～D2　CP1HYP1～CP1HYP0：比较器 1 正向回差电压控制位。

=00　禁止正向回差电压；

=01　正向回差电压=2 mV；

=10　正向回差电压=4 mV；

=11　正向回差电压=10 mV。

D1～D0　CP1HYN1～CP1HYN0：比较器 1 反向回差电压。

=00　禁止反向回差电压；

=01　反向回差电压=2 mV；

=10　反向回差电压=4 mV；

=11　反向回差电压=10 mV。

对比较器 1 的操作与比较器 0 类似。

复位后，比较器 1 被禁止。要使用比较器 1，须将 CPT1CN 的 D7 位 CP1EN 置 1。注意在上电或 CP1EN 位置 1 后大约要经过 20 μs 的建立时间，比较器输出才能稳定。比较器 1 不可被编程为复位源。

CPT1CN 的 D6 位 CP1OUT 代表比较器输出。软件可对该位进行查询，以获知比较结果。CPT1CN 的 D3～D2 用于设定正向回差电压，D0～D2 用于设定反向回差电压。复位后，这 4 位都是 0，做无回差比较器。

比较器 1 翻转时，通过 CPT1CN 的 D5、D4 位申请中断。CPT1CN.5=1，说明比较器由 0 翻转到 1；CPT1CN.4=1，说明比较器由 1 翻转到 0。

比较器 1 下降沿中断向量为 0063H，中断允许位为 EIE1.6。

比较器 1 上升沿中断向量为 006BH，中断允许位为 EIE1.7。

设置交叉开关寄存器 XBR1.0=1，可将 CP1 的输出连到 I/O 端口引脚上，允许交叉开关后，可在该引脚上得到比较结果。

10.2.4　比较器应用举例

【例 10.1】 以下为比较器的一个最简单应用。比较两个模拟电压信号，并将比较结果输出显示。已知 0 V<电压信号<3 V。

解：利用比较器 0，将信号送 CP0+和 CP0−，并设置交叉开关，将 CP0 的输出连到 I/O 口引脚。根据交叉开关分配原则，本例中 CP0 输出被分配给 P0.0。在 P0.0 引脚接 1 个 LED 进行显示。程序如下：


```
          $INCLUDE(C8051F000.INC)
          ORG     0000H
          LJMP    START
          ORG     0100H
START:
          MOV     WDTCN,#0DEH                ;禁止看门狗
          MOV     WDTCN,#0ADH
          MOV     SP,#60H
          MOV     XBR0,#80H                  ;比较器 0 输出连到端口引脚
          MOV     XBR2,#40H                  ;交叉开关允许
          MOV     PRT0CF,#01H                ;P0.0 推挽输出
          MOV     CPT0CN,#10000000B          ;允许比较器,禁止回差电压
          SJMP    $
          END
```

第 11 章

C8051F005 单片机应用系统设计方法及设计举例

11.1 与键盘的连接及编程

键盘是单片机应用系统最常见的输入设备。常见的键盘形式有独立式键盘和矩阵式键盘两种。键盘处理程序的任务就是检测是否有键被按下，确定是哪个按键被按下，然后进行相应的处理。

11.1.1 独立式键盘

独立式键盘的每一个按键占有一根独立的 I/O 口线，用于按键数量较少的场合。如图 11.1(a)所示，系统有 4 个按键，占用 P1.0～P1.3 线。

1. 按键的去抖问题

【例 11.1】 如图 11.1(a)所示，要求每按下 K0 键 1 次，累加器 A 中的内容加 1。程序如下：

```
        $INCLUDE(C8051F000.INC)
K0      BIT     P1.0            ;给 P1.0 命名为 K0
        ORG     0000H
        AJMP    MAIN
        ORG     0100H
MAIN:   MOV     WDTCN,#0DEH     ;禁止看门狗
        MOV     WDTCN,#0ADH
INPUT:  SETB    K0              ;输入前先写 1
        MOV     C,K0            ;采集 K0 按键状态
        JC      NEXT            ;高电平,转 NEXT,等待下降沿
        SJMP    INPUT           ;低电平,重新检测
NEXT:   SETB    K0
        MOV     C,K0            ;采集 K0 状态
        JNC     PRESS           ;K0 从高变低,说明被按下(C=0),转 PRESS
```

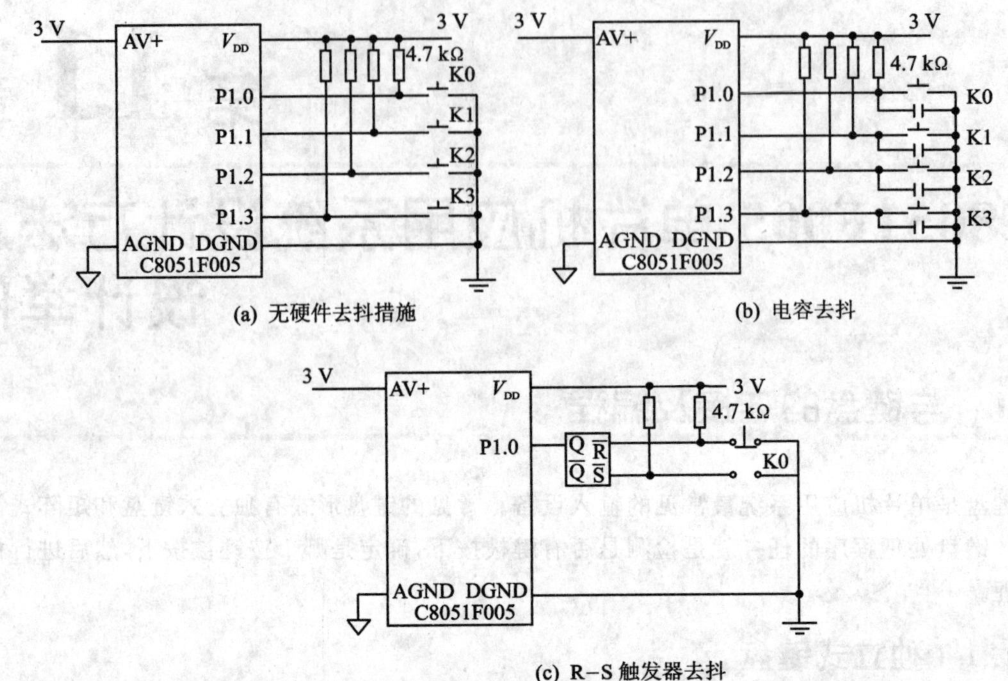

(a) 无硬件去抖措施　　(b) 电容去抖

(c) R－S 触发器去抖

图 11.1　独立式键盘

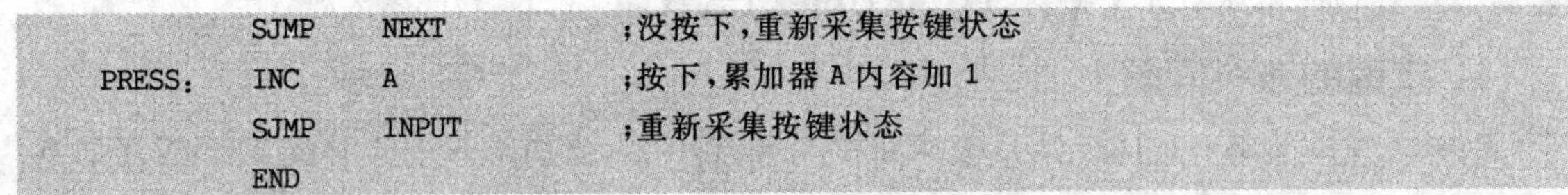

```
        SJMP    NEXT          ;没按下,重新采集按键状态
PRESS:  INC     A             ;按下,累加器 A 内容加 1
        SJMP    INPUT         ;重新采集按键状态
        END
```

按照此程序实际运行起来后,调试时发现按 1 次按键,A 的内容有时会加 2 或加 3,甚至更多。这是为什么呢?原来,机械弹性式按键在每一次开闭过程中,都不可避免地会发生若干次弹跳即抖动,如图 11.2(a)所示。由于计算机处理的速度很快,抖动会被计算机误认为是进行了多次按键操作,因此导致运行结果错误。那么,如何消除抖动的影响呢?

去抖的方法有硬件和软件两种。

如图 11.1(b)所示,在按键两端加电容,利用 RC 电路的充、放电实现去抖,去抖效果如图 11.2(b)所示。在 $\tau=R_{上拉}\times C$ 较大情况下,电容充电时间较长,抖动期间的电压被保持在低电平区间。

如图 11.1(c)所示,利用 R－S 触发器实现去抖,去抖效果如图 11.2(c)所示。按键拨到 R－S触发器的置 0 端($\bar{R}$),触发器输出 0;按键拨到 R－S 触发器的置 1 端($\bar{S}$),触发器输出 1;按键抖动期间,置 0 端和置 1 端都为 1,处于保持状态。这两种方法都是硬件去抖,适合按键较少的情况。

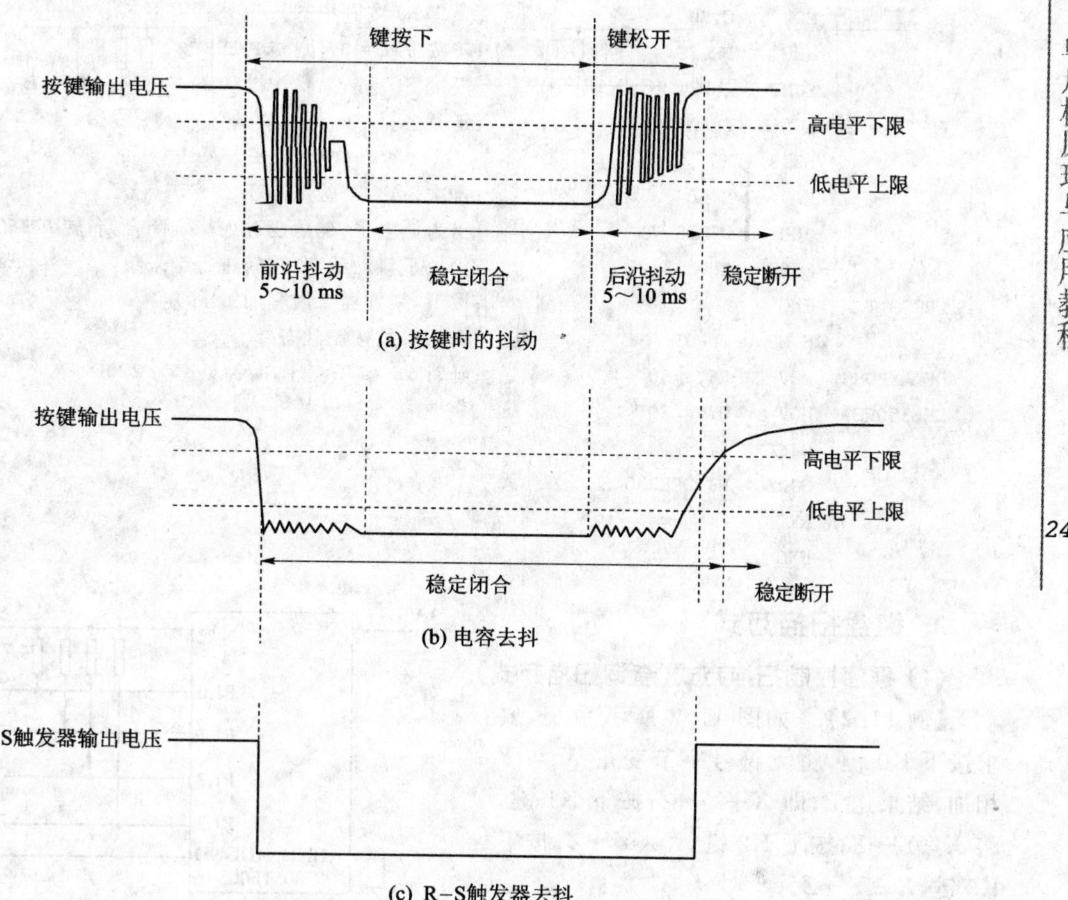

图 11.2　按键的抖动及硬件去抖效果

由于一般按键抖动时间为 5～10 ms，因此可在检测到键被按下后，利用软件延时 10～20 ms，待前沿抖动消失后再检测按键。若仍闭合，则确认已进入稳定闭合期，可以进行键处理。这就是软件去抖。软件去抖可以节约硬件开销，所以应用广泛。加入软件去抖后的程序如下：

```
        $INCLUDE(C8051F000.INC)
K0      BIT     P1.0                ;给 P1.0 命名为 K0
        ORG     0000H
        AJMP    MAIN
        ORG     0100H
MAIN:   MOV     WDTCN,＃0DEH        ;禁止看门狗
        MOV     WDTCN,＃0ADH
INPUT:  SETB    K0                  ;输入前先写 1
```

```
            MOV     C,K0            ;采集 K0 按键状态
            JNC     PRESS           ;若按下(C=0),则转 PRESS
            SJMP    INPUT           ;没按下,重新采集按键状态
PRESS:      ACALL   DELAY10MS       ;延时去抖
            SETB    K0
            MOV     C,K0            ;再次采集 K0 状态
            JNC     PRESS_T         ;仍为低电平,确认已进入稳定闭合期,转 PRESS_T
            SJMP    INPUT           ;仍处于抖动状态,重新进行键采集
PRESS_T:    INC     A               ;按下,累加器 A 内容加 1
            SJMP    INPUT           ;重新采集按键状态
DELAY10MS:  MOV     R6,#50          ;延时 15 ms 子程序,时钟频率为 2 MHz
DEL300WS:   MOV     R7,#200
            DJNZ    R7,$
            DJNZ    R6,DEL300WS
            RET
            END
```

2. 键盘扫描方式

(1) 程序控制扫描方式(查询扫描方式)

【例 11.2】 如图 11.3 所示系统,要求按下 K0 键,将无符号字节变量 X 与 Y 相加,结果送 Z,即 $X+Y\to Z$;按下 K1 键,将 $X-Y\to Z$;按下 K2 键,$X\times Y\to Z$;按下 K3 键,$X\div Y\to Z$。

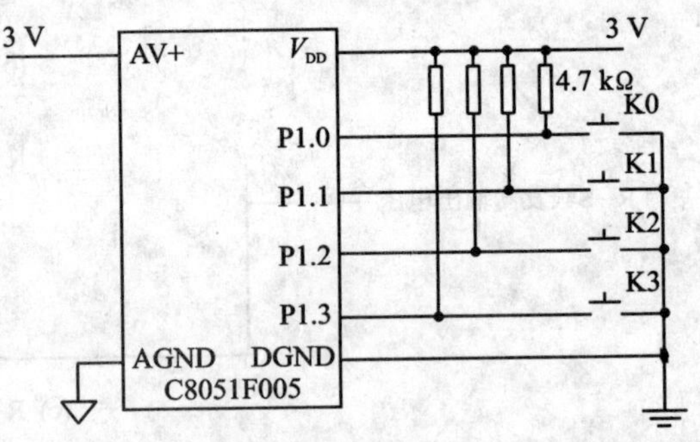

图 11.3　查询扫描和定时扫描方式下的键盘接口电路

程序如下:

```
            $INCLUDE(C8051F000.INC)
KEY         EQU     P1              ;P1 口命名为 KEY
X           DATA    30H             ;为变量 X、Y、Z 安排 RAM 空间
Y           DATA    31H
Z           DATA    32H
            ORG     0000H
            AJMP    MAIN
            ORG     0100H
MAIN:       MOV     WDTCN,0DEH
            MOV     WDTCN,0ADH      ;禁止看门狗
            MOV     SP,60H
```

```
;------------------------------键盘扫描------------------------------
 KEY_SCAN:  ORL     KEY,00001111B              ;输入前送 1
            MOV     A,KEY                      ;采集键盘状态
;---------------------------判断是否按下---------------------------
            ANL     A,00001111B                ;屏蔽 P1.7～P1.4
            CJNE    A,00001111B,PRESS          ;若有键按下,则转 PRESS
            SJMP    KEY_SCAN                   ;若无键按下,则重新进行键盘扫描
;------------------------------有键按下------------------------------
;------------------------------软件去抖------------------------------
PRESS:      ACALL   DELAY15MS                  ;延时去抖
            ORL     KEY,00001111B              ;再次采集键盘状态
            MOV     A,KEY
            ANL     A,00001111B                ;屏蔽 P1.7～P1.4
            CJNE    A, 00001111B,PRESS_T       ;若仍有键按下,则转 PRESS_T
            SJMP    KEY_SCAN                   ;若无键按下,则重新采集
;--------------------------确有按下,确定键值--------------------------
PRESS_T:    JNB     ACC.0,K0_P                 ;K0 键被按下,转 K0_P
            JNB     ACC.1,K1_P                 ;K1 键被按下,转 K1_P
            JNB     ACC.2,K2_P                 ;K2 键被按下,转 K2_P
            SJMP    K3_P                       ;K3 键被按下,转 K3_P
;------------------------------键处理------------------------------
K0_P:       MOV     A,X                        ;K0 被按下,做 X + Y 计算
            ADD     A,Y
            MOV     Z,A
            MOV     A,#0
            ADDC    A,#0
            MOV     Z+1,A
            SJMP    KEY_SCAN                   ;处理后重新采集按键
 K1_P:      MOV     A,X                        ;K1 键被按下,做减法
            CLR     C
            SUBB    A,Y
            MOV     Z,A
            MOV     A,#0
            SUBB    A,#0
            MOV     Z+1,A
            SJMP    KEY_SCAN                   ;处理后重新采集按键
 K2_P:      MOV     A,X                        ;K2 键被按下,做乘法计算
            MOV     B,Y
            MUL     AB
```

```
            MOV     Z,A
            MOV     Z+1,B
            SJMP    KEY_SCAN                    ;处理后重新采集按键
K3_P:       MOV     A,X                         ;K3 键被按下,做除法计算
            MOV     B,Y
            DIV     AB
            MOV     Z,A
            MOV     Z+1,B
            SJMP    KEY_SCAN                    ;处理后重新采集按键
;-------------------------延时子程序--------------------------
DEL15MS:    MOV     R6,50                       ;延时 15 ms 子程序,时钟频率为 2 MHz
DEL300WS:   MOV     R7,200
            DJNZ    R7,$
            DJNZ    R6,DEL300WS
            RET
            END
```

此程序的结构如图 11.4 所示。该程序将键盘采集和键盘处理程序都写在主程序中,不断地进行键盘扫描和处理。两次键盘扫描时间间隔取决于键盘处理程序和其他处理程序的处理时间。这种管理方法称为“程序控制扫描方式”或称为“查询扫描方式”。

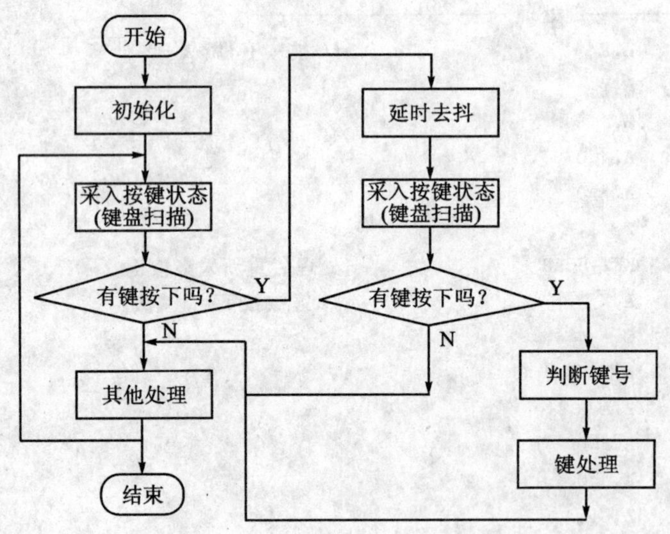

图 11.4　键盘查询扫描方式软件流程

还有两种键盘管理方式,分别称为定时扫描方式和中断扫描方式。

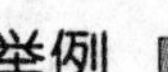

(2) 定时扫描方式

定时扫描方式与程序控制扫描方式的电路相同(见图 11.3),其软件流程如图 11.5 所示。

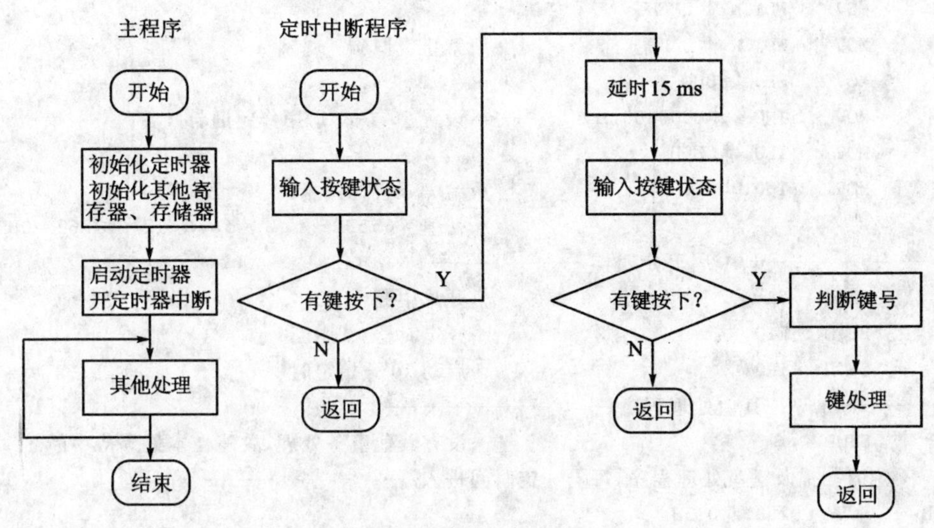

图 11.5　键盘定时扫描方式软件流程

这种结构将键盘扫描程序放在定时中断服务程序中,每隔一定时间进入定时中断程序进行一次键盘扫描,两次键盘扫描时间间隔一定。键盘处理程序可放在主程序中,也可放在定时中断程序中。例如,利用 T0 每 100 ms 定时扫描键盘 1 次,程序如下(设采用内部 2 MHz 时钟,定时器对时钟 12 分频计数):

```
        $INCLUDE(C8051F000.INC)
KEY     EQU     P1                      ;P1 口命名为 KEY
X       DATA    30H                     ;为变量 X、Y、Z 安排 RAM 空间
Y       DATA    31H
Z       DATA    32H
        ORG     0000H
        AJMP    MAIN
        ORG     000BH                   ;定时器 T0 中断入口
        AJMP    KEYIN
```

```
;-------------------------主程序-------------------------
            ORG     0100H
;-------------------------初始化-------------------------
MAIN:       MOV     WDTCN,#0DEH
            MOV     WDTCN,#0ADH                 ;禁止看门狗
            MOV     SP,#60H
            MOV     TMOD,#00000001B             ;设置 T0 方式 1,用作定时器
            MOV     TL0,#0E5H
            MOV     TH0,#0BEH                   ;给 T0 赋初值
                                                ;初值 = 65536 - t定时 × fSYSCLK/12 = 48869 = 0BEE5H
;--------------------开中断,开定时器--------------------
            SETB    EA                          ;开总中断
            SETB    ET0                         ;开定时器 T0 中断
            SETB    TR0                         ;启动 T0 开始定时
;---------------------其他处理程序---------------------
            SJMP    $                           ;没有其他事务处理,故停在本处等待中断
;--------定时扫描及键盘处理程序,每隔一定时间进入--------------------
KEYIN:      MOV     TL0,#0E5H
            MOV     TH0,#0BEH                   ;给 T0 重装初值
;-------------------------键扫描-------------------------
            ORL     KEY,#00001111B              ;输入前送 1
            MOV     A,KEY                       ;采集键盘状态
            ANL     A,#00001111B                ;屏蔽 P1.7～P1.4
            CJNE    A,#00001111B,PRESS          ;有键按下,转 PRESS
            SJMP    RETURN                      ;中断返回
;-------------------------有键按下-------------------------
;-------------------------软件去抖-------------------------
PRESS:      ACALL   DEL15MS                     ;延时 15 ms
            ORL     KEY,#00001111B              ;输入前送 1
            MOV     A,KEY                       ;采集键盘状态
            ANL     A,#00001111B                ;屏蔽 P1.7～P1.4
            CJNE    A,#00001111B,PRESS_T        ;仍有键按下,转 PRESS_T
            SJMP    RETURN                      ;中断返回
;--------------------确有按下,确定键值--------------------
PRESS_T:    JNB     ACC.0,K0_P                  ;K0 键被按下,转 K0_P
            JNB     ACC.1,K1_P                  ;K1 键被按下,转 K1_P
            JNB     ACC.2,K2_P                  ;K2 键被按下,转 K2_P
            SJMP    K3_P                        ;K3 键被按下,转 K3_P
```

```
;--------------------------------键处理--------------------------------
K0_P:     ……
          SJMP      RETURN                   ;处理完毕,中断返回
K1_P:     ……
          SJMP      RETURN                   ;处理完毕,中断返回
K2_P:     ……
          SJMP      RETURN                   ;处理完毕,中断返回
K3_P:     ……
RETURN:   RETI                               ;处理完毕,中断返回
DEL15MS:  ……                                 ;延时子程序
          RET
          END
```

本设计将键盘处理程序放在定时中断服务程序中。

(3) 中断扫描方式

中断扫描方式的电路如图 11.6 所示。从图中可看出,任何一个键被按下时,都将在外部中断 0 引脚上产生一个低电平或下降沿,从而向单片机申请中断。实际应用时也可以使用其他外部中断引脚。中断扫描方式的软件结构如图 11.7 所示。

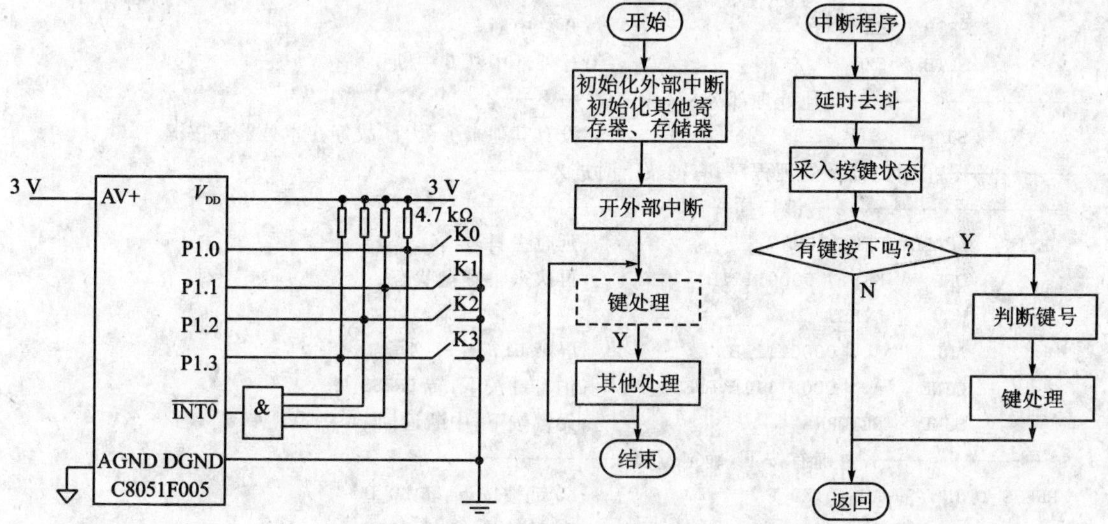

图 11.6　中断扫描方式键盘接口电路

图 11.7　中断扫描键盘方式软件流程

每当有键按下时,自动进入中断服务程序,对键盘进行扫描,确定键号。键盘处理程序可在主程序,也可在键盘中断程序。采用此方式时的程序如下:

```
        $INCLUDE(C8051F000.INC)
KEY     EQU     P1                          ;P1 口命名为 KEY
X       DATA    30H                         ;为变量 X、Y、Z 安排 RAM 空间
Y       DATA    31H
Z       DATA    32H
        ORG     0000H
        AJMP    MAIN
        ORG     0003H                       ;外部中断 0 中断入口
        AJMP    KEYIN
;-------------------------主程序-------------------------
        ORG     0100H
;-----------------------初始化部分-----------------------
MAIN:   MOV     WDTCN,#0DEH
        MOV     WDTCN,#0ADH                 ;禁止看门狗
        MOV     SP,#60H
        MOV     XBR1,#00000100B             ;为外部中断 0 分配 1 个引脚
        MOV     XBR2,#01000000B             ;交叉开关允许
        SETB    IT0                         ;设置外部中断 0 下降沿触发
;-------------------------开中断-------------------------
        SETB    EA                          ;开总中断
        SETB    EX0                         ;开外部中断 0 中断
;----------------------其他处理部分----------------------
        SJMP    $                           ;没有其他事务处理,故停在本处等待按键
;-----------中断扫描及处理程序;有键按下时进入-------
;-------------------------键扫描-------------------------
KEYIN:  ACALL   DELAY20MS                   ;延时去抖
        ORL     KEY,#00001111B              ;再次采集键盘状态
        MOV     A,KEY
        ANL     A,#00001111B                ;屏蔽 P1.7~P1.4
        CJNE    A,#00001111B,PRESS_T        ;仍有键按下,转 PRESS_T
        SJMP    RETURN                      ;无键按下,中断返回
;--------------------确有按下,确定键值--------------
PRESS_T:JNB     ACC.0,K0_P                  ;K0 键被按下,转 K0_P
        JNB     ACC.1,K1_P                  ;K1 键被按下,转 K1_P
        JNB     ACC.2,K2_P                  ;K2 键被按下,转 K2_P
        SJMP    K3_P                        ;K3 键被按下,转 K3_P
;-------------------------键处理-------------------------
K0_P:   ……
        SJMP    RETURN                      ;处理完毕,中断返回
```

```
K1_P:      ……
           SJMP        RETURN              ;处理完毕,中断返回
K2_P:      ……
           SJMP        RETURN              ;处理完毕,中断返回
K3_P:      ……
RETURN:    RETI                            ;处理完毕,中断返回
;——————————————延时子程序——————————————
DEL10MS:   ……
           RET
           END
```

本设计将键盘处理程序放在中断程序中。

11.1.2　矩阵式键盘

独立式按键虽然简单,但一个按键需要一根 I/O 线。在按键数量较多时,占用 I/O 口线过多。因此,当按键数量较多时常采用矩阵式键盘。以 16 个按键的矩阵式键盘为例,可采用的结构如图 11.8 所示,它只占用 8 根 I/O 线。其中,图 11.8(a)为程序控制扫描式和定时扫描式的接口电路,图 11.8(b)为中断扫描方式。下面介绍程序扫描方式和中断扫描式的程序设计。

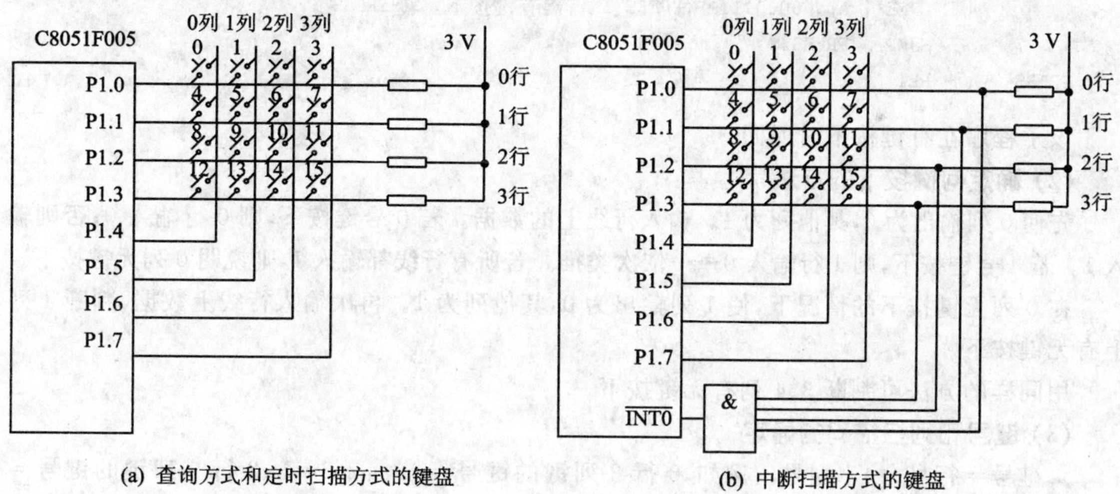

(a) 查询方式和定时扫描方式的键盘　　(b) 中断扫描方式的键盘

图 11.8　矩阵式键盘

1. 程序控制扫描方式(查询方式)

4×4 键盘有 4 根行线，4 根列线。行线一端与单片机的 I/O 线相连(本例中用 P1.0～P1.3)，另一端经上拉电阻接至电源。列线一端与单片机的 I/O 线相连(本例中用 P1.4～P1.7)，另一端悬空。按键被设置在行线和列线的交点上，两端分别与行线和列线相连。当按键未被按下时，行线与列线之间断开；按键按下，行线与列线短接。类似地，也可构成 4×2、4×3、5×5 及 8×8 等键盘。

矩阵式键盘的键盘扫描程序也包括判断是否有键按下、软件去抖、键值确认几部分。

(1) 判断是否有键按下的方法

先用软件使所有列线输出为 0，再输入行线上的数据。若所有行线上的电平为 1，则说明无键按下；否则，必有键按下。程序扫描方式判断键是否按下的子程序如下：

```
KEY_PORT    EQU     P1                      ;P1 口命名
PRESSYN:    MOV     KEY_PORT,#00001111B     ;使列线 P1.4～P1.7 输出 0,同时行线 P1.0～P1.3 写 1
            MOV     A,KEY_PORT              ;输入行线上的数据
            CJNE    A,#00001111B,PRESS      ;行线上不全为 1,说明有键按下。转 PRESS
            SJMP    PRESSYN                 ;没键按下,重新查询
PRESS:      ACALL   DELAY                   ;有键按下,延时去抖
            MOV     KEY_PORT,#00001111B     ;再次使列线 P1.4～P1.7 输出 0
            MOV     A,KEY_PORT              ;输入行线上的数据
            CJNE    A,#00001111B,PRESS_T    ;确有键按下。转 PRESS_T
            SJMP    PRESSYN
PRESS_T:    RET
```

该子程序在有键按下时返回。

(2) 确定何键按下的方法

先使 0 列输出为 0，其他列为 1。输入行线上的数据。若 0 号键按下，则 0 行输入 0；否则输入 1。若 4 号键按下，则 1 行输入 0……依次类推。若所有行线都输入 1，则说明 0 列无键按下。

在 0 列无键按下的情况下，使 1 列输出为 0，其他列为 1。再次输入行线上数据，判断 1 列上有无键按下。

用同样的方法可判断 3、4 列有无键按下。

(3) 键号和列扫描码的确定

- 键号＝行号×4＋列号。例如，0 行 3 列键的键号＝0×4＋3＝3；2 行 2 列键的键号＝2×4＋2＝10。
- 列扫描码和列号关系如表 11.1 所列。

要确定 0 列有无键按下，应向 P1 口输出列扫描码 0EFH；同样，要判断 2 列有无键按下，应输出 0BFH。列扫描和键值确定子程序如下：

表 11.1　列扫描码与列号对应关系

列　号	列扫描码								
	P1.7	P1.6	P1.5	P1.4	P1.3	P1.2	P1.1	P1.0	
0	1	1	1	**0**	1	1	1	1	0EFH
1	1	1	**0**	1	1	1	1	1	0DFH
2	1	**0**	1	1	1	1	1	1	0BFH
3	**0**	1	1	1	1	1	1	1	7FH

```
WHICH:      MOV     R7,#4               ;设置列扫描次数
            MOV     R6,#0               ;首列号 0 送 R6
            MOV     DPTR,#TABS          ;指向列扫描码表
GET_SCODE:  MOV     A,R6
            MOVC    A,@A+DPTR           ;查表求列扫描码
            MOV     KEY_PORT,A          ;输出列扫描码,使某一列输出 0
            MOV     A,KEY_PORT          ;输入行线状态
            JNB     ACC.0,L0            ;0 行有键按下,转 L0
            JNB     ACC.1,L1            ;1 行有键按下,转 L1
            JNB     ACC.2,L2            ;2 行有键按下,转 L2
            JNB     ACC.3,L3            ;3 行有键按下,转 L3
            INC     R6                  ;本列无键按下,列号加 1
            DJNZ    R7,GET_SCODE        ;未扫描完所有列,转 GET_CODE,继续扫描下一列
            MOV     A,#0FFH             ;所有列扫描完,没有键按下,返回 1 个无效号
            RET
L0:         MOV     A,#0                ;0 行键有按下,行号 0→A
            SJMP    GET_KN              ;转 GET_KN,求键号
L1:         MOV     A,#1                ;1 行有键按下,行号 1→A
            SJMP    GET_KN              ;转 GET_KN,求键号
L2:         MOV     A,#2                ;2 行有键按下,行号 2→A
            SJMP    GET_KN              ;转 GET_KN,求键号
L3:         MOV     A,#3                ;3 行有键按下,行号 3→A
GET_KN:     RL      A
            RL      A                   ;行号×4
            ADD     A,R6                ;计算键号 = 行号×4 + 列号
            RET
TABS:       DB      0EF,0DFH,0BFH,7FH
```

该子程序将键号通过 A 返回。正常的键号为 0～16,无效的键号为 0FFH。

矩阵键盘的查询扫描子程序如下：

```
KEY:        ACALL   PRESSYN             ;调用键判断子程序,确定是否有键按下
            ACALL   WHICH               ;调用求键号子程序
            RET
```

矩阵键盘查询扫描程序如下:

```
            $INCLUDE(C8051F000.INC)
KEY_PORT    EQU     P1
            ORG     0000H
            AJMP    MAIN
;------------------主程序------------------
            ORG     0100H
;------------------初始化------------------
MAIN:       MOV     WDTCN,#0DEH
            MOV     WDTCN,#0ADH         ;禁止看门狗
            MOV     SP,#60H
            MOV     XBR2,#01000000B     ;交叉开关允许
            ⋮                           ;其他初始化
SCAN:       ACALL   KEY                 ;调用键盘查询扫描子程序
            ⋮                           ;其他处理
            SJMP    SCAN                ;重新扫描键盘
;------------------键盘扫描子程序------------------
KEY:        ……
            RET
;------------------其他子程序------------------
            END
```


2. 中断扫描方式

中断扫描式的电路如图 11.8(b)所示。所有列线输出 0 情况下,如果有任何键按下,“与”门输出 0,通过外部中断引脚向 CPU 申请中断。中断方式程序如下:

```
KEY_PORT    EQU     P1
            ORG     0000H
            AJMP    MAIN
            ORG     0003H
            AJMP    KEY                 ;指出中断入口
;------------------主程序------------------
            ORG     0100H
;------------------初始化------------------
MAIN:       MOV     WDTCN,#0DEH
```

```
        MOV     WDTCN,#0ADH              ;禁止看门狗
        MOV     SP,#60H
        MOV     XBR1,#00000100B          ;为外部中断 0 分配 1 个引脚
        MOV     XBR2,#01000000B          ;交叉开关允许
        SETB    IT0                      ;设置外部中断 0 下降沿触发
        ⋮                                ;初始化其他
        SETB    EA                       ;开总中断
        SETB    EX0                      ;开外部中断 0
        MOV     KEY_PORT,#00001111B      ;列线输出 0
WORK:   ……                               ;其他处理
        SJMP    WORK
;------------------外部中断 0 服务程序----------------
KEY:    ACALL   DEL20MS                  ;延时去抖
        MOV     KEY_PORT,#00001111B      ;再次使所有列线输出 0
        MOV     A,KEY_PORT               ;采集行线
        CJNE    A,#00001111B,WHICH_K     ;确有键按下,转 WHICH_K
        RETI                             ;没有键按下,返回
WHICH_K: ACALL  WHICH                    ;调用求键号子程序 WHICH
        MOV     KEY_PORT,#00001111B      ;列线输出 0
        RETI
WHICH:  ……                               ;求键号子程序 WHICH
        RET
TABS:   DB      0EFH,0DFH,0BFH,7FH       ;列扫描码表
DEL20MS: ……                              ;延时 20 ms 子程序
        RET
        END
```

以上键盘电路利用的都是单片机片内的并行口 P0～P3。也可以利用 UART 方式 0，配合串入并出芯片 74LS165 进行键盘扩展，这样可以利用 RX 和 TX 两根线扩展 8 个以上的按键，具体方法请参阅相关书籍。随着串行技术的发展，出现了本身具有串行输出的键盘，它们可以直接与单片机的串行接口沟通，不仅可节约 I/O 口线，而且电路也较简单。

11.2　与显示器的连接及编程

11.2.1　发光二极管

发光二极管(LED)常用来显示系统的状态，如参数是否越限，按键是否按下，电动机是否运行以及电磁阀是否闭合等。2.4 节中图 2.6 画出了 LED 与 C8051 的连接图。在使用 LED

时，还需要选择颜色、尺寸和工作电流。可设计为共阳极接法，也可设计为共阴极接法，但应注意既要为管子提供足够的工作电流，同时又要限制电流不能过大，以免损坏 LED。

11.2.2 LED 数码管

LED 数码管由 8 个发光二极管组成。其中 7 个做成"一"字形，构成"日"字；1 个做成点形，作为小数点，如图 11.9 所示。有时也称为 7 段或 8 段 LED 数码管。只要使不同的段发光，即可显示不同数字或字符。例如，a、b、g、e、d 亮，显示数字"2"。

LED 数码管有共阴极和共阳极两种接法。共阴极型在内部将 8 个管子的阴极接在一起；共阳极则相反。LED 数码管与外部电路连接引脚包括 8 个输入端 a～dp 和 1 个公共端 COM。使用时，共阴极数码管需要将公共端接地，各段给高电平点亮；共阳极则需要将公共端接高电平，各段给低电平点亮。

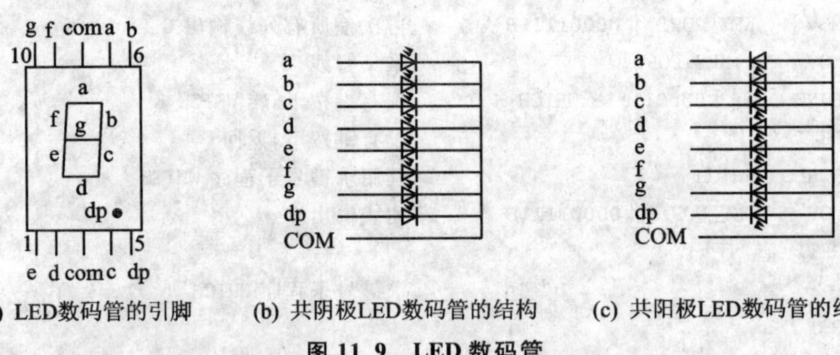

(a) LED数码管的引脚　(b) 共阴极LED数码管的结构　(c) 共阳极LED数码管的结构

图 11.9 LED 数码管

1. LED 数码管的段码

对于共阴极 LED 数码管，欲显示数字"0"，应使 a、b、c、d、e、f 为高电平，g、dp 为低电平。如果将各段按 dp、g、f、e、d、c、b、a 顺序排列，则显示数字"0"需要送 0011 1111B 即 3FH。3FH 是数字"0"对应的段码。同样，数字"1"对应的段码为 0000 0110B，即 06H。共阴极和共阳极 LED 数码管显示字符与段码关系如表 11.2 和 11.3 所列。

表 11.2 共阴极段码

显示字符	段码 dp gfedcba	显示字符	段码 dp gfedcba	显示字符	段码 dp gfedcba	显示字符	段码 dp gfedcba
0	3FH	5	6DH	A	77H	F	71H
1	06H	6	7DH	B	7CH	P	73H
2	5BH	7	07H	C	39H	U	3EH
3	4FH	8	7FH	D	5EH	Γ	31H
4	66H	9	6FH	E	79H	"灭"	00H

注：共阴极欲显示小数点，须将 dp 置 1。

表 11.3　共阳极段码

显示字符	段码 dp gfedcba	显示字符	段码 dp gfedcba	显示字符	段码 dp gfedcba	显示字符	段码 dp gfedcba
0	0C0H	5	92H	A	88H	F	8EH
1	0F9H	6	82H	B	83H	P	8CH
2	0A4H	7	0F8H	C	0C6H	U	0C1H
3	0B0H	8	80H	D	0A1H	Γ	0CEH
4	99H	9	90H	E	86H	"灭"	0FFH

注：共阳极欲显示小数点，须将 dp 清 0。

2. 静态显示方式

静态显示是指当显示器显示某个字符时，相应段恒定导通或截止，直到显示另一个字符。如图 11.10 所示，两个共阴极 8 段数码管的 COM 端都被接到地，各自的段码输入端 dp、g～a 分别与 P1、P2 口相连。P1 口输出内容决定了右侧数码管的显示内容，P2 口输出内容决定了左侧数码管的显示内容，使用驱动器是为了给数码管提供足够的电流。

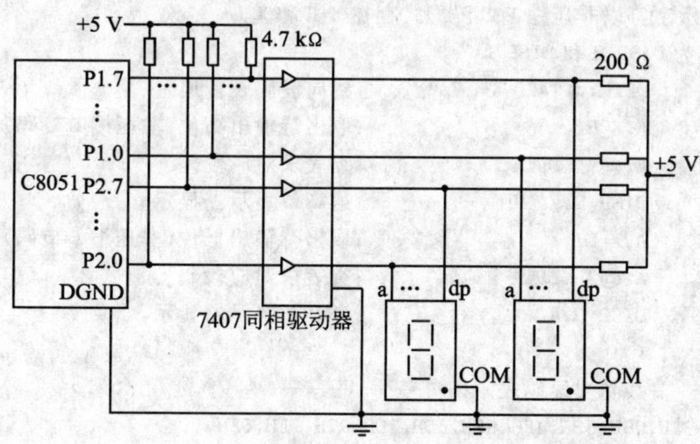

图 11.10　静态显示方式

【例 11.3】　有非压缩 BCD 码表示的 16 位无符号变量 X，欲将其值送显示。

程序如下：

```
            $INCLUDE(C8051F000.INC)
X_H         DATA    40H                ;定义变量 X,低位 X_L 放在内部 RAM 的 41H
X_L         DATA    41H                ;高位 X_H 在 40H
DISP_H      EQU     P2
DISP_L      EQU     P1                 ;给显示端口命名
            ORG     0000H
```

```
            AJMP    MAIN
            ORG     0100H
MAIN:       MOV     WDTCN,#0DEH
            MOV     WDTCN,#0ADH             ;禁止看门狗
            MOV     SP,#60H
            MOV     XBR2,#11000000B         ;交叉开关允许,漏极开路输出
DISPLAY:    MOV     X_H,#05H
            MOV     X_L,#08H                ;给变量 X_H、X_L 赋值
            ACALL   DISP                    ;调显示子程序,显示"58"
            ACALL   DELAY
            MOV     X_H,#01H
            MOV     X_L,#06H                ;给变量 X_H、X_L 赋值
            ACALL   DISP                    ;调显示子程序,显示"16"
            ACALL   DELAY
            SJMP    DISPLAY
;——————————————静态显示子程序——————————————
;功能:将 X_H 和 X_L 两个 RAM 单元中的非压缩 BCD 码送 DIAP_H 和 DIAP_L 端口显示
;入口参数:待显示字符以非压缩 BCD 码形式存在 X_H 和 X_L
;显示端口分别名为 DISP_H 和 DISP_L
DISP:       MOV     DPTR,#TABD              ;指向段码表首地址
            MOV     A,X_H                   ;取出待输出高位(非压缩 BCD 码)
            MOVC    A,@A+DPTA               ;查表求对应段码
            MOV     DISP_H,A                ;送高位显示器显示
            MOV     A,X_L                   ;取出待输出低位(非压缩 BCD 码)
            MOVC    A,@A+DPTA               ;查表求对应段码
            MOV     DISP_L,A                ;送高位显示器显示
            RET
;——————————————共阴极段码表——————————————
TABD:       DB  3FH,06H,5BH,4FH,66H,6DH,7DH,07H,7FH,6FH
DELAY:      (略)
            RET
            END
```

【例 11.4】 某系统有 16 个按键和 2 个共阴极 LED 显示器,要求扫描按键,将按下键的键号显示在显示器上。

16 个按键采用 4×4 矩阵式键盘,占用 P3 口,2 个 LED 显示器分别占用 P1 和 P2 口。接口电路如图 11.11 所示。

程序清单如下:

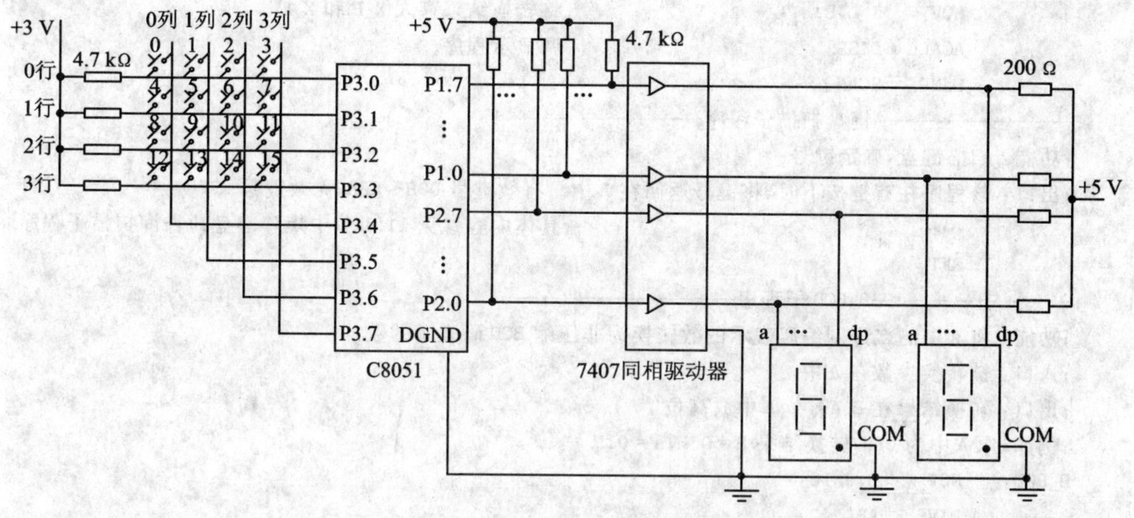

图 11.11　矩阵式键盘与静态显示接口

```
        $INCLUDE (C8051F000.INC)
KEY_PORT    EQU     P3              ;键盘接口 P3,名为 KEY_PORT
DISP_H      EQU     P2
DISP_L      EQU     P1              ;显示端口 P1、P2,名为 DISP_H 和 DISP_L
X_H         DATA    30H             ;定义变量 X_H 放键盘号非压缩 BCD 码高位
X_L         DATA    31H             ;定义 X_L 放键盘号非压缩 BCD 码低位
X           DATA    32H             ;定义变量 X,放键号二进制编码
            ORG     0000H
            AJMP    MAIN
;-------------------------主程序-------------------------
            ORG     0100H
;-------------------------初始化-------------------------
MAIN:       MOV     WDTCN,#0DEH
            MOV     WDTCN,#0ADH     ;禁止看门狗
            MOV     SP,#60H
            MOV     XBR2,#11000000B ;交叉开关允许,漏极开路输出
SCAN:       ACALL   KEY             ;调键盘扫描子程序
            MOV     X,A             ;将键盘扫描子程序返回的键号送 X
            CJNE    A,0FFH,CHANG    ;如果是有效键号,转 CHANG
            SJMP    SCAN            ;如果是无效键号,则重新进行键扫描
CHANG:      MOV     A,X             ;取出放在 X 中的以二进制编码表示的键号送 A
            ACALL   B_BCD           ;调 B_BCD 子程序,将二进制键号变成非压缩 BCD 码
            MOV     X_H,A
```

```
            MOV     X_L,B                           ;将转换结果存入 X_H 和 X_L
            ACALL   DISP                            ;调显示程序
            SJMP    SCAN
;---------------------键盘扫描子程序---------------------
;功能：扫描键盘，确定键号
;出口：该程序在有键按下时，将键号返回在 A 中。有效键号 00H～0FH，无效键号 0FFH
KEY:        ……                                      ;具体内容参见 11.1 节中矩阵键盘的查询扫描子程序
            RET
;---------------------B_BCD 子程序---------------------
;功能：将 A 中的二进制编码表示的数转换为非压缩 BCD 码表示的数
;入口：被转换参数在 A 中
;出口：转换结果在 B、A 中。A 中放高位
;例如，原 A 中为 0FH，转换结果 B = 05H，A = 01H
B_BCD:      MOV     B，#10
            DIV     AB
            RET
;---------------------DISP 子程序---------------------
;功能：将 X_H 和 X_L 中的非压缩的 BCD 码送 DIAP_H 和 DIAP_L 端口
;入口参数：待显示字符以非压缩 BCD 码形式存在 X_H 和 X_L 中
;显示端口分别名为 DISP_H 和 DISP_L
DISP:       ……                                      ;具体内容与上例相同
TABS:       DB      ……                              ;列扫描码表
TABD:       DB      ……                              ;共阴极段码表
            END
```

静态显示编程容易，亮度较高，但占用 I/O 口线较多。在显示位数较多时，可采用动态显示。

3. 动态显示方式

采用动态显示方式的电路如图 11.12 所示。图中接有 4 个 8 段共阴极 LED 显示器。与图 11.7 和图 11.8 不同的是：各显示器的段码输入位接在一起，经驱动器分别与 P1.0～P1.7 相连；各段的 COM 端没有直接接地，而是经驱动器与 P2.7～P2.4 相连。如果 P2.7 输出 0，P2.6～P2.4 输出 1，则最左端的数码管工作，P1 接口输出的数据显示在其上。如果 P2.6 输出 0，其余输出 1，则左起第 2 个数码管工作，P1 接口输出的数据显示在该数码管上。正常情况下，任一时刻，P2.7～P2.4 只能有 1 个输出 0；否则，P1 接口输出的数据会同时显示在几个数码管上。

如果要使 4 个数码管分别显示“0”、“1”、“2”、“3”，则应先使 P2.7 输出 0，然后将“0”的段码送 P1 口，点亮第 1 只数码管；再使 P2.6 输出 0，然后将“1”的段码送 P1 口，点亮第 2 只数码

管，同时第 1 只数码管灭；同样，再点亮第 3 只、第 4 只数码管。之后，重新点亮第 1 只数码管，如此循环往复。

这样做显然存在一个问题，即任意时刻只有 1 个数码管被点亮。每个数码管都是不断地在亮、灭之间切换。但只要两次点亮的时间间隔小于人眼的视觉暂留时间，人们就会看到 4 个数码管好像同时在显示。这就是动态显示。

动态显示可节约 I/O 口线，但编程时要注意刷新时间间隔。另外，由于每个数码管不是一直在亮，看上去亮度不如静态显示。动态显示接口中，常将与 a～dp 相连的线称为段选线，将与 COM 相连的线称为位选线。

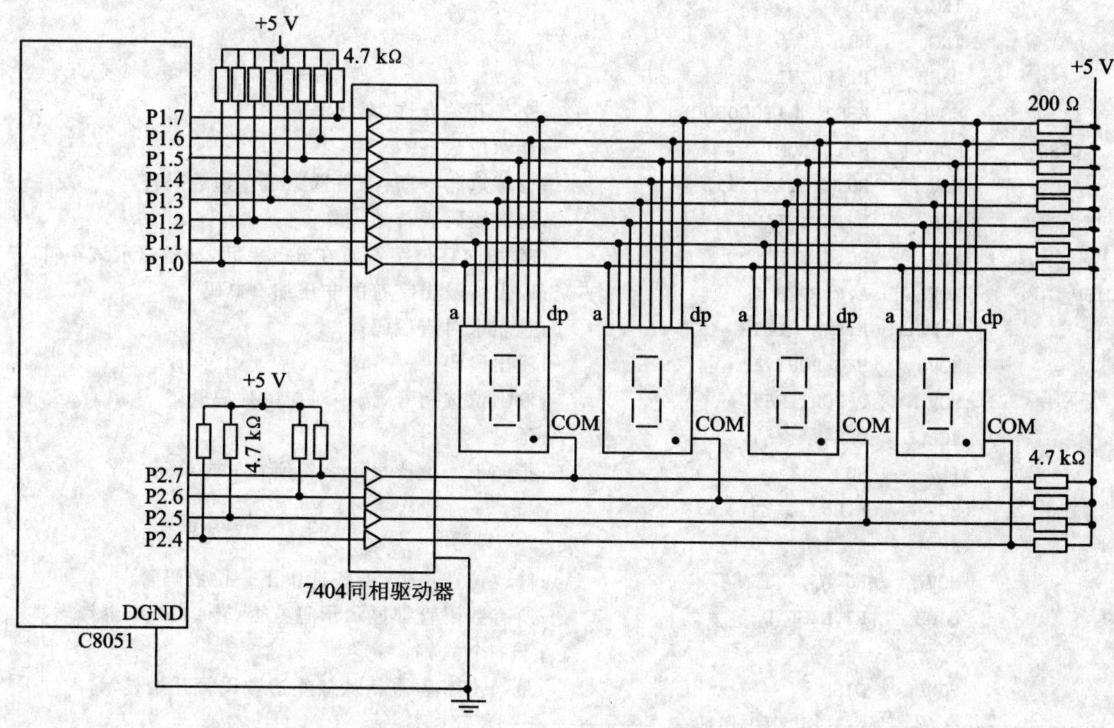

图 11.12　动态显示电路

实现动态显示的程序如下：

```
            $INCLUDE(C8051F000.INC)
X_H         DATA    40H                 ;最高位字符 X_H 在 40H
SEG_PORT    EQU     P1                  ;给段选端口命名
P_PORT      EQU     P2                  ;给位选端口命名
NUM         EQU     4                   ;显示位数
            ORG     0000H
```

```
            AJMP    MAIN
            ORG     0100H
   MAIN:    MOV     WDTCN,#0DEH
            MOV     WDTCN,#0ADH              ;禁止看门狗
            MOV     SP,#60H
            MOV     R0,#X_H
            MOV     R1,#NUM
            MOV     A,#0
   FUZHI:   MOV     @R0,A                    ;显示数据区赋值,分别为 0、1、2、3
            INC     A
            INC     R0
            DJNZ    R1,FUZHI
            MOV     XBR2,#11000000B          ;交叉开关允许,漏极开路输出
   DISP:    MOV     R7,#NUM                  ;显示位数→R7
            MOV     R6,#01111111B            ;首位选码→R6,准备选中最左边数码管
            MOV     DPTR,#TABD               ;指向段码表首地址
            MOV     R0,#X_H                  ;R0 指向高位字符所在 RAM 单元,准备显示该字符
DISP_D:     MOV     A,@R0                    ;取出待输出字符的非压缩 BCD 码
            MOVC    A,@A+DPTR                ;查表求对应段码
            MOV     SEG_PORT,A               ;输出段码
            MOV     P_PORT,R6                ;输出位选信号,选中对应的数码管
            ACALL   DELAY                    ;延时
            INC     R0                       ;指向下一位待显示字符所在 RAM 单元
            MOV     A,R6
            RR      A
            MOV     R6,A                     ;修改位选信号,准备选中下一位数码管
            DJNZ    R7,DISP_D                ;所有数码管都显示了吗? 否,转 DISP_D,继续点亮
                                             ;下一个
            SJMP    DISP                     ;是,转 DISP,重新从最左边数码管开始显示
  ;—————————————————共阴极段码表—————————————————
  TABD:     DB  3FH,06H,5BH,4FH,66H,6DH,7DH,07H,7FH,6FH
  ;—————————————————延时程序—————————————————
  DELAY:    MOV     R1,#10                   ;3 ms
  DELAY1:   MOV     R2,#200                  ;300 μs
            DJNZ    R2,$
            DJNZ    R1,DELAY1
            RET
            END
```

该程序将每个数码管点亮 1 段时间,然后灭掉,再点亮下一个数码管。

如果在驱动器前增加 1 个 2－4 译码器分别与 P2.7、P2.6 相连，还可省下 P2.5、P2.4 两根 I/O 口线。因为 2－4 译码器对应 2 个输入的不同组合，有 4 个不同的译码输出，恰好可作为 4 个数码管的位选信号。具体电路和程序请自己思考。

以上显示电路利用的都是单片机片内的并行口 P0～P3。随着串行技术的发展，现在出现了许多串行输入的显示器件，可以直接和单片机的串行口进行沟通。显然，这种情况下比较节约 I/O 线。

11.3　利用 C8051F005 进行开关量检测与控制

单片机应用系统经常需要检测和控制许多开关量，以了解生产进行情况。例如恒温室的温度控制系统，它需要检测室内温度是否达到设定值，如果低于设定值，就给电加热器通电，进行加热；反之，则使电加热器断电，停止加热。这里就涉及开关量的检测与控制。本节将结合此例介绍利用单片机进行开关量检测与控制的基本方法。

11.3.1　开关量输入通道的接口电路

1. 传感器的选择

温度传感器有许多种，应该根据温度信号的范围和测量要求进行选择。本系统温度范围为 0～100 ℃，设定温度为 50 ℃，要求温度传感器能检测温度是否大于或等于设定值。有很多温度传感器可供选择，这里选择电接点式水银温度计。电接点式水银温度计可以像普通水银温度计一样将温度值变为水银柱高度显示给观测者。同时，在温度计里还有 2 根插入深度可调的铜导线。温度低于设定值时，水银柱在铜线下，两根导线之间断开；温度高于或等于设定温度时，水银柱升到铜线上，由于水银具有导电性，两根导线之间闭合。这相当于在两导线间存在一个接点（开关），温度大于或等于设定值，接点闭合。可以将这个开关信号变换成数字信号（电平信号）后送至单片机的一个 I/O 引脚。变换方法与键盘电路类似。如图 11.13 所示，当温度传感器接点闭合时，A 点输出低电平；反之，输出高电平。

2. 光电隔离

为减少现场干扰信号通过地线对单片机的影响，经常在单片机和现场传感器之间进行隔离。光耦合器是常用的开关量隔离装置。如图 11.13 所示，当温度传感器 A 点输出低电平时，光电耦合器 4N25（以下简称 4N25）的 LED 导通发光，使光敏晶体（三极）管导通，输出低电平给单片机的 P1.7；反之，P1.7 得到高电平。4N25 使单片机系统和传感器部分的电源和地相互独立，有效地减少输入部分通过地线对单片机造成干扰。4N25 的输入电流为 15 mA，输出电流为 3 mA，LED 压降为 1.2～1.5 V。限流电阻计算方法为

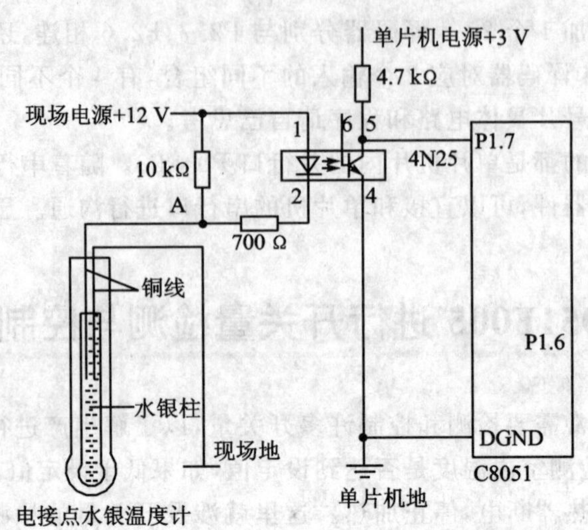

图 11.13　带光电隔离开关量输入接口的温度检测系统

$$R=(V_{电源}-V_{LED})/I_{LED}=(12\ V-1.5\ V)/(0.015\ A)=700\ \Omega$$

11.3.2　开关量输出通道的接口电路

本系统温度控制的基本方法是：温度高于设定值，即 P1.7 输入低电平，断掉加热器电源，停止加热；反之，接通电源，进行加热。因此，需要在加热器电源与加热器之间设置一个可由单片机控制的开关。系统用 P1.6 引脚输出加热器控制信号，控制加热电源的通断。在单片机系统和现场加热器之间应进行隔离。信号转换和隔离电路有以下几种形式。

1. 普通电磁式机械继电器接口

普通电磁式机械继电器(以下简称继电器)与单片机的接口电路如图 11.14 所示。当单片机的 P1.6 引脚输出高电平时，反相驱动器 7406 输出 0，继电器 J 的线圈得电，吸引其常开接点闭合，电加热器通电；反之，线圈不通，接点断开，停止加热。单片机与继电器之间加有驱动器的目的是为了保证继电器线圈能通过足够的吸合电流，确保接点可靠吸合。继电器旁的二极管 D1 是保护二极管，提供泄流回路，防止继电器由接通转为断开时产生很高的感应电动势，对驱动器造成损害。利用继电器实现开关量控制的同时，也实现了单片机与现场之间的隔离。

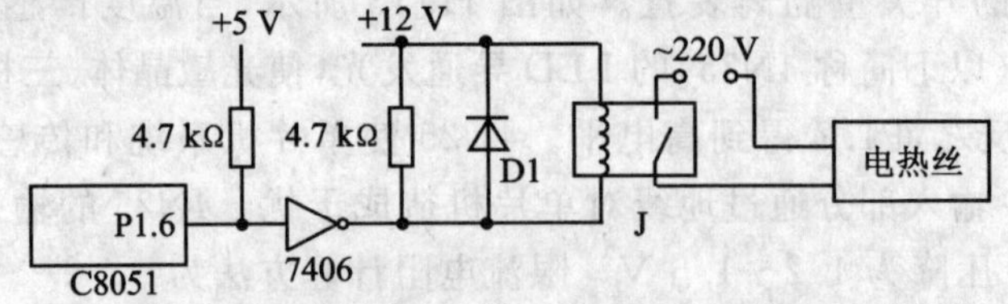

图 11.14　具有普通继电器开关量输出接口的温度控制系统

2. 光电耦合器接口

光电耦合器的输入端是 LED，输出端有光敏三极管（即光敏晶体管）型，如图 11.13 中的 4N25，也有光敏晶闸管输出型，如图 11.15 中的 MOC3061。可以把光电耦合器的光敏输出端看成一个可控开关：当 P1.6 输出高电平时，MOC3061 的 LED 导通发光，光敏输出端接通，电加热器通电加热；反之断开。现在许多光电耦合器的输出端可以像普通电磁式机械继电器一样工作在高电压、大电流场合，但却没有机械继电器的可动触点，因此也被称为固态继电器，简称 SSR（Solid State Relay）。图 11.15 中，利用固态继电器，可以获得与电磁式机械继电器同样的温控效果。

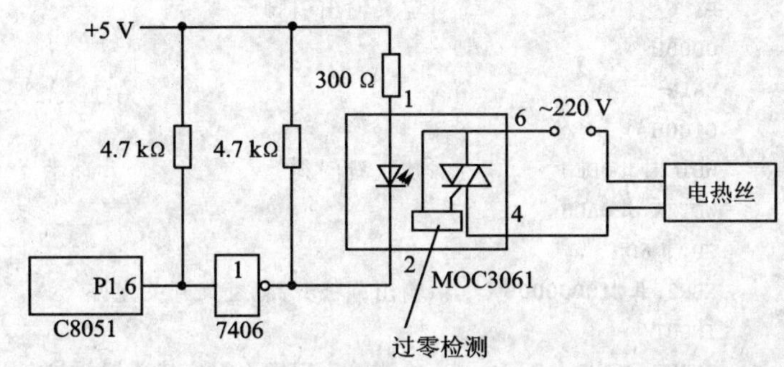

图 11.15　具有固态继电器（光耦合器）开关量输出接口的温度控制系统

图 11.15 中的 MOC3061 是一个带过零检测电路的双相晶闸管输出型固态继电器（光耦合器）。P1.6 输出高电平，反相驱动器 7406 输出低电平，MOC3061 输入端的 LED 导通发光，输出端的晶闸管导通，电热丝得电加热。由于输出端在交流电源的正半周和负半周均可导通，故称为双相晶闸管输出型固态继电器。此外，MOC3061 自带过零触发电路，保证晶闸管在电源电压过零时触发导通，以减少电器接通电源时对电网的影响。MOC3061 输入端的控制电流为 15 mA，输出端的额定电压为 400 V，最大重复浪涌电流为 1 A。

与普通继电器相比，SSR 的输出无机械触点，因此具有无噪声、开关速度快、寿命长、体积小等优点。固态继电器的输出有单相型、双相型、过零型以及调相型等，输出电压和电流因型号不同而有所不同，应根据需要进行选择。整个温度控制系统的结构如图 11.16 所示，温度传感器将温度信号转换成开关量，经变换和隔离变成数字量送到单片机的一根 I/O 口线上，在

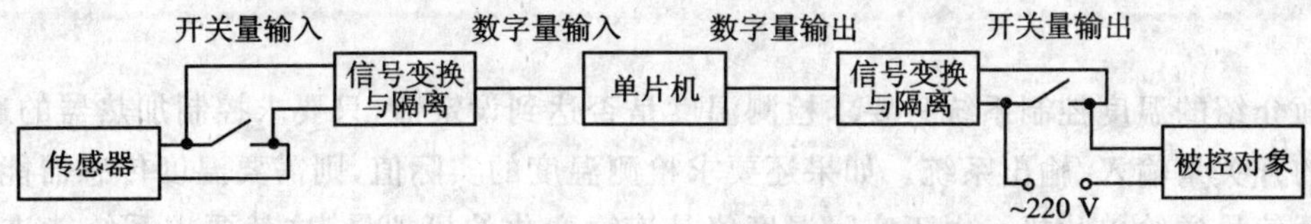

图 11.16　开关量输入/输出的温度控制系统结构

单片机内部经过软件处理分析，从另一根 I/O 口线上输出控制信号。该信号再经隔离变换变为开关量作用到加热器和加热电源上，控制加热器与电源的接通与断开，从而实现温度控制的目的。

11.3.3　软件设计

程序如下：

```
        $INCLUDE(C8051F000.INC)
INPUT   BIT     P1.7            ;定义输入引脚
OUTPUT  BIT     P1.6            ;定义输出引脚
        ORG     0000H
        AJMP    MAIN
        ORG     0100H
MAIN:   MOV     WDTCN,#0DEH     ;禁止看门狗
        MOV     WDTCN,#0ADH
        MOV     SP,#60H
        MOV     XBR2,#11000000B ;输出漏极开路，交叉开关允许
IN:     SETB    INPUT
        JB      INPUT ,HEAT     ;检测输入引脚上温度传感器的状态，若输入 1，则转 HEAT
        CLR     OUTPUT          ;温度传感器输入不为 1，停止加热
        ACALL   DELAY           ;延时 1 s
        SJMP    IN              ;重新检测
HEAT:   SETB    OUTPUT          ;进行加热
        ACALL   DELAY           ;延时 1 s
        SJMP    IN              ;重新检测
DELAY:  ……
        ⋮
        RET
        END
```

在两次检测之间加延时的目的是防止温度波动造成继电器动作过于频繁。

11.4　利用 C8051F005 进行模拟量检测与控制

前面介绍的温度控制系统只要求检测温度是否达到设定值，只要求控制加热器的通与断，是典型的开关量输入/输出系统。如果还要求检测温度的实际值，则需要温度传感器能够将温度的实际信号送给单片机。由于实际温度值是连续变化的模拟量，这就要求系统能进行模拟量输入信号的检测。如果要求系统不仅能控制加热器的通断，还能根据实际温度值与设定值

之间的偏差调整加热器的加热功率，使加热器的功率在 0～100％之间变化，就要求系统还具有模拟量输出功能。

11.4.1 模拟量输入通道的接口电路

1. 传感器的选择

显然，电接点式水银温度计不能将模拟温度信号送单片机。这里应选择能将温度信号变成电信号的传感器。由于温度范围是 0～100 ℃，因此可选择金属铜电阻温度传感器——Cu100。该传感器 0 ℃时的电阻值为 100 Ω，随温度增加，阻值增加，即该传感器可将温度信号变成电阻信号。

2. 信号调理电路

C8051 虽然可以直接接收模拟信号，但要求信号是 0～V_{REF} 的模拟电压信号，如果使用 C8051 片内的参考电源，$V_{REF} \approx 2.4$ V，则必须设法将传感器输出的电阻信号变换成电压信号。信号变换的任务通过信号调理电路完成。一般信号调理电路除了进行信号变换外，还应有放大、滤波、调零以及隔离等功能。信号调理电路可以自行设计，也可选用由专业厂家生产的现成产品。例如，本系统选用与 Cu100 配套的 4～20 mA 输出的温度变送器和配电器。温度变送器可根据实际使用情况进行量程和零点调整，使得温度最高时输出 20 mA，温度最低时输出4 mA。配电器的作用有 3 个：为变送器提供 DC 24 V 直流电源；接收变送器输出的 4～20 mA 电流信号以及实现现场和单片机之间的信号隔离。为了将电流信号变成电压信号，还应在输出端接一个标准电阻，若选 100 Ω 阻值，则该电阻两端的电压为 0.4～2 V。选用由专业厂家生产的现成产品的优点是开发周期短，可靠性高，但成本远高于独立开发。

可以单端输入方式将温度信号送到 C8051 的模拟量输入引脚 AIN0，如图 11.17 所示。

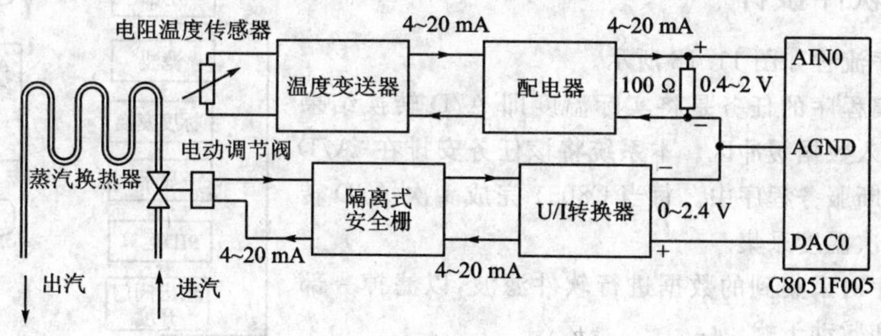

图 11.17 模拟量输入接口

11.4.2　模拟量输出通道的接口电路

1. 加热器的选择

常见加热器有电加热器、蒸汽加热器和油加热器等。这里以蒸汽加热器为例进行介绍，它在本系统中被用于恒温室温度的控制。蒸汽加热器也称蒸汽换热器，它将热源产生的热蒸汽送进恒温室，改变进入蒸汽换热器内的蒸汽流量，可改变进入恒温室总热量，从而达到控制室内温度的目的。

2. 改变蒸汽流量的方法

蒸汽换热器前通常装有阀门，用以调节蒸汽流量。但普通手动阀门不受计算机控制，不能实现自动控制。能受计算机控制的阀门有两种：电磁阀和电动调节阀。电磁阀只有两个状态：通和断，只能控制送热和不送热，属于开关量控制方式。电动调节阀则可接收 0～10 mA 或 4～20 mA 直流电流信号，控制阀门开度在 0～100％范围内连续变化，因此属于模拟量控制方式。本系统采用能接收 4～20 mA 直流电流信号的电动调节阀。输入 4 mA 电流时，阀门全关；输入 20 mA 电流时，阀门全开。

3. C8051F005 与电动调节阀之间的接口

C8051 内部有 2 个 12 位 DAC，可以输出 0～V_{REF} 的模拟电压信号。本系统使用 DAC0。需要一个接口电路将该信号转换变成 4～20 mA 直流电流送电动调节阀。此外，为提高系统的抗干扰能力，还要求对单片机和现场进行隔离。该接口电路可自行设计，也可选用现成产品。图 11.17 中采用标准的 U/I 转换器和隔离式安全栅实现信号变换和隔离。

11.4.3　软件设计

整个程序流程如图 11.18 所示。

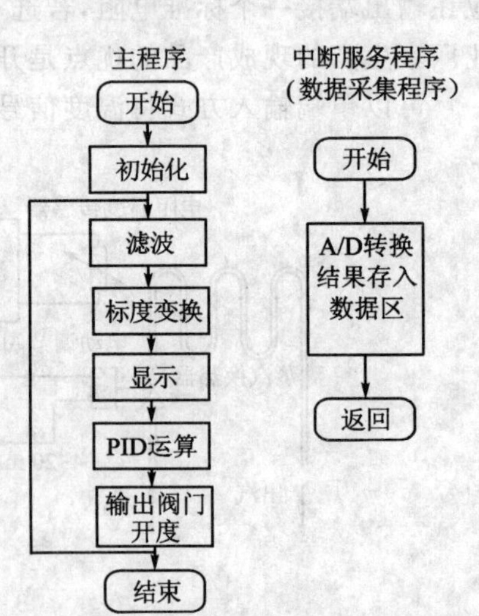

图 11.18　温度采集与控制流程

数据采集程序的任务是将实际温度即 A/D 转换结果采集进来，存入数据缓冲区。本系统将该任务安排在“A/D 转换结束”中断服务程序中。每当 C8051 完成 1 次 A/D 转换时，进行 1 次温度采集。

滤波程序对采集到的数据进行软件滤波，以滤掉一部分随机干扰和脉动干扰。

标度变换程序将采集数据转换成以℃为单位的数值，以便输出显示。

显示程序的任务是将采集温度显示出来。

PID程序的任务是计算温度实际值和设定值的偏差，并根据偏差和PID算法，计算调节阀门的开度，以达到温度控制的目的。主程序结构如下：

```
START:  MOV     WDTCN,#0DEH
        MOV     WDTCN,#0ADH            ;禁止看门狗
        MOV     SP,#60H
        MOV     XBR2,#40H              ;交叉开关允许,弱上拉输出
        LCALL   INI_RAM
        LCALL   INI_ADC
        LCALL   INI_DAC0
WORK:   MOV     R0,#WENDU_C
        MOV     R1,#GESHU_C            ;为滤波程序送入口参数
        LCALL   LVBO                   ;滤波处理,入口参数在R0、R1中,出口参数在B、A中
        MOV     WENDU_L,B
        MOV     WENDU_L+1,A            ;存滤波结果
        LCALL   BDBH                   ;进行标度变换,入口参数在B、A中,出口在R0、R1和R2中
        MOV     WENDU,R0
        MOV     WENDU+1,R1
        MOV     WENDU+2,R2             ;存标度变换后的温度值
        LCALL   DISPLAY                ;温度显示
        MOV     CELIANG,WENDU_L
        MOV     CELIANG+1,WENDU_L+1    ;为PID控制送入口参数
        LCALL   PID                    ;PID控制计算,计算阀门开度,出口在SHUCHU
        LCALL   OUTPUT                 ;将运算结果从DAC输出
        SJMP    WORK
```

下面对各部分分别介绍。

1. 信号采集

C8051F005内部ADC是12位，能将送入的代表温度的电压信号变成12位数字量，显然每个采集进来的温度信号需要2字节单元存储。考虑到软件滤波的需要，共安排了16个单元存储连续8次温度采样数据，安排2字节单元存储滤波结果，暂时规定将高字节安排在低地址单元。与温度采集及滤波有关的内存分配及常量定义如下：

```
GESHU_C   EQU    8                     ;常量,滤波数据个数,等于8
WENDU_C   DATA   80H                   ;变量,采集温度数据区首单元,在IDATA区
                                       ;该区有2×GESHU_C = 2×8=16个单元,高位数据在低地址
LAST      EQU    WENDU_C+2*GESHU_C     ;常量,数据区末地址
DIZHI     DATA   30H                   ;变量,采集数据当前存放地址
WENDU_L   DATA   31H                   ;变量,滤波后的温度值
```

采样前初始化数据程序应对该数据区清 0，并令 DIZHI 指向 WENDU_C。初始化方法如下：

```
INI_RAM: MOV    R0,#WENDU_C          ;R0 指向数据区首地址
         MOV    R1,#GESHU_C          ;数据个数送 R1
         CLR    A
INIRAM:  MOV    @R0,A                ;高字节单元清 0
         INC    R0
         MOV    @R0,A                ;低字节单元清 0
         INC    R0
         DJNZ   R1,INIRAM            ;所有单元都清 0 了吗？若没有，则转 INIRAM 继续清 0
         MOV    DIZHI,#WENDU_C       ;若都清 0，则 R0 重新指向首单元
         RET
```

为使 ADC 正常工作，应对相关 SFR 进行设置。如果用 ADC 的 0 通道以单端方式接收温度信号，将 ADC 设为定时器 T3 溢出启动，ADC 中断允许，CPU 在中断服务程序采集温度信号，设系统时钟为内部 2 MHz，则 ADC 初始化子程序如下：


```
;ADC 初始化子程序名：INI_ADC
;功能：初始化 ADC
INI_ADC:MOV    REF0CN,#00000011B      ;ADC 使用内部电压基准
        MOV    AMX0CF,#00000000B      ;所有 ADC 的引脚为单端输入
        MOV    AMX0SL,#00000000B      ;准备对通道 0 进行 A/D 转换
        MOV    ADC0CF,#00100000B      ;SAR 转换时钟为 2 个系统时钟，增益为 1
        MOV    ADC0CN,#10000100B      ;ADC 允许，定时器 3 启动 A/D 转换，数据右对齐
        MOV    TMR3H,#0BEH
        MOV    TMR3L,#0E5H            ;给 T3 送初始值，2 MHz 时钟时，定时时间约为 0.1 s
        MOV    TMR3RLH,#0BEH
        MOV    TMR3RLL,#0E5H          ;给 T3 送重装值
        MOV    TMR3CN,#00000100B      ;设 T3 对系统时钟 12 分频，启动 T3
        SETB   EA                     ;开总中断
        MOV    EIE2,#00000010B        ;允许 ADC 转换结束中断
        RET
```

启动 T3 后，每隔约 0.1 s，启动一次 A/D 转换，转换结束后，申请中断。采用中断方式的信号采集程序如下：

```
INPUT:  PUSH   ACC
        PUSH   PSW
        MOV    A,R0
        PUSH   ACC
        CLR    ADCINT                 ;清 ADC 转换结束标志
```

```
        MOV     R0,DIZHI            ;R0 指向待存储单元地址
        MOV     A,ADC0H             ;取转换结果的高字节
        MOV     @R0,A               ;存入数据缓冲区
        INC     R0                  ;R0 指向下一个单元
        MOV     A,ADC0L             ;取转换结果的低字节
        MOV     @R0,A               ;存入数据缓冲区
        INC     DIZHI               ;求下一次存储单元地址
        INC     DIZHI
        MOV     A,DIZHI
        CLR     C
        SUBB    A,@LAST
        JC      RETURN              ;缓冲区满了吗？若没有，则转 RETURN
        MOV     DIZHI,WENDU_C       ;缓冲区满了，重新指向首地址单元
RETURN: POP     ACC
        MOV     R0,A
        POP     PSW
        POP     ACC
        RETI
```

2. 软件滤波

为提高系统抗干扰能力，应对输入的温度信号进行滤波。滤波有两种途径：在信号调理电路中进行硬件滤波；在单片机内进行软件滤波。软件滤波常与硬件滤波配合使用，以弥补硬件滤波的不足。软件滤波有许多不同的方法，一种常用的平均值滤波算法是

$$Y = [(X_N + X_{N-1} + X_{N-2} + \cdots + X_1) - X_{MAX} - X_{MIN}]/(N-2)$$

其中：X_N是本次采样值；X_{N-1}是前次采样值；X_{N-2}是前 2 次采样值……（共采样 N 个数据）；X_{MAX}是 N 个采样值中最大者；X_{MIN}是 N 个采样值中最小者；Y 是滤波输出。

这种滤波方式可以通俗地解释为：连续采样 N 个数据 X，然后“去掉一个最高分，去掉一个最低分，最后结果取平均”。该算法去掉了与其他数据有明显不同的较大值和较小值，由于这样的数据往往是脉动干扰造成的，因此可以滤掉脉动干扰。同时，由于最后结果是对采样输入的平均，因此可以滤掉周期变化的干扰和随机干扰。滤波效果与 N 取值有关。一般被测数据 X 变化缓慢时，采样个数 N 可取大些；否则，取小些。通常 N 取 8～20 个。本例中 N 取 8。

软件滤波子程序如下：

```
;子程序名：LVBO
;功能：将连续内存单元里的 N 个 16 位无符号数去掉最高值和最低值后取平均
;入口参数：R0 指向 RAM 单元的首地址，R1 等于数据个数
;出口参数：滤波结果放 B、A 中，B 放高字节
```

```
;其他占用寄存器和内存：PSW、R2、R3、R4、R5、R6、R7、00H 位、F0 位
LVBO:   LCALL   PAIXU       ;调用排序子程序,使数据从小到大排列
        INC     R0
        INC     R0          ;跳过最小值所在单元
        DEC     R1
        DEC     R1          ;总个数 N-2,同时跳过最大值所在单元
        LCALL   SHZJJIA     ;调双字节加法子程序,从第 2 个单元开始相加,加 N-2 个单元
                            ;和在 R3、R4、R5 中
        MOV     R2,#0       ;为多字节除法送入口参数
        MOV     R6,#0
        MOV     A,R1
        MOV     R7,A        ;将个数 N-2 即 R1→R6R7
        LCALL   SHZJCHU     ;调双字节除法子程序,做 R2R3R4R5÷R6R7→R4R5
        MOV     B,R4        ;取商高字节→B
        MOV     A,R5        ;取商低字节→A
        RET
```

3. 标度变换子程序

A/D 转换后采集到的数据为 0～4095 的数字量,显示前应将它们转换成以℃为单位的数字。信号变换过程如下：

温度→温度变送器输出→配电器输出→A/D 转换结果＝$4096V_{IN}/V_{REF}$

0 ℃→4 mA→0.4 V→674 (设 $V_{REF}=2.43$ V)；

100 ℃→20 mA→2 V→3371 (设 $V_{REF}=2.43$ V)。

转换公式为

$$t=\frac{t_{max}-t_{min}}{D_{max}-D_{min}}(D-D_{min})=\frac{100-0}{3371-674}(D-D_{min})=\frac{100}{2697}(D-674)$$

其中：t 是温度值;D 是数字量;$t_{max}-t_{min}$ 是温度范围(本系统为 0～100 ℃);$D_{max}-D_{min}$ 为数字量范围(本系统为 674～2697)。根据此公式计算出的数值为二进制编码,显示前应转换为 BCD 码。标度变换程序如下：

```
;入口参数：待转换数字量在 B 和 A 中,B 放高位
;出口参数：转换结果在 R0、R1 和 R2 中,压缩 BCD 码形式
BDBH:   PUSH    PSW
        CLR     C
        SUBB    A,#0A2H
        PUSH    ACC
        MOV     A,B
```

```
        SUBB    A,#02H
        MOV     B,A
        POP     ACC                     ;进行 D-674 计算
        MOV     R2,B                    ;为双字节乘法送入口参数,准备进行×100 计算
        MOV     R3,A
        MOV     R6,#0
        MOV     R7,#100
        LCALL   SHZJCHE                 ;双字节乘法,R2R3*R6R7=R2R3R4R5
        MOV     R6,#0AH                 ;为双字节除法送入口参数,准备进行÷2697 计算
        MOV     R7,#89H
        LCALL   SHZJCHU                 ;双字节除法,R2R3R4R5/R6R7=R4R5
        MOV     A,R5                    ;取变换结果
        MOV     B,#100
        DIV     AB                      ;求百位 BCD 码
        MOV     R0,A                    ;百位 BCD 码送 R0
        MOV     A,B
        MOV     B,#10
        DIV     AB                      ;求十位和个位 BCD 码
        MOV     R1,A                    ;十位 BCD 码送 R1
        MOV     R2,B                    ;个位 BCD 码送 R2
        POP     PSW
        RET
```

4. 显示子程序

3 个 7 段共阴极数码管,分别显示百位、十位以及个位温度。采用动态显示方式,P1 口用作段码输出,P0.7～P0.5 用作位选。相关定义如下:

```
DISP_PORT   EQU     P1              ;P1 用作显示口(动态显示方式,共阴极数码管,带驱动)
BAIWEI      EQU     P0.7            ;P0.7 用作百位显示选择
SHIWEI      EQU     P0.6            ;P0.6 用作十位显示选择
GEWEI       EQU     P0.5            ;P0.5 用作个位显示选择
WENDU       DATA    33H             ;温度值(单位为度)非压缩 BCD 码,地址为 33H、34H 和 35H
;入口参数:  WENDU
DISPLAY:    MOV     DPTR,#TAB       ;段码表头
            MOV     A,WENDU         ;取温度值百位
            MOVC    A,@A+DPTR       ;查表求段码
            CLR     BAIWEI
            SETB    SHIWEI
            SETB    GEWEI           ;选择百位显示器
            MOV     DISP_PORT,A     ;送显示
```

```
        ACALL    DELAY
        MOV      A,WENDU+1           ;取温度值十位
        MOVC     A,@A+DPTR           ;查表求段码
        SETB     BAIWEI
        CLR      SHIWEI
        SETB     GEWEI               ;选择十位显示器
        MOV      DISP_PORT,A         ;送显示
        ACALL    DELAY
        MOV      A,WENDU+2           ;取温度值个位
        MOVC     A,@A+DPTR           ;查表求段码
        SETB     BAIWEI
        SETB     SHIWEI
        CLR      GEWEI               ;选择个位显示器
        MOV      DISP_PORT,A         ;送显示
        ACALL    DELAY
        RET
TAB:    DB       3FH,06H,5BH,4FH,66H,6DH,7DH,07H
        DB       7FH,6FH,77H,7CH,39H,5EH,79H,71H
```

5. PID 运算子程序

控制运算的根本目的是根据当前测量值和给定值(期望值)的偏差,按照一定算法,计算出阀门应有的开度,以达到实现自动控制的目的。PID 算法是工控系统中经常使用的一种控制算法。算法如下:

$$U = K_{\rm P}\left(e + \frac{1}{T_{\rm I}}\right)\int e{\rm d}t + T_{\rm D}\frac{{\rm d}e}{{\rm d}t}$$

其中:e 是偏差,e=给定值−测量值;U 是 PID 计算输出(在本系统中对应阀门开度,$U=0$,对应阀门全关;$U=4\,095$,对应阀门全开,因为 C8051F005 的 DAC 为 12 位)。

从式中可以看出,PID 运算由比例、积分和微分三部分组成。$K_{\rm P}$、$T_{\rm I}$和 $T_{\rm D}$分别为比例系数、积分时间和微分时间。

$T_{\rm I}=\infty$,变为 PD(比例微分控制);

$T_{\rm D}=0$,变为 PI(比例积分控制);

$T_{\rm I}=\infty$,$T_{\rm D}=0$ 变为 P(比例控制)。

其具体值应在实际调试时确定。

要使软件实现如上计算,应对上式进行离散化处理,将积分变为求和,将微分变为求差分:

$$\begin{aligned} U_i &= K_{\rm P}\left(e_i + \frac{1}{T_{\rm I}}\sum_{k=1}^{i} e_k T + T_{\rm D}\frac{e_i - e_{i-1}}{T}\right) \\ &= K_{\rm P}\left(e_i + \frac{T}{T_{\rm I}}\sum_{k=1}^{i} e_k + \frac{T_{\rm D}}{T}\Delta e_i\right) \end{aligned}$$

$$= K_P\left(e_i + K_I\sum_{k=1}^{i} e_k + K_D\Delta e_i\right)$$

其中：e_i是第 i 次采样偏差；U_i是第 i 次计算输出；T 是两次采样间隔；$\sum_{k=1}^{i} e_k$ 是从第 1 次采样到第 i 次采样所有偏差之和；$\Delta e_i = e_i - e_{i-1}$是本次偏差与上次偏差之差；$K_I$为积分系数；$K_D$为微分系数。同样可得：

$$U_{i-1} = K_P\left(e_i + K_I\sum_{k=1}^{i-1} e_k + K_D\Delta e_{i-1}\right)$$

两式相减，得：

$$\Delta U_i = U_i - U_{i-1} = K_P(\Delta e_i + K_I e_i) + K_D(\Delta e_i - \Delta e_{i-1})$$

$$U_i = U_{i-1} + \Delta U_i = U_{i-1} + K_P(\Delta e_i + K_I e_i) + K_D(\Delta e_i - \Delta e_{i-1})$$

PID 运算程序流程如图 11.19 所示。

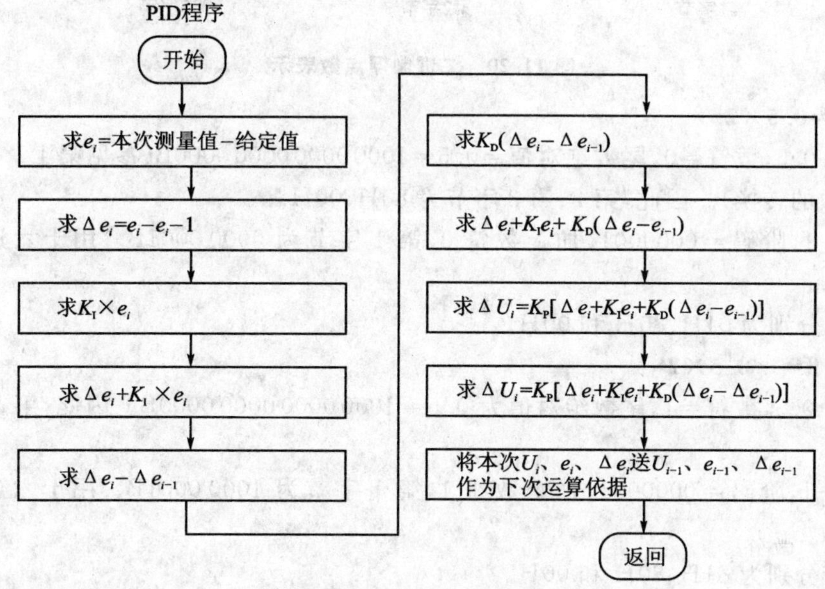

图 11.19　PID 运算流程

本例中 PID 运算全部采用二进制浮点运算。本书前面所有程序都采用定点数表示数据，而且处理的全部是整数。下面简单介绍二进制浮点数。

二进制浮点数用阶数和尾数表示数据。例如：

$0.5=0.5\times2^0$，尾数为$+0.5$，阶数为 0。

$1.0=0.5\times2^1$，尾数为$+0.5$，阶数为$+1$。

$-1.0=-0.5\times2^1$，尾数为-0.5，阶数为$+1$。

2.0＝0.5×2^2，尾数为＋0.5，阶数为＋2。

4 095＝0.999 755 859 375×2^{12}，尾数为＋0.999 755 859 375，阶数为＋12。

尾数绝对值必须小于 1。如果 0.5≤尾数绝对值＜1，则为规格化浮点数。

例如 0.1＝0.1×2^0，尾数绝对值＝0.1＜0.5，不是规格化浮点数。如果将 0.1 表示为 0.1＝0.8×2^3，就是规格化浮点数。

例如 0.25＝0.25×2^0，尾数绝对值＝0.25＜0.5，不是规格化浮点数。如果将 0.25 表示为 0.25＝0.5×2^{-1}，就是规格化浮点数。

如果用 3 字节表示数据，并且规定：第 1 字节的最高位表示尾数符号，其余 7 位表示阶数，第 2、第 3 字节表示尾数的绝对值，如图 11.20 所示。

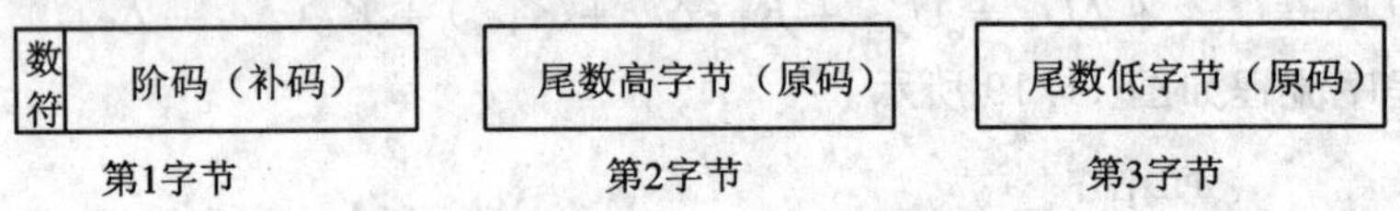

图 11.20　二进制浮点数表示

(1) 1.0＝0.5×2^1

尾数＝＋0.5，数符＝0，尾数绝对值＝0.5＝1000 0000 0000 0000B（参见第 1 章十进制小数与二进制小数的转换）。因此，第 2、第 3 字节为 80H、00H。

阶数＝＋1，阶码＝0000001，加上数符 0，第 1 字节为 0000 0001B。用十六进制表示为 01H。

3 个字节分别为 01H、80H 和 00H。

(2) －1.0＝－0.5×2^1

尾数＝－0.5，数符＝1，尾数绝对值为 0.5＝1000 0000 0000 0000B。因此，第 2、第 3 字节为 80H、00H。

阶数＝＋1，阶码＝0000001，加上数符 1，第 1 字节为 1000 0001B。用十六进制表示为 81H。

3 个字节分别为 81H、80H 和 00H。

(3) 4 095＝0.999 755 859 375×2^{12}

尾数＝＋0.999 755 859 375，数符＝0，尾数绝对值＝0.999 755 859 375＝1111 1111 1111 0000B。因此，第 2、第 3 字节为 FFH、F0H。

阶数为 ＋12，阶码为 0001100，加上数符 0，第 1 字节为 0000 1100B。用十六进制表示为 0CH。

3 个字节分别为 0CH、FFH 和 F0H。

(4) 0.25＝0.5×2^{-1}

尾数＝ ＋0.5，数符＝0，尾数绝对值＝0.5＝1000 0000 0000 0000B。因此，第 2、第 3 字节

为 80H、00H。

阶数＝－1，阶码＝1111111，加上数符 0，第 1 字节＝0111 1111B。用十六进制表示为 7FH。

3 字节分别为 7FH、80H 和 00H。

与 PID 运算相关的变量分配如下：

```
CELIANG     DATA   36H          ;本次测量值的规格化二进制浮点数
SHEDING     DATA   39H          ;设定值(规格化二进制浮点数)
YEBXL       DATA   3CH          ;ε—PID 或 PD 运算偏差限(规格化二进制浮点数)
P_XISHU     DATA   3FH          ;比例系数 K_P(规格化二进制浮点数)
I_XISHU     DATA   42H          ;积分系数 K_I(规格化二进制浮点数)
D_XISHU     DATA   45H          ;微分系数 K_D(规格化二进制浮点数)
ei_1        DATA   48H          ;e_{i-1}—上一次偏差(规格化二进制浮点数)
DERTA_ei_1  DATA   4BH          ;Δe_{i-1}—上一次偏差变化量(规格化二进制浮点数)
Ui_1        DATA   4EH          ;U_{i-1}—上一次输出(浮点数)(规格化二进制浮点数)
TEMP0       DATA   51H          ;暂存单元(工作单元)(规格化二进制浮点数),占 3 字节
TEMP1       DATA   54H          ;暂存单元(工作单元)(规格化二进制浮点数),占 3 字节
SHUCHU      DATA   57H          ;本次 PID 结果(定点数),占 2 字节
```

除 SHUCHU 外，其他每个变量都用规格化二进制浮点数表示，各占 3 字节。变量 YEBXL(ε)的作用。

$$\Delta U_i = \begin{cases} K_P[\Delta e_i + K_I e_i + K_D(\Delta e_i - \Delta e_{i-1})] & e_i < \varepsilon \quad (\text{PID}) \\ K_P[\Delta e_i + K_D(\Delta e_i - \Delta e_{i-1})] & e_i \geqslant \varepsilon \quad (\text{PID}) \end{cases}$$

当偏差较大时，为加快调节速度，使温度较快地回到设定值，采用 PD 控制；当偏差较小时，加入积分，以达到较高的控制精度。关于 PID 算法的更多内容请参见相关控制类书籍。ε 的大小需要根据实际被控对象确定。

与 PID 有关的初始化内容如下：

```
INI_PID:   MOV   SHEDING,#0BH        ;温度设定值 = 50 ℃,对应数字量 = 2022
                                     ;对应浮点数 = 0BH、0FDH、0C0H
           MOV   SHEDING + 1,#0FDH
           MOV   SHEDING + 2,#0C0H
           MOV   YEBXL,#0AH          ;ε 初始值 = 10 ℃ = 944(数字量) = 0AEC00H(浮点数)
           MOV   YEBXL + 1,#0ECH
           MOV   YEBXL + 2,#00H
           MOV   P_XISHU,#03H        ;K_P = 5(数字量) = 03A000H(浮点数)
           MOV   P_XISHU + 1,#0A0H
           MOV   P_XISHU + 2,#00H
           MOV   I_XISHU,#02H        ;K_I = 2(数字量) = 028000H(浮点数)
```

```
        MOV    I_XISHU+1,#80H
        MOV    I_XISHU+2,#00H
        MOV    D_XISHU,#02H                  ;K_D = 3(数字量) = 02C000H(浮点数)
        MOV    D_XISHU+1,#0C0H
        MOV    D_XISHU+2,#00H
        MOV    ei_1,#00H                     ;e_{i-1} = 0(数字量) = 000000H(浮点数)
        MOV    ei_1+1,#00H
        MOV    ei_1+2,#00H
        MOV    DERTA_ei_1,#00H               ;Δe_{i-1}初始值 = 000000H(0)
        MOV    DERTA_ei_1+1,#00H
        MOV    DERTA_ei_1+2,#00H
        MOV    Ui_1,#00H                     ;U_{i-1}初始值 = 000000H(0)
        MOV    Ui_1+1,#00H
        MOV    Ui_1+2,#00H
        RET
```

PID 程序如下：

```
;功能：根据测量值和设定值之差进行 PID 运算或 PD 运算
;入口：CELIANG、SHEDING、YEBXL、P_XISHU、I_XISHU 以及 D_XISHU
;要求以规格化二进制浮点数表示数据，每个变量占 3 字节
;出口：SHUCHU，放运算结果的定点数，占 2 字节
;Ui_1 放 PID 运算结果的规格化二进制浮点数，占 3 字节，作为下次运算依据
;ei_1 放本次偏差的规格化二进制浮点数，占 3 字节，作为下次运算依据
;DERTA_ei_1 放本次偏差变化量的规格化二进制浮点数，占 3 字节，作为下次运算依据
;结果限制在在 0～4095 之间
;其他占用资源：TEMP0，TEMP1，各占 3 字节，PSW，R0～R7，A，1FH 位，F1 位等
PID:    MOV    R0,#CELIANG
        CLR    1FH
        MOV    A,#16                         ;为 DTOF 调用送入口参数
        LCALL  DTOF                          ;将测量值转化为规格化二进制浮点数
        LCALL  PID1                          ;进行 PID 运算
        RET
PID1:
;--------------------------计算 e_i,Δe_i--------------------------
        PUSH   SHEDING
        PUSH   SHEDING+1
        PUSH   SHEDING+2                     ;SHEDING 入栈
        MOV    R0,#SHEDING                   ;指向设定值 SHEDING
        MOV    R1,#CELIANG                   ;指向测量值 CELIANG
```

```
        LCALL   FSUB                ;浮点数减法求 ei = SHEDING - CELIANG
                                    ;结果在 SHEDING,SHEDING + 1,SHEDING + 2
        MOV     R1,#TEMP0
        LCALL   FMOV                ;ei 存到 TEMP0、TEMP0 + 1、TEMP0 + 2
        POP     SHEDING + 2
        POP     SHEDING + 1
        POP     SHEDING             ;SHEDING 出栈
        PUSH    TEMP0
        PUSH    TEMP0 + 1
        PUSH    TEMP0 + 2           ;ei 入栈
        MOV     R0,#TEMP0           ;指向 ei
        MOV     R1,#ei_1            ;指向 ei-1
        LCALL   FSUB                ;浮点数减法求 Δei = ei - ei-1,
                                    ;结果在 TEMP0～TEMP0 + 2
        MOV     R1,#TEMP1
        LCALL   FMOV                ;Δei 存到 TEMP1,TEMP1 + 1,TEMP1 + 2
        POP     TEMP0 + 2
        POP     TEMP0 + 1
        POP     TEMP0               ;ei 出栈
        MOV     ei_1,TEMP0
        MOV     ei_1 + 1,TEMP0 + 1
        MOV     ei_1 + 2,TEMP0 + 2  ;更新 ei-1,本次 ei 将作为下一次计算的 ei-1
;------------判断 ei 是否大于ε,决定是进行 PID 运算还是进行 PD 运算------------
CP0:    MOV     A,TEMP0             ;取 ei 最高字节(数符,阶码)
        JB      ACC.7,S3            ;数符为 1,说明 ei<0,转 S3 进行 PID 运算
                                    ;算法：ei>ε, PD 运算
                                    ;ei≤ε,PID 运算
        JB      ACC.6,S3            ;阶符为 1,说明 ei<0.5,转 S3 进行 PID 运算
        CJNE    A,YEBXL,CP1         ;比较 ei 与 ε 的最高字节,不等,转 CP1 比较
        MOV     A,TEMP0 + 1
        CJNE    A,YEBXL + 1,CP1     ;比较 ei 与 ε 的第 2 字节,不等,转 CP1 比较
        MOV     A,TEMP0 + 2
        CJNE    A,YEBXL + 2,CP1     ;比较 ei 与 ε 的第 3 字节,不等,转 CP1 比较
        LJMP    S3                  ;ei 与 ε 相等,转 S3 进行 PID 运算
CP1:    JC      S3                  ;ei<ε,转 S3 进行 PID 运算
                                    ;ei>ε,转 S4 进行 PD 运算
        MOV     TEMP0,TEMP1
        MOV     TEMP0 + 1,TEMP1 + 1
        MOV     TEMP0 + 2,TEMP1 + 2 ;Δei 送 ei,使 TEMP0～TEMP0 + 2 放 Δei
```

```
        LJMP    S4
;------------------PID 和 PD 运算------------------
;结果 TEMP0～TEMP0 + 2,更新 Ui-1
S3:     MOV     R0,#TEMP0               ;指向 ei
        MOV     R1,#I_XISHU             ;指向 KI
        LCALL   FMUL                    ;计算 KI * ei,结果在 TEMP0～TEMP0 + 2
        MOV     R0,#TEMP0               ;指向 KI * ei 所在单元
        MOV     R1,#TEMP1               ;指向 Δei 所在单元
        LCALL   FADD                    ;做加法 Δei + KI * ei,结果在 TEMP0～TEMP0 + 2
S4:     PUSH    TEMP1
        PUSH    TEMP1 + 1
        PUSH    TEMP1 + 2               ;Δei 入栈
        MOV     R0,#TEMP1               ;指向 Δei
        MOV     R1,#DERTA_ei_1          ;指向 Δei-1
        LCALL   FSUB                    ;求 ΔΔei = Δei - Δei-1,结果在 TEMP1～TEMP1 + 2
        MOV     R0,#TEMP1               ;指向 ΔΔei
        MOV     R1,#D_XISHU             ;指向 KD
        LCALL   FMUL                    ;计算 KD * ΔΔei,结果在 TEMP1～TEMP1 + 2
        MOV     R0,#TEMP0               ;指向 Δei + KI * ei,对 PD 调节,是指向 Δei
        MOV     R1,#TEMP1               ;指向 KD * ΔΔei
        LCALL   FADD
;对 PID：求 Δei + KI * ei + KD * ΔΔei;对 PD：求 Δei + KD * ΔΔei  ;结果在 TEMP0～TEMP0 + 2
        POP     TEMP1 + 2
        POP     TEMP1 + 1
        POP     TEMP1                   ;Δei 出栈
        MOV     DERTA_ei_1,TEMP1
        MOV     DERTA_ei_1 + 1,TEMP1 + 1
        MOV     DERTA_ei_1 + 2,TEMP1 + 2 ;更新 Δei-1,使本次 Δei 作为下一次 Δei-1
        MOV     R0,#TEMP0               ;指向 Δei + KI * ei + KD * ΔΔei
        MOV     R1,#P_XISHU             ;指向 KP
        LCALL   FMUL                    ;求 ΔUi = KP * (Δei + KI * ei + KD * ΔΔei),
                                        ;结果在 TEMP0～TEMP0 + 2
        MOV     R1,#Ui_1                ;指向 Ui-1
        LCALL   FADD                    ;求 Ui = Ui-1 + ΔUi;结果在 TEMP0～TEMP0 + 2
        MOV     Ui_1,TEMP0
        MOV     Ui_1 + 1,TEMP0 + 1
        MOV     Ui_1 + 2,TEMP0 + 2      ;更新 Ui-1
;--------------------将 Ui 转换成定点数输出--------------------
;如果结果<0,则输出按 0 处理;如果结果>4 095,则输出按 4 095 处理
```

```
                MOV     R0,#TEMP0               ;指向 Ui
                LCALL   FTOD                    ;转换成双字节定点数
                JB      1FH,AN0CHULI            ;是负数,说明 Ui<0,转 AN0CHULI
                JB      F0,CHUNZHENG            ;是纯整数,转 CHUNZHENG
                JNC     AN0CHULI                ;是纯小数,说明 Ui<1,转 AN0CHULI
ZHXIAO:         MOV     SHUCHU,#0               ;是 1 字节整数,1 字节小数
                MOV     SHUCHU+1,TEMP0          ;取出整数部分
                AJMP    FANHUI
CHUNZHENG:      MOV     A,TEMP0                 ;取整数高字节
                CLR     C
                SUBB    A,#10H
                JNC     AN4095CHULI             ;数据高字节≥10H,说明数据>4095
                                                ;转 AN4095CHULI
                MOV     SHUCHU,TEMP0
                MOV     SHUCHU+1,TEMP0+1
                AJMP    FANHUI
AN0CHULI:       MOV     SHUCHU,#0               ;Ui<0,输出按 0 处理
                MOV     SHUCHU+1,#0
                MOV     Ui_1,#0
                MOV     Ui_1+1,#0
                MOV     Ui_1+2,#0               ;更新 Ui-1 为 0
                AJMP    FANHUI
AN4095CHULI:    MOV     SHUCHU,#0FH             ;数据>4095,输出按 4095 处理
                MOV     SHUCHU+1,#0FFH
                MOV     Ui_1,#0CH
                MOV     Ui_1+1,#0FFH
                MOV     Ui_1+2,#0F0H            ;更新 Ui-1 为 4095
FANHUI:         RET
```

6. 输出程序

```
;功能:将 PID 运算结果从 DAC0 通道输出
;入口参数:DAC 转化的数字量在 SHUCHU 和 SHUCHU+1 中,SHUCHU 放高位
OUTPUT:  MOV     DAC0L,SHUCHU+1
         MOV     DAC0H,SHUCHU
         RET
```

7. 其他子程序

主要有两类:一部分是定点运算类,包括排序、双字节加、减、乘和除;一部分是浮点运算

程序，包括浮点加、减、乘、除、浮点传送、定点转浮点和浮点转定点等。这些程序可以通过网上查询、查相关书籍等各种途径得到，不一定要完全看懂，掌握其使用方法，注意不与主程序及其他子程序发生数据冲突既可。这里只列出本程序中用到的子程序说明，以理解调用程序的设计方法。

```
;----------------------------排序子程序----------------------------
;子程序名：PAIXU
;功能：将若干个连续 RAM 单元中的 16 位无符号数据从小到大排列，高字节在低地址
;入口参数：R0 指向首单元，R1 等于数据个数
;出口参数：排序后的数据以从小到大的次序排放在原来的单元，R0、R1 不变
;其他占用寄存器和内存：00H 位、PSW
;-----------------------SHZJJIA 双字节加法子程序----------------
;功能：连续若干个 RAM 单元的 16 位无符号数相加（数据高字节在低地址），结果≤0FFFFFFH(3 字节)
;入口参数：R0 指向首单元，R1 为数据个数
;出口参数：和在 R3R4R5 中，R3 放和最高字节，返回后 R0、R1 不变
;-----------------------双字节减法子程序 SHZJCHU----------------
;功能：4 字节无符号数除以 2 字节无符号数，结果为 2 字节
;入口参数：被除数在 R2R3R4R5 中，R2 放最高字节；除数在 R6R7 中，R6 放高字节
;出口参数：商在 R4R5 中，R4 放高字节；若商大于 2 字节，发生溢出，OV 标志置位
;其他占用寄存器或存储单元：PSW、A、B、R1
;-----------------------双字节乘法 SHZJCHE-----------------------
;入口条件：被乘数在 R2、R3 中，乘数在 R6、R7 中
;出口信息：乘积在 R2、R3、R4 和 R5 中
;影响资源：PSW、A、B 和 R2～R7；堆栈需求：2 字节
;-----------------------FADD 功能：浮点数加法--------------------
;入口条件：被加数在[R0]中；加数在[R1]中
;出口信息：OV = 0 时，和仍在[R0]中；OV = 1 时，溢出
;影响资源：PSW、A、B、R2～R7、位 1EH 和 1FH；堆栈需求：6 字节
;-----------------------FSUB 功能：浮点数减法----------------------
;入口条件：被减数在[R0]中，减数在[R1]中
;出口信息：OV = 0 时，差仍在[R0]中；OV = 1 时，溢出
;影响资源：PSW、A、B、R2～R7、位 1EH 和 1FH；堆栈需求：6 字节
;-----------------------FMUL  功能：浮点数乘法----------------------
;入口条件：被乘数在[R0]中，乘数在[R1]中
;出口信息：OV = 0 时，积仍在[R0]中；OV = 1 时，溢出
;影响资源：PSW、A、B、R2～R7、位 1EH 和 1FH；堆栈需求：6 字节
;-----------------------FDIV  功能：浮点数除法----------------------
;入口条件：被除数在[R0]中，除数在[R1]中
;出口信息：OV = 0 时，商仍在[R0]中；OV = 1 时，溢出
```

```
;影响资源：PSW、A、B、R2～R7、位 1EH 和 1FH;堆栈需求：5 字节
;------------------------标号：FMOV  功能：浮点数传送----------
;入口条件：源操作数在[R0]中，目标地址为[R1]
;出口信息：[R0] = [R1]，[R1]不变
;影响资源：A 堆栈需求：2 字节
;------------------------DTOF  功能：双字节十六进制定点数转换成格式化浮点数--------------------
;入口条件：双字节定点数的绝对值在[R0]中，数符在位 1FH 中，整数部分的位数在 A 中
;其中整数位数对双字节数为 16，其中数符对正数为 0，调用前必须给 1FH 和 A 赋值
;出口信息：转换成格式化浮点数在[R0]中(3 字节)。
;影响资源：PSW、A、R2、R3、R4 和位 1FH;堆栈需求：6 字节
;--------FTOD 功能：将规格化二进制浮点数转换成双字节定点数
;入口条件：格式化浮点操作数在[R0]中
;出口信息：OV = 1 时，溢出；OV = 0 时，转换成功
;          定点数的绝对值在[R0]中(双字节)
;          数符：在位 1FH 中，= 1 为负数，= 0 为正数
;          F0 = 1 时为整数
;          F0 = 0 时，若 CY = 1，则为 1 字节整数 1 字节小数，整数在低地址；若 CY = 0，则为纯小数
;影响资源：PSW、A、B、R2、R3、R4 和位 1FH;堆栈需求：6 字节
```

第 12 章

C8051F005 单片机其他内部资源

12.1 可编程计数阵列 PCA

12.1.1 PCA 原理框图

C8051F005 内部有 1 个可编程计数阵列,叫 PCA0。它实际上是 1 个增强的定时器/计数器。PCA0 由 1 个 16 位定时器/计数器和 5 个捕捉/比较模块组成,如图 12.1 所示。

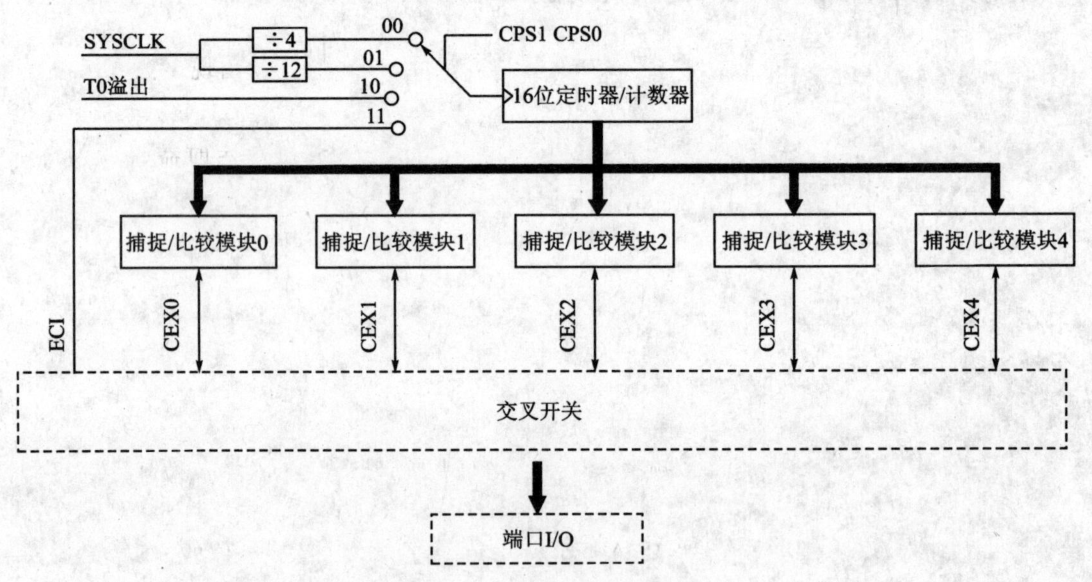

图 12.1 PCA0 结构框图

1. 定时器/计数器

定时器/计数器的功能与前面介绍的通用定时器/计数器 T0~T2 类似,可以作为定时器,也可以作为计数器。

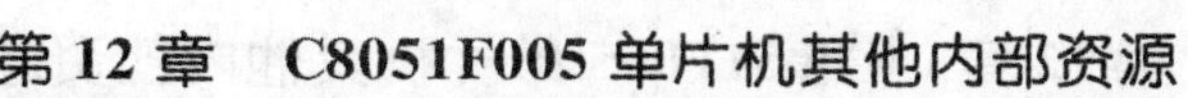

(1) 作为计数器

作为计数器时，对外部引脚 ECI 上输入脉冲的下降沿进行计数，计数值保存在 2 个 8 位 SFR——PCA0H 和 PCA0L 中。其中 PCA0H 存计数值的高 8 位，PCA0L 存计数值的低 8 位。ECI 引脚需要通过交叉开关连到端口 I/O 引脚。与 I/O 配置相关的 SFR 是 XBR0 和 XBR2，如图 2.17 和图 2.19 所示。

例如，预先用如下指令为 ECI 分配 1 个引脚：

```
ORL   XBR0,#01000000B            ;将 ECI 连到端口 I/O 引脚
ORL   XBR2,#01000000B            ;使能交叉开关
```

ECI 具体分配给哪个引脚与交叉开关优先权译码器和使用数字资源的数量有关。具体方法参见第 2 章。如果系统只将 ECI 连接到 I/O 引脚上，则将 P0.0 分配给 ECI。

ECI 引脚每出现 1 个脉冲，其下降沿使(PCA0H:PCA0L)的值自动加 1。

若 PCA0H 和 PCA0L 初值都为 0，则 ECI 引脚出现第 1 个脉冲，(PCA0H:PCA0L)＝0001H；出现第 2 个脉冲，(PCA0H:PCA0L)＝0002H……

当计数值(PCA0H:PCA0L)＝0FFFFH 后，再出现 1 个脉冲，发生溢出；溢出后(PCA0H:PCA0L)恢复为 0，同时向 CPU 申请中断。

(2) 作为定时器

作为定时器时，对内部时钟基准(以下简称时基)脉冲进行计数。每出现 1 个时钟基准脉冲，即每过 1 个时基周期，(PCA0H:PCA0L)的值自动加 1。

内部时钟基准脉冲可以是系统时钟的 12 分频或 4 分频，也可以是定时器 T0 的溢出脉冲。

从定时开始到溢出所需时间为

$$t = (65536 - \text{定时器初值}) \times \text{时基周期}$$
$$= (65536 - \text{定时器初值}) \times \frac{1}{\text{时基频率}}$$

若选择系统时钟 12 分频，则时基频率为 $f_{SYSCLK}/12$，时基周期为 $12/f_{SYSCLK}$；

若选择系统时钟 4 分频，则时基频率为 $f_{SYSCLK}/4$，时基周期为 $4/f_{SYSCLK}$；

若选择 T0 溢出作为时基，则时基频率为 T0 溢出率，时基周期为溢出率的倒数。

时基选择通过特殊功能寄存器 PCA0MD 进行设置。PCA0MD 各位的定义如图 12.2 所示。

	D7	D6	D5	D4	D3	D2	D1	D0	地址：0D9H
PCA0MD	CIDL	—	—	—	—	CPS1	CPS0	ECF	复位值：00H

图 12.2 PCA0MD 各位的定义

其中,CPS1、CPS0 时基选择位。

=00 系统时钟12分频;

=01 系统时钟4分频;

=10 T0溢出;

=11 ECI负跳变(最大速率=系统时钟4分频)。

(CPS1:CPS0)=11,实际上就是作为计数器。因此,CPS1、CPS0既可选择将PCA用作定时器还是用作计数器,也可以选择定时方式下的时钟基准。

2. 捕捉/比较模块

捕捉/比较模块的作用与定时器T2的捕捉寄存器类似,但它还具有比较功能。因此,比定时器T2功能更强。所谓"捕捉",是指条件满足时,由硬件将定时器/计数器的当前值自动捕捉到"捕捉寄存器"中,同时向CPU申请中断。所谓"比较",是指硬件会随时将定时器/计数器的当前值与预先放在"比较寄存器"的内容进行比较,相等时申请中断。捕捉或比较时,不会影响定时器/计数器的工作。这些功能在许多场合非常有用。

PCA0有5个捕捉/比较模块。每个模块内部都有2个8位捕捉/比较寄存器,分别叫做PCA0CPH0:PCA0CPL0～PCA0CPH4:PCA0CPL4。可以保存16位捕捉值或比较值。5个模块分别对应5个引脚CEX0～CEX4。"捕捉"方式下,这些引脚上输入信号的状态决定是否进行捕捉;比较方式下,这些引脚上输出比较的结果。CEX0～CEX4也需要通过交叉开关连到端口I/O引脚上。相关的SFR是XBR0和XBR2,如图2.17和图2.19所示。其中XBR0的PCA0ME是PCA0模块的I/O允许位。

PCA0ME=000:所有模块都不连到I/O端口引脚。

PCA0ME=001:CEX0连到I/O端口引脚。

PCA0ME=010:CEX0和CEX1连到I/O端口引脚。

PCA0ME=011:CEX0、CEX1和CEX2连到I/O端口引脚。

PCA0ME=100:CEX0、CEX1、CEX2和CEX3连到I/O端口引脚。

PCA0ME=101:CEX0、CEX1、CEX2、CEX3和CEX4连到I/O端口引脚。

PCA0ME=110:保留。

PCA0ME=111:保留。

12.1.2 PCA的工作方式与相关的SFR

下面具体讲解PCA0的捕捉和比较功能。

PCA0的捕捉/比较模块有4种工作方式——边沿触发捕捉方式、软件定时器方式、高速输出方式、脉冲宽度调制器(PWM)方式。其中第1种方式是捕捉方式,其他3种方式都是比较方式。先讲解边沿触发捕捉方式。

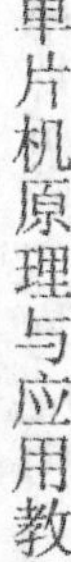

1. 边沿触发捕捉方式

所谓“边沿触发捕捉方式”，是指当 CEXn 引脚上出现适当的信号时（$n=0\sim4$），触发 PCA0，将定时器/计数器 PCA0H 和 PCA0L 的当前值捕捉到对应模块的捕捉/比较寄存器 PCA0CPHn、PCA0CPLn 中，同时向 CPU 申请中断。

所谓“适当信号”，可以是上升沿，也可以是下降沿，也可以是任意沿（上升沿或下降沿）。具体使用何种触发信号，选择何种工作方式，可通过特殊功能寄存器 PCA0CPMn 进行配置。例如，需要测量图 12.3 所示波形的周期，可将该信号接到 CEX0 引脚，并设定 PCA0 的模块 0 工作在边沿触发方式，上升沿触发，PCA0 的定时器/计数器工作在定时方式，则 CEX0 引脚每出现 1 个上升沿，触发 1 次捕捉。可以在捕捉中断服务程序中读取 PCA0CPH0 和 PCA0CPL0 的值。时钟周期为

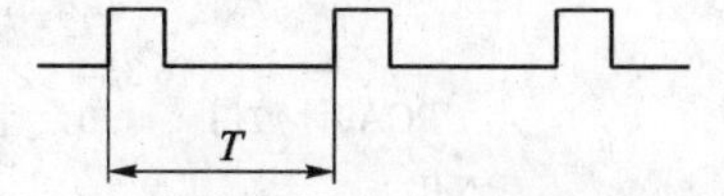

图 12.3　利用捕捉方式测量脉冲周期和宽度

$$T=\text{相邻两次捕捉值之差}\times \text{PCA 时基周期}$$

如果设定下降沿触发，则同样可以测量输入波形的周期。

如果设定为沿触发，则可以测量高电平和低电平的宽度。

有 5 个 SFR——PCA0CPM0～PCA0CPM4，分别用来对 5 个模块的工作方式和捕捉触发方式进行配置。典型配置如表 12.1 所列。

表 12.1　PCA0CPMn($n=0\sim4$)

D7	D6	D5	D4	D3	D2	D1	D0	复位值：00H	地址：DAH～DEH
—	ECOM	CAPP	CAPN	MAT	TOG	PWM	ECCF		
x	x	1	0	0	0	0	x	上升沿触发捕捉方式	捕捉方式
x	x	0	1	0	0	0	x	下降沿触发捕捉方式	
x	x	1	1	0	0	0	x	沿触发捕捉方式	
x	1	0	0	1	0	0	x	软件定时器方式	比较方式
x	1	0	0	1	1	0	x	高速输出方式	
x	1	0	0	x	0	1	0	脉冲宽度调制方式	

注：x 代表任意。

2. 软件定时器方式

软件定时器方式下，PCA0 总是不断地将定时器/计数器寄存器 PCA0H:PCA0L 的当前值与捕捉比较寄存器 PCA0CPHn:PCA0CPLn 的内容进行比较，匹配（相等）时，向 CPU 申请中断。

【例 12.1】 将模块 0 设置为软件定时器方式,PCA0 定时器/计数器 PCA0H:PCA0L 的初值设为 0,模块 0 捕捉/比较寄存器 PCA0CPH0:PCA0CPL0 的初值设为 16384(4000H),则启动 PCA 后,PCA0 不断地对时基脉冲进行计数。当计到 16384 时,发生比较中断。如果在此中断服务程序中将某个输出引脚取反(例如 P1.5),则全速运行时就可在 P1.5 得到图 12.4 所示的波形。

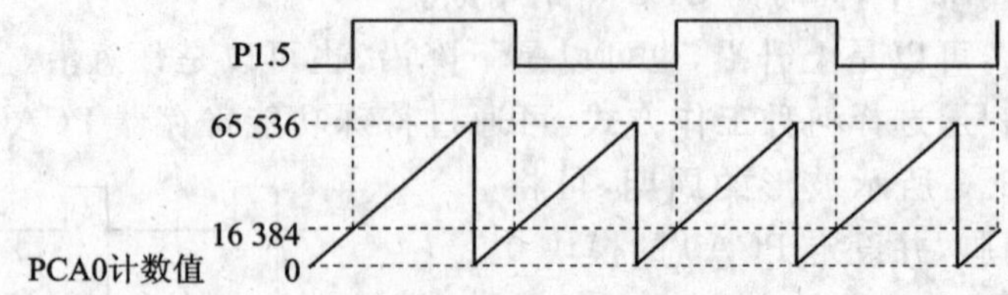

图 12.4　软件定时器方式的一个应用

这是 1 个方波,周期为

$$T = 2\times(65536-16384+16384)\times \text{PCA 时基周期}$$
$$= 2\times 65536\times \text{PCA 时基周期}$$

3. 高速输出方式

高速输出方式下,PCA0 也是不断地将定时器/计数器寄存器 PCA0H:PCA0L 的当前值与捕捉比较寄存器 PCA0CPHn:PCA0CPLn 进行比较,匹配(相等)时,不仅向 CPU 申请中断,还可以自动取反 CEXn 引脚上的逻辑电平。

【例 12.2】 将模块 0 设定为高速输出方式,PCA0H:PCA0L 初值设为 0,PCA0CPH0:PCA0CPL0 设为 16384(4000H)。启动 PCA 后,如果不再改变如上设置参数,则 CEX0 上输出波形与图 12.4 中 P1.5 上波形相同,只是引脚上的取反输出由硬件自动完成。

【例 12.3】 将模块 0 设定为高速输出方式,PCA0H:PCA0L 初值设为 0,PCA0CPH0:PCA0CPL0 设为 16384。启动 PCA 后,如果发生比较中断,则在中断服务程序中将 PCA0CPH0:PCA0CPL0 的值改为 32768(8000H)。再发生比较中断时,又将 PCA0CPH0:PCA0CPL0 的值改回 16384(4000H)……如此不断反复,CEX0 上输出波形如图 12.5 所示。

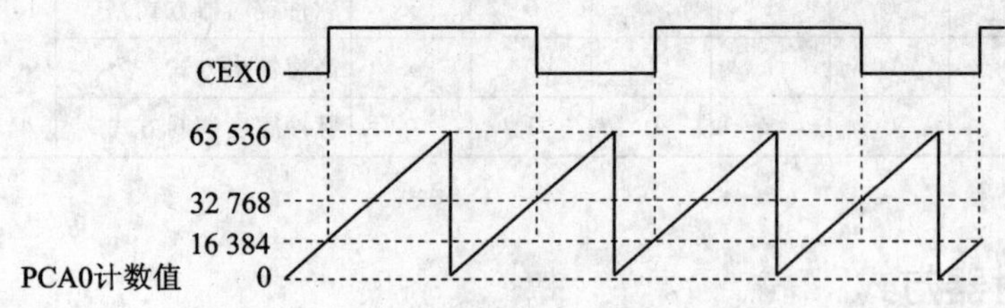

图 12.5　高速输出方式的一个应用

高电平时间　$T_H = (65536-16384+32768)\times \text{PCA 时基周期}$

低电平时间　　$T_L=(65536-32768+16384)\times$PCA 时基周期

周期　　$T=T_L+T_H=2\times65536\times$PCA 时基周期

一般情况下：

高电平时间　　$T_H=(65536+\Delta)\times$PCA 时基周期

低电平时间　　$T_L=(65536-\Delta)\times$PCA 时基周期

周期　　$T=T_L+T_H=2\times65536\times$PCA 时基周期

占空比　　$n=T_H/T=(65536+\Delta)/(2\times65536)$

其中：Δ＝PCA0CPH*n*:PCA0CPL*n* 第 2 次与第 1 次的差值。

改变 Δ，可得到占空比不同、周期不变的波形。实际应用中，常把周期不变情况下改变波形占空比的方法叫脉冲宽度调制(PWM)。PWM 控制常用于温度控制、电机调速等领域。

4. 脉冲宽度调制器(PWM)方式

用高速输出方式，配合软件在比较中断程序中交替改变 PCA0CPH*n*:PCA0CPL*n* 的设定值，可以实现 PWM。但 C8051 的 PCA 还提供了硬件 PWM 方式。

脉冲宽度调制器(PWM)方式下，PCA0 不断地将定时器/计数器寄存器 PCA0L 的当前值与捕捉比较寄存器 PCA0CPL*n* 的值进行比较。注意只比较低 8 位。相等时，置位 CEX*n* 引脚上输出；PCA0L 计数溢出(从 0FFH 到 00H)时，复位 CEX*n* 引脚输出，并将 PCA0CPH*n* 里的内容重装到 PCA0CPL*n* 中。注意 PWM 方式比较结果相等时，并不申请中断。

【例 12.4】　将模块 0 设置为 PWM 方式，PCA0H:PCA0L 初始值为 0，PCA0CPH0＝PCA0CPL0＝64(40H)，启动 PCA，全速运行后，输出波形如图 12.6 所示。

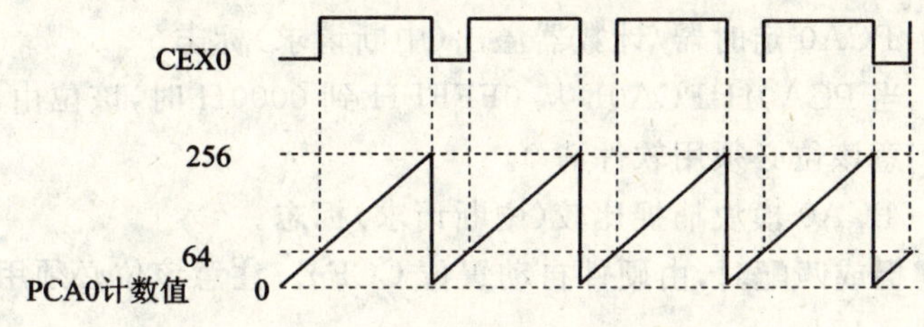

图 12.6　PWM 方式的一个应用

高电平时间　　$T_H=(256-64)\times$PCA 时基周期

低电平时间　　$T_L=64\times$PCA 时基周期

周期　　$T=256\times$PCA 时基周期

一般情况下：

高电平时间　　$T_H=(256-\text{PCA0CPH}n)\times$PCA 时基周期

低电平时间　　　　T_L＝PCA0CPHn×PCA 时基周期

周期　　　　　　　T＝256×PCA 时基周期

占空比　　　　　　$n=T_H/T$＝(256－PCA0CPH0)/256

PWM 方式可以输出 1 个周期固定、占空比可控的 PWM 波形。

PWM 方式下，将 PCA0CPHn 设置好，启动 PCA 后，完全不需要软件干预，就可在 CEXn 引脚输出需要的波形。这种方式当然又比高速输出方式简便。但 C8051F005 的 PCA 其 PWM 方式为 8 位。如果要求输出 16 位 PWM，则只能采用高速输出方式，但需要软件配合。

5. 与 PCA0 有关的 SFR

(1) PCA0CN

PCA0CN 各位的定义如图 12.7 所示。

	D7	D6	D5	D4	D3	D2	D1	D0	地址：0D8H
PCA0CN	CF	CR	—	CCF4	CCF3	CCF2	CCF1	CCF0	复位值：00H

图 12.7　PCA0CN 各位的定义

PCA0CN 地址为 0D8H，因此可以位寻址。

其中：

CR　　　　PCA0 运行控制位。

＝1　允许 PCA0 工作；

＝0　禁止 PCA0 工作。

要想使 PCA0 工作，必须置位 CR。

CF　　　　PCA0 定时器/计数器溢出(中断请求)标志。

当 PCA0H:PCA0L 从 0FFFFH 到 0000H 时，该位由硬件自动置位。注意该位必须用软件清 0。

CCF4～CCF0　PCA0 模块捕捉比较(中断请求)标志。

当模块 n 发生捕捉或匹配时，由硬件自动置位 CCFn。注意该位必须用软件清 0。

(2) PCA0MD

PCA0MD 各位的定义如图 12.8 所示。

	D7	D6	D5	D4	D3	D2	D1	D0	地址：0D9H
PCA0MD	CIDL	—	—	—	—	CPS1	CPS0	ECF	复位值：00H

图 12.8　PCA0MD 各位的定义

其中：

CPS1、CPS0　时基选择位。

=00 系统时钟12分频；

=01 系统时钟4分频；

=10 T0溢出；

=11 ECI负跳变(最大速率=系统时钟4分频)。

ECF PCA0定时器/计数器溢出中断请求允许位。

=0 禁止PCA0定时器/计数器溢出中断；

=1 允许CF中断。

CIDL PCA等待控制。

=0 当系统控制器处在等待方式时,PCA继续工作；

=1 当系统控制器处在等待方式时,PCA停止工作。

(3) PCA0CPM*n*

PCA0CPM*n* 共有5个,为PCA0CPM0～PCA0CPM4。地址分别为0DAH～0DEH,其复位值都是0。PCA0CPM*n* 的典型配置如表12.1所列。

(4) PCA0L 和 PCA0H

PCA0的定时值/计数值寄存器,其中PCA0L代表计数值的低8位,PCA0H代表高8位。地址为0E9H和0F9H,复位值为0。

(5) PCA0CPL*n* 和 PCA0CPH*n*

PCA0CPL*n* 和 PCA0CPH*n* 有5对,为PCA0CPH0:PCA0CPL0～PCA0CPH4:PCA0CPL4。PCA0捕捉/比较模块寄存器,其中PCA0CPL*n* 代表捕捉/比较值的低8位,PCA0CPH*n* 代表高8位。地址为0FAH、0EAH～0FEH、0EEH,复位值为0。

(6) PCA中断类型及中断请求标志

与PCA0有关的中断有两大类：PCA0定时器/计数器溢出中断、PCA0捕捉/比较模块中断。

PCA0定时器/计数器在发生计数溢出时,通过PCA0CN的CF位向CPU申请中断。

PCA模块在发生捕捉或匹配时,通过PCA0CN的CCF4～CCF0位向CPU申请中断。

因为有5个模块,因此共有6个中断源。

(7) PCA中断的允许和禁止、中断服务程序的入口地址

- 总中断的开放通过设置IE的EA值为控制。EA=1,允许中断；EA=0,禁止所有中断。
- PCA0中断的开放通过设置中断允许寄存器EIE1的D3位EPCA0来控制。EIE1各位的定义如图6.3所示。将该位置设为允许PCA0中断；否则,禁止中断。
- CF中断的开放通过设置PCA0MD的D0位ECF来控制,如图12.8所示。将该位设置为1,允许CF中断；否则,禁止中断。
- CCF0～CCF4中断的开放通过SFR PCA0CPM*n* 的D0位ECCF*n* 来控制,如表12.1所

列。将该位设置为 1,允许 CCFn 中断;否则,禁止中断。

➢ PCA 定时器/计数器溢出中断与模块中断占用同 1 个中断入口地址 004BH。因此,当 PCA 的几个中断源都被允许时,需要在 PCA 中断服务程序中通过中断标志位判断中断的类型。

12.1.3　PCA 应用举例

【例 12.5】　测量图中 12.3 输入波形的周期。假设输入信号为 0~3 V,可将该信号直接接到 CEX0 引脚上。加上显示电路,配合软件即可完成测量显示工作。整个软件流程如图 12.9 所示。

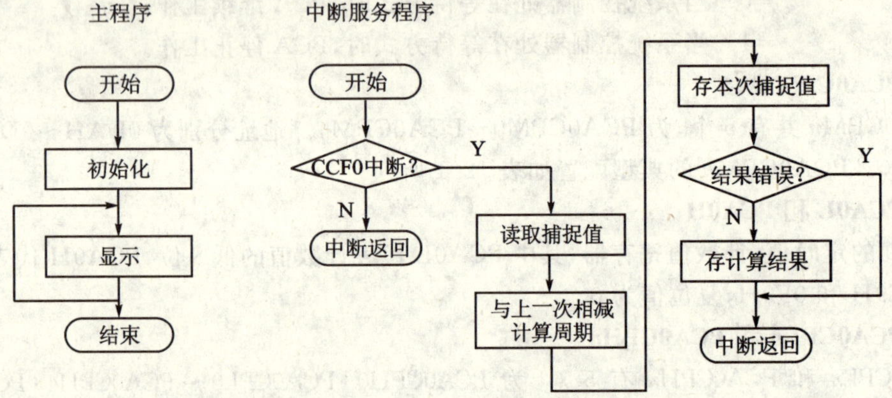

图 12.9　利用 PCA0 进行脉冲周期测量的软件流程

主程序进行 PCA0 的初始化和显示。CEX0 引脚上每出现一个上升沿,触发一次捕捉和中断。在中断服务程序中进行计时值的读取和周期计算(减法计算)。

初始化程序要做的工作如下:

(1) 设置交叉开关寄存器——XBR0 和 XBR2,为 CEX0 分配引脚。

(2) 设置系统时钟寄存器——OSCICN 和 OSCXCN,设置系统时钟。

(3) 设置 PCA0 寄存器——PCA0CN、PCA0MD 和 PCA0CPM0。确定 PCA0 允许、系统时钟 12 分频定时器方式、正沿捕捉方式。

(4) 设置中断寄存器——EIE1 和 IE,开放 PCA0 中断。

中断服务程序负责进行周期的计算。程序如下:

```
            $INCLUDE(C8051F000.INC)
SHIJIAN_H   DATA    30H
SHIJIAN_L   DATA    31H                     ;定义变量,用来存储计时时间
ZHOUQI_H    DATA    32H
ZHOUQI_L    DATA    33H                     ;定义变量,用来存储周期
            ORG     0000H
```

```
            AJMP    MAIN
            ORG     004BH
            AJMP    CELIANG                 ;PCA0 中断入口
            ORG     0100H
MAIN:       MOV     SP,#60H
            MOV     WDTCN,#0DEH
            MOV     WDTCN,#0ADH             ;禁止看门狗
            ACALL   INI
DISP:       ACALL   DISPLAY
            AJMP    DISP
;----------------------初始化程序----------------------
INI:        MOV     XBR0,#00001000B         ;ECI 不连到端口引脚;CEX0 连到端口引脚
            MOV     XBR2,#01000000B         ;交叉开关允许
            MOV     OSCXCN,#01100111B       ;允许外部晶振,振荡频率大于 6.74 kHz
            ACALL   DELAY_1ms               ;延时 1 ms
CHA_WAI_BEI: MOV    A,#OSCXCN
            JNB     ACC.7,CHA_WAI_BEI       ;查询外部晶振是否稳定
            MOV     OSCICN,#10001000B       ;外部晶振已经稳定,
                                            ;将外部时钟作为系统时钟,内部振荡器禁止
            MOV     PCA0CN,#01000000B       ;PCA0 允许
                                            ;由于 PCA0CN 可以位寻址,也可用指令"SETB CR"
            MOV     PCA0MD,#00000000B       ;设置 PCA0 系统时钟 12 分频定时器方式
                                            ;CF 中断禁止
            MOV     PCA0CPM0,#00010001B     ;设置 CEX0 上升沿触发,CCF0 中断允许
            MOV     EIE1,#00001000B         ;PCA0 中断允许
            SETB    EA                      ;总中断允许
            RET
;----------------------显示程序----------------------
DISPLAY:    (略)
            RET
;----------------------延时程序----------------------
DELAY_1ms:  (略)
            RET
;----------------------CCF0 捕捉中断程序----------------------
CELIANG:    MOV     A,PCA0CN                ;读取中断源信息
            JB      ACC.0,CCF0_ZD           ;判断是否是 CCF0 中断
                                            ;由于 PCA0CN 可以位寻址
                                            ;也可用指令"JB CCF0,CCF0_ZD"
```

```
            MOV     PCA0CN,#01000000B         ;清除中断标志
RETURN:     RETI                              ;不是 CCF0 中断,返回
CCF0_ZD:    CLR     CCF0                      ;软件清除 CCF0 中断标志
            CLR     C
            MOV     A,PCA0CPL0                ;读取模块 0 当前捕捉值——本次计时时间低 8 位
            SUBB    A,SHIJIAN_L               ;与上一次计时时间低 8 位相减
            MOV     B,A                       ;暂存
            MOV     A,PCA0CPH0                ;读取模块 0 当前捕捉值——本次计时时间高 8 位
            SUBB    A,SHIJIAN_H               ;与上一次计时时间高 8 位相减,结果为脉冲周期
            MOV     SHIJIAN_H,PCA0CPH0
            MOV     SHIJIAN_L,PCA0CPL0        ;存储本次计时时间,作为下一次计算依据
            JC      RETURN                    ;计算错误,返回
            MOV     ZHOUQI_H,A
            MOV     ZHOUQI_L,B                ;存储测量结果
            RETI
            END
```

事实上,中断程序的计算结果并不是时间,而是时间基准的倍数。因此,在显示之前还需要对数据进行处理,将其转换成时间单位。这部分工作可放在显示程序中。在此不再赘述。

12.2 SMBus 串行总线接口

12.2.1 SMBus 的基本结构及 SMBus 通信基本概念

在第 8 章中,已经讲解了 C8051 片内的串行总线接口 UART。UART 是一个以异步通信方式为主的串行接口。在多数单片机内部都配置此接口。在串行通信方面,C8051F005 内部不仅配置有 UART 接口,还配置了 SMBus 和 SPI 接口。这大大加强了其串行通信能力。

SMBus 是一个与 I^2C 串行总线接口兼容的串行接口。SMBus 是 Intel 公司的商标;I^2C 是 Pillips 公司的商标。它只能工作在同步方式。C8051F005 SMBus 的基本结构如图 12.10 所示。

1. 两线、同步串行通信接口

SMBus 通过 2 根信号线 SDA、SCL 与其他 SMBus(I^2C)器件进行数据通信。

在进行同步通信时,发送方和接收方之间需要同步时钟实现同步。SCL 引脚就是用来传送同步时钟信号的,而 SDA 则用来传送串行数据信号。对于 C8051,SDA 和 SCL 需要通过交叉开关连到端口 I/O 引脚。相关的 SFR 是 XBR0 和 XBR2,如图 2.17 和图 2.19 所示。

其中:SMB0OEN 为 SMBus 总线 I/O 允许位。该位为 1 时,SDA、SCL 连到端口引脚;该

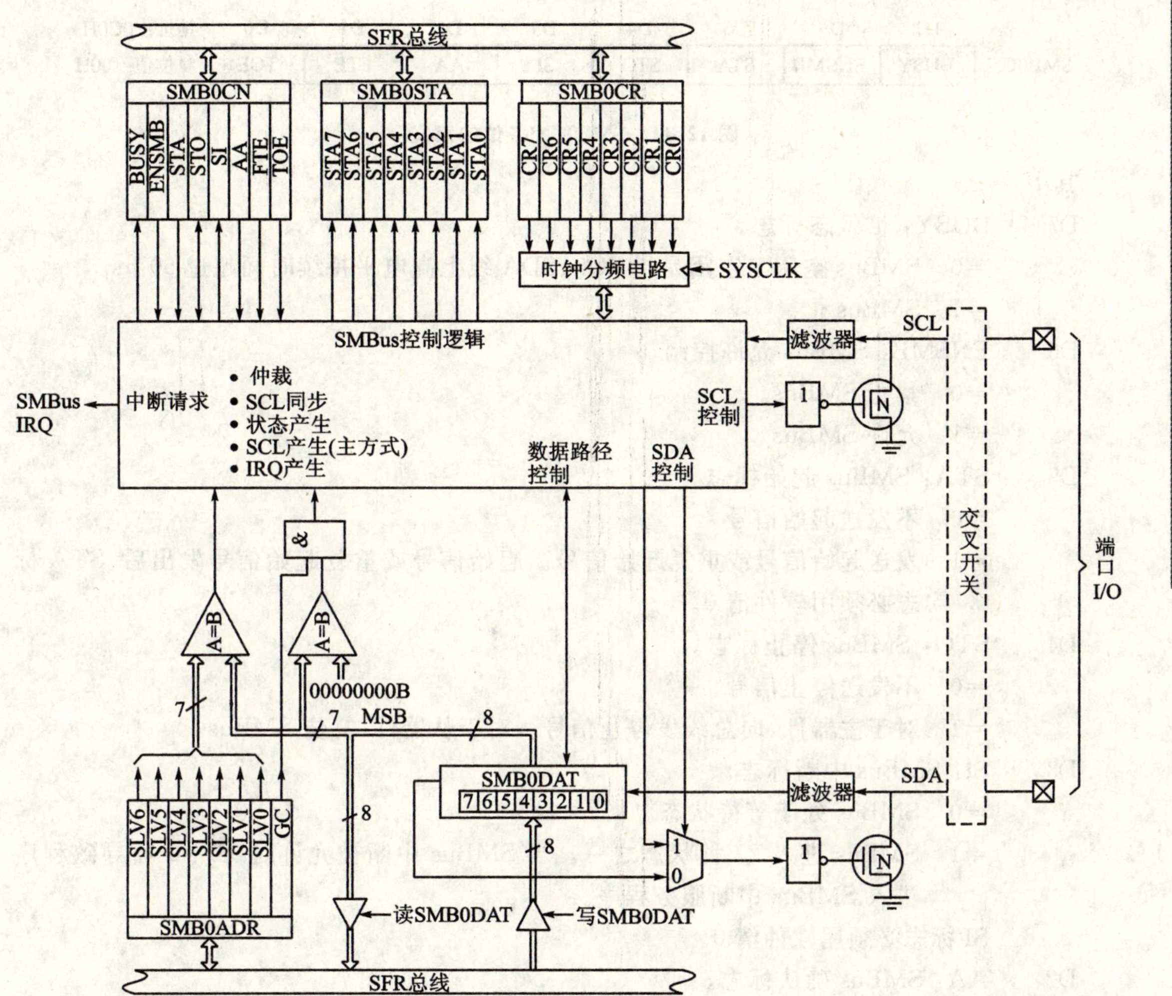

图 12.10　SMBus 原理框图

位为 0 时，SDA 和 SCL 不连到端口引脚。

由于 SMBus 优先权最高，只要 SMB0OEN 被设置为 1，SDA 和 SCL 肯定被连到 P0.0 和 P0.1(参见表 2.8)。此外，C8051 的 SMBus 引脚总是漏极开路的，与 PRT0CF 和 XBR2.7 的设置无关。

要允许 C8051 的 SMBus 工作，还须将 SMBus 控制寄存器 SMB0CN 的 ENSMB(D6)位置 1。SMB0CN 各位的定义如图 12.11 所示。SMB0CN 的地址为 0C0H，可以位寻址。设置 ENSMB 为 1 的方法有两种：写指令“SETB　ENSMB”或“ORL　SMB0CN，#01000000B”。其他各位的定义在后续章节中介绍，这里先给出 SMB0CN 的定义(见图 12.11)以方便查看。

	D7	D6	D5	D4	D3	D2	D1	D0	地址：0C0H
SMB0CN	BUSY	ENSMB	STA	STO	SI	AA	FTE	TOE	复位值：00H

图 12.11　SMB0CN 各位的定义

其中：

D7　BUSY：忙状态标志。

=0　SMBus 空闲。空闲是指 SCL、SDA 线上高电平持续时间超过 50 μs。

=1　SMBus 忙。

D6　ENSMB：SMBus 允许控制。

=0　禁止 SMBus。

=1　允许 SMBus。

D5　STA：SMBus 起始标志。

=0　不发送起始信号。

=1　发送起始信号或重复起始信号。起始信号或重复起始信号发出后，STA 标志必须用软件清 0。

D4　STO：SMBus 停止标志。

=0　不发送停止信号。

=1　对于主器件，向总线发停止信号。对于从器件，复位 SMBus。

D3　SI：SMBus 中断标志。

=0　SMBus 处于等待状态。

=1　SMBus 进入 27 种状态之一。当 SMBus 中断被允许时，SI=1 将导致程序进入 SMBus 中断服务程序。

SI 标志必须用软件清 0。

D2　AA：SMBus 确认标志。

=0　在应答周期内，向 SDA 线上发不应答信号。

=1　在应答周期内，向 SDA 线上发应答信号。

D1　FTE：SMBus 空闲定时器允许位。

=0　忽略 SCL 高电平超时。

=1　当 SCL 高电平时间超过了 SMB0CR 规定的极限值时，发生高电平超时。

D0　TOE：SMBus 低电平超时允许位。

=0　忽略 SCL 低电平超时。

=1　当 SCL 低电平时间超过了定时器 3 规定的极限值(如果 T3 被允许)时，发生低电平超时。

2. SMBus 器件间的连接

SMBus 允许进行多机通信。器件之间连接时，SCL、SDA 线上必须外接上拉电阻，这是因为 SMBus 接口都是漏极开路或集电极开路的。SMBus 的工作电压在 3.0～5.0 V 之间。总线上允许连接不同工作电压的器件，连接如图 12.12 所示。

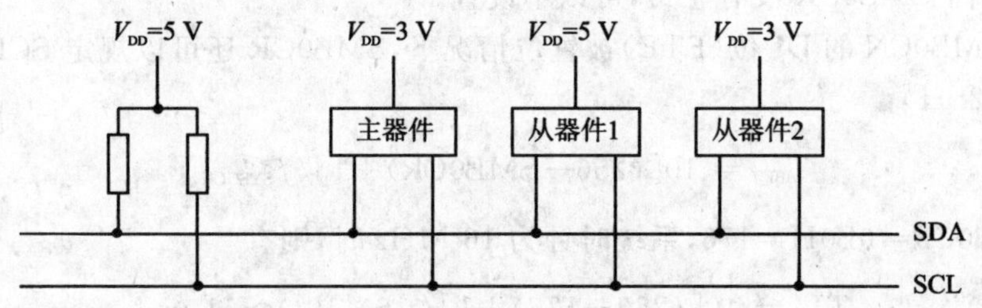

图 12.12　SMBus 器件之间的连接

3. 发送器与接收器

SMBus 既可以进行数据发送，也可以进行数据接收。因此，其 SDA 是双向的。例如，C8051 通过 SMBus 向带 SMBus 或 I^2C 接口的 LED 显示器发送数据，在这里 C8051 为发送器，LED 显示器为接收器。再如，C8051 通过 SMBus 从带 SMBus 或 I^2C 接口的温度传感器接收数据，C8051 为接收器，温度传感器为发送器。如果 2 个 C8051 正在通过 SMBus 通信，其中必有一方为发送器，另一方为接收器。

C8051 有 1 个 SFR 叫 SMB0DAT，地址为 0C2H，专门用来存储准备向 SDA 线发送的数据或接收从 SDA 线上得到的数据。发送时，SMBus 接口的硬件电路会自动将 SMB0DAT 中的并行数据转换成串行数据从 SDA 线上发送出去。接收时，会自动将 SDA 线上的串行数据转换成并行数据存到 SMB0DAT。要将数据 40H 通过 SMBus 的 SDA 线发送出去，软件上只需写指令“MOV　SMB0DAT，#40H”；要将 SDA 线上送入的数据接收进 A，只需写指令“MOV　A，SMB0DAT”。

4. 主器件与从器件

同步通信中，通信双方必须使用同一个移位时钟。提供同步时钟的一方为“主器件”，接收时钟的一方为“从器件”。C8051 的 SMBus 既可以作主器件，也可以作从器件。因此，SCL 上既可以输出同步时钟信号，也可以接收同步时钟信号。

由于同步时钟由主器件提供，因此主器件决定了通信速率。C8051 内部有一个 SFR 叫 SMB0CR，地址为 0CFH，用来设置同步时钟的频率。SMB0CR 的设置值与 SCL 时钟频率的关系为

SCL 周期：　$T_{SCL}=T_{LOW}+T_{HIGH}\approx 2\times(256-\text{SMB0CR})/f_{SYSCLK}$

因此：

$$SMB0CR \approx 256 - f_{SYSCLK}/(2\times f_{SCL})$$

例如，系统时钟为 16 MHz，希望 SCL 时钟频率为 100 kHz 时为

$$SMB0CR \approx 256 - 16\times 10^6/(2\times 100\times 10^3) = 176 = 0B0H$$

对于从器件，SMB0CR 没有意义，可以不设置。

此外，在 SMB0CN 的 D1 位(FTE)被置位情况下，SMB0CR 还可以规定 SCL 高电平超时时间(参见图 12.11)：

$$T_{BFT} = 10[(256 - SMB0CR) + 1]/f_{SYSCLK}$$

例如，SMB0CR＝0B0H＝176，系统时钟为 16 MHz 时，则有

$$T_{BFT} = 10[(256-176)+1]/ 16\times 10^6) \approx 51\ \mu s$$

任意时刻，1 个 SMBus 器件可能有 4 种工作方式，如图 12.13 所示。

主发送器——主器件，进行数据发送；

主接收器——主器件，进行数据接收；

从发送器——从器件，进行数据发送；

从接收器——从器件，进行数据接收。

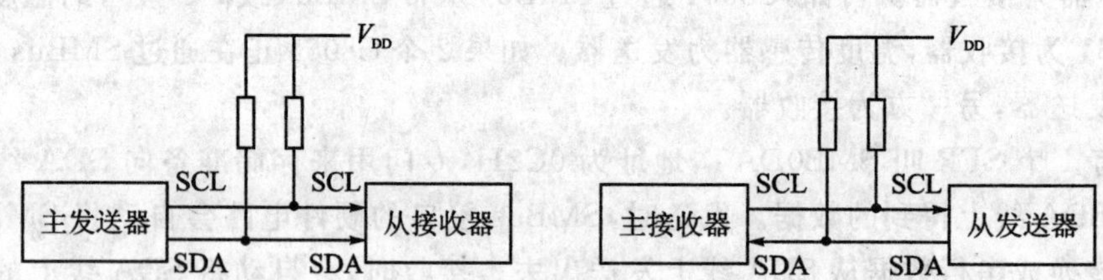

图 12.13　SMBus 器件的 4 种工作方式

5. SMBus 通信的起始和停止

就像打电话一样，拿起话筒意味着一次通信的开始；放下话筒意味着一次通信的结束。SMBus 通信需要 1 个起始信号开始 1 次通信；需要 1 个停止信号结束 1 次通信。

在不进行通信时，SCL、SDA 线上都是高电平，总线处于空闲状态。SMBus 协议规定：开始通信前，主器件必须向 SDA 线上送 1 个低电平的起始信号，才能开始通信。通信状态下，SCL 上将出现同步时钟、SDA 上将出现通信内容。通信结束后，主器件必须向 SDA 线上送 1 个高电平的停止信号，之后 SCL、SDA 线恢复高电平，进入空闲状态。

SMBus 通信的起始和停止都是由主器件控制的。相关特殊功能寄存器为 SMB0CN，如图 12.11 所示。其中 STA 是起始位。将该位设置为 1，启动通信。STO 是通信停止位。将该位设置为 1，停止通信。软件要做的是启动时写指令“SETB　STA”；停止时写指令“SETB

STO”。执行“SETB　STA”指令时，硬件会在适当的时候(例如总线空闲)自动向SDA线上送一个低电平；执行“SETB　STO”指令时，硬件会自动向SDA线上送一个高电平。

6. 竞　争

SMBus通信中，主器件不需要提前用硬件或软件特别说明。只要器件发出起始信号在竞争中取得胜利，即可成为主器件。就像打电话一样，谁先拿起话筒，谁就拥有通话的优先权。

问题是如果2个或2个以上的器件同时发出起始信号，就像2个人同时拿起电话拨叫对方，怎么办？生活中，必须有1个人主动放下话筒，退出竞争。SMBus内部仲裁机制的处理方式更加巧妙。它并不要求哪一方主动放弃总线，而是让它们继续工作，接着发送各自的通信内容。直到其中1个的内容中先出现了一个低电平为止。先出现低电平的器件将赢得胜利，成为主器件，继续自己的工作。失败方会得到竞争失败的信息，被要求放弃总线。如图12.14所示，器件A和B同时发出起始信号，然后各自发出自己要通信的内容，其中A的内容中先出现了一个低电平，A成为主器件。

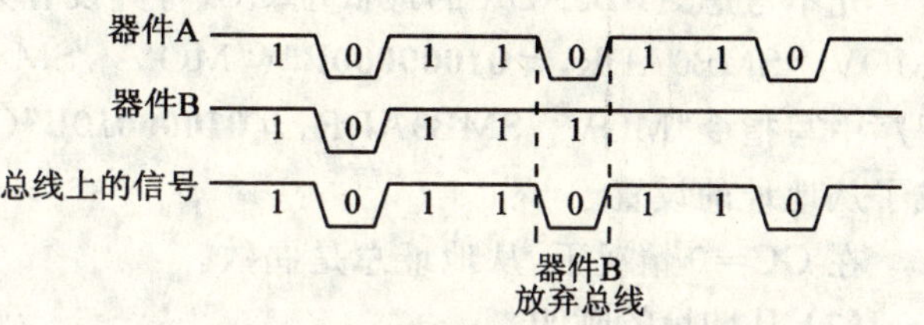

图12.14　SMBus的竞争机制

这种处理方式的基本机理是SMBus总线是漏极开路的，只要有一个器件输出低电平，总线的输出就为低。竞争中胜利的一方根本不会察觉曾经的竞争。只有失败方才会得到竞争失败的信息——C8051失败方的SMBus状态寄存器(SMB0STA)会自动变为特定值，如38H(参见表12.2)。

竞争处理(仲裁)由硬件自动完成，不会丢失竞争失败者的数据。软件只需检查状态寄存器SMB0STA的值，如果竞争失败，(如SMB0STA＝38H)，则进行相应处理，并等待时机，以备再次发送起始信号。

7. 从器件地址

(1) 从地址及其设置

SMBus允许进行多机通信。为了对不同器件进行区分，需要分别给每个器件规定1个地址。就像电话网络中每个用户都有1个不同的电话号码一样。因为地址总是供别人呼叫的，如果一个器件永远作为主器件，从来不作为从器件，就不需要为其分配地址。因此，地址也叫从地址。

SMBus器件从地址为7位。因此，SMBus总线上最多只能有128个从器件。C8051内部有一个特殊功能寄存器SMB0ADR，用来定义器件从地址。SMB0ADR各位的定义如图12.15所示。

	D7	D6	D5	D4	D3	D2	D1	D0	地址：0C3H
SMB0ADR	SLV6	SLV5	SLV4	SLV3	SLV2	SLV1	SLV0	GC	复位值：00H

图 12.15　SMB0ADR 各位的定义

其中：SLV6～SLV0　高 7 位用于存放 7 位从地址。

　　　GC　　　　　通用呼叫地址识别允许。

例如，某系统有 3 个 C8051，通过 SMBus 进行通信。1 个作为主器件，2 个作为从器件，需要给 2 个从器件设置不同的地址，假设 7 位地址分别为 0100000B、0100001B。

先不考虑 SMB0ADR 的最低位 GC，将其设置为 0。在 1＃从器件的初始化程序中写指令"MOV　SMB0ADR，＃**0100000**0B"("MOV　SMB0ADR，＃40H")；在 2＃从器件的初始化程序中写指令"MOV　SMB0ADR，＃**0100001**0B"("MOV　SMB0ADR，＃42H")。这样就完成了从地址的设置。

在 GC＝0 情况下，从地址总是偶数。

(2) 从地址的呼叫

主器件在进行数据传输前，必须先声明准备与哪个从器件进行数据交换，这就是从地址呼叫。这和我们打电话前要先拨号的道理是一样的。只有自身地址与呼叫地址相同的器件，才可以与主器件进行数据传送。数据是通过 SMB0DAT 进行发送或接收的，实际上，从地址也要通过 SMB0DAT 送出。SMB0DAT 是 8 位的，从地址只用了 7 位。SMBus 规定：

呼叫地址＝SLA（从地址）＋R/$\overline{W}$

（8 位）　　　（7 位）　　（1 位）

R/$\overline{W}$ 代表准备进行数据传输的方向。向从器件发送(写)数据，该位为 0；否则为 1。

若主器件准备向地址为 40H 的器件发送一个数据，则 R/$\overline{W}$＝0。

呼叫地址＝SLA＋R/$\overline{W}$＝$\underline{0100000}$　$\underline{0}$ B＝40H

若主器件准备从地址为 40H 的器件接收 1 个数据，则 R/$\overline{W}$＝1。

呼叫地址＝SLA＋R/$\overline{W}$＝$\underline{0100000}$　$\underline{1}$ B　＝41H。

也可以这样理解：1 个从器件占 2 个呼叫地址——写为偶地址；读为奇地址。如果某从器件的基本地址为 40H，则写地址为 40H；读地址为 41H。

SMBus 的这种将对方地址和数据传输方向一起拨叫的处理方式与生活中电话号码的拨叫又有所不同。

(3) 通用呼叫地址

数据传送通常是在主器件和 1 个从器件之间进行的。但 SMBus 也允许主器件将数据同时发送给几个从器件，这种方式叫广播。方法是使用通用呼叫地址。SMBus 协议规定通用呼叫地址为 00H。当主器件发出的地址为 00H 时,意味着它希望与网络中的多个器件进行通信。

但从器件也可以决定是否同意这种操作。如果从器件程序中将 SMB0ADR 的最低位 GC(见图 12.15)设置为 1,允许对通用呼叫地址进行识别;将 GC 设置为 0,则忽略通用呼叫地址。

也就是说,如果 2 个从器件的 GC 都被设置为 1,则当主器件发出地址 00H 时,这 2 个从器件都被选中。如果只有 1 个器件的 GC 被设置为 1,则只选中该器件。

8. 应　答

打电话时,拨完号码后,只有听到对方拿起话筒的声音或对方的问候声,才与对方进行对话。如果把拿起话筒看作发送启动信号,把拨号看作发送呼叫地址,把对话内容看作进行收发的数据,那么对方拿起话筒的声音或对方的问候声就可以看成对主器件呼叫的应答。

SMBus 协议规定,从器件在收到呼叫地址并确定与自身地址一致时,必须向主器件发 1 个应答信号。主器件只有接收到这个应答信号,才可以进行后面的数据传输。同样,在进行数据传输时,接收方每接收到 1 字节的数据,也必须向发送方发 1 个应答信号,发送方在收到这个应答信号后,才可以进行下一个字节的数据发送。

应答信号由 SMBus 硬件电路自动产生。但 C8051 可以利用 SMB0CN 的 AA 位(见图 12.11)控制是否允许发出应答信号。设置 AA=1,允许发应答信号;设置 AA=0,允许发不应答信号(不发应答信号)。

如果通信中没有收到应有的应答信号,则表明对方没有准备好或处于离线状态。只有收到对方的应答,才可以进行下一步操作。

9. SMBus 通信过程

(1) 数据发送

典型的数据发送过程如图 12.16 所示。

图 12.16　SMBus 数据发送过程

其过程如下:

① 主器件发送启动信号 START;

② 主器件发送呼叫地址——从地址+$\overline{W}$(偶地址);

③ 从器件收到地址信息,被呼叫从器件向主器件发出应答信号 ACK;

④ 主器件收到应答信号,发送第一个字节数据 DATA;

⑤ 从器件收到数据,向主器件发出应答信号 ACK;

⑥ 主器件收到应答信号,发送下一个字节数据 DATA;

⑦ 重复过程⑤和⑥,直到主器件将所有数据发送完;

⑧ 主器件发停止信号,结束通信。

如图 12.16 所示,白色背景的操作由主器件进行,灰色背景操作由从器件进行。

(2) 数据接收

典型的数据接收过程如图 12.17 所示。

START	SLA+R	ACK	DATA	ACK	DATA	ACK	…	DATA	NACK	STOP

图 12.17 SMBus 数据接收过程

其过程如下:

① 主器件发送启动信号 START;

② 主器件发送呼叫地址——从地址+R(奇地址);

③ 从器件收到地址信息,被呼叫从器件向主器件发出应答信号 ACK;

④ 从器件向主器件发送第一字节数据 DATA;

⑤ 主器件收到数据,向从器件发出应答信号 ACK;

⑥ 从器件收到应答信号,发送下一字节数据 DATA;

⑦ 重复过程⑤和⑥,直到主器件认为所有数据接收完;

⑧ 主器件发送不应答信号 NACK;

⑨ 主器件发送停止信号,结束通信。

10. SMBus 的状态

C8051SMBus 有 1 个状态寄存器 SMB0STA,其内容可以反映 SMBus 接口的工作状态。SMB0STA 的地址为 0C1H,初始值为 0F8H,代表 SMBus 处于等待状态。

SMBus 有 28 种工作状态,每一个状态对应一个状态码,如表 12.2 所列。

表 12.2 SMBus 状态码

方 式	状态码	SMBus 状态	典型软件处理对策
全部	0F8H	等待状态,是 SMBus 的初始状态,该状态不影响 SI	
	00H	总线错误(出现了非法起始条件或终止条件等)	发送停止条件,以复位 SMBus(SETB STO),或重试(SETB STO,SETB STA)
主器件	08H	起始条件已发出	发送从地址+R/$\overline{W}$(MOV SMB0DAT,#从地址+R/$\overline{W}$)
	10H	重复起始条件已发出	发送从地址+R/$\overline{W}$(MOV SMB0DAT,#从地址+R/$\overline{W}$)

续表 12.2

方 式	状态码	SMBus 状态	典型软件处理对策
主发送器	18H	从地址+$\overline{W}$已发出,收到 ACK	发送数据,清 STA(MOV SMB0DAT,#数据,CLR STA)
	20H	从地址+$\overline{W}$已发出,收到 NACK	重试(SETB STO,SETB STA)
	28H	数据字节已发出,收到 ACK	① 如果数据没发完,则继续发下一字节(MOV SMB0DAT,#下一个数据) ② 如果数据已发完,则置位 STO(SETB STO) ③ 如果数据已发完,但希望接着从对方接收数据,或与另一个器件通信,并且仍做主器件,则不置位 STO,直接置位 STA,以发送重复起始条件(SETB STA)
	30H	数据字节已发出,收到 NACK	① 重试(SETB STO,SETB STA),或 ② 停止(SETB STO)
	38H	竞争失败	① 置位 STO,让出总线 ② 保存当前数据,以备总线空闲时重试
主接收器	40H	从地址+R 已发出,收到 ACK	清 STA(CLR STA),等待接收数据
	48H	从地址+R 已发出,收到 NACK	重试(SETB STO,SETB STA)
	50H	数据字节已收到,ACK 已发出	① 存数据(MOV 接收地址,SMB0DAT),等待接收下一字节 ② 如果下一字节是最后字节,则清除 AA(CLR AA)
	58H	数据字节已收到,NACK 已发出	① 取最后一个字节数据(MOV 接收地址,SMB0DAT) ② 停止(SETB STO)
从接收器	60H	收到自己的从地址+W,ACK 已发出	不做任何操作,等待数据
	68H	在作为主器件发送从地址+R/$\overline{W}$时竞争失败,收到自身地址+$\overline{W}$,ACK 已发出	保存当前数据,以备总线空闲时重试,准备接收数据
	70H	收到通用呼叫地址,ACK 已发出	不做任何操作,等待数据
	78H	在作为主器件发送从地址+R/$\overline{W}$时竞争失败,收到通用呼叫地址,ACK 已发出	保存当前数据,以备总线空闲时重试,准备接收数据
	80H	收到数据字节,ACK 已发出	① 取数据(MOV 接收地址,SMB0DAT) ② 如果下一字节是最后字节,则清除 AA(CLR AA)

续表 12.2

方 式	状态码	SMBus 状态	典型软件处理对策
从接收器	88H	收到数据字节,NACK 已发出	① 取最后一个字节数据(MOV 接收地址,SMB0DAT) ② 置位 STO,以复位 SMBus
	90H	在收到通用呼叫地址后收到数据字节,ACK 已发出	① 取数据(MOV 接收地址,SMB0DAT) ② 如果下一字节是最后字节,则清除 AA(CLR AA)
	98H	在收到通用呼叫地址后收到数据字节,NACK 已发出	① 取最后一个字节数据(MOV 接收地址,SMB0DAT) ② 置位 STO,以复位 SMBus
	0A0H	收到停止条件或重复起始条件	不需要任何操作
从发送器	0A8H	收到自己的从地址+R,ACK 已发出	发数据(MOV SMB0DAT,#数据)
	0B0H	在作为主器件发送从地址+R/$\overline{W}$ 时竞争失败,收到自身从地址+R,ACK 已发出	① 保存当前数据,以备总线空闲时重试 ② 发送数据(MOV SMB0DAT,#数据)
	0B8H	数据字节已发送,收到 ACK	① 发下一个数据(MOV SMB0DAT,#下一个数据) ② 如果此数据是最后一个字节数据,清 AA(CLR AA)
	0C0H	数据字节已发送,收到 NACK	说明主接收器不希望继续接收,等待主接收器的停止条件
	0C8H	最后字节已发送(AA=0),收到 ACK	说明刚发出的最后一个字节的数据已被主接收器收到,置位 STO,以复位 SMBus
从器件	0D0H	SCL 时钟高电平超时(根据 SMB0CR)	置位 STO,以复位 SMBus

从表中可以看出,等待状态的状态码为 0F8H。SMBus 每进行一次操作,硬件就会自动修改 SMB0STA 的内容。例如,主器件成功地发出起始信号后,SMB0STA 的值会自动变为 08H。再如,主器件发出从地址+$\overline{W}$ 信号,并且收到对方的应答(ACK)信号后,其 SMB0STA 的值会自动变为 18H……

SMB0STA 非常重要,编程时,每进行完一步操作,都需要检查 SMB0STA 的状态。若成功,则按图 12.16 或图 12.17 进行下一步的操作;若失败,则进行失败处理。下面以 SMBus 作为主发送器为例,介绍其操作过程如下:

(1) 发出起始信号(SETB STA),之后检查 SMB0STA 的状态,可能有两种情况发生。

➢ SMB0STA=08H,说明起始信号已成功地发出,下一步可以发送对方地址+$\overline{W}$(MOV

SMB0STA,#SLA+$\overline{W}$)。SMB0STA=08H是希望出现的正常状态。

➢ SMB0STA=00H,说明出现了总线错误,需要发停止信号(SETB STO),结束本次通信;或者进行通信重试(SETB STO,SETB STA)。

(2)发出地址信号+$\overline{W}$后,可能会出现三种状态。

➢ SMB0STA=18H,收到从器件的应答。说明对方已经准备好,接下来可以向从器件发送一个字节的数据了(MOV SMB0STA,#数据),同时应清零STA(CLR STA)。

➢ SMB0STA=20H,没有收到从器件的应答。说明对方没准备好或处于离线状态,需要发停止信号(SETB STO),结束本次通信;或者进行通信重试(SETB STO,SETB STA)。

➢ SMB0SAT=38H,竞争失败。需要发停止信号,让出总线,保存当前数据;或者进行通信重试。

(3) 发送一字节的数据后,可能会有两种状态。

➢ SMB0SAT=28H,收到从器件的应答。说明对方已接收到数据,接下来可以向从器件发送下一个字节的数据了。当然,如果所有数据都发送完,可以发送停止信号,结束通信。

➢ SMB0SAT=30H,没有收到从器件的应答。说明对方没收到数据或处于离线状态,需要发送停止信号(SETB STO),结束本次通信;或者进行通信重试(SETB STO,SETB STA)。

竞争失败除了38H状态外,可能还有68H、78H、0B0H状态,这里不再讨论。此外,C8051SMBus作为主接收器、从发送器以及从接收器进行数据收发过程中,可能出现的状态及常见处理对策在表12.2中也已列出,这里就不一一叙述了。

对SMB0STA的状态检查一般采用中断方式。

11. SMBus的中断

SMBus中断入口地址为003BH。中断允许位是EIE1.1,参见第6章。如果事先已经软件允许SMBus中断("ORL EIE1,#02H"、"SETB EA"),只要SMBus进入等待状态之外的任何一种状态,硬件就会自动将SMB0CN的SI(SMB0CN.D3)——SMBus中断标志位置1(参见图12.11),程序会自动跳到SMBus中断服务程序。因此,可以把多数SMBus的操作程序放到SMBus中断服务程序中。将不同状态下的处理过程编写成子程序。

(1) 00H状态处理程序——SMB0STA=00H,出现总线错误。此时,需要停止本次通信,对应处理程序如下:

```
SMB_ERROR: SETB    STO                 ;发停止信号
           CLR     SI                  ;清 SMBus 中断标志
           RETI
```

注意：SMBus 中断标志 SI 必须手动清除。

(2) 08H 状态处理程序——SMB0STA＝08H，主器件已成功地发出起始信号。既然起始信号发出，之后该发送从地址＋R/$\overline{W}$ 了，对应处理程序如下：

```
SMB_START:    MOV     SMB0DAT,#SLA + R/W̄        ;发呼叫地址,数据发送为偶地址;接收为奇地址
              CLR     STA                        ;清除 STA
              CLR     SI                         ;清 SMBus 中断标志
              RETI
```

(3) 状态码为 18H——主器件成功地发送了从地址＋$\overline{W}$，并且收到了从器件的应答信号。此时，要做的事是将待发送数据的第一个字节送出，对应处理程序如下：

```
SMB_MTADDACK: MOV     SMB0DAT,#数据              ;发送数据
              CLR     SI                         ;清 SMBus 中断标志
              RETI
               ⋮
```


注意：STA、SI 必须用软件清除，而 STO 则不必。

27 种状态对应 27 个不同操作程序。但实际编写程序时只写需要的状态。例如，只作为主器件时，状态 60H～0D0H 对应的程序就不必写，因为它们是从器件才可能出现的状态(参见表 12.2)；只进行数据发送时，就不必写接收器状态了。

SMBus 中断允许情况下，只要 SMB0STA 进入 27 种状态之一，就会转入中断服务程序。那么，如何让 CPU 区分不同的状态，并正确地进入相应的处理程序呢？

当然要在 SMBus 中断服务程序中读取状态码，指令为“MOV　A，SMB0STA”；然后根据 A 的值转入相应处理程序。

转移方法有两种。第一种采用比较法：

```
SMBus_ISR:  PUSH    ACC
            PUSH    PSW
            MOV     A,SMB0STA                    ;读取状态码
            JZ      SMBus_ERROR                  ;状态码 = 00H,转入总线错误处理程序
            CLR     C
            SUBB    A,08H                        ;与 08H 状态比较
            JZ      SMB_START                    ;状态码 = 08H,起始信号已发出,转入地址呼叫程序
            ADD     A,#08H                       ;恢复状态码
            CLR     C
            SUBB    A,#18H                       ;与 18H 状态比较
            JZ      SMB_MTADDACK                 ;状态码 = 18H,已发出,转入数据发送程序
            ADD     A,#18H                       ;恢复状态码
             ⋮
```

```
SMB_RETURN: CLR   SI                                  ;清 SMBus 中断标志
            POP   PSW
            POP   ACC
            RETI
```

此方法依次对各状态码进行比较，相等则转入对应状态处理程序。此方法在用 80C51 编写的程序中也常被采用。

此方法比较好理解，但中断程序需要写较多的比较判断和转移指令，程序段较长。

仔细观察状态码表，可以看出，每个状态码都是 8 的倍数，例如 00H、08H、10H、18H……如果每个状态处理程序的长度都小于 8 字节，就可以定义 1 个转移地址表——SMB_STATE_TABLE，然后将不同状态码对应的处理程序依次放在 SMB_STATE_TABLE＋00H、SMB_STATE_TABLE＋08H、SMB_STATE_TABLE＋10H、SMB_STATE_TABLE＋18H……开始的单元，方法如下：

```
SMB_STATE_TABLE:                                      ;开始转移表
              ORG   SMB_STATE_TABLE + 00H             ;00H 状态处理程序，从转移表的第 00H 单元开始
SMB_ERROR:    SETB  STO                               ;发停止信号
              AJMP  SMB_RETURN                        ;返回
              ORG   SMB_STATE_TABLE + 08H             ;08H 状态处理程序，从转移表的第 08H 单元开始
SMB_START:    MOV   SMB0DAT, #SLA + R/W̄               ;发呼叫地址
              CLR   STA                               ;手动清除 STA
              AJMP  SMB_RETURN                        ;返回
              ORG   SMB_STATE_TABLE + 10H             ;10H 状态处理程序，从转移表的第 10H 个单元开始
              ⋮                                       ;(10H 状态处理程序内容)
SMB_RP_START: AJMP  SMB_RETURN                        ;返回
              ORG   SMB_STATE_TABLE + 18H             ;18H 状态处理程序从转移表的第 18H 个单元开始
              ⋮                                       ;(18H 状态处理程序内容)
SMB_MTADDACK: AJMP  SMB_RETURN                        ;返回
              ⋮
```

假设 SMB_STATE_TABLE 表首地址为 1000H，则：

00H 状态处理程序 SMB_ERROR 被安排在 1000H 开始的单元；

08H 状态处理程序 SMB_START 被安排在 1008H 开始的单元；

10H 状态处理程序 SMB_RP_START 被安排在 1010H 开始的单元；

18H 状态处理程序 SMB_MTADDACK 被安排在 1018H 开始的单元；

⋮

中断处理程序可写成：

```
SMBus_ISR:    PUSH   ACC
              PUSH   PSW
              PUSH   DPH
              PUSH   DPL
              MOV    DPTR,#SMB_STATE_TABLE        ;DPTR 指向转移地址表
              MOV    A,#SMB0STA                   ;读取状态码
              JMP    @A + DPTR                    ;转入相应状态处理程序
SMB_RETURN:   CLR    SI                           ;清 SMBus 中断标志
              POP    DPL
              POP    DPH
              POP    PSW
              POP    ACC
              RETI
```


进入中断处理程序后，指令“MOV　DPTR，# SMB_STATE_TABLE”将 DPTR 指向状态转移表。设 SMB_STATE_TABLE＝1000H。

如果当前状态码为 00H，则(A)＋(DPTR)＝1000H，“JMP　@A＋DPTR”将程序转移到 1000H，执行 00H 状态处理程序 SMB_ERROR，执行后返回到 SMB_RETURN 处。

如果当前状态码为 08H，则(A)＋(DPTR)＝1008H，“JMP　@A＋DPTR”将程序转移到 1008H，执行 SMB_START(08H 状态)处理程序。

第二种方法利用间接转移指令，比较巧妙，只需写 1 句“JMP　@A＋DPTR”，即可实现所有的判断转移，程序段较短。但须注意：这种方法要求每一个状态处理程序的长度小于 8 字节；否则，多出来的指令会被后面的状态处理程序覆盖。

12.2.2　SMBus 应用举例

【例 12.6】　C8051F005 通过 SMBus 作为主器件，向从器件发 1 字节的数据。待发数据在片内 RAM 的 30H，从器件地址为 40H，传输速率为 100 kHz，系统时钟采用外部 16 MHz 晶振。试编写主器件 SMBus 程序。

分析：本 C8051SMBus 工作于主发送器方式。作为主器件，需要设置 SMB0CR，但不必设置 SMB0ADR。根据 SMB0CR 计算公式为

$$SMB0CR \approx 256 - f_{SYSCLK}/(f_{SCL} \times 2) = 256 - 16 \times 10^6/(2 \times 100 \times 10^3) = 0B0H$$

$$呼叫地址 = 写地址 = 从地址 + \overline{W} = 40H\ (偶地址)$$

初始化程序中还需要设置交叉开关，使 SDA、SCL 连到 P0.0、P0.1 上；设置 SMB0CN，允许 SMBus 工作；需要开放 SMBus 中断，主器件还应控制通信的起始和停止。本例中 C8051F005 作为主发送器，不需要给对方发送应答信号，因此 SMB0CN 的 AA 位可以不设置。

SMBus 中断服务程序中应能判断 SMBus 状态，并正确地进入状态处理程序进行地址和

数据发送。主器件程序如下：

```
                $INCLUDE(C8051F000.INC)
CHIP_A_W        EQU     40H                     ;定义从器件写地址为 40H
TRANSMIT_BYTE   DATA    30H                     ;定义待发送数据地址为 30H
                ORG     0000H
                LJMP    MAIN
                ORG     3BH
                LJMP    SMB_ISR                 ;SMBus 中断服务程序入口
                ORG     0100H
;---------------------初始化程序---------------------
MAIN:           MOV     WDTCN,#0DEH
                MOV     WDTCN,#0ADH             ;禁止看门狗
                MOV     SP,#60H
                MOV     OSCXCN,#67H             ;外部振荡器采用晶振
                                                ;频率大于 6.7 MHz
                CLR     A
                DJNZ    ACC,$
                DJNZ    ACC,$                   ;等待 1 ms 以上
WAIT:           MOV     A,OSCXCN
                JNB     ACC.7,WAIT              ;查询外部振荡器是否稳定
                ORL     OSCICN,#88H             ;将系统时钟切换到外部
                ORL     XBR0,01H                ;将 SDA、SCL 连到 P0.0、P0.1
                MOV     XBR2,#40H               ;使能交叉开关
                MOV     SMB0CR,#0B0H            ;时钟频率 = 100 kHz
                ORL     SMB0CN,#40H             ;使能 SMBus
                ORL     EIE1,#02H               ;允许 SMBus 中断
                SETB    EA                      ;开放总中断
;---------------------启动通信---------------------
                SETB    STA                     ;主器件发启动信号①
                SJMP    $
;---------------------SMBus 中断处理程序---------------------
SMB_ISR:        PUSH    ACC
                PUSH    PSW
                PUSH    DPH
                PUSH    DPL
                MOV     DPTR,#SMB_STATE_TABLE   ;DPTR 指向状态转移表
                MOV     A,SMB0STA               ;读取 SMBUA 状态
                JMP     @A+DPTR                 ;转向对应的状态处理程序
SMB_RETURN:     CLR     SI                      ;手动清除 SMBus 中断标志位 SI
```

```
                    POP     DPL
                    POP     DPH
                    POP     PSW
                    POP     ACC
                    RETI                                ;中断返回
;-------------状态转移表及状态处理程序-------------
SMB_STATE_TABLE:                                        ;状态转移表
;-----------------------总线错误----------------------
                    ORG     SMB_STATE_TABLE + 00H       ;定位 00H 状态处理程序
SMB_ERROR:          SETB    STO                         ;停止通信
                    AJMP    SMB_RETURN
;---------主发送器/接收器起始信号已成功发出---------
                    ORG     SMB_STATE_TABLE + 08H       ;定位 08H 状态处理程序
SMB_MT_S_STA:       MOV     SMB0DAT, # CHIP_A_W         ;主器件发从地址 + W̄ 信号②
                    CLR     STA                         ;手动清除 STA
                    AJMP    SMB_RETURN
;----主器件已发出从地址 + W̄,且收到从器件的 ACK③----
                    ORG     SMB_STATE_TABLE + 18H       ;定位 18H 状态处理程序
SMB_MT_S_ADD_R_ACK: MOV     SMB0DAT, # TRANSMIT_BYTE    ;主器件发送数据④
                    AJMP    SMB_RETURN
;---------主器件已发出从地址 + W,但没收到对方 ACK---------
                    ORG     SMB_STATE_TABLE + 20H       ;定位 20H 状态处理程序
SMB_MT_S_ADD_R_NACK: SETB   STO                         ;发停止信号
                    SETB    STA                         ;重试
                    AJMP    SMB_RETURN
;---------主发送器数据已发出,且收到从器件 ACK⑤---------
                    ORG     SMB_STATE_TABLE + 28H       ;定位 28H 状态处理程序
SMB_MT_S_DATA_R_ACK: SETB   STO                         ;任务完成
                                                        ;主器件停止通信⑥
                    AJMP    SMB_RETURN
;---------主发送器数据已发出,没有收到对方 ACK---------
                    ORG     SMB_STATE_TABLE + 30H       ;定位 18H 状态处理程序
SMB_MT_S_DATA_R_NACK: SETB  STO                         ;发停止信号
                    SETB    STA                         ;重试
                    AJMP    SMB_RETURN
                    END
```

程序中加黑斜体部分,代表了一个成功的数据发送过程,与图 12.16 所示过程是一致的。

其中过程①、②、④和⑥需要主器件软件配合。过程③和⑤由主从接收器硬件自动完成。中断程序中的其他部分,则给出了其他可能发生的不成功情况以及处理对策。

还有一些不可能发生的状态,例如作为从器件的各种状态,本转移表中没有列出。但需要指出的是:这种利用转移表和"JMP @A+DPTR"形式进行状态转移的程序,如果不能确定某些状态肯定不会发生,则一定要将该状态的处理程序列在转移表中;否则,很可能会造成程序的意外跳转。例如,不能肯定对方始终作为从器件,不会与自己竞争,就应该编写状态38H——竞争失败处理程序;否则竞争失败时,程序会跳到转移表首地址+38H 处,而该处的内容则是不确定的。

【例 12.7】 假设上例中的从器件也是 C8051F005。编写从器件程序,要求从器件将接收到的数据存入片内 35H。

分析: 作为从接收器,不需要设置 SMB0CR,但需要设置 SMB0ADR 寄存器。SMB0CN 的应答允许位 AA 应置位。从器件也不负责通信的启动和停止。从器件程序如下:


```
                $INCLUDE(C8051F000.INC)
 CHIP_A         EQU    40H                  ;定义从片地址
 RECEIVE_BYTE   DATA   35H                  ;定义数据接收单元地址为 35H
                ORG    0000H
                LJMP   MAIN
                ORG    3BH
                LJMP   SMB_ISR              ;SMBus 中断服务程序入口
                ORG    0100H
;-------------------------初始化程序-------------------------
 MAIN:          MOV    WDTCN,#0DEH
                MOV    WDTCN,#0ADH          ;禁止看门狗
                MOV    SP,#60H
                MOV    OSCXCN,#67H          ;外部振荡器采用晶振,频率大于 6.7 MHz
                CLR    A
                DJNZ   ACC,$
                DJNZ   ACC,$                ;等待 1 ms 以上
WAIT:           MOV    A,OSCXCN
                JNB    ACC.7,WAIT           ;查询外部振荡器控制寄存器是否稳定
                ORL    OSCICN,#08H          ;将系统时钟切换到外部振荡器
                ORL    XBR0,#01H            ;将 SDA 和 SCL 连到 P0.0、P0.1
                MOV    XBR2,#40H            ;使能交叉开关
                MOV    SMB0ADR,#CHIP_A      ;设置本片地址,设置 GC=0
                ORL    SMB0CN,#44H          ;使能 SMBus,允许发应答信号
                ORL    EIE1,#02H            ;允许 SMBus 中断
```

```
                SETB    EA                              ;开放总中断
;--------------------等待 SMBus 中断--------------------
                SJMP    $
;--------------------SMBus 中断处理程序--------------------
SMB_ISR:        PUSH    ACC
                PUSH    PSW
                PUSH    DPH
                PUSH    DPL
                MOV     DPTR,#SMB_STATE_TABLE           ;DPTR 指向状态转移表
                MOV     A,SMB0STA                       ;读取 SMBUA 状态
                JMP     @A+DPTR                         ;转向对应的状态处理程序
SMB_RETURN:     CLR     SI                              ;手动清除 SMBus 中断标志位 SI
                POP     DPL
                POP     DPH
                POP     PSW
                POP     ACC
                RETI
;--------------状态转移表及状态处理程序--------------------
SMB_STATE_TABLE:                                        ;状态转移表
;--------------------总线错误--------------------
                ORG     SMB_STATE_TABLE+00H             ;定位 00H 状态处理程序
SMB_ERROR:      SETB    STO                             ;停止通信
                AJMP    SMB_RETURN
;----------从器件收到自己的从地址+W̄,并且已向主器件发出 ACK①----------
                ORG     SMB_STATE_TABLE+60H             ;定位 60H 状态处理程序
SMB_SL_R_ADD_S_ACK: AJMP SMB_RETURN
;----------从器件收到数据字节,并且已向主器件发出 ACK②----------
                ORG     SMB_STATE_TABLE+80H             ;定位 80H 状态处理程序
SMB_SL_R_DATA_S_ACK: MOV RECEIVE_BYTE,SMB0DAT           ;将数据接收到指定地址③
                AJMP    SMB_RETURN
;----------从器件收到停止信号④----------
                ORG     SMB_STATE_TABLE+0A0H            ;定位 A0H 状态处理程序
SMB_SL_R_STO:   AJMP    SMB_RETURN
                END
```

其中过程①、②和③代表了一个成功的从器件数据接收过程。①和②由硬件完成,③需要软件配合。其他为可能发生的情况及处理办法。

对照表12.2,C8051SMBus作为从接收器时还有几种状态,例如状态68H、78H。本例中由于只作为从器件,从来不发起始信号,因此不会发生竞争,也就不可能出现这两种状态。此

外，由于设置 SMB0ADR 时，GC 被置为 0，收到通用呼叫地址时也不可能发出 ACK，因此状态 70H 不可能出现。还有，由于初始化时已将 AA 置位，也不应该出现 88H 状态（收到数据却发出 NACK 信号）。

【例 12.8】 C8051F005 作为主器件，要求从地址为 40H 的从器件中连续接收 8 个数据。数据接收到片内 30H 开始的 8 个单元，传输速率为 100 kHz，系统时钟采用外部 16 MHz 晶振。

分析：呼叫地址＝从地址＋R＝41H。此外，应允许主器件收到数据后给从器件应答。

程序如下：

```
              $INCLUDE(C8051F000.INC)
CHIP_A_R      EQU     41H                   ;定义从器件读地址为 41H
RECEIVE_BYTE  DATA    30H                   ;定义接收数据区首地址为 30H
REC_NUM       EQU     8                     ;接收数据的个数
ORG           0000H
              LJMP    MAIN
              ORG     3BH
              LJMP    SMB_ISR               ;SMBus 中断服务程序入口
              ORG     0100H
;-----------------------初始化程序-----------------------
MAIN:         MOV     WDTCN,#0DEH
              MOV     WDTCN,#0ADH           ;禁止看门狗
              MOV     SP,#60H
              MOV     OSCXCN,#67H           ;外部振荡器采用晶振，频率大于 6.7 MHz
              CLR     A
              DJNZ    ACC,$
              DJNZ    ACC,$                 ;等待 1 ms 以上
WAIT:         MOV     A,OSCXCN
              JNB     ACC.7,WAIT            ;查询外部振荡器控制寄存器是否稳定
              ORL     OSCICN,#08H           ;将系统时钟切换到外部振荡器
              ORL     XBR0,#01H             ;将 SDA 和 SCL 连到 P0.0、P0.1
              MOV     XBR2,#40H             ;使能交叉开关
              MOV     SMB0CR,#0B0H          ;时钟速率 = 100 kHz
              ORL     SMB0CN,#44H           ;使能 SMBus,允许应答 AA
              ORL     EIE1,#02H             ;允许 SMBus 中断
              SETB    EA                    ;开放总中断
;-----------------------启动通信-----------------------
              MOV     R0,#REC_NUM           ;设 R0 为接收数据计数器
              MOV     R1,#RECEIVE_BYTE      ;R1 指向接收区首地址
              SETB    STA                   ;主器件发起始信号①
              SJMP    $
```

```
;--------------------SMBus 中断处理程序--------------------
SMB_ISR:            PUSH    ACC
                    PUSH    PSW
                    PUSH    DPH
                    PUSH    DPL
                    MOV     DPTR,#SMB_STATE_TABLE     ;DPTR 指向状态转移表
                    MOV     A,#SMB0STA                ;读取 SMBUA 状态
                    JMP     @A+DPTR                   ;转向对应的状态处理程序
SMB_RETURN:         CLR     SI                        ;手动清除 SMBus 中断标志位 SI
                    POP     DPL
                    POP     DPH
                    POP     PSW
                    POP     ACC
                    RETI                              ;中断返回
;--------------------状态转移表及状态处理程序--------------------
SMB_STATE_TABLE:                                      ;状态转移表
;--------------------总线错误--------------------
                    ORG     SMB_STATE_TABLE+00H       ;定位 00H 状态处理程序
SMB_ERROR:          SETB    STO                       ;停止通信
                    AJMP    SMB_RETURN
;--------------------起始信号已成功地发出--------------------
                    ORG     SMB_STATE_TABLE+08H       ;定位 08H 状态处理程序
SMB_MT_S_STA:       MOV     SMB0DAT,#CHIP_A_R         ;主接收器发从地址+R 信号②
                    CLR     STA                       ;手动清除 STA
                    AJMP    SMB_RETURN
;----------主接收器从地址+R 发出,且收到从器件 ACK③----------
                    ORG     SMB_STATE_TABLE+40H       ;定位 40H 状态处理程序
SMB_MT_S_ADD_R_ACK: AJMP    SMB_RETURN
;----------主接收器从地址+R 发出,没收到对方 ACK----------
                    ORG     SMB_STATE_TABLE+48H       ;定位 48H 状态处理程序
SMB_MT_S_ADD_R_NACK:SETB    STO                       ;发停止信号
                    SETB    STA                       ;重试
                    AJMP    SMB_RETURN
;----------主接收器已收到数据,且已向从器件发出 ACK④----------
                    ORG     SMB_STATE_TABLE+50H       ;定位 50H 状态处理程序
SMB_MT_R_DATA_S_ACK:MOV     A,SMB0DAT                 ;接收数据到 A
                    MOV     @R1,A                     ;存入数据区⑤
                    INC     R1                        ;指向数据区下一单元
                    DEC     R0                        ;待接收数据个数减 1
```

```
                      CJNE     R0,#1,SMB_RETURN           ;下一个不是最后 1 个数据,返回
CLR_AA:               CLR      AA                         ;下一个是最后数据,下一次发 NACK⑥
                      AJMP     RETURN
;------主接收器已收到数据,且已向从器件发出 NACK⑦------
                      ORG      SMB_STATE_TABLE + 58H      ;定位 58H 状态处理程序
SMB_MT_R_DATA_S_NACK: MOV      A,SMB0DAT
                      MOV      @R1,A                      ;取最后 1 个字节数据⑧
                      SETB     STO                        ;最后发停止信号⑨
                      AJMP     SMB_RETURN
                      END
```

程序中加黑斜体部分代表了成功的数据接收过程,与图 12.17 一致。

仔细观察如上程序,50H 和 58H 状态处理程序都超过了 8 字节。修改方法为:

```
                       ORG      SMB_STATE_TABLE + 50H     ;定位 50H 状态处理程序
SMB_MT_R_DATA_S_ACK:   AJMP     SMB_MT_R_DATA_S_ACK1
;------主接收器已收到数据,且已向从器件发出 NACK⑦------
                       ORG      SMB_STATE_TABLE + 58H     ;定位 58H 状态处理程序
SMB_MT_R_DATA_S_NACK:  AJMP     SMB_MT_R_DATA_S_NACK1
SMB_MT_R_DATA_S_ACK1:  MOV      A,SMB0DAT                 ;接收数据到 A
                       MOV      @R1,A                     ;存入数据区
                       INC      R1                        ;指向数据区下一单元
                       DEC      R0                        ;待接收数据个数减 1
                       CJNE     R0,1,SMB_RETURN           ;下一个不是最后 1 个数据,返回
CLR_AA:                CLR      AA                        ;下一个是最后 1 个数据,下一次发 NACK⑥
                       AJMP     SMB_RETURN
SMB_MT_R_DATA_S_NACK1: MOV      A,#SMB0DAT
                       MOV      @R1,A                     ;取最后 1 字节数据⑧
                       SETB     STO                       ;最后发停止信号⑨
                       AJMP     SMB_RETURN
```

【例 12.9】 C8051F005 作为从器件,要求连续发送多个数据,发送数据个数由主器件控制,发送数据在片内 30H,从地址为 40H,系统时钟采用外部 16 MHz 晶振。

分析: 若禁止通用呼叫地址,则 SMB0ADR 应设置为从地址。程序如下:

```
                  $INCLUDE(C8051F000.INC)
CHIP_A            EQU      40H                ;定义从器件地址为 40H
SEND_BYTE         DATA     30H                ;发送数据单元,地址为 30H
SEND_NUM          DATA     50H                ;发送数据个数计数器,地址为 50H
                  ORG      0000H
                  LJMP     MAIN
```

```
                ORG     3BH
                LJMP    SMB_ISR                 ;SMBus 中断服务程序入口
                ORG     0100H
;-----------------初始化程序-----------------
MAIN:           MOV     WDTCN,#0DEH
                MOV     WDTCN,#0ADH             ;禁止看门狗
                MOV     SP,#60H
                MOV     OSCXCN,#67H             ;外部振荡器采用晶振,频率大于 6.7 MHz
                CLR     A
                DJNZ    ACC,$
                DJNZ    ACC,$                   ;等待 1 ms 以上
WAIT:           MOV     A,OSCXCN
                JNB     ACC.7,WAIT              ;查询外部振荡器控制寄存器是否稳定
                ORL     OSCICN,#88H             ;将系统时钟切换到外部振荡器
                ORL     XBR0,#01H               ;将 SDA 和 SCL 连到 P0.0、P0.1
                MOV     XBR2,#40H               ;使能交叉开关
                MOV     SMB0ADR,# CHIP_A
                ORL     SMB0CN,#44H             ;使能 SMBus,允许应答 AA
                ORL     EIE1,#02H               ;允许 SMBus 中断
                SETB    EA                      ;开放总中断
                SJMP    $
;-----------------SMBus 中断处理程序-----------------
SMB_ISR:        PUSH    ACC
                PUSH    PSW
                PUSH    DPH
                PUSH    DPL
                MOV     DPTR,#SMB_STATE_TABLE   ;DPTR 指向状态转移表
                MOV     A,SMB0STA               ;读取 SMBUA 状态
                JMP     @A+DPTR                 ;转向对应的状态处理程序
SMB_RETURN:     CLR     SI                      ;手动清除 SMBus 中断标志位 SI
                POP     DPL
                POP     DPH
                POP     PSW
                POP     ACC
                RETI                            ;中断返回
;-----------------状态转移表及状态处理程序-----------------
SMB_STATE_TABLE:                                ;状态转移表
;-----------------总线错误-----------------
                ORG     SMB_STATE_TABLE+00H     ;定位 00H 状态处理程序
```

```
SMB_ERROR:          SETB    STO                       ;停止通信
                    AJMP    SMB_RETURN
;————从发送器收到自己的从地址 + R,ACK 已发出①————
                    ORG     SMB_STATE_TABLE + 0A8H    ;定位 0A8H 状态处理程序
SMB_SL_R_ADD_S_ACK: MOV     SMB0DAT,SEND_BYTE         ;从发送器开始发送数据②
                    MOV     SEND_NUM,#1               ;发送数为 1
                    AJMP    SMB_RETURN
;————从发送器数据字节已发送,且收到 ACK ③————
                    ORG     SMB_STATE_TABLE + 0B8H    ;定位 0B8H 状态处理程序
SMB_SL_S_DATA_R_ACK:MOV     SMB0DAT,SEND_BYTE         ;从发送器继续发送数据④
                    INC     SEND_NUM                  ;发送数 + 1
                    AJMP    SMB_RETURN
;————从发送器数据字节已发送,且收到 NACK ⑤————
                    ORG     SMB_STATE_TABLE + 0C0H    ;定位 0C0H 状态处理程序
                                                      ;数据送出,却收到 NACK
                                                      ;说明数据发送完成,等待对方发停止信号
SMB_SL_S_DATA_R_NACK: AJMP  SMB_RETURN
                    END
```

12.2.3 起始信号和重复起始信号

起始信号是指在总线空闲时发出的启动信号,或发完停止信号后发出的起始信号。

重复起始信号是指占用总线情况下,已经发送或接收了 1 个或多个字节数据,没有发出停止信号却又发出的起始信号。

例如:SMBus 作为主器件连续进行两次通信时,可以有以下 3 种不同处理方法:

- 发起始信号→占用总线→发从地址＋R/$\overline{\text{W}}$→发送或接收 n 个数据→发停止信号→让出总线→发起始信号→重新占用总线→发从地址＋R/$\overline{\text{W}}$→发送或接收 m 个数据→发停止信号→让出总线。
- 如果两次通信从地址和数据传送方向都不变,也可以将两次通信合成 1 次通信,但传送数据个数为两次数据个数总和。
  发起始信号→占用总线→发从地址＋R/$\overline{\text{W}}$→发送或接收 $n+m$ 个数据→发停止信号→让出总线。
- 如果两次通信从地址或数据传送方向有改变,则可以发起始信号→占用总线→发从地址＋R/$\overline{\text{W}}$→发送或接收 n 个数据→发起始信号→发从地址＋R/$\overline{\text{W}}$→发送或接收 m 个数据→发停止信号→让出总线。

3 种处理方法中,第 1 个起始信号都是普通的起始信号。现在看第 2 个起始信号。第 1 种处理方法中,第 2 个起始信号前,先发了 1 个停止信号,放弃总线,再发起始信号,因此其状态与第 1 个起始信号相同,也是普通起始信号。第 2 种处理实际上将两次通信变成了一次通信,没有第 2 个起始信号。第 3 种处理中,在进行完前一次操作后,并不发停止信号,它在不放弃总线的情况下,立即发下一个起始信号。SMBus 认为这第 2 个起始信号的状态与第 1 个不同,叫做“重复起始信号”。

编程时,应注意区分不同的状态,并正确地编写不同状态的处理程序。

12.2.4 SMBus 与 UART 比较

值得注意的是,尽管 SMBus 既可以进行数据发送,也可以进行数据接收,但由于只有 1 根数据线和 1 个数据寄存器 SMB0DAT,任意一个时刻,SMBus 只能进行 1 个方向的数据传输。因此 SMBus 通信是半双工通信。此外,SMBus 只有同步方式,不能进行异步通信。对照前面学习过的 UART,UART 既可以进行同步通信,也可以进行异步通信。异步通信时,因为它有两根数据线 RXD 和 TXD 分别用于数据接收与发送,此外还有 2 个数据寄存器(名称相同,都是 SBUF),分别存放待发送数据和已接收数据,因此 UART 在进行异步通信时,发送接收可以同时进行,是全双工通信。但 UART 在同步方式时,TX 用于发送同步时钟,RX 用于数据发送和接收,只有 1 根数据线,也是半双工通信。此外,UART 同步通信时只能作为主器件,不能作为从器件,而 SMBus 则既可作为主器件,也可作为从器件。SMBus 的同步通信能力远强于 UART。

实际应用时,有大量场合只需要半双工或单工。例如,通过串行接口向显示器件送数据,只需要进行数据发送,通过串行口从键盘或传感器接收数据,只需进行数据接收。因此,尽管 SMBus 是半双工通信,其应用仍然非常广泛。特别是在各种带 SMBus(I^2C)接口的外围器件(键盘、显示器、存储器、A/D 转换器、D/A 转换器以及传感器等)越来越多的情况下。

12.3 SPI 串行总线接口

12.3.1 SPI 接口的结构

与 SMBus 一样,SPI 也是一个同步串行通信接口,但在具体操作上,SPI 与 SMBus 在很多方面都不相同。SPI 是 Motorola 公司的商标。C8051F005 的 SPI 接口结构如图 12.18 所示。

相关信号线有 4 个:SCK、MOSI、MISO 和 NSS。相关特殊功能寄存器(SFR)有 SPI0DAT、SPI0CKR、SPI0CFG 和 SPI0CN 等。

1. 四线、同步串行通信接口

SPI 需要 4 根通信线:SCK、MOSI、MISO 和 NSS。这 4 根线也需要通过交叉开关连到

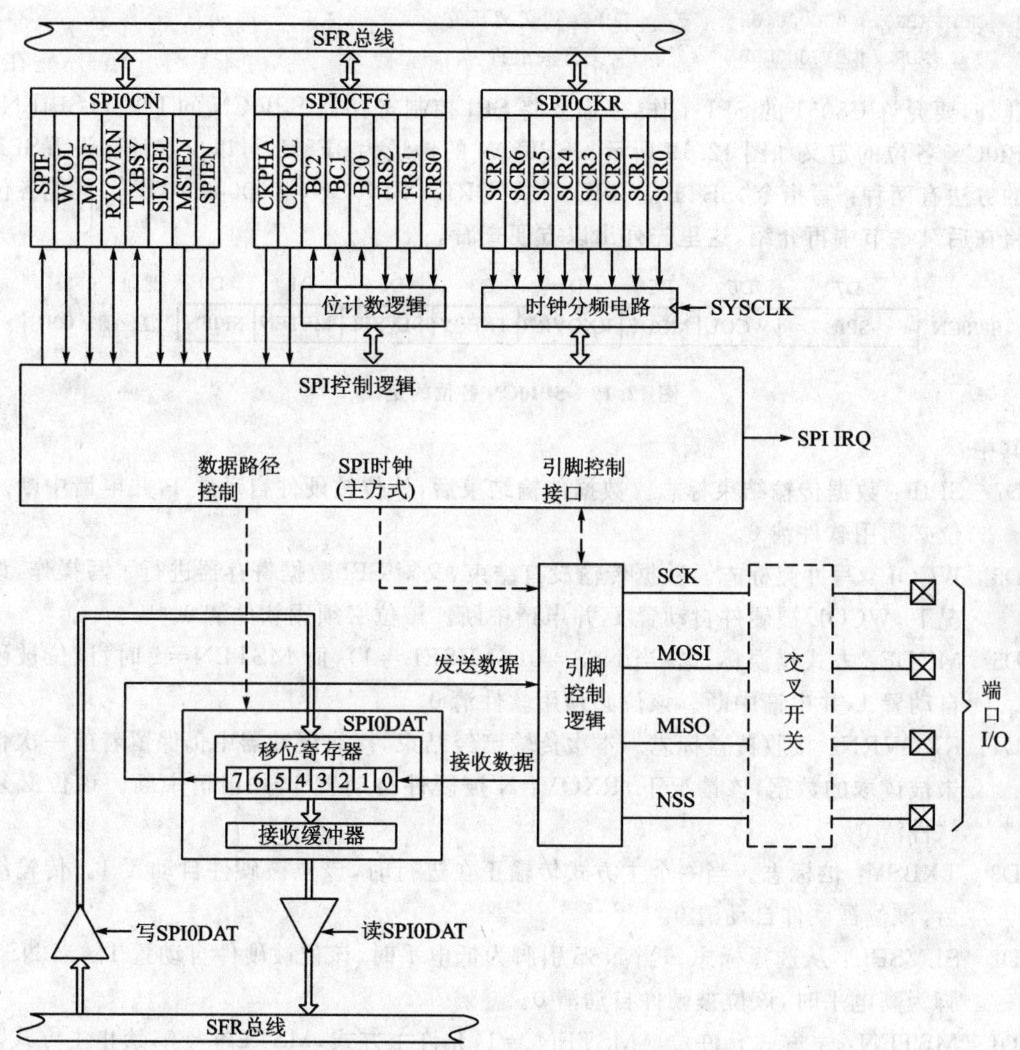

图 12.18 C8051 SPI 接口结构

I/O引脚上。相关的 SFR 是 XBR0、XBR2，如图 2.17 和图 2.19 所示。

其中：SPI0OEN 为 SPI 接口 I/O 允许位。该位为 1 时，SPI 连到接口引脚；该位为 0 时，SPI 不连到端口引脚。

如表 2.8 所列的 C8051 数字 I/O 引脚分配优先级，SPI 的优先级仅次于 SMBus。因此，当不使用 SMBus 时，SCK、MISO、MOSI 和 NSS 将被分配给 P0.0、P0.1、P0.2 和 P0.3。当使用 SMBus 时，SCK、MISO、MOSI 和 NSS 将被分配给 P0.2～P0.5。

SPI 工作前，初始化程序应该包含：

```
ORL   XBR0,#00000010B             ;SPI连到交叉开关
ORL   XBR2,#01000000B             ;交叉开关允许
```

此外,要允许C8051的SPI工作,还需要将SPI控制寄存器SPI0CN的D0位(SPIEN)置1。SPI0CN各位的定义如图12.19所示。SPI0CN的地址为0F8H,可以位寻址。设置SPIEN为1的方法有两种:写指令"SETB　SPIEN"或"ORL　SPI0CN,#00000001B"。其他各位的定义将在后续章节中再介绍,这里先列出以方便查看。

	D7	D6	D5	D4	D3	D2	D1	D0	地址:0F8H
SPI0CN	SPIF	WCOL	MODF	RXOVRN	TXBSY	SLVSEL	MSTEN	SPIEN	复位值:00H

图12.19　SPI0CN各位的定义

其中:

D7　SPIF:数据传输结束标志。数据传输结束后,该位被硬件自动置1,并申请中断。该位必须用软件清0。

D6　WCOL:写冲突标志。数据传输没有结束,又对SPI数据寄存器进行了写操作,该情况下,WCOL被硬件自动置1,并申请中断。该位必须用软件清0。

D5　MODF:方式错误标志。当NSS=0(SLVSEL=1),而MSTEN=1时,该位被硬件自动置1,并申请中断。该位必须用软件清0。

D4　RXOVRN:接收覆盖标志。本次传输已经结束,接收缓冲器中仍保留着前一次传输未被读取的数据,该情况下,RXOVRN被硬件自动置1,并申请中断。该位必须用软件清0。

D3　TXBSY:忙标志。当一个主方式传输正在进行时,该位被硬件自动置1。传输结束后,该位被硬件自动清0。

D2　SLVSEL:从选择标志。当NSS引脚为低电平时,该位被硬件自动置1。当NSS引脚为高电平时,该位被硬件自动清0。

D1　MSTEN:主方式允许位。MSTEN =1,允许主方式;MSTEN =0,禁止主方式。

D0　SPIEN:SPI允许位。SPIEN =1,允许SPI;SPIEN =0,禁止SPI。

2. SPI接口的连接

多个SPI器件的连接如图12.20所示。各信号线的定义及连接方法如下。

- SCK:同步时钟传输线。由于同步时钟总是由主器件提供的,因此对于主器件,SCK是输出线,对于从器件,SCK是输入线。C8051的SPI既可以作为主器件,也可以作为从器件。
- MOSI:主器件的数据输出线(MASTER OUTPUT),也是从器件的数据输入线(SLAVE INPUT)。主器件通过MOSI发送串行数据,从器件通过MOSI接收串行数据。

- MISO：主器件的数据输入线(MASTER INPUT)，也是从器件的数据输出线(SLAVE OUTPUT)。主器件通过 MISO 接收串行数据，从器件通过 MISO 发送串行数据。

  SPI 器件连接时，SCK、MOSI、MISO 同名端相连，如图 12.20 所示。

- NSS：从器件选择输入信号。当 NSS 为低电平时，本从器件被选中。注意与其他信号线不同，**C8051F 主器件的 NSS 不能与从器件的 NSS 连接在一起**。这是由于 NSS 是单向的，只能作为输入。一般常将从器件的 NSS 与主器件的一根 I/O 线连在一起，用这根 I/O 线作为从选择输出线，如图 12.20 所示。主器件用 3 根 I/O 线分别与 3 个从器件的 NSS 连接。假设从器件 1 的 NSS 与主器件的 P2.1 相连，从器件 2 的 NSS 与主器件的 P2.2 相连，从器件 3 的 NSS 与主器件的 P2.3 相连，如果主器件希望与从器件 1 通信，则需要写指令“CLR　P2.1”、“SETB　P2.2”、“SETB　P2.3”。

如果某器件只作为主器件，则可以将其 NSS 接高电平，如图 12.20 所示。

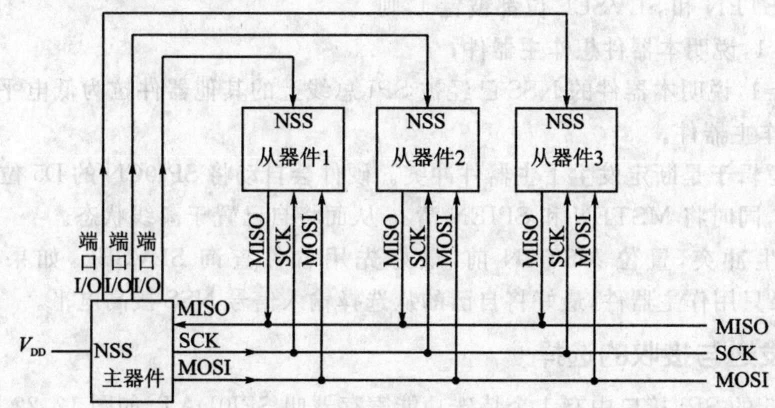

图 12.20　多个 SPI 器件的连接(主器件固定情况下)

3. 主器件的确定

与 SMBus 不同，C8051 的 SPI 要作为主器件，需要软件提前声明。图 12.19 所示为 SPI0CN 的 D1 位 MSTEN 是主器件允许位。要作为主器件，软件应写指令“SETB MSTEN”。

SPI 接口也允许多主通信(这一点与 SMBus 相同)。多主通信时，主器件可以有多个。如图 12.21 所示，器件 1 的 NSS 与器件 2 的 P1.0 连接；器件 2 的 NSS 与器件 1 的 P1.0 连接。如果器件 1 要作为主器件与器件 2 通信，器件 1 的程序中应包含以下两条指令：

```
SETB  MSTEN          ;设为主器件
CLR   P1.0           ;输出从器件选择信号
```

执行“CLR　P1.0”后，器件 2 的 NSS 被拉低，其从选择标志位 SLVSEL(SPI0CN.2)将自

动置位。

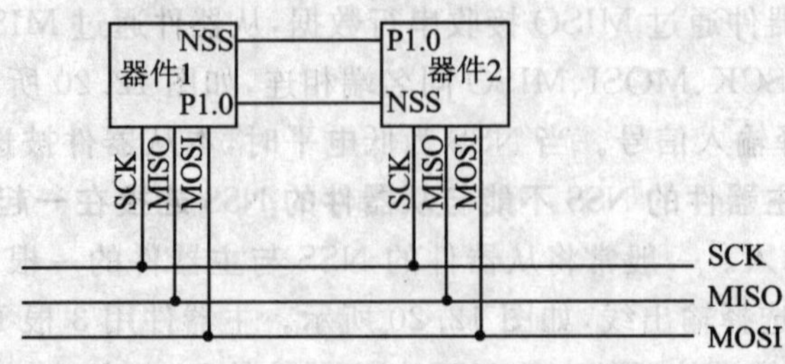

图 12.21　两个 SPI 器件多主通信时的连接

同样，器件 2 要作为主器件，其程序中也应包含同样的 2 条。

如果两个器件都想作为主器件，就可能出现冲突。SPI 是这样解决冲突的：如果 SPI 控制逻辑发现 MSTEN 和 SLVSEL 位都被置 1，则

MSTEN＝1，说明本器件想作主器件；

SLVSEL＝1，说明本器件的 NSS 已经被 SPI 总线上的其他器件拉为低电平，即此刻有其他器件正在用作主器件。

SPI 控制逻辑于是断定发生了主器件冲突。硬件会自动将 SPI0CN 的 D5 位 MODF(方式错误标志)置 1，同时将 MSTEN 和 SPIEN 清 0，从而将自己置于离线状态。

为防止发生冲突，置位 MSTEN 前，最好先用软件查询 SLVSEL，如果为 0，再置位 MSTEN。如果只用作主器件，最好将自己的从选择输入信号 NSS 接高电平。

4. 数据发送与接收的选择

C8051F005 的 SPI 接口中有 1 个特殊功能寄存器叫 SPI0DAT，如图 12.22 所示。发送数据时，只需写指令“MOV　SPI0DAT，#数据”；接收数据时，只需写指令“MOV　接收地址，SPI0DAT”。

发送时，硬件会自动将 SPI0DAT 内的并行数据按 SCK 频率逐位移出到 MOSI 或 MISO 线上。当 SPI 作主器件时，串行数据从 MOSI 上发出；当作从器件时，从 MISO 上发出，如图 12.22 所示。

接收时，硬件会自动将 MISO(主方式)或 MOSI(从方式)上送来的串行数据转换成并行数据。

5. 全双工通信的实现

尽管 SMBus 既可以进行数据发送，也可以进行数据接收，但 SMBus 只有 1 根数据线 SDA 和 1 个数据移位寄存器 SMB0DAT。在任一时刻，数据只能是 1 个流向的，因此 SMBus 是半双工通信方式。SPI 不同，它可以实现全双工通信，即数据发送与接收同时进行。这是由它巧妙的结构决定的。

➢ 它有两根数据线 MOSI 和 MISO，一根进行数据发送，另一根就可以进行数据接收，如图 12.22 所示。

➢ SP0IDAT 由移位寄存器和接收缓冲器两部分组成。（对照图 12.10，SMB0DAT 只有 1 个移位寄存器）。

➢ 发送数据时，总是先将 SPI0DAT 的最高位移出；接收数据时，总是将移入数据送至 SPI0DAT 的最低位，且发送与接收同时进行，如图 12.22 所示。

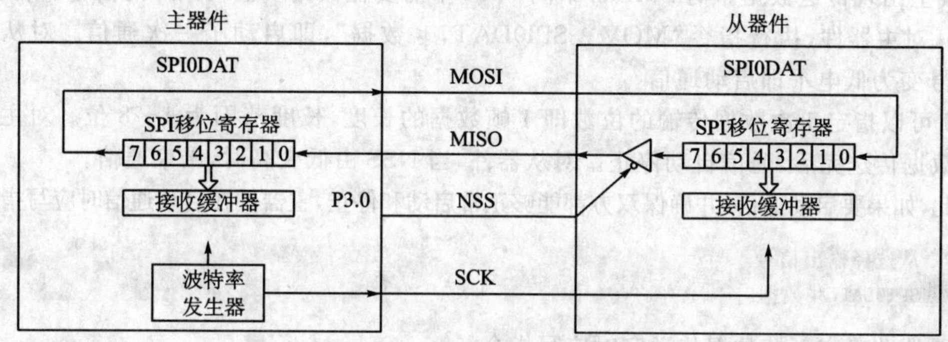

图 12.22 全双工通信示意图

如果通信前主器件 SPI 移位寄存器里的内容为 01010101B，从器件 SPI 移位寄存器里的内容为 10101010B，则

第 1 个 SCK 时钟：主器件将最高位 0 通过 MOSI 发送给从器件的最低位；同时，从器件将最高位 1 通过 MISO 发送给主器件的最低位。可见，主器件发了 1 位信号的同时，也接收了 1 位信号。从器件也是如此。第 1 个 SCK 过后，主器件的 SPI 移位寄存器内容变为 1010101**1**B，主器件的 SPI 移位寄存器内容变为 0101010**0**B。

第 2 个 SCK 时钟：主器件发送 1 个 1，接收 1 个 0，之后主器件 SPI 移位寄存器内容变为 010101**10**B，从器件 SPI 移位寄存器内容变为 1010100**1**B。

⋮

第 8 个 SCK 过后，主器件 SPI 移位寄存器内容变为 **10101010**B，从器件 SPI 移位寄存器内容变为 **01010101**B。

经过 8 个 SCK，主器件 SPI0DAT 的数据全部送从器件；同时也将从器件 SP0DAT 的数据全部接收进来。

可见，SPI 可以实现全双工通信。当然，如果实际应用中只要求进行数据发送或接收（单工），SPI 同样能够胜任。

6. 从器件的区分

与 SMBus 不同，SPI 靠从器件选择信号区分不同器件。当主器件希望与某个从器件通信时，将该器件的 NSS 拉低，将其他从器件的 NSS 置高即可。例如，主器件带 2 个从器件，从器件 1 的 NSS 接主器件的 P3.2，从器件 2 的 NSS 接主器件的 P3.5。如果希望与从器件 1 通信，只需写指令“CLR P3.2”和“SETB P3.5”。

7. 通信的启动与停止

不通信时，总线处于空闲状态。通信启动后，SCK 上出现同步时钟（移位时钟），MOSI 或 MISO 线上出现传送数据。与 SMBus 不同，SPI 不需要在数据线上发额外的信号以启动或停止通信。对主器件，执行指令“MOV SPI0DAT，# 数据”，即启动了一次通信。对从器件，NSS 信号变为低电平即启动通信。

SPI 可以指定 1 次数据传输的位数即 1 帧数据的长度，长度范围为 1～8 位。对主器件，当 1 帧数据传送完后，通信自动停止。对从器件，当 NSS 由低变高时，结束通信。

因此，如果要启动通信，并确保双方都能够正常启动和停止，主器件在启动通信时应写指令：

```
CLR  从选择输出信号
MOV  SPI0DAT,#数据
```

主器件在确定 1 帧数据传送完时应写指令：

```
SETB  从选择输出信号
```

8. SPI 时钟方式选择和帧长度选择

C8051SPI 可用软件设定一次数据通信传输数据的位数。SPI 配置寄存器 SPI0CFG 的 D2～D0 位 SPIFRS2～SPIFRS0 是 SPI 帧长度设置位。SPI0CFG 各位的定义如图 12.23 所示。

	D7	D6	D5	D4	D3	D2	D1	D0	地址：9AH
SPI0CFG	CKPHA	CKPOL	BC2	BC1	BC0	SPIFRS2	SPIFRS1	SPIFRS0	复位值：07H

图 12.23 SPI0CFG 各位的定义

其中：

D7 CKPHA：时钟相位选择，用于控制 SPI 时钟的相位。
=0 在 SCK 周期的第 1 个边沿采样数据；
=1 在 SCK 周期的第 2 个边沿采样数据。

D6 CKPOL：时钟极性选择，用于控制 SPI 时钟的极性。
=0 SCK 空闲状态为低电平；
=1 SCK 空闲状态为高电平。

D5～D3 BC2～BC0：SPI 传输位计数器，代表数据传送进行到哪一位。
=000 已发送（接收）到 D0 位；
=001 已发送（接收）到 D1 位；

⋮

=111　已发送(接收)到 D7 位。

D2～D0　SPIFRS2～SPIFRS0：SPI 帧长度选择，它们决定了 SPI 进行一次数据传送的位数。

=000　一次发送(接收)1 位；

=001　一次发送(接收)2 位；

⋮

=111　一次发送(接收)8 位。

如果希望每次传输 8 位数据，则软件应包含“ORL　SPI0CFG，#00000**111**B”。

SPI 有 4 种不同的时钟形式，如图 12.24 所示。可根据需要进行选择。如果希望空闲时 SCK 为低电平，用 SCK 的第 1 个沿触发移位，则须设置 SPI0CFG 的 D7 和 D6 位 CKPHA＝0、CKPOL＝0；如果希望空闲时 SCK 为低电平，用 SCK 的第 2 个沿触发移位，则须设置 SPI0CFG 的 D7 和 D6 位 CKPHA＝1、CKPOL＝0……所谓第 1 个沿，是指从空闲状态电平跳变到相反电平的跳变沿。

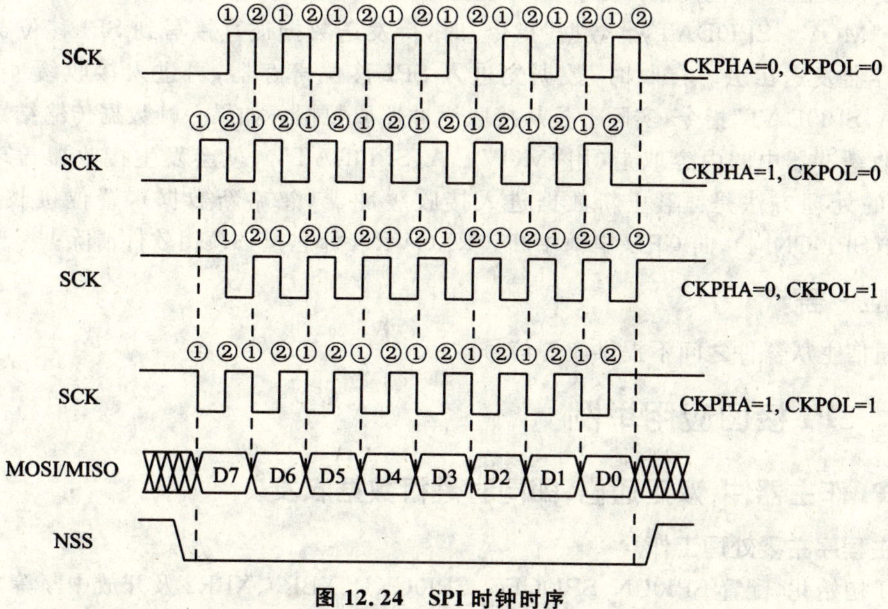

图 12.24　SPI 时钟时序

9. SPI 时钟频率设定

SPI 时钟总是由主器件提供，特殊功能寄存器 SPI0CKR 用于进行 SCK 频率设定。其设定值与时钟频率关系为

$$f_{SCK}=0.5\times f_{SYSCLK}/(SPI0CKR+1)\qquad (0\leqslant SPI0CKR\leqslant 255)$$

SPI0CKR 的复位值为 0，地址为 9DH。

10. SPI 中断

SPI 中断允许位是 EIE1.0，中断向量为 0033H（参见第 6 章）。在发生以下情况时，向 CPU 申请中断：

(1) 当一帧数据传送结束时，SPI 控制逻辑会自动将 SPIF(SPI0CN.7)标志置位（见图 12.19），并向 CPU 申请中断。SPIF 标志必须用软件清除。

(2) 方式错误。当 SPI 控制逻辑发现 MSTEN 和 SLVSEL 都为 1 时，会将 MODF 标志自动置位，将 MSTEN 和 SPIEN 清除，并申请中断。MODF 标志必须用软件清除。

(3) 写冲突。执行"MOV　SPI0DAT，#数据"指令时，数据被直接送 SPI 移位寄存器发送出去。如果 1 帧数据没有传输结束，又执行了一个诸如"MOV　SPI0DAT，#数据"的写操作，就可能破坏前面的数据。为防止发生这样的情况，SPI 控制逻辑会忽略这个写操作，确保前一个数据被正确地传输，并将写冲突标志 WCOL(SPI0CN.6)置位，同时向 CPU 申请中断。WCOL 标志必须用软件清除。

(4) 接收覆盖。SPI 采用单缓冲结构，发送不带缓冲器，接收带缓冲器，如图 12.22 所示。发送（执行"MOV　SPI0DAT，#数据"指令）时，待发送数据被直接写到 SPI 移位寄存器，并从移位寄存器发送出去。接收时，数据先进入 SPI 移位寄存器，再进入接收缓冲器。执行"MOV　A，SPI0DAT"指令，实际上是从接收缓冲器取数据。如果一帧数据传输结束后，没有及时将接收缓冲器中的内容取走（用"MOV　A，SPI0DAT"），就会发生接收覆盖现象。SPI 控制逻辑的处理方法是：阻止新数据进入接收缓冲器（忽略新数据），置位接收覆盖标志 RXOVRN(SPI0CN.4)，向 CPU 申请中断。RXOVRN 标志位必须用软件清除。

11. 应　答

SPI 通信主从器件之间不提供应答信号。

12.3.2　SPI 接口应用举例

1. SPI 作主器件，双工通信，即同时进行数据收发

(1) 主程序主要处理工作

- SPI 初始化（配置 SPI0CN、SPI0CFG、SPI0CKR、XBR0、XBR2 及开放中断等）。
- 将 SPI 设置为主方式（SETB　MSTEN）。
- 输出从选择信号，选中从器件。
- 将待发送数据送 SPI0DAT，启动通信（"MOV　SPI0DAT，#数据"或"MOV　SPI0DAT，A"）。
- 等待 SPI 中断或进行其他处理。

主器件当一帧数据全部传送完后，进入 SPI 中断服务程序。

(2) SPI 中断服务程序主要处理工作

- 判断是否是传输结束中断。
- 若是传输结束中断，则
  - 取消从选择信号。
  - 将接收到的数据取走（“MOV 接收地址，SPI0DAT”）。
  - 清除 SPIF 标志位。
  - 中断返回。
- 若不是传输结束中断，则判断是方式错误中断、接收覆盖中断还是写冲突中断，做相应处理。清除对应的中断标志，然后返回。

2. SPI 作主器件，单工通信，只进行数据发送

与双工主方式类似，只是中断服务程序中不需要取走数据。为防止发生接收覆盖，有时也写指令“MOV A，SPI0DAT”，但并不真正存数据。

3. SPI 作主器件，单工通信，只进行数据接收

与双工主方式类似，只是启动通信时，仍然用“MOV SPI0DAT，#数据”，但“数据”为任意值。

4. SPI 作从器件，双工通信

(1) 主程序主要处理工作

- SPI 初始化（配置 SPI0CN、SPI0CFG、XBR0、XBR2 及开放中断等）。
- 将待发送数据送 SPI0DAT，等待主器件启动通信。

当主器件输出从选择信号启动通信后，从器件将自身 SPI0DAT 中数据逐位发送出去，也将对方送入的数据逐位接收进来。当 NSS 引脚电平从低变高时，从器件进入 SPI 中断。

(2) SPI 中断服务程序主要处理工作

- 判断是否是传送结束中断。
- 是传送结束中断，则
  - 将接收到的数据取走（“MOV 接收地址，SPI0DAT”）。
  - 清除 SPIF 标志位。
  - 将下一个准备发送的数据送 SPI0DAT。
  - 中断返回。
- 不是传送结束中断，判断中断原因，做相应处理，清除相应中断标志位，然后返回。

5. SPI 作从器件，单工通信，只进行数据发送

中断服务程序中只将下一个待发送数据送 SPI0DAT，但不取数据。为防止发生接收覆盖，有时也写指令“MOV A，SPI0DAT”，但并不真正存数据。

6. SPI 作从器件,单工通信,只进行数据接收

无须向 SPI0DAT 写数据,只在中断程序中取走 SPI0DAT 上的数据。

【例 12.10】　两个 C8051F005,通过 SPI 进行双工通信,1 号 C8051 作主器件,2 号 C8051 作从器件。要求将 1 号片内 30H～37H 单元中的内容传送到 2 号 50H～57H 单元中,将 2 号 30H～37H 单元中的内容传到 1 号 50H～57H 单元中。假设系统时钟采用外部 16 MHz 晶振,通信速率小于 100 kHz,主器件从选择输出用 P1.0 接口。

解: 硬件连接如图 12.25 所示。

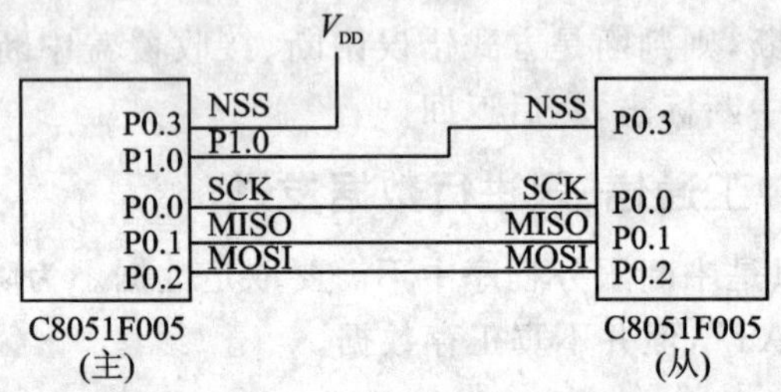

图 12.25　两个 C8051F00F 通过 SPI 通信

(1) 主器件程序(不考虑方式错误、接收覆盖和写冲突)

```
;-----------------------------主程序-----------------------------
            $INCLUDE(C8051F000.INC)
CHIP_SEL      BIT     P1.0              ;从选择输出信号
SEND_BUF      DATA    30H               ;发送数据区首地址
RECEIVE_BUF   DATA    50H               ;接收数据区首地址
RS_NUM        EQU     8                 ;收发数据个数
              ORG     0000H
              AJMP    MAIN
              ORG     0033H
              AJMP    SPI_ISR           ;SPI 中断入口
              ORG     0100H
;-----------------------------初始化-----------------------------
MAIN:         MOV     WDTCN,#0DEH
              MOV     WDTCN,#0ADH       ;禁止看门狗
              MOV     SP,#60H
              MOV     OSCXCN,#67H       ;外部振荡器采用晶振,频率大于 6.7 MHz
              CLR     A
              DJNZ    ACC,$
              DJNZ    ACC,$             ;等待 1 ms 以上
WAIT:         MOV     A,OSCXCN
```

```
        JNB     ACC.7,WAIT              ;查询外部振荡器控制寄存器是否稳定
        ORL     OSCICN,#88H             ;将系统时钟切换到外部振荡器
        ORL     XBR0,#02H               ;将SCK、MISO、MOSI和NSS连到P0.0～P0.3
        MOV     XBR2,#40H               ;使能交叉开关
        ORL     PRT0CF,#00000101B       ;设置SCK、MOSI为推挽输出
        ORL     PRT1CF,#00000001B       ;设置P1.0为推挽输出
        ORL     SPI0CFG,#01000111B      ;设置在SCK第1个沿进行移位,空闲时SCK=1
                                        ;1帧数据长度为8位(1字节)
        MOV     SPI0CKR,#199            ;设置SPI时钟频率:
      ;fSCK = 0.5×fSYSCLK/(SPI0CKR+1) = 0.5×1.6 MHz(199+1) = 40 kHz
        SETB    SPIEN                   ;使能SPI
        ORL     EIE1,01H                ;开放SPI中断
        SETB    EA                      ;开放总中断
;--------------------设置数据指针--------------------
        MOV     R0,#SEND_BUF            ;设置发送数据区指针
        MOV     R1,#SEND_BUF            ;设置接收数据区指针
        MOV     R2,#RS_NUM              ;取数据收发个数
;--------------------设置主方式--------------------
        JB      TXBSY,$                 ;查询SPI忙标志,=1,说明正在通信,等待
        JB      SLVSEL,$                ;查询从选择标志,=1,说明NSS被拉低,
                                        ;也许有其他器件正在将自己作为从器件,等待
        SETB    MSTEN                   ;设置本器件工作在主方式
;--------------------输出从选择信号--------------------
        CLR     CHIP_SEL                ;输出从选择信号,选中从器件
;--------------------启动通信--------------------
        ACALL   DELAY                   ;延时,确保对方SPI0DAT中数据已准备好
        MOV     A,@R0                   ;取第1个待发送数据
        MOV     SPI0DAT,A               ;启动通信
        SJMP    $
;--------------------SPI中断处理程序--------------------
SPI_ISR:PUSH    ACC
        PUSH    PSW
        JNB     SPIF,SPI_RETURN         ;不是SPIF中断,返回
        SETB    CHIP_SEL                ;取消从选择信号
        MOV     A,SPI0DAT               ;取接收数据
        MOV     @R1,A                   ;存入接收单元
        CLR     SPIF                    ;清SPIF标志位
        INC     R0
        INC     R1                      ;修改指针
```

```
              DJNZ    R2,RS_NEXT             ;数据没有传送完,转 RS_NEXT
SPI_RETURN:   ANL     SPI0CN,#00001111B      ;清除其他 SPI 中断标志
              POP     PSW
              POP     ACC
              RETI
RS_NEXT:      ACALL   DELAY                  ;延时,确保对方 SPI0DAT 中数据已准备好
              MOV     A,@R0                  ;取下一个待发送数据
              CLR     CHIP_SEL               ;输出从选择
              MOV     SPI0DAT,A              ;启动通信
              SJMP    SPI_RETURN
;--------------------------延时程序--------------------------
DELAY:        (略)
              RET
              END
```


由于 SPI 通信双方之间没有硬件应答,为确保对方 SPI0DAT 中已提前将数据准备好,主器件发送数据前,做了延时,具体延时时间根据实际情况确定。一般要求从器件至少在主器件开始数据传送前 1 个 SCK 时钟周期将待发送数据存入 SPI0DAT。如果对方总能提前将发送数据准备好,可以不延时。如果延时时间较短,也可以用 NOP 延时。

(2) 从器件程序(不考虑方式错误、写冲突、接收覆盖情况)

```
;--------------------------主程序--------------------------
              $INCLUDE(C8051F000.INC)
SEND_BUF      DATA    30H                    ;发送数据区首地址
RECEIVE_BUF   DATA    50H                    ;接收数据区首地址
RS_NUM        EQU     8                      ;收发数据个数
ORG           0000H
              AJMP    MAIN
              ORG     0033H
              AJMP    SPI_ISR                ;SPI 中断入口
ORG           0100H
;--------------------------初始化--------------------------
MAIN:         MOV     WDTCN,#0DEH
              MOV     WDTCN,#0ADH            ;禁止看门狗
              MOV     SP,#60H
              MOV     OSCXCN,#67H            ;外部振荡器采用晶振,频率大于 6.7 MHz
              CLR     A
              DJNZ    ACC,$
              DJNZ    ACC,$                  ;等待 1 ms 以上
WAIT:         MOV     A,OSCXCN
```

```
            JNB     ACC.7,WAIT              ;查询外部振荡器控制寄存器是否稳定
            ORL     OSCICN,#88H             ;将系统时钟切换到外部振荡器
            ORL     XBR0,#02H               ;将 SCK、MISO、MOSI 和 NSS 连到 P0.0～P0.3
            MOV     XBR2,#40H               ;使能交叉开关
            ORL     PRT0CF,#00000010B       ;设置 MISO 为推挽输出
            ORL     SPI0CFG,#01000111B      ;设置在 SCK 第 1 个沿进行移位
                                            ;设置空闲状态 SCK 为高电平
                                            ;设置 1 帧数据长度为 8 位(1 字节)
            SETB    SPIEN                   ;使能 SPI
            ORL     EIE1,#01H               ;开放 SPI 中断
            SETB    EA                      ;开放总中断
;--------------------设置数据指针--------------------
            MOV     R0,#SEND_BUF            ;设置发送数据区指针
            MOV     R1,#RECEIVE_BUF         ;设置接收数据区指针
            MOV     R2,#RS_NUM              ;取数据收发个数
;----------将第 1 个待发送数据送 SPI0DAT,等待主器件启动通信--------
            JB      TXBSY,$                 ;查询 SPI 忙标志位,=1,说明正在通信,等待
            MOV     A,@R0                   ;取第 1 个待发送数据
            MOV     SPI0DAT,A               ;送 SPI0DAT,等待主器件启动通信
            SJMP    $
;----------SPI 中断处理程序----------
 SMB_ISR:   PUSH    ACC
            PUSH    PSW
            JNB     SPIF,SPI_RETURN         ;不是 SPIF 中断,返回
            CLR     SPIF                    ;清 SPIF 标志位
            MOV     A,SPI0DAT               ;取接收数据
            MOV     @R1,A                   ;存入接收单元
            INC     R0
            INC     R1                      ;修改指针
            DJNZ    R2,RS_NEXT              ;所有数据全部收发完？没有,转 RS_NEXT
SPI_RETURN: ANL     SPI0CN,#00001111B       ;清除其他 SPI 中断标志位
            POP     PSW
            POP     ACC
            RETI
 RS_NEXT:   MOV     A,@R0
            MOV     SPI0DAT,A               ;取下一个数据,送 SPI0DAT
            SJMP    SPI_RETURN
            END
```

请同学们自己写出 C8051 进行单工通信方式(主发送、主接收、从发送和从接收)的程序。

附录 A

CIP－51 指令集

CIP－51 指令集如表 A.1 所列。

表 A.1 CIP－51 指令集

指令代码（十六进制）	助记符	功　能	对标志位影响 P	OV	AC	CY	字节数	周期数
数据传送指令								
E8H～EFH	MOV　A,Rn	(Rn)→A	√	×	×	×	1	1
E5H,direct	MOV　A,direct	(direct)→A	√	×	×	×	2	2
E6H～E7H	MOV　A,@Ri	((Ri))→A	√	×	×	×	1	2
74H,data	MOV　A,＃data	data→A	√	×	×	×	2	2
F8H～FFH	MOV　Rn,A	(A)→Rn	×	×	×	×	1	1
A8H～AFH,direct	MOV　Rn,direct	(direct)→Rn	×	×	×	×	2	2
78H～7FH,data	MOV　Rn,＃data	data→Rn	×	×	×	×	2	2
F5H,direct	MOV　direct,A	(A)→direct	×	×	×	×	2	2
88H～8FH,direct	MOV　direct,Rn	(Rn)→direct	×	×	×	×	2	2
85H,direct2,direct1	MOV　direct1,direct2	(direct2)→direct1	×	×	×	×	3	3
86H～87H,direct	MOV　direct,@Ri	((Ri))→direct	×	×	×	×	2	2
75H,data	MOV　direct,＃data	data→direct	×	×	×	×	3	3
F6H～F7H	MOV　@Ri,A	(A)→(Ri)	×	×	×	×	1	2
A6H～A7H,direct	MOV　@Ri,direct	(direct)→(Ri)	×	×	×	×	2	2
76H～77H,data	MOV　@Ri,＃data	data→(Ri)	×	×	×	×	2	2
90H,data16	MOV　DPTR,＃data16	data16→DPTR	×	×	×	×	3	3
93H	MOVC　A,@A＋DPTR	((A)＋(DPTR))→A	√	×	×	×	1	3
83H	MOVC　A,@A＋PC	先(PC)＋1→PC, 再 ROM 中((A)＋(PC))→A	√	×	×	×	1	3
E2H～E3H	MOVX　A,@Ri	外部 RAM((Ri))→A	√	×	×	×	1	3

续表 A.1

指令代码（十六进制）	助记符		功 能	对标志位影响				字节数	周期数
				P	OV	AC	CY		
数据传送指令									
E0H	MOVX	A,@DPTR	外部RAM((DPTR))→A	√	×	×	×	1	3
F2H～F3H	MOVX	@Ri,A	(A)→外部RAM(Ri)	×	×	×	×	1	3
F0H	MOVX	@DPTR,A	(A)→外部RAM(DPTR)	×	×	×	×	1	3
C0H,direct	PUSH	direct	先(SP)+1→SP再(direct)→(SP)	×	×	×	×	2	2
D0H,direct	POP	direct	先((SP))→direct 再(SP)－1→SP	×	×	×	×	2	2
C8H～CFH	XCH	A,Rn	Rn与A内容互换	√	×	×	×	1	1
C5H,direct	XCH	A,direct	direct与A内容互换	√	×	×	×	2	2
C6H～C7H	XCH	A,@Ri	A与(Ri)内容互换	√	×	×	×	1	2
D6H～DH7	XCHD	A,@Ri	A低4位与(Ri)内容低4位互换	√	×	×	×	1	2
C4H	SWAP	A	A低4位与高4位互换	×	×	×	×	1	1
算术运算类指令									
28H～2FH	ADD	A,Rn	(A)＋(Rn)→A	√	√	√	√	1	1
25H,direct	ADD	A,direct	(A)＋(direct)→A	√	√	√	√	2	2
26H～27H	ADD	A,@Ri	(A)＋((Ri))→A	√	√	√	√	1	2
24H,data	ADD	A,#data	(A)＋data→A	√	√	√	√	2	2
28H～2FH	ADDC	A,Rn	(A)＋(Rn)＋(Cy)→A	√	√	√	√	1	1
35H,direct	ADDC	A,direct	(A)＋(direct)＋(Cy)→A	√	√	√	√	2	2
36H～37H	ADDC	A,@Ri	(A)＋((Ri))＋(Cy)→A	√	√	√	√	1	2
34H,data	ADDC	A,#data	(A)＋data＋(Cy)→A	√	√	√	√	2	2
98H～9FH	SUBB	A,Rn	(A)－(Rn)－Cy)→A	√	√	√	√	1	1
95H,direct	SUBB	A,direct	(A)－(direct)－(Cy)→A	√	√	√	√	2	2
96H～97H	SUBB	A,@Ri	(A)－((Ri))－(Cy)→A	√	√	√	√	1	2
94H,data	SUBB	A,#data	(A)－data－(Cy)→A	√	√	√	√	2	2
04H	INC	A	(A)＋1→A	√	×	×	×	1	1
08H～0FH	INC	Rn	(Rn)＋1→Rn	×	×	×	×	1	1
05H,direct	INC	direct	(direct)＋1→direct	×	×	×	×	2	2
06H～07H	INC	@Ri	((Ri))＋1→(Ri)	×	×	×	×	1	2

续表 A.1

指令代码(十六进制)	助记符		功能	对标志位影响				字节数	周期数
				P	OV	AC	CY		
算术运算类指令									
A3H	INC	DPTR	(DPTR)+1→DPTR	×	×	×	×	1	1
14H	DEC	A	(A)−1→A	√	×	×	×	1	1
18H～1FH	DEC	Rn	(Rn)−1→Rn	×	×	×	×	1	1
15H,direct	DEC	direct	(direct)−1→direct	×	×	×	×	2	2
16H～17H	DEC	@Ri	((Ri))−1→(Ri)	×	×	×	×	1	2
A4H	MUL	AB	(A)×(B)→BA	√	√	×	0	1	4
84H	DIV	AB	/(B)→A…商 B …余数	√	√	×	0	1	8
D4H	DA	A	累加器十进制调整	√	×	√	√	1	1
逻辑运算指令									
58H～5FH	ANL	A,Rn	(A)∧(Rn)→A	√	×	×	×	1	1
55H,direct	ANL	A,direct	(A)∧(direct)→A	√	×	×	×	2	2
56H～57H	ANL	A,@Ri	(A)∧((Ri))→A	√	×	×	×	1	2
54H,data	ANL	A,#data	(A)∧ data→A	√	×	×	×	2	2
52H,direct	ANL	direct,A	(direct)∧(A)→direct	√	×	×	×	2	2
53H,direct,data	ANL	direct,#data	(direct)∧data→direct	√	×	×	×	3	3
48H～4FH	ORL	A,Rn	(A)∨(Rn)→A	√	×	×	×	1	1
45H,direct	ORL	A,direct	(A)∨(direct)→A	√	×	×	×	2	2
46H～47H	ORL	A,@Ri	(A)∨((Ri))→A	√	×	×	×	1	2
44H,data	ORL	A,#data	(A)∨ data→A	√	×	×	×	2	2
42H,direct	ORL	direct,A	(direct)∨(A)→direct	√	×	×	×	2	2
43H,direct,data	ORL	direct,#data	(direct)∨data→direct	√	×	×	×	3	3
68H～6FH	XRL	A,Rn	(A)⊕(Rn)→A	√	×	×	×	1	1
65H,direct	XRL	A,direct	(A)⊕(direct)→A	√	×	×	×	2	2
66H～67H	XRL	A,@Ri	(A)⊕((Ri))→A	√	×	×	×	1	2
64H,data	XRL	A,#data	(A)⊕ data→A	√	×	×	×	2	2
62H,direct	XRL	direct,A	(direct)⊕(A)→direct	√	×	×	×	2	2
63H,direct,data	XRL	direct,#data	(direct)⊕ data→direct	√	×	×	×	3	3
E4H	CLR	A	0→A	√	×	×	×	1	1

续表 A.1

指令代码（十六进制）	助记符		功能	对标志位影响				字节数	周期数
				P	OV	AC	CY		
			逻辑运算指令						
F4H	CPL	A	A 的每一位取反	×	×	×	×	1	1
23H	RL	A	A 循环左移一次	×	×	×	×	1	1
33H	RLC	A	A 带进位循环左移一次	√	×	×	√	1	1
03H	RR	A	A 循环右移一次	×	×	×	×	1	1
13H	RRC	A	A 带进位循环右移一次	√	×	×	√	1	1
			位操作指令						
C3H	CLR	C	0→Cy	×	×	×	0	1	1
C2H,bit	CLR	bit	0→bit	×	×	×	×	2	2
D3H	SETB	C	1→Cy	×	×	×	1	1	1
D2H,bit	SETB	bit	1→bit	×	×	×	×	2	2
B3H	CPL	C	(Cy)取反→Cy	×	×	×	√	1	1
B2H,bit	CPL	bit	(bit)取反→bit	×	×	×	×	2	2
82H,bit	ANL	C,bit	(Cy)∧(bit)→Cy	×	×	×	√	2	2
B0H,bit	ANL	C,/bit	(bit)取反后,(Cy)∧(bit)→Cy	×	×	×	√	2	2
72H,bit	ORL	C,bit	(Cy)∨(bit)→Cy	×	×	×	√	2	2
A0H,bit	ORL	C,/bit	(bit)取反后,(Cy)∨(bit)→Cy	×	×	×	√	2	2
A2H,bit	MOV	C,bit	(bit)→Cy	×	×	×	√	2	2
92H,bit	MOV	bit,C	(Cy)→bit	×	×	×	×	2	2
			控制转移指令						
注 1	ACALL	addr11	2 KB 范围内调用子程序	×	×	×	×	2	3
12H,addr16	LCALL	addr16	64 KB 范围内调用子程序	×	×	×	×	3	4
22H	RET		子程序返回	×	×	×	×	1	5
32H	RETI		中断程序返回	×	×	×	×	1	5
注 2	AJMP	addr11	1 KB 范围内转移（addr11→PC.10～PC.0）	×	×	×	×	2	3
02H,addr16	AJMP	addr16	64 KB 范围内转移(addr16→PC)	×	×	×	×	3	4
80H,rel	SJMP	rel	(PC)＋2＋rel→PC(－128～＋127 字节范围转移)	×	×	×	×	2	3
73H	JMP	A＋@DPTR	(A)＋(DPTR)→PC	×	×	×	×	1	3

续表 A.1

指令代码（十六进制）	助记符	功能	对标志位影响				字节数	周期数
			P	OV	AC	CY		
控制移动命令								
60H,rel	JZ rel	若(A)=0,则(PC)+2+rel→PC	×	×	×	×	2	2或3 注3
70H,rel	JNZ rel	若(A)≠0,则(PC)+2+rel→PC	×	×	×	×	2	2或3 注3
40H,rel	JC rel	若(Cy)=1,则(PC)+2+rel→PC	×	×	×	×	2	2或3 注3
50H,rel	JNC rel	若(Cy)=0,则(PC)+2+rel→PC	×	×	×	×	2	2或3 注3
20H,bit,rel	JB bit,rel	若(bit)=1,则(PC)+3+rel→PC	×	×	×	×	3	3或4 注3
30H,bit,rel	JNB bit,rel	若(bit)=0,则(PC)+3+rel→PC	×	×	×	×	3	3或4 注3
10H,bit,rel	JBC bit,rel	若(bit)=1,则(PC)+3+rel→PC 且0→bit	×	×	×	×	3	3或4 注3
B5H,direct,rel	CJNE A,direct,rel	若(A)≠(direct),则(PC)+3+rel→PC	×	×	×	√	3	3或4 注3
B4H,data,rel	CJNE A,#data,rel	若(A)≠data,则(PC)+3+rel→PC	×	×	×	√	3	3或4 注3
B8H～BFH,data,rel	CJNE Rn,#data,rel	若(Rn)≠data,则(PC)+3+rel→PC	×	×	×	√	3	3或4 注3
B6H～B7H,data,rel	CJNE @Ri,#data,rel	若((Ri))≠data,则(PC)+3+rel→PC	×	×	×	√	3	4或5 注3
D8H～DFH,rel	DJNZ Rn,rel	先(Rn)-1→Rn,若(Rn)≠0,则(PC)+3+rel→PC	×	×	×	×	2	2或3 注3
D5H,direct,rel	DJNZ direct,rel	先(direct)-1→direct,若(direct)≠0,则(PC)+3+rel→PC	×	×	×	×	3	3或4 注3
00H	NOP	空操作	×	×	×	×	1	1

1. 符号说明

R*n*(*n*=0、1)　指当前选中的工作寄存器组R0～R7。

R*i*(*i*=0、1)　指当前选中的工作寄存器组中的R0、R1。

#data　8位立即数。

#data16　16位立即数。

direct　8位内部数据区RAM单元(包括SFR)的直接地址。

addr11　11位目的地址。

addr16　16位目的地址。

rel　补码形式的8位地址偏移量。

bit　　内部 RAM 或 SFR 的直接寻址位地址。
@　　间接寻址方式中，表示间址寄存器的符号。
/　　位操作指令中，表示对该位先求反再参与操作，但不影响该位原值。
(X)　　X 中的内容。
((X))　　由 X 所指地址单元中的内容。
→　　将箭头左边的内容送到箭头右边的单元中。

2. 注　意

注 1：ACALL addr11 指令码的第 1 字节与 addr11 范围有关，具体为

addr11＝0000H～00FFH：11H
addr11＝0100H～01FFH：31H
addr11＝0200H～02FFH：51H
addr11＝0300H～03FFH：71H
addr11＝0400H～04FFH：91H
addr11＝0500H～05FFH：B1H
addr11＝0600H～06FFH：D1H
addr11＝0700H～07FFH：F1H

注 2：AJMP addr11 指令码的第 1 字节与 addr11 范围有关，具体为

addr11＝0000H～00FFH：01H
addr11＝0100H～01FFH：21H
addr11＝0200H～02FFH：41H
addr11＝0300H～03FFH：61H
addr11＝0400H～04FFH：81H
addr11＝0500H～05FFH：A1H
addr11＝0600H～06FFH：C1H
addr11＝0700H～07FFH：E1H

注 3：条件转移类指令执行时间转移时比不转移时多 1 个周期。

3. CIP－51 所有指令的功能、字节数都与 MCS－51 相同，但指令周期数不同

- MCS－51 每条指令执行周期以机器周期计算，1 个机器周期＝12 个系统时钟周期。
- CIP－51 每条指令执行周期以系统时钟周期计算，1 个系统时钟周期＝1/系统时钟频率。

例如：

指　令	CIP－51	MCS－51
CLR　A	1 个系统时钟周期	1 个机器周期＝12 个系统时钟周期
MOV　A，#data	2 个系统时钟周期	1 个机器周期＝12 个系统时钟周期

附录 B

C8051F005 特殊功能寄存器及地址

C8051F005 特殊功能寄存器及地址如表 B.1 所列。

表 B.1 C8051F005 特殊功能寄存器及地址

地 址	寄存器名	功能说明	地 址	寄存器名	功能说明
E0H	ACC	累加器*	FFH	WDTCN	看门狗控制寄存器
F0H	B	寄存器 B*	A8H	IE	中断允许寄存器*
D0H	PSW	程序状态字寄存器*	E6H	EIE1	中断允许寄存器 1
80H	P0	P0 口数据寄存器*	E7H	EIE2	中断允许寄存器 2
90H	P1	P1 口数据寄存器*	B8H	IP	中断优先级寄存器*
A0H	P2	P2 口数据寄存器*	F6H	EIP1	中断优先级寄存器 1
B0H	P3	P3 口数据寄存器*	F7H	EIP2	中断优先级寄存器 2
83H	DPH	数据指针寄存器(高字节)*	ADH	PRT1IF	端口 1 中断标志寄存器
82H	DPL	数据指针寄存器(低字节)*	8CH	TH0	T0 寄存器(高字节)*
D0H	PSW	程序状态字寄存器*	8AH	TL0	T0 寄存器(低字节)*
81H	SP	堆栈指针寄存器*	8DH	TH1	T1 寄存器(高字节)*
E1H	XBR0	数字交叉开关寄存器 0	8BH	TL1	T1 寄存器(低字节)*
E2H	XBR1	数字交叉开关寄存器 1	89H	TMOD	T0、T1 模式配置寄存器*
E3H	XBR2	数字交叉开关寄存器 2	88H	TCON	T0、T1 控制寄存器*
A4H	PRT0CF	端口 0 配置寄存器	8EH	CKCON	T0、T1、T2 时钟基准选择
A5H	PRT1CF	端口 1 配置寄存器	CDH	TH2	T2 寄存器(高字节)
A6H	PRT2CF	端口 2 配置寄存器	CCH	TL2	T2 寄存器(低字节)
A7H	PRT3CF	端口 3 配置寄存器	C8H	T2CON	T2 控制寄存器
B2H	OSCICN	内部振荡器控制寄存器	CBH	RCAP2H	T2 重装/捕捉寄存器(高字节)
B1H	OSCXCN	外部振荡器控制寄存器	CAH	RCAP2L	T2 重装/捕捉寄存器(低字节)
87H	PCON	电源控制寄存器*	95H	TMR3H	T3 寄存器(高字节)
EFH	RSTSRC	复位源寄存器	94H	TMR3L	T3 寄存器(低字节)

续表 B.1

地　址	寄存器名	功能说明	地　址	寄存器名	功能说明
91H	TMR3CN	T3 控制寄存器	DAH	PCA0CPM0	PCA0 模块 0 模式寄存器
93H	TMR3RLH	T3 重装寄存器(高字节)	DBH	PCA0CPM1	PCA0 模块 1 模式寄存器
92H	TMR3RLL	T3 重装寄存器(低字节)	DCH	PCA0CPM2	PCA0 模块 2 模式寄存器
99H	SBUF	UART 数据缓冲器*	DDH	PCA0CPM3	PCA0 模块 3 模式寄存器
98H	SCON	UART 控制寄存器*	DEH	PCA0CPM4	PCA0 模块 4 模式寄存器
C3H	SMB0ADR	SMBus 从地址寄存器	D1H	REF0ON	参考电压设置寄存器
C0H	SMB0CN	SMBus 控制寄存器	BCH	ADC0CF	ADC0 配置寄存器
CFH	SMB0CR	SMBus 时钟选择寄存器	E8H	ADC0CN	ADC0 控制寄存器
C2H	SMB0DAT	SMBus 数据寄存器	C5H	ADC0GTH	ADC0 下限寄存器(高字节)
C1H	SMB0STA	SMBus 状态寄存器	C4H	ADC0GTL	ADC0 下限寄存器(低字节)
9AH	SPI0CFG	SPI 配置寄存器	BFH	ADC0H	ADC0 数据寄存器(高字节)
9DH	SPI0CKR	SPI 时钟寄存器	BEH	ADC0L	ADC0 数据寄存器(低字节)
F8H	SPI0CN	SPI 控制寄存器	C7H	ADC0LTH	ADC0 上限寄存器(高字节)
9BH	SPI0DAT	SPI 数据寄存器	C6H	ADC0LTL	ADC0 上限寄存器(低字节)
D8H	PCA0CN	PCA0 控制寄存器	BAH	AMX0CF	ADC0 通道配置寄存器
D9H	PCA0MD	PCA0 模式设置寄存器	BBH	AMX0SL	ADC0 通道选择寄存器
F9H	PCA0H	PCA0 计数器(高字节)	D4H	DAC0CN	DAC0 控制寄存器
E9H	PCA0L	PCA0 计数器(低字节)	D3H	DAC0H	DAC0 数据寄存器(高字节)
FAH	PCA0CPH0	PCA0 捕捉模块 0 寄存器(高字节)	D2H	DAC0L	DAC0 数据寄存器(低字节)
EAH	PCA0CPL0	PCA0 捕捉模块 0 寄存器(低字节)	D7H	DAC1CN	DAC1 控制寄存器
FBH	PCA0CPH1	PCA0 捕捉模块 1 寄存器(高字节)	D6H	DAC1H	DAC1 数据寄存器(高字节)
EBH	PCA0CPL1	PCA0 捕捉模块 1 寄存器(低字节)	D5H	DAC1L	DAC1 数据寄存器(低字节)
FCH	PCA0CPH2	PCA0 捕捉模块 2 寄存器(高字节)	9EH	CPT0CN	比较器 0 寄存器
ECH	PCA0CPL2	PCA0 捕捉模块 2 寄存器(低字节)	9FH	CPT1CN	比较器 1 寄存器
FDH	PCA0CPH3	PCA0 捕捉模块 3 寄存器(高字节)	AFH	EMI0CN	外部存储器接口控制寄存器
EDH	PCA0CPL3	PCA0 捕捉模块 3 寄存器(低字节)	B7H	FLACL	FLASH 存储器访问限制寄存器
FEH	PCA0CPH4	PCA0 捕捉模块 4 寄存器(高字节)	B6H	FLSCL	FLASH 存储器时序预分频寄存器
EEH	PCA0CPL4	PCA0 捕捉模块 4 寄存器(低字节)			

* 与 MCS-51 相同的特殊功能寄存器,其他为 C8051F005 增加的特殊功能寄存器。

参考文献

[1] 何立民. 单片机初级教程[M]. 北京:北京航空航天大学出版社,2000.

[2] 何立民. 单片机中级教程[M]. 北京:北京航空航天大学出版社,2000.

[3] 李刚,等. 与 8051 兼容的高性能、高速单片机——C8051Fxxx[M]. 北京:北京航空航天大学出版社,2002.

[4] 潘琢金,等. C8051 单片机应用解析[M]. 北京:北京航空航天大学出版社,2002.

[5] 李珍,等. 单片机原理与应用技术[M]. 北京:清华大学出版社,2003.

[6] 朱一纶. 单片机实用教程[M]. 上海:上海交通大学出版社,2002.

[7] 李朝青. 单片机原理及接口技术(简明修订版)[M]. 北京:北京航空航天大学出版社,1999.

[8] 李珍. 单片机习题与实验教程[M]. 北京:北京航空航天大学出版社,2006.

[9] 李雅轩. 单片机实训教程[M]. 北京:北京航空航天大学出版社,2006.